中国消防救援年鉴
（2018年卷）

应急管理部消防救援局　编

应急管理出版社
·北　京·

图书在版编目（CIP）数据

中国消防救援年鉴 . 2018 年卷 / 应急管理部消防救援局编 . -- 北京：应急管理出版社，2020

ISBN 978-7-5020-7837-9

Ⅰ . ①中… Ⅱ . ①应… Ⅲ . ①消防—工作—中国—2018—年鉴 Ⅳ . ①D631.6-54

中国版本图书馆 CIP 数据核字（2019）第 284123 号

中国消防救援年鉴（2018 年卷）

编　　者 应急管理部消防救援局
责任编辑 尹忠昌　赵　冰
编　　辑 徐　静　田　苑　郑素梅
责任校对 孔青青
封面设计 罗针盘

出版发行 应急管理出版社（北京市朝阳区芍药居 35 号　100029）
电　　话 010-84657898（总编室）　010-84657880（读者服务部）
网　　址 www. cciph. com. cn
印　　刷 云南宏乾印刷有限公司
经　　销 全国新华书店

开　　本 787mm × 1092mm 1/16　**印张** 24 3/4　**插页** 1　**字数** 547 千字
版　　次 2020 年 1 月第 1 版　2020 年 1 月第 1 次印刷
社内编号 20193384　　**定价** 119.00 元

习近平向国家综合性消防救援队伍授旗并致训词强调
对党忠诚纪律严明赴汤蹈火竭诚为民
为维护人民群众生命财产安全英勇奋斗

王沪宁出席　韩正主持

新华社北京11月9日电（记者邹伟、叶昊鸣）国家综合性消防救援队伍授旗仪式9日在人民大会堂举行。中共中央总书记、国家主席、中央军委主席习近平向国家综合性消防救援队伍授旗并致训词，代表党中央向全体消防救援人员致以热烈的祝贺。他强调，组建国家综合性消防救援队伍，是党中央适应国家治理体系和治理能力现代化作出的战略决策，是立足我国国情和灾害事故特点、构建新时代国家应急救援体系的重要举措，对提高防灾减灾救灾能力、维护社会公共安全、保护人民生命财产安全具有重大意义。国家消防救援队伍要对党忠诚、纪律严明、赴汤蹈火、竭诚为民，在人民群众最需要的时候冲锋在前，救民于水火，助民于危难，给人民以力量，为维护人民群众生命财产安全而英勇奋斗。

人民大会堂北大厅华灯璀璨，气氛庄重热烈。红色背景板上，“国家综合性消防救援队伍授旗仪式”字样分外醒目。500余名身着新式制服的消防救援人员整齐列队，以昂扬饱满的精神状态等候仪式到来。

10时30分，授旗仪式开始。全场高唱国歌。

仪仗队员护卫着中国消防救援队队旗，正步行进到主席台前。习近平向应急管理部消防救援总监黄明授旗。黄明向习近平敬礼，从习近平手中接过中国消防救援队队旗，持旗肃立。全场消防救援人员向队旗庄严敬礼。

随后，习近平致训词。他指出，长期以来，消防队伍作为同老百姓贴得最近、联系最紧的队伍，有警必出、闻警即动，奋战在人民群众最需要的地方，特别是在重大灾害事故面前，你们不畏艰险、冲锋在前，作出了突出贡献。改革转制后，你们作为应急救援的主力军和国家队，承担着防范化解重大安全风险、应对处置各类灾害事故的重要职责，党和人民对你们寄予厚望。

习近平对消防救援队伍提出4点要求。一是始终对党忠诚，坚持党的绝对领导，增强“四个意识”，坚定“四个自信”，全面贯彻新时代中国特色社会主义思想，坚定理想信念，坚决维护党中央权威和集中统一领导，坚决听从党的号令，永远做党和人民的忠诚卫士。二是做到纪律严明，坚持纪律部队建设标准，弘扬光荣传统和优良作风，严格教育、严格训练、严格管理、严格要求，服从命令、听从指挥，集中统一、步调一致，用铁的纪律打造铁的队伍。三是敢于赴汤蹈火，时刻听从党和人民召唤，保持枕戈待旦、快速反应的备战状态，练就科学高效、专业精准的过硬本领，发扬英勇顽强、不怕牺牲的战斗作风，刀山敢上，火海敢闯，召之即来，战之必胜。四是永远竭诚为民，自觉把人民放在心中最高位置，把人民褒奖作为最高荣誉，在人民群众最需要的时候冲锋在前，救民于水火，助民于危难，给人民以力量，在服务人民中传递党和政府温暖，为维护人民群众生命财产安全而英勇奋斗。

授旗仪式上，中共中央政治局常委、中央书记处书记王沪宁宣读《中共中央、国务院关于授予国家综合性消防救援队伍“中国消防救援队”队旗的决定》。

中共中央政治局常委、国务院副总理韩正主持授旗仪式。

参加授旗仪式的消防救援人员进行了集体宣誓，誓词为：我志愿加入国家消防救援队伍，对党忠诚，纪律严明，赴汤蹈火，竭诚为民，坚决做到服从命令、听从指挥，恪尽职守、苦练本领，不畏艰险、不怕牺牲，为维护人民生命财产安全、维护社会稳定贡献自己的一切。

授旗仪式后，习近平等亲切接见国家综合性消防救援队伍总队级以上干部，同大家合影留念。

丁薛祥、张又侠、陈希、郭声琨、王勇出席活动。中央和国家机关有关部门负责同志参加授旗仪式。

日前，根据《组建国家综合性消防救援队伍框架方案》，公安消防部队、武警森林部队转制，组建国家综合性消防救援队伍。这支队伍由应急管理部管理，实行统一领导、分级指挥，设有专门的衔级职级序列和队旗、队徽、队训、队服。

（摘自新华社报道）

肖隆辉　吴　斌　邱启明　邹　宁　邹毅宁　汪　辉
沙洲洲　宋亚明　张　勇　张　涛　张　辉　张文瑞
张亚峰　陆　琦　陈云国　陈文杰　陈立国　罗军涛
金泰来　周建军　周建驿　周耀辉　孟宏昌　赵朝阳
郝自强　胡　兰　胡　君　胡　锐　胡开文　胡志明
段　炼　姜　红　秦　笠　徐　放　郭成传　郭惠芹
浦小海　黄明亮　曹忠良　龚海龙　梁　意　彭　科
彭　楠　董学鹏　蒋思钢　韩晓鹏　喻　炳　程恩虎
傅梅天赐　曾　炜　谢　乾　谭鸣宇　熊　伟　熊旺飞
戴　维

统稿核校人员（以姓氏笔画为序）

马　玮　王　平　王占伟　朱亚东　孙　科　李朝旭
肖隆辉　吴　斌　张真毓　陈立国　周洪波　孟宏昌
赵朝阳　郭成传　梁　意　彭　科　韩晓鹏

编 写 说 明

2018 年，是消防救援工作在党和国家工作大局中重塑重构之年，是国家综合性消防救援队伍换羽新生之年。这一年，根据中共中央关于深化党和国家机构改革的决定，17 万名消防现役官兵集体退出现役，由公安部转隶到应急管理部，与武警森林部队、安全生产等应急救援队伍一并作为综合性常备应急骨干力量。这一年，我国继军衔、警衔、关衔、外交衔之后，又一次以主席令形式颁布实施《中华人民共和国消防救援衔条例》，设立消防救援衔。习近平总书记亲自向国家综合性消防救援队伍授旗并致训词，消防队伍实现涅槃翱翔。这一年，各级消防队伍深入学习宣传贯彻习近平总书记训词精神，完善法规标准，健全责任体系，深化社会治理，普及消防教育，推动消防工作制度模式重构、力量体系重建。消防队伍改革转隶平稳过渡，全国消防形势总体稳定，火灾起数比 2017 年下降 13.7%。

自 2004 年起，原公安部消防局*每年编撰出版一部《中国消防年鉴》，记录年度全国消防工作和队伍建设发展进程，为各级政府、相关部门、社会单位及消防科研机构、院校、保卫部门、多种形式消防队伍等提供历史记录和参考资料。从 2019 年起，该书更名为《中国消防救援年鉴》，由应急管理部消防救援局继续组织编撰和出版，力求全面、客观、准确记载消防救援事业的发展情况。《中国消防救援年鉴（2018 年卷）》收录了 2018 年全国及各省、自治区、直辖市消防救援工作和队伍建设情况，相关行业系统消防工作综述，有关消防救援工作的重要文件，火灾案例，灭火救援战例，全国消防业务统计资料和消防救援工作大事记等内容。

由于编者水平有限，书中疏漏和不足之处在所难免，恳请读者提出宝贵意见。

应急管理部消防救援局

2019 年 8 月

* 按照消防队伍改革转隶节点，2018年10月9日前原公安部消防局简称部消防局，10月9日以后称应急管理部消防救援局，简称消防救援局。

第三篇　相关行业系统消防工作综述

第四篇　消防社团、产品评定、科研教学等机构工作综述

第五篇　有关消防救援工作的重要文件资料

第六篇　火　灾　案　例

第七篇　灭火救援战例

第八篇　全国消防业务统计资料

第九篇　大　事　记

第 一 篇

全国消防救援工作概述

2018年全国消防救援工作概述

2018年，全国消防救援工作以习近平新时代中国特色社会主义思想为指导，坚决服从党中央关于改革的决策部署，强化责任担当，加快转型升级，持续开展火灾隐患排查整治，创新消防安全治理，夯实消防工作基础，实现机构改革和队伍转制转隶平稳过渡，经受住了一系列急难险重任务的考验，全国消防形势总体稳定，火灾起数比2017年下降13.7%。

一、队伍改革转隶，开启事业崭新篇章

一是中央领导重视。11月9日，国家综合性消防救援队伍授旗仪式在人民大会堂举行。中共中央总书记、国家主席、中央军委主席习近平向国家综合性消防救援队伍授旗并致训词，代表党中央向全体消防救援人员致以热烈的祝贺，对消防救援队伍提出“始终对党忠诚、做到纪律严明、敢于赴汤蹈火、永远竭诚为民”四点要求。王沪宁、韩正、丁薛祥、张又侠、陈希、郭声琨、王勇出席活动，党中央和国家机关有关部门负责同志参加授旗仪式。二是高位决策部署。3月21日，中共中央公布《深化党和国家机构改革方案》，明确公安消防部队全部退出现役，成建制划归应急管理部，承担灭火救援和其他应急救援工作，充分发挥应急救援主力军和国家队的作用。8月22日，中共中央办公厅、国务院办公厅印发《组建国家综合性消防救援队伍框架方案》，明确建立健全专门管理和保障办法，经过三年的试行磨合，形成一套与有关法律法规相衔接、比较成熟定型的政策制度；有效优化整合应急救援力量和资源，提高消防救援队伍正规化、专业化、职业化水平。10月26日，第十三届全国人民代表大会常务委员会第六次会议通过《中华人民共和国消防救援衔条例》，由中华人民共和国第十四号主席令公布，自2018年10月27日起施行；李克强总理签署第705号国务院令，公布《中华人民共和国消防救援衔标志式样和佩带办法》，这是我国继军衔、警衔、关衔、外交衔之后，正式实施的第五种衔级制——消防救援衔。三是队伍集体转隶。10月9日上午，公安部、应急管理部联合举行公安消防部队移交应急管理部交接仪式，正式标志着17万公安消防部队现役官兵集体转隶到应急管理部。这也是中华人民共和国成立以来消防队伍在经历建立消防民警编制阶段（1949年）、中小队长以下人员实行义务兵役制（1965年）、消防民警改由军队代管（1969年）、恢复公安机关领导（1973年）、消防中队干部实行兵役制（1979年）、纳入中国人民武装警察部队编制序列（1983年）、公安部领导下的公安消防部队（1985年）后，再一次集体转隶、重塑重构、换羽新生，变革力度前所未有。四是强化系统保障。中共中央《深化党和国家机构改革方案》明确，公安消防部队、武警森林部队转制后，与

安全生产等应急救援队伍一并作为综合性常备应急骨干力量，实行专门管理和政策保障，采取符合其自身特点的职务职级序列和管理办法，提高职业荣誉感，保持有生力量和战斗力。年内，国务院和交通运输部、教育部等部委先后出台国家综合性消防救援车辆悬挂应急救援专用号牌、关爱消防救援队伍指战员相关政策。各类职能、职级、待遇、保障等相关配套政策陆续制定出台中。

二、坚持训词引领，服从改革发展大局

一是强化教育引导。全国消防救援队伍坚持把学习宣传贯彻习近平总书记重要训词精神作为首要任务，在全国总队级单位开展巡回宣讲，指导各地开展“牢记总书记训词、建设过硬队伍”专题教育，引导广大指战员全面准确理解把握“四句话方针”精髓要义，切实把总书记训词植入灵魂、融入血脉。部署开展“创先争优”活动和“十大杰出消防卫士”评选表彰，25 名个人、30 个集体受到省部级以上表彰，改革期间消防救援队伍始终保持良好精神风貌。二是科学谋划发展。将消防救援工作和队伍建设置于党和国家事业发展大局中谋划，放在构建大国应急管理体系全局中推动，制定学习宣传贯彻总书记训词三年工作规划，召开消防救援局党委会研究谋划思路，召集总队、支队主官代表座谈集思广益，确立消防救援工作“一年建章立制、两年完善规范、三年巩固深化”的总体思路，明确“五大目标”“七大任务”，推进队伍转型升级，提升防范化解重大安全风险、应对处置各类灾害事故的能力水平。三是严明改革纪律。坚持依法从严治队不动摇，确保改革期间队伍高度集中统一和安全稳定。制定铁规禁令，出台改革期间队伍管理“六项纪律”，狠抓执行落地，为改革顺利推进提供有力纪律保障。从严教育管理，制定改进工作作风“六项规定”和实施细则，集中整治形式主义、官僚主义和领导干部利用名贵特产特殊资源谋取私利等问题，保持从严从紧的高压态势。

三、党政主责统揽，构建综合防控格局

一是强化消防安全责任牵引。高位推动消防工作，部署开展省级政府 2017 年度消防工作考核。建立健全教育、民政、住建等重点行业监管部门会商机制，签署消防安全领域失信行为联合惩戒备忘录。地方党委、政府深入贯彻落实《消防安全责任制实施办法》，按照“一部门一建议”“一行业一对策”方式，督促重点行业部门、中央企业和大型连锁集团企业发挥做好本系统消防工作的条线作用，消防安全责任逐级压实，多元共治的社会消防治理格局逐步建立。二是强化风险隐患精准防范。针对季节性火灾特点和火灾事故暴露的突出问题，在全国部署开展电动自行车、大型商业综合体和冬春、春夏火灾防控专项治理，持续抓好高层建筑、电气火灾综合治理，督促各地以易燃易爆、人员密集和群租房、城中村等高风险场所区域为重点，排查整治火灾隐患。全年共检查单位 1057 万余家，整改隐患 1683 万余处，查封 17.8 万处，责令“三停”（停产停业、停止使用、停止施工）11.4 万家。三是强化消防安全创新管理。健全消防法规标准，启动修改《中华人民共和国消防法》及 3 部配套规章，出台 16 部国家标准和行业标准。创新做

实乡镇街道社区网格化、重点单位户籍化和火灾高危单位管理，推进“智慧消防”建设，继续在火灾高风险场所推广安装远程监控、电气火灾监测等技防设施，运用物联网、云计算等技术，提升火灾防控智能化水平。四是强化消防宣传教育引导。实施“全民消防我行动”大型公益计划，深化消防宣传进机关、进学校、进社区、进家庭、进企业、进农村、进网站“七进”工作，在中央电视台、中央人民广播电台等媒体、网站和各级消防官方微博、微信常态化刊播消防提示，曝光火灾隐患。弘扬消防公益精神，召开第四届全国119消防奖表彰会，表彰41个先进集体和45名先进个人。围绕“全民参与、防治火灾”主题，开展“119”消防宣传月系列宣传教育活动。

四、立足职能定位，推动队伍转型升级

一是及时改进工作机制。着眼职能任务领域拓展，建立健全“统一指挥、专常兼备、反应灵敏、上下联动、平战结合”的中国特色应急管理体制，分类制定地震、台风、堰塞湖等10余类灾害事故预案，强化战勤物资储备，制修订应急响应、专家智库、通信保障、物资调派等制度机制，初步形成扁平化应急救援指挥体系。二是提高综合救援技能。对标“全灾种、大应急”职责定位，开展全员岗位练兵和比武竞赛，分阶段部署夏训和冬训，组织随机抽考，检验练兵成效。加强国际交流合作，在广西南宁举办第二届东盟地区论坛城市应急救援研讨班，组织环桂地区8个总队和香港、澳门以及马来西亚、新加坡、越南的消防员同场比武竞技。三是加强专业队伍建设。优化整合力量资源，加快构建全灾种、全领域、全覆盖的应急救援力量体系。按照“全天候、全地域”应急通信保障需求，研发应用应急通信APP，建强各级应急通信保障队伍，配齐关键通信装备，狠抓实战指挥平台等项目建设，建立直调直报、前突通信、跨区域增援机制和“互联互通、扁平可视”的指挥通信网络，初步构建覆盖全国、贯通各级、响应迅速的应急通信保障体系。四是提升打赢制胜能力。适应综合救援新常态，狠抓备战意识养成，强化遂行综合保障，时刻保持应急状态，做到闻警即动、冲锋在前、敢打必胜。及时处置宁夏银川“2・28”神华公司乙烯管道爆炸火灾、广西桂林“4・21”龙舟翻船、天津滨海新区“10・28”中外运久凌储运仓库火灾等重大灾害事故。特别是在四川达州“6・1”商贸城火灾、山东寿光洪涝、台风“山竹”、云南麻栗坡泥石流、川藏“两江”堰塞湖险情等重大灾害事故救援中，发挥了应急救援骨干队伍作用。

五、围绕时代需求，夯实消防事业根基

一是打牢城乡消防工作基础。持续推进多种形式的消防队伍建设，新征召政府专职消防员、消防文员2万余名，纳入消防救援队伍管训指挥的地方政府专职消防员约9万人、消防文员约5万人。全国乡镇专职消防队伍达到10万人，企业专职消防员达到7万人。服务京津冀协同发展、建设雄安新区等重大战略实施，召开京津冀消防工作协同发展联席会议，审查雄安新区消防专项规划。推动城市、县城和全国重点镇完成消防规划制修订，全年新开工建设消防站900余座、投入执勤700余座，新建市政消火栓13万余个。

二是加强基层基础设施建设。财政部等有关部委制定专门的经费管理办法，在保持现有保障标准不降的情况下，建立符合消防职业特点的工资、保险、伙食等职业保障制度和经费保障机制。全年中央和地方财政消防经费达756亿元（中央257亿元），有力保障了消防救援事业稳步发展。坚持基层至上，消防救援局本级和总队级单位党委制定为基层办实事计划，局本级投入约7亿元基层建设经费，并列支专项经费支持新疆、西藏和西部地区消防队伍基层基础设施建设。三是推进装备统型标准化建设。组织对中西部地区22个总队的6100余辆举高消防车进行检查维护，开展高层建筑灭火救援装备、堰塞体消融新技术装备等课题研究，推广应用20项装备革新成果，全年新增消防车3416辆、防火和灭火抢险救援器材233.9万件（套）。

第 二 篇

各省、自治区、直辖市
消防救援工作

第一章　北京市消防救援工作

一、压实责任，凝聚齐抓共管合力

一是党委、政府高位发动。市委书记蔡奇、市长陈吉宁等领导多次听取消防工作汇报，带队深入一线调研检查，研究部署全市消防工作，并作出批示指示。应急管理部党组书记黄明带队到北京督导检查消防工作。市委、市人大、市政府、市政协四套班子30余名市领导带队驻区督导检查消防安全。市政府召开全市消防工作会议，推动20个区级政府、40个行业部门、300余个街道乡镇逐级落实消防工作责任。各地区、各部门坚持“街乡吹哨、部门报到”“属地主责、消防主战”，204名区政府领导班子成员和1279名街道、乡镇领导分片包干、到岗履职。二是强化工作联勤联动。市消防总队制定火灾防控方案、指令单等70余份，建立会商、调度、点评、通报、约谈、警示、督办、共享机制。市城管委、住建委、旅游委等8个委办局组成6个督查组，检查17个区（地区）火灾防控工作，督查街道社区34个、重点单位102个。市消防总队制发《两级机关干部下沉一线实名制驻在督查工作方案》，1005名机关干部实名制进驻331个街道乡镇、2975个社区、3936个村开展督导检查。市应急管理局开展“大排查大清理大整治”回头看核查工作，检查上账单位256家。三是全程跟进督导落实。建立火灾事故“一案一查”机制，对每起突出火灾进行责任倒查。中非合作论坛北京峰会消防安保期间，建立综合考评机制，将考评结果作为对各区政府、市属部门年度消防工作考核的重要参考，以及各公安分局安保考评奖惩的重要依据，确保各项责任和措施逐级落实。

二、集中力量，净化消防安全环境

一是严格排查整治。以“疏解整治促提升”“守护·2018平安行动”、安全隐患“大排查大清理大整治大宣传大培训”、春夏火灾防控、冬春火灾防控等专项行动为抓手，推进大型商业综合体、文物古建、电动自行车、消防车通道、施工现场、电气火灾、出租房屋、非法“一日游”、“三合一”场所（集生产、生活、仓库为一体的小工厂小作坊）等10余项消防安全专项整治，加强标准化建设、科技化支撑、物业化管理、网格化管控4项基础工作。二是加快隐患治理。紧盯城乡接合部、城中村村民宅基地出租房屋，围绕3大类26小项检查标准，摸排村民宅基地出租房6.3万栋（处），组织签订整改承诺书3.7万份，发现高风险问题10.7万处、一般风险问题3.9万处、管理类问题3.5万处，督促整改1.6万处。组织对2.7万处“三合一”、高风险出租房消防安全隐患开展2轮次“回头看”核查。全年全市消防部门共检查单位30.8万家，发现火灾隐患或消防违法行为45.1万处，临时查封1.1万处，责令“三停”3132家。全年全市共发生火灾3293起，亡32人，伤14人，直接财产损失3646.4万元。三是深入宣传培训。开展市、区、街道三级集中培训和社会单位“四个能力”“一懂三会”消防安全培训2882场，培训115.4万余人。利用广播电视、报纸网络、微博微信、手机短信和楼宇电视、各类LED屏幕等载体，刊播消防公益宣传片，曝光典型火灾案例。开展“119”消防宣传月活动，《北京日报》、北京电视台、北京人民广播电台等主流媒体发布消防信息5000余条，开展消防宣传培训活动4500余场，印制消防安全提示通告、海报等850余万份，滚动发布消防安全提示信息158万条次，阅读量达1726万次。

三、提质增效，积极服务社会发展

一是精简程序提效率。市规土委等9部门联合印发《关于进一步优化营商环境深化建设项目行政审批流程改革的意见》《关于印发推进“放管服”改革持续优化营商环境便民服务措施的通知》及相关配套文件。调整消防设计审核及备案抽查方式，消防设计审核和备案抽查工作交由综合审查机构办理，推进消防受理窗口进驻区政府综合服务大厅，开设办事直通车和办事大厅，设立消防监督办事结果公开、在线咨询、投诉举报、消防安全重点单位信息管理等服务专栏，向社会作出消防执法“十项承诺”，推行已办结的消防行政许可直接送达服务。市住建委、消防总队开展建设工程竣工联合验收，将验收审批时限压缩为7个工作日，取消建筑面积在300平方米以下或工程投资额在30万元以下的建设工程消防验收和竣工验收消防备案，精简办事程序，提升服务效率。二是规范执法提水平。市消防总队启动消防执法质量网上考评工作，开展25期防火业务学习考试，举办派出所消防监督执法业务培训班，对全市派出所1250名社区警务队长和部分公交驻站民警进行培训。实施消防监督执法“双随机”，建立行政审批终身负责制、消防执法电话回访“问廉”等制度，规范消防监督执法行为。三是加强保障提质量。市政府法制办、规土委、住建委、农委、民防局等部门调研编制《北京市消防安全责任制实施细则》《文物古建防火设计规范》《发展租赁型集体宿舍的意见》《租赁型职工集体宿舍防火导则》《地下空间整治期间自用性宿舍消防技术措施》《农家乐（民宿）消防技术标准》《电动自行车停放场所防火设计标准》和《村民自建房消防安全技术标准》。积极服务北京城市副中心、新机场、冬奥会和世园会等重点项目建设，以及北京环球影城主题公园、首都医科大学附属北京天坛医院迁建工程、高能同步辐射光源和国家体育馆新改扩建等特殊项目，确保工程建设消防安全。

四、加速转型，锻造应急救援尖兵

一是立足实战需要，苦练专业技能。固化比武考核机制，实施“5+N”常态化体能技能达标训练、特种装备操作应用、班组技能及合成操法训练，开展4次总队级、210次支队级、2400次中队级比武考核。参与处置抗洪抢险救灾行动，累计处置各类警情658起，出动消防车882辆次、指战员6674人次，营救转移被困群众999人，排水1万余吨，运送救灾物资15吨；圆满完成全国“两会”、中非合作论坛北京峰会等重大消防安保工作。二是建强专业队伍，提升攻坚能力。按照“1+N”建队模式和“属地主建、特勤主战”建设思路，推进高层、地下、大跨度大空间、石油化工灭火救援专业队伍建设，打造“一专多能、专常兼备”的力量体系；挑选200名业务骨干组建中国救援队，聘请国内外救援专家、专业体能教练开展教学培训，着力锻造一支具有跨国、跨区域救援能力的攻坚力量。三是着力补齐短板，提升综合实力。推进《关于提升本市消防综合应急救援能力工作方案》落地，市、区两级财政累计投入消防基础设施建设经费16.3亿元，完成小型消防站选址81座，建成52座，投入使用17座；建成消防站10座，开工建设12座，改造城市老旧消防站12座，消防站总数达211座。完成市级第二消防训练基地、第二战勤保障基地建设规划选址和方案设计，启动城市副中心消防指挥中心和特勤消防站建设，建成特勤支队训练基地1个、区级消防训练基地1个、战勤保障大队3个；新增市政消火栓4163个、消防水鹤104座、消防水池73个，配发消防车106辆、装备器材5万余件（套），为地震、山岳救援队调配装备器材3万余件（套）。争取市财政预算900万元用于紧急采购部分急需装备，协调设立专项装备保障经费8700余万元；市、区两级新征召政府专职消防员2262人、消防文员767人。

第二章　天津市消防救援工作

一、健全监管体系，提升消防工作社会化水平

市长张国清等领导先后就加强消防工作作出批示指示、带队检查工作、慰问指战员28次。市政府6次召开会议部署消防工作，组织各区政府和相关部门签订目标责任书。市安全生产委员会、市消防安全委员会定期调度推进消防工作。市交通、文旅、商务等部门对大型商业综合体消防专项整治工作进行考核验收；建设、规划、国土、房管等部门联合发布房屋建筑安全“二十一个严禁”；教育、民政、文旅、卫健等部门打造消防安全管理标准化试点，出台《社会福利机构消防安全管理标准》《天津市文物建筑消防安全管理规定》等文件；21所高校建成校园3D综合安全管理平台。全市所有乡镇、街道实现网格化规范管理，所有重点单位和社区按标准建成微型消防站，94.6%的社区完成消防安全社区达标创建。建成市级物联网远程监控系统平台，全市95.9%的火灾高危单位接入系统，投入运行“智慧消防”信息中心。市公安局将派出所火灾亡人和消防安全举报投诉转办核查情况纳入绩效考核。市消防总队针对10起有影响的火灾事故，督促属地政府和行业部门对70余人进行追责问责。

二、强力整治火患，改善公共消防安全条件

市消防总队联合各行业部门、乡镇街道、社会力量不间断开展系列专项整治。在“一创一清”（无亡人火灾区创建、火灾隐患清零行动）活动中，拆除违规彩钢板房40万平方米，清理违规场所5703处，清理违规住宿人员4.1万人。在电气火灾综合治理中，在12个大型商圈打造智慧电气安全在线监测平台，对548家儿童游艺场所开展电气设备集中清查行动，对5783个老旧小区实施电力改造，累计改造电气线路长度达30万米。在电动自行车专项治理中，清理违规停放充电点3018处，修建电动车棚90处，建成智能集中充电点392处，消防总队会同天津消防研究所、爱玛公司研发的5项防火安全技术应用于200万辆电动自行车生产环节。在大型商业综合体专项治理中，组织10个专家组对大型商业综合体消防设施进行深度测评，对620名消防安全主管人员、732名消防控制室值班人员、955名电工作业人员和1500名现场管理人员进行集中约谈、“回炉”考核和专题培训。全年共检查单位26万家，督促整改火灾隐患35.6万处，临时查封5693处，责令“三停”3330家。结合“一制三化”（承诺制，标准化、智能化、便利化）审批制度改革，推出15项便民措施，取消审图环节和15种审批要件，对2种审批要件

实行承诺制。消防、房管部门解决247个历史遗留的建筑合法性问题。围绕“全民消防”主题，开展“全城警示”“平安融入品牌”、全民“大宣传大培训大演练”、“全城免费观影”、打通“红色生命线”等大型主题宣传活动18项，市委党校（行政学院）将消防知识纳入领导干部必训内容，社会知名人士参与拍摄消防宣传片，举办消防灯影晚会、消防嘉年华等宣传活动。圆满完成世界智能大会、夏季达沃斯论坛等重大活动消防安保任务。全年全市共发生火灾1864起，亡28人，伤18人，直接财产损失1.3亿元。

三、加快转型升级，提高综合应急救援能力

构建“1+4+N”应急通信保障体系，成立消防总队应急通信保障队、4个应对特定灾害事故的应急通信保障分队和17个常规应急通信保障分队，配备卫星通信指挥车9辆、无人机33架、卫星电话39部、4G布控球和单兵图传设备207套。推进全员额、整编制、实战化练兵工作，开展摸底考核和比武竞赛4次，累计考核指战员2850余名。录制《灭火救援作战指挥秩序规范化》《政府专职队伍建设规范化》《前置备勤规范化》等7个专题示范片。组织基层指挥员、攻坚组、指挥中心、应急通信等专业岗位集训4次，举办“内攻搜救与避险”“绳索救援”等专项培训班4期、战例研讨31次、战训业务大讲堂33次。研究地铁灭火救援课题，编制《地铁灭火救援预案编制规范》以及地铁数字化预案、三维预案模板，举行跨区域地震、洪涝灾害应急救援和高层地下建筑、轨道交通等大型演习13次，针对重点保卫场所进行专项熟悉演练和数字化预案实战拉动，累计开展实战熟悉演练1.6万家次，新增和修订数字化预案6226份，采集电子地理信息53万条。全年全市消防队伍共接警出动4.5万起，出动消防车12.2万辆次、指战员68万人次，抢救和疏散被困群众4470人，保护财产价值2.7亿元。

四、坚持固本强基，夯实消防事业发展基础

落实财政部《地方消防经费管理办法》，将消防员年人均消防业务经费统一提高至4万元，明确将政府专职消防员公用经费纳入最低保障标准和范围。建立高危、重大保卫、一次性奖励3个专项补助，纳入市财政预算保障。全年落实地方消防经费20.9亿元，同比增长41.6%，经费保障首次突破20亿元。市消防总队训练基地主体竣工，市政府划拨1.8亿元专项资金用于购置消防模拟训练设施。新建消防站17座、小型消防站20座，新增市政消火栓1536个、取水码头19座。新征召政府专职消防员和消防文员共612人。在48个符合建设政府专职消防队条件的建制镇中，投入执勤19个、配备车辆器材18个、在建8个，通过政府立项3个。新购装备器材86类3.8万件（套），列装防化洗消车、全地形泡沫车、远程供水消防车等24类102辆消防车，全市执勤车辆总数达784辆，同比增长35%，进口底盘达50.3%。建设3个总队战勤保障基地和13个支队级战勤保障大队，购置油罐车、饮食保障车、器材模块车等战勤专用车60余辆，增配空气呼吸器维修室20个、充气室50个、战斗服清洗烘干室20个，组织开展3次跨区域战勤保障拉动演练，与35家社会单位签订保障协议。

第三章　河北省消防救援工作

一、综合施策抓火灾防控

省委书记王东峰、省长许勤3次就消防工作作出批示，2次到消防队伍实地调研。省政府印发《河北省消防安全责任制规定》，召开全省社会单位消防安全标准化管理现场会。推进京津冀消防工作协同发展、雄安新区消防专项规划编制、2022年冬奥会和冬残奥会张家口赛区消防安保体系建设。组织春夏、冬春火灾防控，紧盯“高低大化”（高层建筑、地下建筑、大跨度大空间建筑、石化企业）、“老幼古标”（养老服务机构、幼儿教育场所、文物古建筑、标志性建筑）、人员密集、易燃易爆高风险场所和群租房、老旧小区、“三合一”等重点区域场所，开展电气火灾、大型商业综合体、电动自行车、人员密集场所、博物馆和文物建筑等系列专项整治。深化消防执法规范化建设，开展季度执法质量考评检查3次，累计抽查7类436份案卷、160余家单位场所、36个消防受理窗口、12个乡镇（社区）。编制完成河北省地方标准《河北省建筑电气防火检测技术规程》《电动自行车停放充电场所消防安全规范》。省消防总队、省文物局集中约谈全省博物馆和文物建筑相关负责人，并成立6个督导组对全省42家博物馆和文物建筑进行督导检查。吸取张家口“11·28”重大爆燃事故教训，组织开展大型化工企业和化工企业集中区消防安全大检查。部署开展“暑期百日攻坚会战”活动，推动北戴河民宿全部安装接入“火眼”系统。省政府挂牌督办的16处重大火灾隐患整改销案14家。全年共检查单位45.5万家，督促整改火灾隐患104.7万处，临时查封5396处，责令“三停”5514家。

二、聚焦主业保实战打赢

全国消防队伍冬训课目示范会、冬训总结暨夏训课目示范会、重大灭火救援课题研究座谈会、夏训课目研讨会、夏训课目考核示裁培训会在河北召开。省消防总队在石家庄塔坛国际商贸城举行大型商业综合体灭火救援实战演练，召开全省数字化预案研讨会，全省消防队伍累计熟悉重点单位3.3万家，普查消防水源2.8万处，开展实战演练27894次。创新形成党委议训、骨干研训、分批轮训、穿插带训、比武促训、奖惩激训“六训工作法”。夏训期间，成立课目示范专班，建立452个互助小组，组织开展春季体能对抗赛、夏季技能训练比武竞赛。制发《国家地震救援队和省、市两级综合应急救援队建设方案》，依托陆地搜寻与救护（河北）基地组建200人的国家地震救援队，按照水域、山岳、地震、空勤4种类型，整建制打造34支1830人的省、市两级综合性应急救援队。成立省、市两级灭火救援专家组12个，吸纳各领域专家279人。加强应急通信保障队伍建设，组建132人的支队级保障分队、979人的大（中）队级保障分队。新增卫星指挥车 1 辆、卫星便携站 3 台、无人机 33 架、卫星电话 341 部、4G 图传设备 104 套，总队及 7 个支队、93 个大（中）队完成指挥视频高清改造。全年全省消防队伍共接警出动 3.4 万起，出动消防车 7.3 万辆次、指战员 41.2 万人次，抢救被困人员 3694 人，疏散被困人员 1 万余人，保护财产价值 28 亿元，圆满完成张家口“11·28”重大爆燃事故处置等任务。

三、夯实基础促事业发展

全省落实地方消防经费 24.98 亿元，同比增长 14.6%。投入经费 3.4 亿元，新购执勤消防车 187 辆，淘汰更新超期服役消防车 112 辆，执勤消防车总量达 2198 辆，装备器材总量达 60.5 万件（套）；划拨 1.2 亿元专项资金，为贫困县大（中）队和涿州“护城河”前沿指挥部采购部分抢险救援器材和水域救援装备。落实装备巡检制度，对 11 个战勤保障大队、57 个执勤中队开展巡检。加强总队本级重点项目建设，推进体能技能训练中心项目和张家口市应急救援保障基地项目建设。新开工建设城市消防站 31 座，总量达 330 座，22 个县启动第二消防站建设，42 支乡镇专职消防队提档升级。新征召政府专职消防员 923 人，全省政府专职消防员月平均工资增至 3325 元，增幅达 20%。

四、全面覆盖强宣传教育

组织全省消防宣传骨干、媒体专家和行业代表召开 4 次媒体宣传策划会，每季度出台宣传工作指要，指导各地开展“我是小小消防员”警营开放日网络直播、“消防提示进万家”、“学消防玩游戏”网络有奖答题、“平安在你耳边”全省广播大联动等系列主题活动，创作推广原创消防宣传作品 115 件。省教育厅、扶贫办、文旅厅、科技厅和新闻出版广电局等单位，共同开展第五届“上好一节消防课”、第三届儿童消防作文绘画大赛、“我是消防达人”全民消防 PK 赛、河北省第四届“消防之星”征集评选展播、“重点单位消防安全知识网络大赛”和《阳光热线》广播访谈等 10 余项省级宣传活动。

第四章　山西省消防救援工作

一、坚持齐抓共管，压实消防责任

一是党委、政府重视支持。省委书记骆惠宁、省长楼阳生多次就加强消防安全作出批示指示。省政府与11个市政府、24个行业部门签订消防安全责任书，并组织实施考评。省消防安全领导小组开展督导检查3次，并组织《消防安全责任制实施办法》宣传贯彻培训。二是部门责任有效落实。25个省消防安全领导小组成员单位开展行业系统消防安全自查自纠。省消防总队向民政、商务、教育、住建等7个行业系统印发建议函，督促加强火灾防控工作。组织开展电动自行车、大型商业综合体消防安全专项整治和电气火灾综合治理工作，将冬春火灾防控、大型商业综合体消防安全专项整治等4项工作纳入2018年度省政府安全生产目标责任考核内容。三是主体责任不断加强。重新确定11667家消防安全重点单位，推动重点单位落实消防安全主体责任，98%的重点单位纳入户籍化管理系统，“三项报告备案”制度有效落实。向社会单位发布自查自纠公告，约谈国有重点企业、大型连锁企业和重点单位消防安全责任人、管理人，督促强化消防安全管理，落实“六加一”措施（开展一次消防安全评估、签订一份消防安全承诺书、维护保养一次消防设施、组织检测一次电气和燃气线路设施、全面清洗一次油烟道、集中培训一次全体员工）。

二、注重综合防控，净化消防环境

一是掌握防控主动权。深入开展城市消防安全风险评估工作，将其纳入省政府政务督办系统；开展社会治安综合治理平台消防模块应用，发挥网格长、网格员力量。推进消防平安社区创建工作，将其纳入社会治安综合治理考评内容，实行达标验收。全年全省共发生火灾4123起，亡46人，伤14人，直接财产损失6388.8万元。二是开展隐患大整治。组织开展冬春火灾防控、春夏火灾防控、消防安全隐患大排查大整治、博物馆和文物建筑消防安全专项整治等工作。全年共检查单位27.6万家，督促整改火灾隐患40.8万处，临时查封2864处，责令“三停”2816家。建立重大火灾隐患媒体曝光机制，《山西法制报》《山西青年报》等省级主流媒体定期对重大火灾隐患单位进行集中曝光，全省共挂牌督办重大火灾隐患单位159家。三是突出抓好“放管服”。创新监管模式，推出便民利企措施，对重点工程实行消防“绿色通道”，主动提供消防技术服务，实施消防监督错峰检查。四是提升宣传影响力。推进消防安全宣传教育“八进”（进机关、进学校、进社区、进企业、进农村、进家庭、进网站、进文物古建筑）工作，印发307万余册《中小学生消防安全教育读本》，推选316名社区消防宣传大使，建成22家消防科普教育馆（基地）、1座消防博物馆、26座消防文化主题公园、45 条消防宣传示范街；加大“两微一端”（官方微博、微信、新闻客户端）新媒体推广力度，开设“红门荣耀·辉煌新篇”微电影展播栏目等系列访谈活动，策划推出“‘5·12’汶川地震十周年专题报道”，策划开展“千年古建话消防”特色宣传活动。

三、聚焦能打胜仗，提升实战能力

一是升级救援力量。建强应急救援专业队伍，组建高层建筑灭火救援专业队 11 支、重型地震救援队 3 支、轻型地震救援队 8 支、地下空间专业救援队 8 支、道路交通事故专业救援队 2 支、城市大型综合体专业救援队 2 支。二是强化练兵比武。制定全省消防队伍训练工作计划，分级分岗制定训练方案，组织全员全训全考。分 3 批对 461 名基层指挥员进行轮训，开展指挥能力考评，考评合格率达 95.6%。举办全省消防队伍冬季练兵比武竞赛，在太原、朔州、晋城、运城开展跨区域灭火救援实战演练。三是狠抓救援准备。组织对 162 辆举高类消防车进行巡检，现场解决各类问题 320 余处。在城市繁华街区、拥堵路段、高风险区域建立流动消防站，常态化前置备勤，确保火灾“早发现、早处置”。全年全省消防队伍共接警出动 9441 起，出动消防车 1.7 万辆次、指战员 9.6 万人次，抢救疏散被困人员 1.8 万人，保护财产价值 1.9 亿元。四是建强多元力量。105 个全国重点镇和 63 个符合条件的建制镇建立乡镇专职消防队，其中全国重点镇达标率 100%。新征召政府专职消防员 800 人、消防文员 50 人，1895 名政府专职消防员取得灭火救援员国家职业资格证书。推进微型消防站建设，11667 家消防安全重点单位、227 个街道、1949 个社区建立微型消防站，纳入指挥调度体系。

四、加快基础建设，夯实发展根基

一是加强经费保障。落实财政部《地方消防经费管理办法》和《山西省消防业务经费保障标准》，全省地方消防经费达 13.2 亿元，同比增长 4.3%。其中，以转移支付形式下达 58 个贫困县省级消防补助资金共 1500 万元。二是加快消防设施建设。全省 11 个地级市、11 个县级市、85 个县、138 个全国重点镇、426 个一般建制镇完成消防规划编修订工作；新增市政消火栓 7000 个；18 座消防站建设完成，6 座消防站主体封顶，10 座消防站开工建设，8 座消防站完成立项，消防站总数达 189 座；支队级训练基地建设率达 91%；战勤保障大队建设率达 100%。三是加强消防装备建设。消防救援局为娄烦县、天镇县、五台县、静乐县、神池县、吉县、兴县 7 个国家级贫困县配备抢险救援消防车；全省投入装备专项经费 2.3 亿元，新购消防车 78 辆、消防员防护装备 1.7 万件（套）、抢险救援器材 1.5 万件（套）和灭火药剂 229.2 吨。

第五章　内蒙古自治区消防救援工作

一、党政主导，提升消防治理能力

一是党政领导重视。自治区党委书记李纪恒、主席布小林等领导多次批示指示，带队检查消防工作。自治区政府召开全区消防工作会议，全面贯彻落实国务院《消防工作考核办法》，组织对盟市政府年度消防工作进行考核。二是部门合力推进。公安、综治、民政、住建等6个部门联合开展高层建筑消防安全综合治理，公安、住建部门联合推进房屋建筑和市政工程施工现场消防安全专项治理，文化、文物、消防等部门集中开展博物馆和文物建筑专项治理，民政部门建立社会福利机构消防安全管理星级评价体系，形成齐抓共管合力。三是基层广泛参与。各级消防部门对1200余个基层派出所、1.7万名专兼职民警进行培训指导，强化公安派出所消防监管职责。广泛发动乡镇、街道开展网格化排查，推进用火用电专项治理。

二、依法治理，提升监管服务水平

一是“放管服”改革成效明显。自治区消防总队推行“便民利民九项措施”，开展为期4个月的“大走访”活动，回访社会单位8300余次，召开建设单位、施工企业、消防中介服务机构等重点单位恳谈会270余次，收集意见2200余条。妥善办结1133个涉及城镇国有土地上房屋建设、权属登记等历史遗留问题。二是深化全民消防宣传教育。出台《消防安全宣传教育示范学校管理办法》，利用蒙汉双语开展消防安全教育教学，编印《中小学生消防安全教育读本》，180万余名学生实现人手一册，全区普及率达75%。将消防安全知识纳入新生军训内容，普及“中小学生疏散救生操法”，运用快递、美团外卖、抖音等平台密集宣传消防知识，深化全民消防宣传教育。三是加强火灾隐患整治。开展大型商业综合体、人员密集场所、电动自行车、博物馆和文物建筑等10余个专项治理，推行政府综合协调、部门联动监管、网格兜底排查、媒体实名曝光等措施，圆满完成上海合作组织青岛峰会、中非合作论坛北京峰会、首届中国国际进口博览会等重大消防安保任务。全年全区共发生火灾7118起，亡55人，伤15人，直接财产损失1.1亿元，抢救被困人员2515人，疏散被困人员4910人，保护财产价值4.6亿元，连续24年未发生重特大群死群伤火灾事故。

三、立足打赢，提升应急救援能力

一是狠抓训练促提升。自治区消防总队先后召开训练工作部署会、誓师会和推进会，制定《训练工作奖惩办法》，编制《体能训练指导手册》《体能训练示范片》和《执勤中队夏训课目操作手册》，举办冬训体能和夏训技能比武对抗赛，开展训练工作交叉互考，研发训练管理系统，在消防救援局冬训和夏训考核中分别取得第五名和第六名。举办全区消防应急通信师资骨干暨无人机驾驶员培训班，培训具有 AOPA 资格驾驶员 100 名。开展体能小教员、内攻和紧急避险、水域救援暨绳索救援技术等专业技术培训 9 次，开展灭火救援专业职业技能鉴定，考评消防员 1200 余人。二是狠抓调度强指挥。制定出台《内蒙古自治区灭火救援专家组工作章程》《指挥中心十项工作制度》，自治区测绘院会同消防部门制作行政区划图、卫星影像图。三是狠抓技能提战力。攻关煤化工事故处置和严寒天气灭火救援难题，编制《煤化工事故处置手册》《严寒天气条件下战斗力检验测试手册》和《车辆装备检验测试实用手册》，组织开展 6 次省级跨区域演练，成功处置包头市氯乙烯精馏装置爆炸、呼和浩特市阜丰生物科技公司火灾、巴彦淖尔市毅腾矿业公司洗煤厂火灾和赤峰市脱硫塔火灾等灾害事故。

四、夯实基础，提升综合保障水平

一是加强公共消防基础设施建设。落实《内蒙古自治区“十三五”消防事业发展规划》，加大消防经费投入，加强公共消防基础设施建设。自治区党委、政府印发《内蒙古自治区乡村振兴战略规划（2018—2022 年）》，将农村牧区消防安全建设同步纳入农村牧区基本公共服务重点工程一体化部署推进。呼和浩特市委、市政府投入 2000 万元建设自治区消防科普馆，投入 8000 万元建设模块化消防站。二是装备器材提档升级。投入专项经费 1.6 亿元，配发城市消防主战车、登高云梯（平台）车和水罐泡沫消防车 75 辆，投入 8000 余万元新购器材装备 3 万件（套），器材装备总量达 30 万件（套）。深化多种形式的消防队伍建设，出台《内蒙古自治区乡镇消防队建设三年规划（2018—2020）》，征召政府专职消防员 477 名、消防文员 72 名，举办全区专职消防队伍指挥员、业务骨干培训班和专职消防队伍体能比武竞赛。

第六章　辽宁省消防救援工作

一、推动政府落实消防安全责任

省委书记陈求发、省长唐一军等领导多次组织召开会议研究部署消防工作，作出批示指示，带队检查工作，慰问消防指战员。省政府召开2018年度全省消防工作会议和《消防安全责任制实施办法》宣传贯彻培训会，出台《贯彻落实消防安全责任制的实施意见》，向14个市政府、29个省直厅局下发消防工作目标责任书。省政府常务会议专题听取消防工作汇报，审议通过《全省今冬明春火灾防控工作方案》。省安全生产委员会组织开展2018年全省消防安全目标责任考核暨全省安全生产工作目标管理考核。

二、充分发挥行业部门监管职能

省安全生产委员会出台《辽宁省消防安全委员会联席会议制度》，固化养老院、学校、医院等重点行业系统联合检查机制，民政、教育、卫健等行业部门落实消防监管责任，市场监管部门开展消防产品专项检查。省安全生产委员会向教育、民政等7个部门下发《冬春火灾防控工作建议书》，文化、文物等部门开展博物馆和文物建筑消防安全大检查和督导检查工作，排查文物保护单位1291家，整治火灾隐患和违法行为668项。省质监、住建、消防等部门联合开展电动自行车综合治理工作，排查社区3537个、居民楼院4.5万个，清理违规停放、充电电动车近3万辆。省消防部门约谈重点单位1.5万家、消防安全责任人和管理人2.3万人，出台《全省文化领域场所消防安全标准化管理指导意见》，全省共建成文化行业领域场所典型单位28家，建成消防控制室消防安全标准化管理单位3882家，达标率62.9%。省消防总队先后开展电气火灾防控、电动自行车、大型商业综合体、博物馆和文物建筑等10类专项整治工作，制定《大型商业综合体消防安全自检自查手册》，集中培训消防安全责任人2000余名。全年共检查单位40万家次，督促整改火灾隐患38万余处，临时查封3004处，责令“三停”1628家。全年共发生火灾1.8万起，亡56人，伤16人，直接财产损失9175.1万元。

三、深入推进打造营商环境建设

省消防总队出台《进一步规范消防安全管理服务打造最优发展环境工作的实施意见》等文件，集中开展消防审批和监督执法“办事难”问题专项整治，深入开展开门接访、上门走访、登门拜访“三访”活动，持续提升整体执法服务水平。全年累计向社会公开执法事项73万项，评查各地案卷2460册，整改问题6000余项，开展支队长接待日168次、“三访”单位2000余家，发放“优化营商环境工作满意度调查问卷”7000份。指导各地依法依规为384个项目共24.5

万户商品房办理产权证。

四、不断加大消防宣传教育力度

朝阳“九大妈消防艺术团”1个集体、2名个人荣获全国119消防奖。全省各地集中开展中小学暑假、寒假消防安全教育活动，30余万名中小学生参加网上答题活动，25.8万人到消防科普基地参观体验。全省开展消防安全“明白人”大培训大约谈活动，累计开展各类宣传教育培训活动5500余场，培训人数140万人。全年中央级媒体、省级媒体刊发消防稿件1868篇。借助影院、楼宇电视、户外视频、LED屏等媒介播发消防公益广告和消防安全提示字幕55.8万条次。

五、大力提升综合性应急救援能力

应急管理部在辽宁大连召开重大灭火救援课题研究现场会，辽宁省、大连市分别组建国家级地震救援辽宁大队和国家级水域救援大连大队。省消防总队先后在抚顺、锦州、营口、葫芦岛、大连举办跨区域实战拉动演练，组织夏训、冬训考核和比武竞赛。内蒙古、辽宁、吉林、黑龙江总队基层指挥员和班长骨干共计300人在国家陆地搜寻与救护（辽宁）基地开展水域、交通救援等灭火救援专业技术集中培训。全省共有6辆“动中通”、10辆“静中通”卫星通信指挥车，4台便携式卫星地面站投入执勤。配齐308套单兵图传、176部卫星电话、北斗有源终端、18架消防无人机、32部短波电台等轻量化装备，总队、支队应急通信保障分队实现实体化运行。全年全省消防队伍共接警出动3.9万起，出动消防车6.3万辆次、指战员31.8万人次，抢救被困人员4696人，疏散被困人员5612人，保护财产价值5.2亿元。

六、全面夯实综合保障基础

全省落实地方消防经费13.9亿元，同比增长18.9%，中央财政补助和维修改造经费1920万元。全省累计投入装备建设资金2.3亿元，新购消防车58辆、各类器材6.4万件（套）、灭火剂861吨。启动消防总队指挥中心建设工程。编制《2019—2021年基建项目建设规划》和《2019年基建项目投资计划》，29个基建计划项目完工，新增土地面积8.9万平方米、建筑面积3.5万平方米，总投资金额达1.1亿元。完成395宗土地、615栋房屋资产移交工作，保障到位公寓房1551套，住房保有率达62%。全省14个支队战勤保障大队建成并投入使用，配备战勤保障类消防车186辆，储备各类装备物资14万余件（套）、灭火剂514吨。全年新征召政府专职消防员600人、消防文员350人。

第七章　吉林省消防救援工作

一、落实消防安全责任

深入贯彻落实国务院办公厅《消防安全责任制实施办法》，省委、省政府领导20余次就消防工作作出批示。省、市、县三级政府逐级签订消防工作责任书，实施消防工作考核验收，对冬春火灾防控、大型商业综合体和电动自行车等消防安全整治工作进行专题部署，发动各级政府、行业部门、社会单位开展消防安全检查。省防火安全委员会每季度召开行业部门和重点企业消防工作联席会议，指导开展行业系统消防安全自检自查。全省建立完善3.2万个大、中、小消防管理网格，组织1.7万名网格长和4.9万名网格员进行消防培训。重点单位和街道社区完成微型消防站建设。组建797个派出所微型站和303个警务巡逻车微型站，形成“固移结合、一站多能、联勤联动”的微型站建管模式。

二、深化消防综合治理

统筹推进大型商业综合体、电动自行车和电气火灾消防安全综合治理等工作，省民政、文旅、住建、教育等部门印发工作方案，部署开展养老机构、文物建筑、在建工地、学校校园、宾馆洗浴5个重点领域火灾隐患整治行动。全年全省消防部门共检查单位23.3万家次，督促整改隐患17.6万处，临时查封2684处，责令“三停”1617家。集中开展使用领域消防产品质量监督抽查工作，净化消防产品市场环境。全年全省共发生火灾6796起，亡20人，伤3人，直接财产损失4885.3万元。

三、提升服务社会水平

省住建、人防、消防等部门推进施工图联合审查改革，推行技术审查和行政审批相分离。省消防总队采取“一站受理、集成服务”“预审预验、提前服务”等措施，累计办理容缺预审项目4916项，简化审批程序项目3995项，减少审批材料项目2404项，双休日办理审批业务769件，提供技术服务6729项次，解决答复企业疑难问题5263项。给予180家消防技术服务机构临时资质续期，对35家评审不合格单位暂停服务，组织开展一级注册消防工程师挂靠问题专项清理活动。省消防总队、质监局联合开展消防安全领域地方标准制定、评定工作，编写完成《脉冲超细干粉自动灭火装置配置设计规范》等4个地方标准，修改完善《物联网建筑消防设施远程监控技术规范》等3个地方标准。

四、开展消防宣传教育

共青团省委和省教育厅、公安厅、民政厅等联合部署开展“心手相牵·安全童行”关爱农村留守儿童消防公益活动，举办暑期夏令营、消防知识进课堂、组建帮扶对子等12项主题活动，提升农村留守儿童消防安全意识和自防自救能力。全省“119”消防宣传月活动集中表彰热心消防公益事业的20个先进集体和31名先进个人，命名20家省级消防科普教育基地，全年参观体验群众达30万人。省消防总队与省政府新闻办建立工作通报机制，中央级媒体播发消防新闻193篇。

五、提高灭火救援能力

围绕指挥、作战、保障三大体系建设，打造专业、规范、高效的应急救援力量。举办“精兵对抗、巅峰对决”实战化比武，开展作战指挥暨实战演练考核，开展实战演练6777次，在四平、吉林、松原开展石油化工火灾、洪涝灾害、地震灾害3个类型省级实战演练。开展车辆器材装备“学、用、管”专项活动。举办全省战例研讨暨支队指挥员培训、灭火救援攻坚组培训、潜水员培训、指挥中心岗位练兵和接警调度员业务培训。规范全勤指挥部和灭火救援指挥专班工作机制，开展支、大队级指挥员指挥能力考评和执勤中队指挥员能力考核。组建14支高层专业队、11支地下专业队、16支综合体专业队、10支化工专业队。组建458人的专职通信保障队伍，制定出台通信保障专班管理、出动规定和应急响应通信保障工作规程。全年全省消防队伍共接警出动1.3万起，抢救被困人员1520人，疏散被困人员2855人，抢救财产价值7.4亿元。

六、强化综合保障工作

全省落实地方消防经费10.7亿元，其中，基本经费5.7亿元、基建专项经费1.2亿元、装备购置专项经费2.6亿元、其他专项经费1.2亿元。投入1.8亿元购置各类消防车34辆、抢险救援装备1.2万件（套）、消防员基本防护装备3.3万件（套），3套远程供水系统、14辆大功率泡沫消防车、4辆全进口工业主战消防车、1辆方舱式通信指挥车、13台灭火机器人、23架无人机等全部列装执勤。新建营房6座、小型消防站21座，投入使用消防站5座，扩建维修改造营房62座，新建多功能训练馆2个、多功能训练塔1个、科普教育馆1个，新增公寓房115套，新开工培训基地3个。完善以长春、延边、通化、松原4个战勤保障基地为中心，其他6个地区战勤保障大队为支点的战勤保障模式，建立长春、吉林战勤保障编组，完成全省战勤保障基地和战勤保障大队建设任务。首次将消防工作纳入省政府绩效考评范围，落实绩效奖金756.2万元。贯彻落实《消防员职业健康标准》实施办法，将消防员职业健康体检费纳入政府财政预算。

第八章　黑龙江省消防救援工作

一、抓实火灾防控，深化消防治理

省委书记张庆伟、省长王文涛等领导多次听取消防工作汇报，带队开展消防安全检查。省、市、县三级政府召开消防工作会议和春夏、冬春火灾防控工作会议，签订消防安全目标责任书，开展消防工作考核。各地市全部完成火灾风险评估工作。省消防安全委员会、哈尔滨市消防安全委员会联合举行“致敬！我们的消防日”大型全民消防公益行动。省消防总队部署开展消防安全大检查“百日会战”专项行动，组织开展大型商业综合体、博物馆和文物建筑、易燃易爆场所、地下场所等16个专项整治，约谈1100余家行业主管部门、大型企业、重点场所、乡镇街道等单位负责人。挂牌督办23家重大火灾隐患单位，并全部整改销案。立案审查29起消防刑事案件。全年全省消防部门共检查单位54.7万家，督促整改火灾隐患50.8万处，临时查封3499处，责令“三停”2600家。推广“最多跑一次”“不见面审批”等改革措施，共为1700余项建设工程提供预审预验服务，提出服务指导意见1.4万条，帮助解决问题8000余项。全省154个消防服务窗口实行一窗式受理、一站式办公、一条龙服务，按期办结消防行政审批事项5100余个。开设消防延时服务窗口105个，累计延时服务2万余小时。建设工程消防设计审批时限压缩65%，开业前消防安全检查办理时限压缩62%。

二、聚焦实战实训，提升救援能力

围绕组织指挥、作战安全、洪涝救援等课题举办120期“战训大讲堂”，召开冰上、交通、矿山事故救援专题研讨会，对41起火灾扑救和抢险救援战例进行研讨。通过基地自训、社会培训、骨干驻训、外派培训等方式，开展地震、绳索、水域救援和危化品处置等专业培训。开展省级跨区域地震救援演练、抗洪抢险随机拉动演练8次，支队级演练312次。加强地震、水域救援等专业队伍建设，组建14支应急通信保障队、9支冰上救援分队、200人危险品处置突击队、2000人防疫专业队。调研农垦、林业、大庆公安专职消防队和蓝天救援队建设情况，举办多种形式消防队伍比武竞赛，组织1485名政府专职消防队队长集中驻训，组织政府专职消防员参加职业技能鉴定，持证率达89.4%。完善应急救援指挥调度体系，消防、气象、水利、交通等部门建立工作联系机制。成功处置哈尔滨“8·25”北龙汤泉休闲酒店重大火灾、哈尔滨“3·18”育英小区地下仓库火灾、佳木斯“12·2”东兴城燃气爆炸事故、伊春“7·25”洪涝灾害等灾害事故，圆满完成全国和省“两会”、上海合作组织青岛峰会等消防安保任务。

三、夯实基层基础，强化综合保障

全省落实地方消防经费8.1亿元，同比增长18.6%。省委书记张庆伟、省长王文涛等领导到消防总队专题调研，现场办公研究解决实际困难，省政府和省发改委、财政厅对消防总队指挥中心、培训基地等5项建设工程给予支持，哈尔滨市政府组织有关部门深入全国7个地市调研公共消防设施建设。全省累计投入经费1.6亿元，新购消防车64辆、器材装备15万余件（套），投入3000余万元补充消防总队战勤保障装备。9个地市将“智慧消防”纳入“智慧城市”建设总体方案，1209家社会单位、高层建筑接入消防远程监控系统，安装独立式感烟火灾探测报警器1.4万个、简易消防设施1305套。

第九章　上海市消防救援工作

一、消防责任体系不断完善

市委、市政府高度重视消防工作，中共中央政治局委员、上海市委书记李强和市长应勇出席上海消防救援队伍迎旗宣誓仪式，多次批示肯定消防工作，视察慰问消防救援队伍。市政府专题审议国务院《消防安全责任制实施办法》贯彻意见，4次召开消防工作会议，落实消防安全签约、评估、考核、约谈机制。市消防安全委员会组织6000余名党政领导干部、行业部门和大型国企负责人开展集中培训，指导驻沪部队、港口、铁路、航空、客运、金融等行业开展消防安全自查自纠，实施中小学校、幼儿园、养老院、医院、文物单位消防安全标准化管理。各区党委、政府将消防安全纳入重要议事日程和城市精细化管理范畴。各级领导高度重视改革转隶期间消防队伍建设，常抓常议、协调解决区域消防工作和队伍保障难题。

二、重大安保任务圆满完成

紧盯元旦、春节、中秋、国庆等重要节日及全国“两会”、国际进口博览会等重大活动，坚持以面保点、点面结合、整体防控，实现全市敏感区域、重点保卫对象“零火警”，社会面火灾“零伤亡”。首届中国国际进口博览会期间，全市消防部门实行“5+2”“白＋黑”“拉网式排查、清单化督办、实名制落责”等管控措施，全国消防专家组现场指导、360名业务骨干增援，确保全部涉会任务点周边500米、重要警卫线路沿线200米“不冒烟、不起火”，187平方公里疏导区连续11天“零火灾”，社会面消防警情同比大幅下降，无人员伤亡和有影响火灾事故。

三、火灾防控基础持续夯实

坚持属地主导、部门联动、媒体参与，开展消防安全大排查大整治行动，集中开展8次“严扫净保”整治行动，梯次推进高层建筑、电气火灾、电动自行车、大型商业综合体、博物馆和文物建筑等消防综合治理专项行动，销案市、区两级重大火灾隐患单位和集中区域183处，排查单位场所114万家次，督促整改火灾隐患219.6万处。连续8年推出消防实事项目，为100栋高层住宅、80个老旧小区实施消防安全改造，修复增配消防设施2万余件（套）。全市8008家消防重点单位和1125家高危单位开展“零火灾”创建活动和火灾风险评估，3953家中小学校幼儿园、702家养老院、412家医院、3435家文物单位实施消防安全标准化管理及达标验收。全年共发生火灾3855起，亡44人，伤42人，直接财产损失5951.4万元。

四、消防治理创新步伐加大

加大“放管服”改革力度，推行施工图审查机构消防设计统一审查和申报材料容缺受理、承诺告知等消防行政审批新模式。依托“智慧城市”“智慧公安”建设框架，安装联网消防设施感知点位10.4万个，接入视频监控资源9万余路。对全市39栋200米以上超高层建筑和3500栋高层建筑实施消防安全联网监控，2424个居民小区推广智慧安防社区建设，城市火灾自动报警信息系统联网6382家单位，建立监测点位683万个。举办消防宣传“七进”、“119”消防宣传月等活动，制作《消防说》宣传系列短片，9687个居民小区开展消防疏散演练。

五、实战打赢能力有效提升

立足“全灾种、大应急”实战需求，组建水域、空勤国家级机动专业救援队和特勤支队特战中队，深化高层、地铁、化工、船舶、大跨度建筑、排爆、防化7支攻坚专业队和151个攻坚班组建设。依托“3+X”应急救援平台，组织21次大型应急救援综合演练，吸纳地方院校、相关领域专家分类组建灭火救援专家组。建设培育134家政府（企业）专职消防队、13866家重点单位（社区）微型消防站，统一纳入全市联勤联调体系，督促落实24小时值班值守措施，第一时间就近处置各类灾害事故。全年全市消防队伍共成功处置应急救援任务6.1万起，抢救疏散被困人员1.2万人，保护财产价值7.9亿元。

六、综合保障能力稳步增强

全年建成消防站9座，开工建设消防站6座，推进20余座消防站前期审批、综合训练基地扩建以及4个区域分训练基地立项建设。全市投入消防装备经费2.6亿元，完成117辆消防车采购配发工作。新征召政府专职消防员1800余人，一线战斗员保障标准增至每人每年18.2万元。市消防总队与26家社会联保单位建立备勤响应机制，确保物资保障、装备技修、医疗服务全时全域供给，战勤保障能力有效提升。

第十章　江苏省消防救援工作

一、健全完善消防安全责任体系

省委书记娄勤俭、省长吴政隆6次对消防工作作出批示指示，省政府出台《江苏省消防安全责任制实施办法》，召开消防工作会议，开展消防安全重点工作督查和年度考核。省政府和13个设区市、41个县（市）、96个全国重点镇完成消防规划（消防专篇）编制工作。省消防安全委员会召开成员单位会议6次，组织部门联合开展消防安全督查检查和集中培训，约谈消防安全重点单位、行业部门、公安派出所相关负责人6万人，组织60万人次参加消防安全培训。深化消防“放管服”改革，推行不见面审批、网上审批，推广消防行政许可和备案在线办理。健全消防监督执法“双随机、一公开”工作机制，推行预约制消防监督检查。在重点单位、区域推进撬装式、组合式微型消防站建设，共建设微型消防站4.8万个，化工集中区、商业旅游区等地建成消防安全区域联防组织513个。编制出台《建筑电气防火设计标准》《儿童活动场所消防监督检查指导意见》等地方技术标准。实施“全民消防我行动”大型公益计划和“平安融入品牌”战略行动，开展电动车火灾实验、高层建筑、地铁消防演练等媒体网络直播活动110场次。3个集体和1名个人荣获全国119消防奖，在中央、省、市级主流媒体刊播消防新闻1.1万篇。

二、深入开展火灾隐患排查整治

省政府开展沿海化工园区整治和危险化学品安全检查，关停存在重大火灾隐患的化工企业47家，督促整改重大火灾隐患286家，省消防安全委员会挂牌督办重大火灾隐患26家。省消防总队组织开展电气火灾、电动自行车、大型商业综合体和商场市场消防安全综合治理，与省文物局联合检查文物建筑183家和三级以上博物馆41家。深化“祛火源、降荷载、强设施、畅通道”行动，开展新一轮“三合一”场所和群租房消防安全整治，各级政府将简易消防设施安装纳入为民办实事工程。圆满完成上海合作组织青岛峰会、国际进口博览会等重大活动以及春节、元宵节等重要节日消防安保工作。全年全省共发生火灾1.5万起，亡84人，伤86人，直接财产损失3亿元，连续19年未发生重特大火灾事故，在国务院第五次省级政府消防工作考核中获评“优秀”等次。

三、持续强化全员实战练兵工作

全省消防队伍推行“营区、单位、基地”三位一体训练模式，组织比武竞赛3次、片区交叉考核2次，在消防救援局冬训、夏训考核中均获优秀。固化“八看六测三练”（看消防水源、重点部位、安全出口、疏散楼梯、防火分区、消防控制室、消防车通道、消防水泵房，测自动报警系统、固定消防设施系统、防排烟系统、水泵接合器、消防通信、消防电梯，练进攻路线选择、开辟疏散逃生通道、特种消防车停靠），熟悉演练模式，完成120栋高层建筑数字化预案，开展辖区熟悉2.1万次、演练980余次，先后在苏南、苏北、苏中3个片区开展高层、隧道、大型综合体、大跨度厂房、化工灾害事故灭火救援和抗洪抢险拉动演练。制定跨区域灭火救援调派方案，确定十大类灾害处置力量调度规则。举办典型灾害事故处置专业培训和基层指挥员、攻坚组队员轮训，举办应急搜救、全勤指挥部、绳索救援等专题培训，24人取得国际绳索救援资质，完成“消防救援局消防员等级评定”“消防行动安全管理”等4个课题研究。建设石油化工和大跨度大空间国家级专业队，提速全省23支地震救援队、72支灭火应急救援专业队和国家水域救援南京大队建设。加大政府专职消防队站建设和队员征召力度，超额150%完成专职消防队站建设和队员征召工作，队站总数同比增加19%，新征召政府专职消防员、消防文员数同比分别增加21%和9%，全省投入执勤的政府专职消防队达277支。全年全省消防队伍共接警出动10.5万起，出动消防车18.9万辆次、指战员100.6万人次，抢救疏散被困人员2.7万人，保护财产价值5.4亿元，圆满完成抗击台风“安比”、山东寿光抗洪抢险救灾跨区域增援等一系列急难险重任务。

四、持续推进“智慧消防”建设应用

深化“智慧消防”建设应用，推动消防大数据平台在底层技术支撑、数据汇集清洗、数据统一管理、数据共享服务等基础性、关键性环节发挥效能。编制《消防大数据建设关键技术文档》，完善全省统一的数据资源管理服务平台，推广“菜单式”勾选、“不见面”数据服务模式，开展全量消防安全档案库建设。完善消防监管薄弱区域分析模型、电气火灾联网监测平台功能，高频推送监督检查重点内容等预测预警信息。推广应用“消管通”APP、消防安全服务云平台，推进消防设施联网监测系统建设，接入单位消防控制室1.6万家，录入5.2万栋高层建筑基本信息。应用省网格化社会治理信息平台消防安全管理模块，实现排查过程表单输入、检查结果自动生成、火灾隐患闭环管理。推进实战指挥平台建设，完成主体功能研发。与地方科研院所合作推进移动式应急注氮模块、消防员智慧单兵系统、建筑倒塌预警系统等研发革新，提升灭火应急救援效能。

五、大力提升消防综合保障能力

全年地方消防经费同比增长9.7%，拨付3000万元专项资金补助省内经济欠发达地区，落实省级地震灾害应急救援训练设施建设经费3600万元。完善重大执勤任务、基础设施、装备建设等经费保障机制，确保消防事业与经济社会同步协调发展。择优引进消防机器人等高精尖装备，加快推进装备统型和消防员防护装备更新换代，推动装备建设从数量规模型向质量效能型转变。全年新购消防车221辆（特种消防车占比13%）、抢险救援器材和防护装备20万件（套），推广装备革新器材200件（套），承办全国灭火救援装备革新成果推广应用现场会，总队参与研发的重型泡沫消防车获第二届中国优秀工业设计金奖。推进总队培训基地和苏州、泰州、淮安支队战勤保障布点建设，加强物资装备储备，完善社会联络调动机制。探索消防车辆维修服务外包试点工作，举办首届汽车驾驶员、炊事员实战比武竞赛。全年开工建设消防站 56 座，投入执勤 34 座。驻宁消防队伍经济适用房、省级地震救援训练设施项目立项，加快省消防指挥中心、消防员职业健康中心建设，重大项目建设取得新进展。

第十一章 浙江省消防救援工作

一、消防工作责任逐级压实

省政府常务会议审议通过并颁布实施《关于贯彻落实消防安全责任制实施办法的若干意见》，11个设区市全部出台贯彻实施意见，86个县（市、区）出台实施细则。省政府与各地市政府及8个省级部门签订年度消防工作目标责任书，市、县两级逐级签订消防工作目标责任状，教育、民政、民宗、卫健、文旅等部门制定行业系统消防安全工作制度。市、县两级消防安全委员会实体化运作，77个省级重点乡镇（街道）全部组建“队站合一”消防工作机构，基层消防安全工作全部纳入乡镇（街道）综合治理“四个平台”，建立乡镇（街道）“大网格”1346个、村（居）“中网格”3.1万个、街区（楼院、村组）“小网格”21万个，明确网格长、专兼职网格员24.2万名。

二、消防安全形势持续稳定

省政府召开全省消防安全工作会议，印发《浙江省消防安全三年翻身仗行动实施方案》，重点推进高层建筑消防设施、重点单位远程监控联网、乡镇（街道）消防基础设施等6项专项行动，定期研判、调度、督导、通报、督办。省政府第13次常务会议专题研究部署冬春火灾防控工作，省政府办公厅挂牌督办省级重大火灾隐患单位14家、区域1处，省消防安全委员会出台《浙江省消防安全黄红牌通报警示约谈挂牌实施办法》，挂牌督办重大火灾隐患单位150家。全省1399栋采用易燃可燃外保温材料的高层建筑整改率为99%，高层建筑自动消防设施功能完好率和远程监控系统联网率分别为92%和100%；26万户10人以上出租房复查整治合格率为99%；206个老旧小区已完成设施增配改造任务，电气火灾在火灾总数中的占比下降5.2%。消防安全重点单位微型消防站建成率为100%，乡镇专职消防队按标建队率为97%，千人以上村志愿消防队建队率为98%。

三、应急救援能力显著提升

探索执勤训练新模式，省消防总队召开全省灭火救援能力建设和作战安全管理两个现场会，组建国家地震救援浙江大队，建成28支涵盖“高低大化”和地震、水域、山岳等灾害事故类型的综合应急救援队。举办指挥长、攻坚组、水域与绳索技术等各类培训17期，开展轮执轮训52期6000余人次，组织跨区域拉动演练70次，与省总工会联合举办消防员职业技能竞赛。开展整建制中队冬训考核、夏训课目示范示教现场会、夏训课目对抗赛、实战化训练检查考核等比武、交流活动，在消防救援局夏训考核中取得第一名。全年全省消防队伍共接警出动9.4万起，抢救疏散群众1.9万人，保护财产价值38.8亿元，圆满完成第五届世界互联网大会、首届联合国地理信息大会等系列重大活动消防安保工作，成功处置杭州萧山时代广场高层建筑火灾等急难险重任务。

四、“放管服”改革持续深化

践行“以人民为中心”的发展理念，连续5年开展“创人民满意消防队伍”活动，全省各级消防部门出台便民利民举措233项，结对帮扶企业38家、帮困对象352人。按照省委、省政府“最多跑一次”改革和数字化转型等决策部署，实现消防技术审查与行政审批彻底分离，审批环节、层级、时限分别缩减60%、50%和85%，执法过程和执法结果100%网上公开。实施政府购买社会中介服务，主动转换角色抓好社会消防安全监管。探索“互联网+消防”服务，7个消防许可事项全部实现“跑一次”，3.6万个执法项目“每案一评”满意率达99.3%，群众满意度达98.4%。消防救援局在杭州召开“放管服”改革座谈会。

五、“智慧消防”建设深入推进

省消防总队与国网浙江省电力有限公司、浙江电信、中国计量大学等单位签署战略合作协议，组织省内优秀物联网企业技术专家成立标准编制小组，共同制定“智慧消防”相关系统接入标准，并于10月正式上线运行智能管控平台。在温州召开全省智能防控系统推进会，在高层建筑、“九小”场所、居住出租房等场所推广应用远程监控、智慧用电、智能预警等系统，全省接入远程监控系统1.2万家，安装智慧用电系统4.9万家、智慧预警系统3.3万家、智能充电桩6.9万个、智能消火栓3957个。加快推进社会单位“智慧管控”工作，35%的消防安全重点单位安装单位自主管理应用系统。

六、后勤保障体系提质增效

全省落实地方消防经费24.9亿元，同比增长10.5%。开工建设消防站44座，投入使用33座，建成专业化模拟训练设施6套，开工建设真烟真火训练模块4套。投入10亿元新购消防车182辆，更新器材装备10.6万件（套）。按标准配齐宿营、淋浴、饮食、抢修、供液、模块化运输“六个一”战勤保障车辆和远程供水系统、无人机等装备。编配战勤保障作战编成人员，组织开展全要素48小时跨区域拉动演练1次、分片区跨区域作战遂行保障拉动演练4次。

第十二章　安徽省消防救援工作

一、坚持综合治理、清除隐患，全省火灾形势持续平稳

省委书记李锦斌、省长李国英多次听取消防工作汇报，作出指示批示。省政府出台《安徽省消防安全责任制规定》，召开全省消防工作会议，开展全省消防工作考核，连续11年挂牌督办50处重大火灾隐患。省、市、县三级政府主要领导带队检查消防工作，省、市、县三级消防安全委员会实体化运行。卫健、民政、文物等部门制定行业消防安全标准化管理规定，推广责任标准化管理体系。省消防总队召开文物古建筑、住宅小区等4个消防安全标准化管理现场会，开展大型商业综合体、电动自行车等6类专项整治，累计检查单位32.5万家，督促整改火灾隐患38.7万处，临时查封3923处，责令“三停”2420家；制发《消防受理窗口工作规范》和《创优“四最”营商环境优化行政审批服务十项措施》，研发便民“E网通”系统，集中整改行政审批超期、延期等不良行为。推进“消防安全江淮行”活动，消防、教育部门联合组织消防夏令营254期，与美团、顺丰快递等企业发动9300名外卖骑手、快递人员担任消防公益宣传使者。社区、农村建立消防微信传播矩阵5.9万个，发布消防安全提示内容1430万余次。全年全省共发生火灾9018起，亡39人，伤25人，直接财产损失1.5亿元。

二、坚持聚焦打赢、苦练本领，灭火救援有力有序有效

省消防总队举办全省基层指挥员训管培训班和专职消防队队长培训班，16个支队建成80支救援专业编队，完成685个乡镇和83个企业专职消防队建队任务。连续5年举办山岳高空、地震救援等专业技术培训，完成全国消防队伍绳索救援技术师资培训任务，74名业务骨干通过国际绳索技术行业协会一级资质认证考评。举办水域、地震救援暨应急通信保障跨区域实战拉动演练，总队本级完成应急通信关键装备配备，16个支队完成单兵图传、公网等对讲手机配备，133个大队完成通信保障车、单兵图传配备。召开训练动员会、夏训部署会和训练工作座谈会，举办全省“践行训词铸忠诚、转型升级谋打赢”比武竞赛，出台《划定灭火救援作战片区暨建立片区协作指挥机制意见》，划分合肥、皖北、皖南、皖东南四大协作指挥片区，总队级拉动演练16次，形成1小时内编队集结、3小时内增援到场的“灭火救援圈”。全年全省消防队伍共接警出动3.5万起，出动指战员31万人次，抢救疏散被困人员2.7万人，保护财产价值5.7亿元，成功处置合肥“1·24”用世生活城火灾、滁州“1·25”高铁列车火灾、安庆“6·14”石化火灾等灾害事故。

三、坚持开源节流、续足后劲，综合保障效能全面增强

全省落实地方消防经费23亿元，同比增长19%，新建消防站20座，新购消防车136辆、灭火救援器材13万余件（套），16个市应急救援综合训练基地建设稳步推进，地震救援器材储备库和军用被服物资仓库已投入使用。省消防总队举办全省财务岗位比武竞赛、现场救护技能培训班和消防装备建设评估论证现场观摩会，组建特别重大灾害事故现场指挥部战勤保障编组，开展装备巡检和举高消防车安全性能专项检查；投入2500万元专项资金，加强战勤保障建设和提升贫困落后地区装备发展水平。

第十三章　福建省消防救援工作

一、健全完善消防安全责任体系

省委、省政府主要领导多次听取消防工作汇报，作出批示指示，调研检查消防工作。省委、省政府组织开展2017年度消防工作考核，推动消防工作纳入综治考评、平安建设、文明创建等考核范畴。省政府印发《福建省消防安全责任制实施办法》，省、市、县三级政府定期召开消防工作联席会议，健全常态化火灾隐患联合排查整治机制，信息共享、隐患抄告、联合执法、监督约谈等机制进一步健全。行业部门落实《福建省火灾隐患排查整治若干规定》，部署开展行业系统消防安全隐患整治工作，开展行业消防安全标准化管理。省消防总队制定出台《福建省建筑消防设施维护保养规定》《福建省建筑消防设施检测技术规程》，组织重点单位签订消防安全承诺书，定期开展消防安全评估和消防技能大培训，开展电气燃气线路、油烟管道等专项清理检查。推进“智慧消防”建设，推行“户籍化”管理模式，开展社会单位消防安全“四个能力”（检查消除火灾隐患能力、组织扑救初期火灾能力、组织人员疏散逃生能力、消防宣传教育培训能力）建设“回头看”。全省1万余家消防安全重点单位和一般人员密集单位“四个能力”全部达标。

二、持续净化社会消防安全环境

省消防总队制定《福建省构建消防领域双重预防机制遏制重特大火灾事故工作方案》，落实重大火灾隐患分级综合治理机制，全年督办整改重大火灾隐患单位58家。组织开展夏季消防专项检查、冬春火灾防控、电气火灾、出租屋、大型商业综合体、电动自行车、老旧商市场等专项治理行动，共检查单位13.1万家，督促整改火灾隐患11万处，立案处罚4109家，临时查封642处，责令“三停”817家。圆满完成“数字中国建设峰会”“海峡论坛”、上海合作组织青岛峰会、中非合作论坛北京峰会、“‘9・8’投资洽谈会”、第五届世界佛教论坛、首届国际进口博览会等大型活动消防安保任务。开展消防安全风险评估，省综治办印发《关于发挥综治职能作用防止亡人火灾事故发生的通知》，将消防安全工作纳入城乡社区网格化服务管理体系。推进微型消防站和消防安全社区建设，全省1万余家社会单位和2563个街道、社区建成微型消防站。新建5座消防主题公园，印发各类宣传资料500万余份，开展各类宣传活动数百场。省消防总队出台《深化改革便民服务若干措施》《深化改革便民服务八项措施》等新举措，实行建设工程消防技术审查和行政审批分离制度，审批时限压缩75%以上。取消微小企业部分备案审批项目，推行告知承诺制，强化事中事后监管，简政放权力度持续加大。

三、着力提升综合应急救援能力

省消防总队召开全省开训动员大会，开展冬训、夏训及系列比武竞赛活动，承办全国危险化学品事故技术培训班。实施训练监察，下发监察通报10份，通报单位53个。建成城市单编政府专职消防队71支，征召政府专职消防员2816人、消防文员1324人。4个石化特勤大队、11个石化特勤中队挂牌投入执勤。建立总队应急通信专班和支队应急通信分队，组织应急通信保障骨干轮训培训和直调直报实战拉动，推广应用无人机3D建模等战法，全省共建成通信保障分队10支，配备专职应急通信保障人员105人。全年全省消防队伍共接警出动4.6万起，抢救疏散被困人员1.9万人，保护财产价值3.9亿元，圆满完成莆田“5·4”建筑坍塌事故和抗击“玛莉亚”系列台风灾害等救援任务。

四、有效增强综合服务保障实力

全省落实地方消防经费16.9亿元，落实第二期石化园区消防车辆装备建设经费3.2亿元，落实6个项目1500万元中央补助经费。省消防总队和福州、厦门、龙岩、三明支队训练基地投入使用，漳州支队训练基地完成施工，漳州、龙岩战勤保障大队投入使用。全省在建普通城市消防站20座，超过62%的新增消防站位于远郊新城及乡镇；扩建及新建公寓房项目11个326套。研发消防车吸水扬程增强系统等3个国家新型发明专利，开展装备数字化管理系统试点建设，开发福建省消防装备运行管理系统。举办装备技师暨举高类消防车培训班，开展多轮次装备巡检，综合保障能力不断提高。

第十四章　江西省消防救援工作

一、坚持责任牵引，消防工作格局更趋完善

省委、省政府高度重视消防工作，省委书记刘奇、省长易炼红等领导30余次听取消防工作汇报，16次作出批示指示，20余次带队调研检查。省、市两级政府召开88次专题会议，研究解决消防重大问题。省政府组织两轮覆盖所有县（市、区）的消防履责情况专项巡查，倒查问责处理党政干部35人。根据机构改革和人事变动情况，调整省安全生产委员会及13个安全专业委员会人员组成，定期召开联席会议，部署推进消防工作。将“智慧消防”建设、政府专职消防队建设、公共消防设施规划和消防安全风险评估等内容纳入《江西省消防条例》重新修订。建立健全政府主导的火灾事故查处、责任追究和问题整改督办机制，办理行政处罚火灾案件1009起，警告704人。

二、坚持立体防控，消防安全环境不断优化

全省部署开展冬春火灾防控、春夏火灾防控等专项行动以及电动自行车、博物馆和文物建筑等10余个消防安全专项治理，累计检查单位32万家次，临时查封2803处，责令“三停”2284家。出台《消防安全守信激励和失信惩戒暂行办法》，发现一般失信行为1301起、较重失信行为236起；采用惩戒措施信用提醒789起，诚信约谈619起，实施重点监管201起，行业通报34起，52起失信行为在信用中国（江西）主网页公示。培养“见火不慌、抬手就打”的“准消防员”59万名，独立或参与处置火灾1723起，占全省火灾警情的19.5%。开通微博、微信等10个自媒体平台，累计阅读量超8亿人次，江西消防微博获评全国政务“最佳正能量”微博、全省十佳政务微博。拍摄《小火就用灭火器》《大火就用消火栓》两部消防公益广告片，全网播放量超2亿人次，《人民日报》、新华社、中央电视台等中央媒体转发推广。

三、坚持实战训演，应急救援能力稳步提升

省消防总队推行“周测试、月考核、季比武”练兵模式，分层次举办全员实战化练兵比武竞赛49次，分专业培训一线执勤人员2200人。加强特殊火灾处置以及山岳、水域、轨道交通等应急救援技战术攻关研究，举办“战训大讲堂”12期、典型战例研讨9次，常态化组织“三随三实”熟悉演练拉动考核611次；分区域组建高层建筑、石油化工22支灭火救援专业队和山岳、水域等市级专业队，分级修订地震救援预案，组建地震搜救队19支；开展多部门应急救援联合演练53次，组织赣中战区高层建筑和赣北战区石油化工灭火救援跨区域实战拉动演练。按照“特勤站、一级普通站、二级普通站、小型

站（乡镇专职队）分别不少于45人、35人、25人、15人”的标准，加快发展多元消防力量，全年新征召政府专职消防员1985人、消防文员186人；建成全国和省级重点镇政府专职消防队152支，新增大型企业专职消防队21支，251支政府和企业专职消防队及1100余个具备24小时执勤条件的微型消防站纳入统一调度指挥，实现“联勤、联训、联调、联战”。

四、坚持创新驱动，消防科信建设蹄疾步稳

省政府将“智慧消防”建设纳入工作要点，出台《消防物联网建设实施意见》。省消防总队联合省住建厅制定《消防物联网系统设计施工验收标准》，列入2019年建设工程地方标准。全年投入专项经费4500余万元建成各类远程监控平台15个，接入消防监测数据300万条，消防物联网规模化应用示范效应初步显现。投入1000余万元升级省本级灭火救援实战指挥平台硬件，搭建各级应用软件系统架构并制发技术导则。全省组建12支应急通信保障分队，配备“动中通”1辆、“静中通”10辆、无人机156架、卫星便携站1台和卫星电话287部、4G单兵图传255套，消防、地震、工信、防洪抗旱和森林消防等多部门联合建立通信保障机制，开展复杂恶劣环境下的测试训练和实战演练，提升处置各类灾害事故的通信保障水平。

五、坚持保障先行，消防救援基础逐步夯实

全省落实地方消防经费14.4亿元，同比增长47%；省财政拨付2960万元专项经费用于特别重大灾害应急响应现场指挥部后勤保障建设，落实年度200个重点乡镇政府专职队建设补助经费2000万元，并连续补助至2020年。各级发改、财政等部门将消防队站、装备和市政消火栓等消防基础建设列入经济社会发展规划，在政策和经费上倾斜支持、重点保障。全省11个设区市、11个县级市、124个重点镇、640个一般建制镇完成消防规划（专篇）修编。新建各类消防队站313座（其中，13座普通消防站开建，81座城市小型消防站和199支乡镇专职消防队投入执勤），所有设区市均建成训练基地。新购消防车489辆、装备器材19万件（套）。街道社区和重点单位建有微型消防站1.3万个，建成率达98.7%，城乡公共消防服务逐步均等化。

第十五章　山东省消防救援工作

一、依法履责、齐抓共管，消防安全责任有效落实

一是强化党政“领治”。省委将消防工作纳入维稳专项督察内容。省政府出台《山东省实施消防安全责任制规定》，细化省、市、县、乡四级政府、44个行业部门和社会单位消防工作职责，组织行业部门和重点单位负责人2万余人进行宣传贯彻培训，召开2次常务会议和年度全省消防工作会议专题研究部署消防工作，与17个市政府和相关部门签订消防工作目标责任状，部署开展全省消防安全“能力强化年”活动。省人大常委会2次专题研究消防重点工作。二是强化部门“共治”。全省17个市、140个县（市、区）、1931个乡镇（街道）及各行业各部门逐一明确本地区、本行业消防安全责任人和具体落实人。应急、住建等8个部门联合开展人员密集等重点场所“打非”专项行动，教育、卫健、文旅、文物等部门联合开展行业系统消防大检查，消防、质监、工商、公安等部门联合开展“3·15”消防产品质量专项检查。省委党校将消防安全培训列为领导干部培训必修课，省教育厅将消防工作纳入《山东省学校安全条例》，省住建厅将房屋市政工程电气火灾综合治理纳入工程质量安全治理提升重点内容。三是强化社会单位“自治”。推行“两书两报告一考试”机制，全省2.8万家重点单位、11.6万家一般单位、41.7万家“九小”场所全部送达告知书，逐一签订承诺书，实行消防设施维保检测报告、消防安全自查合格报告备案，开展消防安全管理人岗位达标考试，累计自查报告320万余份，自查隐患950万余处，组织3.7万名消防安全管理人进行岗位达标考试，责令更换考试不合格人员1237人。

二、创新治理、综合施策，社会消防环境持续优化

一是紧贴省情抓整治。在冬春火灾防控、春夏火灾防控、电气火灾、电动自行车、大型商业综合体、博物馆和文物建筑等消防安全专项行动基础上，结合全省实际开展群租房、人员密集场所、化工企业警示约谈以及创建消防安全社区等专项活动，对27.5万家社会单位、5333个社区开展电气火灾检查，排查“三合一”场所2809家、老旧住宅6347栋、群租房3504处，设置电动自行车集中停放充电场所5811个，配置高层公共建筑专职消防经理人1.2万名、高层住宅建筑“楼长”2.6万名，对石化企业集中和危化品事故高发区域开展消防安全风险评估1570次。全年全省消防部门共检查单位53.4万家，发现并督促整改火灾隐患111.6万处，临时查封9034处，责令“三停”4996家，整改消除重大火灾隐患176家。二是着眼民生抓服务。深化消防“放管服”改革，开展消防窗口服务质量大提升行动，推行审批服务“马上办、网上

办、就近办、一次办”，推出畅通重大工程绿色通道、“最多跑一次”、缩小审批范围、精简审批程序、下放审批权限以及建立完善民意监督、咨询投诉、不良行为惩戒机制等措施10条27项。三是创新形式抓宣传。省消防总队与人民网、山东广播电视台建立战略合作关系，与省教育厅联合开展消防安全教育暑期专项行动，举办暑期夏令营活动，全省630余所高校92万名新生全部接受消防培训。联合省地震局举办“5·12防灾减灾日”主题活动，协调顺丰、圆通等快递公司开展“快递平安”活动，派送消防宣传品20万份。出台《山东省消防科普教育基地建设标准》，17个市全部建成消防科普教育体验中心，累计接待群众参观体验40万人次。全年全省共发生火灾1.8万起，亡29人，伤15人，直接财产损失2.1亿元，火灾起数、亡人数、直接财产损失数同比分别下降16.3%、25.6%、12.6%。圆满完成上合组织青岛峰会消防安保任务，实现峰会期间核心区及可视范围内“不冒烟”“不起火”。

三、着眼实战、专业牵引，灭火救援能力明显增强

一是持续深化战训改革。省消防总队先后召开年度训练工作会、夏训暨专业队建设现场会等6次全省会议部署训练工作，制定出台《训练工作奖惩办法》，将执勤训练与干部选拔、班长任用、评优评先直接挂钩；持续开展作战指挥中心运作实战化、灭火救援基础信息数据化、作战行动指挥可视化、灭火救援预案数字化建设，全领域、全链条、全要素提升打赢能力。二是不断夯实战训基础。建立全员参训、全员考核、全员达标训练机制，健全“一人一档”“全程伴随”训练档案，组织各级实战化培训172次，培养教练员421人，培训指战员8000余人，灭火救援专业消防员职业技能鉴定通过率达96%；分阶段、分区域举办6次总队级、57次支队级练兵考核和比武竞赛，实现队站、人员、科目“全覆盖”。开展为期2个月的执勤战备“细检查”、辖区情况“深熟悉”、灭火救援“强联勤”三项行动，共组织支队级战备检查906次、熟悉单位4.6万家、实战演练2.6万次、多种形式消防队伍联勤联训1.5万次。省政府先后举行石油化工、大型城市综合体灭火救援实战演练。三是着力强化专业能力。在全省打造“高低大化”4支示范教学队伍，建成高层、地下、大跨度综合体、石油化工、水域、山岳等8类78支灭火救援专业队。加快组建地震、水域、山岳、搜救犬4支国家级专业救援队伍，在淄博重点打造国家级石化事故应急救援处置队。全年全省消防队伍共接警出动6万起，抢救被困人员8410人，保护财产价值10.7亿元，圆满完成山东寿光重大洪涝灾害抗洪抢险救灾等急难险重任务。

四、软硬并重、固本强基，基层基础建设加速推进

一是经费装备突破发展。全省地方消防经费达41.3亿元，同比增长18.7%；投入装备购置经费6.1亿元，新购消防车169辆、各类器材装备10.1万件（套），执勤消防车总量达2632辆、装备器材总量达46.9万件（套）。二是基础建设全面提速。省政府建设鲁中、鲁东、鲁南3大区域灭火与应急救援中心，总投入7亿余元建设的消防总队训练基地全面使用。市、县、建制镇全部完成消防规划

（专篇）编制，全省开工建设消防站42座、投入使用41座，开工建设小型消防站39座、投入使用25座，新增市政消火栓8020个，建成重点单位、社区微型消防站3.8万个。开工建设公寓房1436套，投入使用949套。三是专职队伍突破发展。全省新征召政府专职消防员3089人、消防文员214人，总数达1.6万人。71个政府专职消防队完成事业法人登记，161个政府专职消防队实行单编执勤，169个乡镇专职消防队实现升级改造，所有化工园区按照特勤消防站标准建设政府专职消防队。

第十六章　河南省消防救援工作

一、党委、政府重视推进

省委书记王国生、省长陈润儿等9位省领导先后26次听取消防工作汇报，作出批示指示，协调解决重大消防难题。省安全生产委员会先后5次督导检查消防安全，省、市两级防火安全委员会办公室明确专职人员293人，召开联席会议93次，下发工作提示和督办函680余份，推动44个行业系统落实消防安全标准化管理。省政府先后6次召开会议研究消防工作，2次在全省公安机关会议上强调派出所消防工作，举办“119”消防宣传月等活动；召集23个省直部门负责人研究解决消防改革10个方面27项重点事项。

二、消防治理创新推动

省政府召开《消防安全责任制实施办法》宣传贯彻会，集中培训各级政府、行业部门和火灾高危单位消防安全责任“明白人”1.7万名。11个行业部门联合开展17次专项治理，集中组织“大约谈、大执法”活动8次、大规模夜查39次，分级约谈乡镇街道和有关部门171个、企业单位负责人2.9万名。全年全省消防部门共检查单位338万家，督促整改火灾隐患685万处，推动2753栋老旧建筑、2916个乡村完成电气线路改造，建成电动自行车停放棚和智能充电桩47.5万处。

三、火灾防控精准有效

全年发生火灾1.1万起，亡42人，伤27人，直接财产损失1亿元，火灾起数、亡人数、直接财产损失数同比分别下降15.5%、31.1%、3.4%。10个省辖市未发生亡人火灾。重点领域火灾降幅明显，其中人员密集场所火灾起数同比下降22.7%，福利机构、商业场所、教育、文物建筑等重点领域火灾起数同比下降20%以上，电气火灾起数同比下降46%，电动自行车火灾起数连续3年降幅在10%以上。

四、宣传教育扎实深入

省消防总队连续3年开展“火灾警示教育月”活动，将每月25日定为火灾隐患集中曝光日，累计曝光隐患单位3380家。省广电部门为1400万台有线电视设置开机消防提示，通信、金融系统定期向9400万名手机用户、2200万名银行储户推送消防信息。分类建立电工、物业服务企业、房屋出租人和承租人等目标群体600万名，针对性推送提示警示信息。全国中小学消防宣传教育工作推进会议介绍推广“河南经验”，省消防总队官方微博连续5年被评为“优秀政务新媒体”。

五、实战能力不断提升

省消防总队举行“践行总书记训词精神，担当新时代使命任务”业务比武，分片区组织冬训、夏训对抗竞赛，开展训练考核 1.2 万次，在消防救援局冬训考核中取得第二名。组建专业师资队伍，举行各类岗位轮训、技术培训 16 期，培训各级指战员 3057 名，446 名通过资质考评，484 名舟艇驾驶员持证上岗。省政府举行石化火灾跨区域综合性演练，省消防总队分战区组织高层地下救援、地震救援、抗洪抢险等实战演练 6 次，各级累计开展熟悉演练 3.4 万次。建成 150 个大队指挥中心，将辖区消防力量统一纳入调度指挥体系，初步实现“一键式”调度指挥。新购消防无人机 175 架、卫星电话 374 部、高清布控球 135 台，“固移结合、空地一体”的应急通信保障体系初步建成。全年全省消防队伍共接警出动 5.1 万起，抢救疏散被困人员 2.5 万人，保护财产价值 3.3 亿元，成功处置郑州“3・31”连霍高速氟化氢槽罐车泄漏、濮阳“11・30”盛华德化工有限公司爆炸等急难险重灾害事故。

六、综合保障稳步发展

全省落实地方消防经费 23.6 亿元，连续 3 年递增。省政府将各级消防队伍高危补贴、企业专职消防队作战补偿统一纳入财政预算。省财政投入 8000 万元，按照 1 ∶ 1 比例补贴基层车辆装备建设，购置消防车辆 76 辆。全省新建成消防站（基地）85 座，新购消防车 261 辆、器材装备 11.4 万件（套）、灭火药剂 1550 吨，总量分别达 481 座、2356 辆、52.5 万件（套）、2370 吨。新增市政消火栓 9225 个，完好率 98% 以上。省消防总队投入 6200 万元帮助基层改造水暖设备、建设红门影院，投入 890 万元救助消防英烈、因公伤残和特困指战员。

第十七章　湖北省消防救援工作

一、防治并举，消防安全环境持续优化

省政府先后召开4次会议，下发10份重大隐患督办函和35份消防安全责任书，强化各级政府、行业部门落实消防安全责任。省消防安全委员会制定《〈消防安全责任制实施办法〉宣传贯彻意见》，17个市（州）、直管市均出台贯彻落实意见。各级党委、政府将火灾高风险区域场所整治纳入“三大攻坚战”内容，深化火灾隐患综合治理。各地消防部门、公安派出所与“多密楼院”（“三合一”或“多合一”场所、人员密集场所、居民楼、村民院落）等小场所签订防火责任公约9.7万份，明责、晒责、督责，推动末端责任落实。开展全省消防安全调研评估，找准风险隐患短板，部署开展春夏、冬春、电气火灾、电动自行车、大型商业综合体、博物馆和文物建筑、易燃易爆场所、校园安全等11类专项治理行动。全年全省消防部门共检查单位28.2万家，督促整改火灾隐患48万余处，临时查封4057处，责令“三停”3541家；各地政府挂牌督办隐患292处，按期销案率达100%。围绕便民利企，研究推出涉消领域首错免罚清单、容缺预审、下放审批权限、减免申报材料等便民服务创新举措，各地因地制宜推出“绿色通道”“一站式服务”“公开式会审”“EMS快递送达”和“五访式工作法”等132条便民服务举措。规范监督执法工作，研发移动消防监督检查装备，全面实行执法全程音视频记录，全年全省无火灾信访和复核案件，省消防总队连续三年获评全省执法质量考评先进单位。研发推广建设工程消防质量数字管理系统和诚信平台，对接国家征信系统，公布消防不良行为信息5699条，有效杜绝资质挂靠问题。组织全省教育、卫健、民防系统1500余名分管消防负责人、职能部门负责人和消防管理员开展消防安全培训，鉴定2.7万名建（构）筑物消防设施操作员。与湖北省广电总台签订战略协议，开展24小时全媒体整点大直播，邀请6位主持人担任湖北消防宣传形象大使，开通《荆楚消防》《消防进社区》等7个专栏，开启7条地铁、218条公交线路和4.8万辆出租车全时段消防安全提示，不断提升消防宣传的普及率、渗透力和影响力。全年全省共发生火灾1.4万起，亡23人，伤7人，直接财产损失6806.1万元。

二、聚焦实战，灭火救援战力整体提升

省消防总队着眼“全灾种、大应急”需要，深入开展“三化”训练，修订总队级三维数字化预案10份、支队级预案80余份，制定总队跨省增援应急救援行动方案，各级开展实战演练1.4万次，熟悉单位2.6万家。组织高铁、地铁等专项救援课题研讨8次，完成重大灭火救援课题“水域救援行动要则”的研究制定。举行

纪念“98抗洪”20周年暨跨区域应急救援实战拉动演练，构建军、警、民、水、陆、空联勤联动协同救援模式。加快组建国家水域救援队和17支省域专业队，探索推广“政府专职、公安联建、环卫多能”的多种形式消防队伍建设模式，织密“一站多点、以点覆面”的城乡灭火救援网，全省政府专职消防队总数达760支，覆盖省内所有乡镇，并实现满编执勤。组织专职消防队伍岗位大练兵，开展联勤联训考核，全省共有12人通过考评员资格统一培训，全年共组织3期初级灭火救援员职业技能鉴定，1050名专职消防员通过鉴定。健全完善通信保障体系，全省消防队伍配发14台350兆无线通信自组网中继台、198台自组网基地台、1180部自组网手持终端，部署81台北斗定位终端，硬件装备不断升级完善。加强实战指挥平台建设，提高快速反应能力和指挥决策水平。全年全省消防队伍共接警出动6.1万次，出动消防车辆10.7万辆次、指战员60.2万人次，抢救疏散被困人员5.3万人，成功处置荆门格林美化工车间火灾、武钢电缆火灾和随州广水在建隧洞突水突泥等事故。

三、服务中心，后勤保障体系日益完善

全省落实地方消防经费17.9亿元，同比增长8%。开展资金资产专项检查，强化预算管理，提高管控实效。落实《消防训练基地建设标准》，稳步推进各设区市消防训练基地建设。全省启动31座消防站新建工程，建成投入使用6座。全省建设公寓住房1296套（建成905套、在建391套），基层工作生活环境有效改善。强化高精尖装备配备，投入6.2亿元采购各类消防车232辆、机器人88台、器材装备5.6万件（套）。完善战勤保障体系，启动集装备维修、职业技能鉴定、战勤保障功能于一体的综合性战勤保障基地建设，构建“以总队战勤保障基地为中心、5个战区支队战勤保障基地暨总队战勤保障分队为重点、其余9个支队为补充”的“159”战勤保障体系，15个支队级战勤保障基地（大队）建成投入使用。

第十八章　湖南省消防救援工作

一、党政主导，完善消防共治格局

省委书记杜家毫、省长许达哲等领导多次听取消防工作汇报，作出批示指示，带队开展检查。省政府3次召开常务会议研究解决重大消防问题，出台《湖南省消防安全责任制实施办法》《湖南省农村消防安全管理若干规定》。省安全生产委员会将消防安全纳入“打非治违”“强执法防事故”等专项行动和安全生产年度考核内容。省消防安全委员会制定出台“消防安全约谈制度”，向发生较大火灾的5个市级政府下发督办函。省、市、县三级严格落实“责任签约、党政督导、会商研判、警示约谈”机制，省政府、省安全生产委员会、省消防安全委员会5次部署调度消防工作，全省14个市（州）全部召开政府常务会议、专题会议，研究解决消防重大事项。省、市两级政府连续6年组织开展消防工作考核。

二、深化治理，健全风险管控体系

省安全生产委员会向教育、民政、住建等10个部门制发“火灾防控工作建议书”，合力开展冬春火灾防控、春夏火灾防控两大专项行动，深入推进电气火灾、大型商业综合体等8个专项整治，实施“家庭火灾防控工程”。省教育、民政、住建、商务等13个部门分别开展行业领域消防安全大检查。省教育、民政、卫健、文旅等8个部门推进行业消防安全标准化、规范化管理。省住建、市场监管等11个部门建立消防安全不良行为互通互认工作机制，联合惩戒1181家存在消防安全不良行为的企业。深化重大火灾隐患整改，交办重大火灾隐患单位1018家，整改销案781家，销案率达76.7%。全年全省消防部门共检查单位41.8万家，整改隐患85.7万处，督促1.2万家重点单位和234家重大火灾隐患单位书面作出消防安全承诺。全省共发生火灾7092起，亡85人，伤47人，直接财产损失1.8亿元，连续8年未发生重大以上火灾事故。

三、多措并举，强化群防技防手段

全省建成3084个消防安全社区，80%的乡镇（街道）落实消防网格化管理，2.5万余栋高层建筑实现消防户籍化管理。全省14个市（州）全部建成城市消防远程监控系统，共接入单位5340家。各级投入资金480万余元，新增独立式感烟火灾探测报警器4.6万个。集中培训4000余名高层公共建筑职业消防经理人，2万余名消防楼栋长上岗履职，招募12万名消防志愿者常态化开展公益消防宣传和风险隐患排查。深化消防“放管服”，省政府出台《关于推进房屋建筑和市政基础设施工程施工图审查制度改革的意见》，发改、住建、消防、人防等部门联合推进消防行政审批制度改革，实行“多审合一”“多图联审”。省消防总队组织对“湖南广播电视台节目生产基地”等25个重大工程开展技术指导和专家评审，从严把控重大建设工程消防安全源头关。

四、宣教并重，提升消防安全意识

依托省、市级主流媒体，常态化设置消防专栏 42 个，每日播发消防安全公益广告和提示字幕 480 条次。省、市两级消防官方微博、微信每日向 440 余万目标人群推送提示信息，消防微电影《雷锋的样子》获评第三届中国金鸡百花电影节优秀作品奖，官方微博获评全国“2018 年度影响力应急管理微博”等 4 项奖项。省教育、消防部门联合开展中小学校消防安全“雏鹰行动”，120 万余名师生接受教育。省消防总队、高速公路集团、中国交通广播（湖南）深化战略协作机制，实现全省高速公路消防安全提示全覆盖。全省各地同步开展“119”消防宣传月活动，开播全国首档卡通广播剧《福鹿话消防》，投放消防宣传共享汽车，掀起全民消防宣传热潮。22 家消防安全宣传培训专业机构培训群众 1800 余万人次。1 个集体、1 名个人荣获全国 119 消防奖先进集体和先进个人称号。

五、聚焦实战，提高攻坚打赢能力

各级党委、政府持续健全应急响应和联动处置机制，提高应急处置能力。全省消防队伍坚持战斗力标准，举办实战化练兵比武竞赛、整建制消防中队比武和专职消防队比武，先后 8 次开展全省大型城市综合体灭火救援、危险化学品事故处置、地震救援、抗击台风等实战演练。全年全省消防队伍共接警出动 3.6 万起，抢救疏散被困人员 4.1 万人，保护财产价值 6.8 亿元，成功处置京港澳高速公路重大交通事故、怀化市沅陵县山体滑坡、沪昆高速公路雪峰山隧道火灾等急难险重事故。

六、固本强基，提升消防发展动力

全省 13 个地级市、17 个县级市、70 个县和 1119 个建制镇完成消防专项规划（专篇）修编。全年新建市政消火栓 7235 个，650 个 30 户以上的农村大团寨完成消防“五改”（寨改、路改、水改、电改、灶改）工程。推进营房建设项目 86 个，新建乡镇专职消防队 58 支、“单编”政府专职消防队 8 支，征召政府专职消防员 1255 人、消防文员 259 人。全年全省落实地方消防经费 21.4 亿元，省财政连续 7 年按照每年 1000 万元的标准补贴贫困地区消防基础设施建设，各地累计投入装备经费 6.7 亿元，增配消防车 147 辆、个人防护装备 9.8 万件（套）、灭火救援器材 3.1 万件（套）。省消防总队 2 个装备革新项目获评全国消防装备革新优秀成果奖。

第十九章　广东省消防救援工作

一、党政主导、齐抓共管，压实消防安全责任

省委书记李希、省长马兴瑞6次听取消防工作汇报，深入一线开展调研检查。省政府召开常务会议专题研究火灾防控工作，制定《广东省消防工作规定》，组织开展消防工作实地督查、年度消防工作考核。13个地级市召开市委常委会、市政府常务会议研究部署消防工作，27名地级市党政主要领导带队检查消防安全。省消防安全委员会先后召开4次会议，印发13份文件，下发32份督办单，组织6次联合督导，协调推动各行业部门主动抓实消防工作。省教育、民政、文旅部门和法院系统持续深化行业系统消防安全标准化管理，开展达标创建活动。省消防总队与省民政厅联合解决老旧养老院消防安全问题，并获《新华社内参》摘编推荐；与省教育厅联合创建“消防安全学校”86所；与省国资委联合制定消防安全管理办法，规范所属企业消防工作；与省住建厅等16个部门联合印发消防安全治理方案；与省市场监督管理局建立产品流向管理机制，强化电气火灾消防安全综合治理，累计查处不合格产品5万余件。

二、创新理念、精准治患，优化消防安全环境

按照“不发生火灾，发生火灾后不扩大、不亡人”的标准和“隐患就是事故”的理念，深入推进电气火灾、电动自行车、大型商业综合体、博物馆和文物建筑消防安全治理，开展“六类场所十项必查”（六类场所即小档口、“三合一”场所、群租房、建设工程施工现场、养老服务机构、寄宿制学校，十项必查即查安装漏电保护开关、电线套管、紧急逃生通道畅通、合用场所物理防火分隔、违规住人彻底搬离、清理电动自行车、拆除木质阁楼、拆除易燃材料、群租房明确消防管理责任、施工现场落实消防安全保障）、“打通生命通道”等专项行动，连续10年由省、市政府挂牌整治180个火灾高风险区域。对27起典型火灾开展延伸调查，制定落实电线套管、物理分隔等技术类、管理类措施，降低高危场所火灾风险。深化基层乡镇街道消防安全网格化管理工作，推广东莞厚街“大综管”模式和中山网格管理社会化工作经验，印发《关于进一步规范乡镇街道消防安全网格化管理的意见》，强化对“小火亡人”多发场所的巡查管控。省公安厅印发通知，强化基层派出所消防工作，确保火灾形势持续平稳。打造覆盖城乡的“广东消防公益宣传平台”，累计刊播消防安全提示信息3000余万条、公益广告1200余万条。组建省、市、县、乡四级消防讲师团，聘请3213名消防讲师，“面对面”培训超过100万人次。构建消防科普教育基地网络，建成269处县级以上教育基地并定期开放，经验做法被消防救援局推广。

三、聚焦实战、加快转型，提升打赢制胜能力

按照应急救援主力军和国家队标准，开展全员练兵、实战练兵、科技练兵，完成国家地震救援广东大队建设，组建省级特种灾害救援队，筹建空勤、高层、石化、水域、山岳专业队和重型工程机械队，探索实践预置力量等指挥作战机制，开展“高低大化洪”导调式实战演练，大陆、港、澳消防部门联合开展港珠澳大桥应急救援实战演练。结合粤港澳大湾区建设和乡村振兴战略，新建乡镇政府专职消防队89支，新征召政府专职消防员1585人；升级微型消防站3.9万个，织密火灾防控最小单元，城乡抗御火灾整体能力持续提升。树立“人员实装实训、装备实测实练、战法实操实演”理念，开展全员普训、岗位培训、基地轮训、尖兵特训，实施常态化体能技能达标、特种装备操作应用、班组技能及合成操法训练。固化周例操、月会操、季度抽查、阶段考核等机制，开展3次总队级比武竞赛。修订完善类型灾害事故处置规程及响应指南，深入推进高层建筑和大型城市综合体灭火救援课题研究，提升攻坚打赢能力。全年全省消防队伍共接警出动10.4万起，出动指战员109.1万人次，抢救疏散被困群众6.3万人，圆满完成汕头洪涝灾害抢险、抗击超强台风“山竹”等重大抢险救灾任务。

四、坚持夯实基础、进挡提速，强化后勤保障能力

全省地方消防经费突破50亿元，经费总量居全国首位。全省21个支队、188个大队全部落实年人均7.6万元、5万元公用经费保障标准。加快现代化装备建设步伐，全年投入装备建设经费15.9亿元，举办全省消防队伍首届装备技能比武，建立跨区域综合保障演练机制，推动实现“精准调度、精准投送、精准救援、精准保障”。采用市场租赁方式，为欠发达地区的183个专职消防队配备219辆消防车。提速训练基地建设进度，全省落实训练基地建设用地1751亩，同比增长124%。国家陆地搜寻与救护（广东）基地基本完工，省灾害救援模拟训练设施项目完成研究论证，3个区域模拟训练设施、12个支队级训练基地建设顺利完工，11个支队按照100亩标准落实建设用地。按照“岭南特色、现代气息、职业功能、国际一流”标准，投入24.2亿元，新建城市消防站114座，改造消防站31座。省消防总队战勤保障工作经验在全国消防队伍战勤保障工作会议上作介绍。

第二十章 广西壮族自治区消防救援工作

一、党政统领，落实消防安全工作责任

自治区党委书记鹿心社、主席陈武等领导多次听取消防工作汇报，作出批示指示，带队调研检查消防工作。自治区政府开展2017年度市级政府消防工作考核，召开2018年全区消防工作会议，与14个地级市、29个厅委办局签订目标责任书；举办宣传贯彻《消防安全责任制实施办法》培训班，召开村寨火灾防控工作约谈会，督促加强村寨防火工作。自治区人大、政协分别将少数民族村寨、午托机构安全管理列为代表建议和提案范围。自治区安全生产委员会组织对重点行业领域、重点企业开展消防安全和安全生产主体责任专项巡查。自治区政府颁布实施《木结构房屋连片村寨消防安全规范》，桂林市政府出台《桂林市中小旅馆（含民宿、农家乐）消防安全管理办法（试行）》，玉林市政府常务会审议通过《玉林市高层建筑消防安全管理规定》。自治区民政、教育、住建、卫健等部门分别开展养老机构、学校、在建工地、医院等场所火灾隐患专项治理；卫健、住建部门分别举办全区卫生系统、建筑施工工地安全标准化现场会；消防、文旅部门联合开展博物馆和文物建筑消防安全大约谈、大检查，印发《广西旅游民宿场所消防安全管理办法》；教育、工商等部门联合制定《广西校外托管机构管理暂行办法》；公安部门修订出台《广西公安派出所消防监督检查规定》；发改委、人民银行等单位依托公共信用信息平台，对300多项消防安全不良信息实施联合惩戒。全区消防安全重点单位全部落实“六加一”措施和“户籍化”管理，值班操作人员持有职业技能鉴定证书率达95%。组织20家驻桂央企、21家大型连锁集团召开消防工作座谈推进会，推动单位自管自防措施落实。

二、强化治理，净化社会消防安全环境

自治区政法委将消防工作纳入“雪亮工程”范围，92%的街道、乡镇消防安全网格实现规范化管理，定期发动12万名综治网格员开展防火巡查，提高基层末端管理能力。推进城乡消防规划编制工作，14个设区市、8个县级市、65个县、79个重点镇、634个建制镇全部完成消防专项规划（专篇）编制。对1.1万个重点单位微型消防站、1562个街道社区微型消防站开展检查，定期调度指挥，完善“建、管、训、用”工作机制。南宁、柳州、桂林、钦州、玉林、贵港等市将“智慧消防”纳入“智慧城市”建设内容，南宁市积极推进城市物联网远程监控系统建设。部署开展春夏火灾防控、电动自行车、大型商业综合体、人员密集场所、冬春火灾防控、群租房和“三合一”场所等专项治理行动，深入推进18家自治区级和151家县（市、区）级重大火灾隐患单

位整改工作，督促1225家火灾高危单位开展消防安全评估，对全区养老机构、幼儿园、寄宿制学校、校外托管机构、文物古建筑、城市标志性建筑、群租房和“三合一”场所进行排查。全年全区消防部门共检查单位44万家，督促整改火灾隐患73.6万处，行政处罚单位9146家，临时查封单位5420家，责令“三停”4390家。自治区教育、民政、住建、文旅、卫健等部门将消防宣传列入行业部门绩效考核内容，全区99个消防科普教育馆开展消防宣传活动6000余次，109辆消防宣传车开展活动8000余次，社会公众参与人数达60万人次。自治区消防总队与顺丰、邮政、美团等公司开展“防患于未然”公益骑行、“平安快递进万家”等活动，与新华社广西分社在100余个《新华影廊》宣传栏联合开展消防图展。

三、实战牵引，增强综合应急救援能力

全区消防队伍开展“大练兵、大培训、大演练、大比武”活动，联合交通、公安、卫健、民政等部门开展高层建筑、高铁事故、石油化工、防汛抗洪等灭火救援准备专项行动，举办石油化工、超高层建筑、大型城市综合体、地震等跨区域综合实战演练。完善高层建筑“一楼一档”1.5万份、大型石化“一厂一册”196份、高铁（地铁）列车处置预案106份，测试各类举高消防车1207辆次、器材装备1.1万次。全区分类组建水域、高层、石油化工、交通事故等专业救援队伍89支，所有政府和企业专职消防队、微型消防站统一纳入消防部门接处警调度体系。新征召政府专职消防员948人、消防文员292人，1767名专职消防员取得职业技能鉴定合格证书。全年全区消防队伍共接警出动1.8万起，抢救疏散被困人员1.4万人，保护财产价值10.7亿元，圆满完成越南芒街“4·4”天虹公司火灾扑救、桂林市“4·21”鲁家村龙舟翻舟事故救援等急难险重任务，圆满承办第二届东盟地区论坛城市应急救援研讨班。自治区消防总队代表队在韩国第13届世界消防竞技大赛中取得3金2银4铜的优异成绩，并荣获“最佳风尚奖”。

四、夯基固本，提升后勤综合保障能力

全年全区落实地方消防经费19.6亿元，同比增长5%。自治区本级拨付北部湾沿海城市灭火救援能力建设专项资金1.4亿元，并获批法国开发署6000万欧元贷款项目。投入装备建设经费5.7亿元，同比增长13%，新购消防车171辆、个人防护装备5.3万件（套），其中，新购进口消防车127辆，同比增长150%。全区特勤消防站和普通消防站装备配备达标率分别达100%和80%，消防战勤保障装备和物资应急储备达标率达100%。占地面积110亩、总建筑面积约2.5万平方米的省级灭火救援物资储备及装备维护中心主体封顶，占地面积456亩、总建筑面积3.6万平方米的消防总队水域救援训练设施项目完成征地，取得规划选址意见书。全区建成投入使用的消防站总数达191座，13个支队训练基地、战勤保障大队开工建设。

第二十一章 海南省消防救援工作

一、政府主导，落实消防工作责任

省委书记刘赐贵、省长沈晓明多次就消防工作作出批示指示，带队开展调研检查。省政府出台《海南省消防安全责任制规定》，将消防工作纳入领导班子和领导干部政绩考核评价体系，逐级签订消防工作目标责任书，组织开展消防工作考核，将考核结果纳入绩效考核重要内容。省政府将消防安全工作纳入海南自由贸易区（港）建设、城市安全发展和乡村振兴战略等重大战略部署中统一推进，消防法规标准、基础设施建设、风险管控、隐患治理等纳入城市安全发展实施意见，完善城市消防功能纳入生态修复城市修补工作三年规划。省消防安全委员会发挥组织协调和指导作用，20个部门开展本行业消防隐患治理和宣传培训工作，18个部门将消防安全纳入日常抽查检查范围，省公安、规划、国土、住建等部门联合出台《关于加强小型消防站等公共消防服务基础设施建设的意见》，省教育、卫健、民政、住建、文旅等重点行业系统持续开展消防安全标准化管理达标创建活动。实施《城市地下综合管廊消防安全技术规程》《建筑消防设施检测技术规程》《海南省大型展览活动布展消防安全要求》等标准规范。全省召开2次电气火灾联席会，推动棚户区、老城区电气改造，更换老旧电表箱10万余个，安装电气检测装置2000余个。全年全省共发生火灾1170起，亡8人，伤1人，直接财产损失3655万元，未发生较大以上火灾事故，消防安全形势持续稳定。

二、综合施策，强化社会火灾防控

紧盯“一高（高层建筑）、二电（电气火灾、电动自行车）、三屋（出租屋、群租屋、简易棚屋）、四大（大型化工企业、大型活动场所、大型人员密集场所、大空间大跨度建筑）”防控靶心，开展博物馆和文物建筑、大型商业综合体、电动自行车、电气火灾等消防专项治理。全年全省消防部门共检查单位8.4万家，督促整改火灾隐患8.3万处。推进消防安全标准化管理，省消防、文旅、教育和民政等部门联合出台文物单位、学校、社会福利机构等场所消防安全标准化管理规定，细化行业日常消防安全管理制度；制定电动自行车停放充电场所消防安全标准要求，规范集中停放场所及充电设施建设，全年未发生电动自行车火灾亡人事故；开展城市地下综合管廊等火灾防控技术研究，完成2个科研项目省级立项。深化消防“放管服”改革，省消防、住建部门联合出台《海南省施工图设计文件联合审查办法（暂行）》《建设工程消防设计形式审查实施办法（试行）》，推出7项“放管服”具体措施，推行消防形式审查，缩短审批时限，简化审批程序，服务经济发展。拓展宣传教育渠道，开展“消防宣传进万家”“全民消防我行动”、“119”消防宣传月等主题宣传活动，消防部门与美团点评集团建立战略合作关系，日均消防宣传受众达 15 万人次；建成 38 个消防安全宣传示范社区，征召 400 余名社区消防宣传大使，覆盖超过 10 万户家庭；实施旅游全程式消防宣传，百万入岛游客得到全方位消防安全提示。

三、立足实战，推进队伍转型升级

组建国家水域救援三亚大队，建强高层建筑、大型城市综合体、石油化工、地震、山地水域等五大类专业救援队伍，构建空中、陆地、地下、水域“四位一体”灭火救援体系。成立省、市两级应急通信保障分队，配齐“动中通”卫星指挥车、通信保障车、卫星电话、小型无人机、4G 单兵图传、4G 布控球、350 兆对讲机等装备，强化无人机、卫星电话、卫星便携站等应急通信演练。狠抓实战化训练，以冬训、夏训为抓手，采取“中队每周一考、片区每月一赛、总队随机抽考”制度，开展基层指挥员及危险化学品事故处置、水域救援、车辆装备等培训，开展大型城市综合体救援、船舶灾害事故应急救援、水域山岳救援和近海水域救援等实战演练。成功处置海口“8·1”仓库火灾、“12·24”东线高速 18 吨 LNG 槽车泄漏、“艾云尼”“贝碧嘉”“山竹”台风等事故灾害，圆满完成博鳌亚洲论坛 2018 年年会暨海南建省办经济特区 30 周年庆典活动等重大消防安保任务，实现全省连续 5 天、琼海市连续 15 天、博鳌地区连续 25 天“零火灾”目标。

四、固本强基，提升综合保障能力

全省落实地方消防经费 6.8 亿元，同比增长 13%，其中基本支出经费预算收入 2.7 亿元，超额完成 24%。全省新购消防车 66 辆、装备器材 3.6 万件（套），新开工建设消防站 17 座、建成投入执勤 15 座。省消防总队组织开展“小革新、小发明、小创造”活动，强化创新装备成果转化应用。组建 3 个特别重大灾害应急响应现场指挥部后勤保障编组，与省“三防办”（防风防汛防旱办公室）、省交通运输厅建立紧急物资运输联动机制，与社会联保单位签订协议 120 余份。

第二十二章　重庆市消防救援工作

一、推动落实消防安全责任

市委常委会、市政府常务会4次研究审议消防安全重大问题，市消防安全委员会4次约谈消防安全重点单位和重大火灾隐患单位消防安全负责人。市、区（县）两级分别召开年度消防工作会议，将消防工作纳入社会管理综合治理、安全生产考核和政务督察重要内容。市政府在国务院2017年度省级政府消防工作考核中获评“优秀”等次。市工商、质监、电力等部门联合开展为期3年的电气火灾综合治理，文旅、文物部门开展博物馆和文物建筑消防安全大检查，城管、国土部门部署开展“守护生命通道”专项行动，住建部门对施工现场开展清查整治。全市8915家消防安全重点单位全部明确专职消防管理人，逐一落实“六加一”火灾防控措施。2770家火灾高危单位及易造成群死群伤的人员密集场所、出租房、施工现场等8类高风险场所自主开展消防安全风险评估，落实更加严格的人防物防技防措施，社会单位自主管理能力进一步提升。

二、提升城乡火灾防控水平

以高层、地下、易燃易爆、人员密集、养老机构、文物古建筑、群租房等高风险场所为重点，以博物馆和文物建筑、大型商业综合体、电动自行车等消防安全专项行动为抓手，综合运用法律、行政、经济等手段，强力推进火灾隐患排查整治。全年全市消防部门共检查单位28.4万家，督促整改火灾隐患56.9万处，下发责令改正通知书23.5万份，整改销案重大及区域性火灾隐患77处。推进消防民生实事工程，全市累计投入9434万元改造老旧居住建筑消防设施1982幢，投入1400万元为480万城乡居民购买家庭火灾保险，投入1100万元在“老幼古标”建筑、群租房等高风险场所推广安装简易喷淋255套、独立式感烟探测器4.9万个，投入3000万元将高层建筑和电气火灾综合治理中“三无”高层居住建筑火灾隐患整治以及棚户区、少数民族村寨、城中村电气线路改造等纳入政府购买公共服务范畴。组织“119”消防宣传月系列主题活动，开展“志愿服务季”“最美消防志愿者”和“消防安全示范课评比”等主题活动，联合腾讯大渝网、新浪重庆、华龙网开辟网上消防直通车、举办消防大讲堂、播报典型火灾案例，利用88个官方微博平台定期推送消防安全常识，涵盖超1000万人次。全市各级主流媒体开设消防专栏41个，刊发消防类信息1.2万条，曝光重大火灾隐患180余处。分批组织党政干部、行业部门和重点企业负责人开展消防培训25万人次。全年全市共发生火灾5016起，亡39人，伤24人，直接财产损失8732.7万元。

三、优化社会消防安全环境

针对消防改革7项重点任务，出台

落实消防行政审批提速、行政许可标准化等12条具体措施。创新消防监督执法模式，自9月1日起取消所有消防设计审核和备案抽查，将消防验收纳入住建部门联合验收范畴，全面推行监督检查“双随机一公开”（监管过程中随机抽取检查对象，随机选派执法检查人员，抽查情况及查处结果及时向社会公开）工作机制。主动服务民营经济发展，建立技术服务、工作回访等制度，全年共召开企业座谈会452次，走访民营企业3065家，提供技术服务7244次。推进消防大数据实战应用平台建设，构建以“一库四应用”（消防大数据库，消防基础管理信息系统、灭火应急救援决策与行动支持系统、火灾预防预警系统、消防综合服务系统）为核心内容的消防大数据实战应用平台，城市消防远程监控系统覆盖全市41个区县。

四、提高队伍攻坚制胜能力

建设高层、地下、大型商业综合体、石油化工等8类64支攻坚专业队和国家水域、地震救援重庆大队。修订完善抗洪抢险等专项预案和灭火应急救援类型力量编成，编制多层、高层建筑火灾和危化品槽车泄漏事故初战展开程序，常态化开展“全过程、全要素”灾害事故处置实战演练和实战科目演示。完成消防救援局车辆及公路隧道灭火应急救援课题研究，承办全国消防救援队伍绳索救援技术专题研讨会和基层指挥员及班长骨干培训班，获得第二届东盟地区论坛城市应急救援研讨班消防运动会团体第二名。加强消防信息化建设，明确总队、支队、大队、中队应急通信保障人员组成、职责任务、运行机制，编制总队、支队级8类灾害事故应急响应通信保障工作规程。按照总队本级“1+2+X”通信保障模式，开展城市重大灾害事故和地质性灾害事故救援应急通信系统和公网集群系统建设，全市增配移动指挥车1辆、通信保障车7辆、无人机40架、城市重大灾害事故和地质性灾害事故救援应急通信系统3套。

五、加强消防基层基础工作

健全完善城乡消防安全基础，全市所有区县、重点镇、市级中心镇完成消防专项规划编制，投入9158万元新建市政消火栓4007个、消防取水设施164处，新建乡镇专职消防队22支，征召政府专职消防员1223人，建成消防安全重点单位和社区微型消防站1.2万个，配备微型消防站消防员7.1万人。稳步推进消防重点项目建设，建成投入使用国家陆地与搜寻救护（重庆）基地四期工程和4座消防站，完成国家陆地与搜寻救护（重庆）基地五期工程主体施工，加快全市5个消防指挥中心、25座消防站、8个支队训练基地以及三峡库区综合应急救援指挥中心和4个综合应急救援大队项目建设。优化装备配备结构，落实灭火救援装备建设发展三年规划，配齐配强各类消防主战装备，新购大跨度举高喷射消防车、大流量远程供水泵组等消防车86辆、器材装备4.2万件（套），完成4艘消防船（艇）招标工作。强化战勤保障，新建复盛和万州2个大型特种装备战勤保障基地，打造大型破拆、排烟、起重、牵引、挖掘、机器人、无人机和远距离供水泵组等特种装备集结地，在石化企业集中的长寿、涪陵等地建设7个泡沫灭火剂储备点，建立与干粉、河沙、水泥等灭火剂及应急保障物资供应单位联储代储紧急调用机制，常态化储存泡沫液1300吨。

第二十三章　四川省消防救援工作

一、落实责任，构建齐抓共管工作格局

省委、省政府主要领导专题听取工作汇报，多次组织召开会议研究部署消防工作，带队检查消防安全。省、市、县三级政府全部召开消防工作会议，省政府首次印发全省消防工作要点，对各市级政府消防工作进行考核。省政府对重大火灾隐患整改不力的5个市级政府主要负责同志进行约谈。综治部门将消防网格化管理纳入社会治安综合治理平台，发动全省7万余名手持终端网格员群体上线运用，设定优秀消防网格员和突出贡献单项奖，通过“以奖代补”方式给予网格员消防工作奖励津贴。省消防安全委员会组织行业部门召开联席会6次、座谈会6次，组织召开消防安全重点单位示范化建设现场会、消防安全重点单位培训会、省内大型企业和跨区域连锁企业约谈会等，推动党委、政府和行业部门、社会单位落实消防安全责任。

二、综合治理，净化全省消防安全环境

开展冬春火灾防控、春夏火灾防控和电动自行车等消防安全专项行动，重点突出人员密集、易燃易爆、“三合一”、群租房、老旧住宅和藏区寺庙“六类场所”，部署开展村（居）民住宅、仓储物流企业等行业领域专项整治，全面摸清底数，建立隐患台账。打造公共娱乐、商场市场、宾馆饭店、医院、学校等5类示范单位，以点带面提升单位消防安全管理水平。召开消防工作“放管服”改革现场会，出台“放管服”改革15条措施，推出异地受理、容缺后补、预先服务和公开承诺等机制。创新社会单位自查评火患风险、机构交叉互查评执业能力、部门监管核查评诚信指数的“三查三评”模式。专题研究摸排全省大型商业综合体消防安全现状，针对性地开展整治提升。研发全省博物馆和文物单位GPS数据系统，实现基本情况一网通，同步成立21个工作组，对185家文博单位开展全方位交叉检查，督促隐患整改。全年全省消防部门共检查单位场所42.4万家，督促整改火灾隐患77.3万处，责令“三停”4858家，整改销案56家重大火灾隐患和24处区域性火灾隐患，省消防总队连续4年被省政府评为“安全生产工作优秀单位”。

三、强化宣教，提升全民消防安全意识

省委、省政府领导带头参与灭火演练，省委党校（行政学院）将消防安全教育纳入党政干部培训内容。省消防安全委员会、省人力资源社会保障厅联合设立四川119消防奖，表彰107个先进集体和114名先进个人。宣传、民政、公安、教育等部门联合部署开展“119”消防宣传月、“减灾兴川文化月”、暑期消防安全教

育行动等活动。部署“春雷”“夏安”专项宣传行动，在全国“两会”“5·12防灾减灾日”、“119”消防日等重要节点，集中开展声势浩大的消防宣传活动。制定“全民消防我行动”公益计划，各地采用名人代言、品牌融入、媒体联动等方式扩大消防宣传覆盖面和影响力。开设抖音、快手、西瓜视频等新兴媒体宣传渠道，消防主题微电影《浴火重生》荣获中国金鸡百花电影节“优秀作品奖”。

四、立足转型，提升队伍攻坚克难能力

依托成都、攀枝花、绵阳市消防支队组建3支国家地震救援队，在全省组建危化品等7类典型灾害事故专业处置队和20支高层建筑火灾扑救专业攻坚队。配齐建强潜水员、冲锋舟操作手以及地震救援、水域救援、绳索救援、危化品处置、道路交通事故救援等专业救援队，同步推进各岗位消防员职业鉴定工作。整合组建建筑、水利、地质、危化品等行业领域专家团队，构建完善联勤联动、遂行出动、联合研判等工作机制。在四川7个地震断裂带相关城市完成固定翼、六旋翼无人机布点工作，消防部门与航空公司签订战略合作协议，开辟直升机空中运输通道，解决快速投送难题。立足六大战区救援实际，开展仓储物流企业、石油化工场所、大跨度大空间场所灭火救援等实战演练。省消防总队按照“无预案、无预告、无推演、通信全中断”的作战假想，历时1个月组织五大战区开展纪念“5·12”地震“进击”系列跨区域地震救援拉动。设置300万元训练专项奖励基金，开展片区体技能对抗比赛。集成四大网络八大系统搭建“天地一体、横纵互通”的实战化指挥体系，开展公网全中断状态下应急通信实战拉动演练。全年全省消防队伍共接警出动8.8万起，出动消防车12.5万辆次、指战员63.5万人次，抢救疏散被困群众5.5万人，保护财产价值4.3亿元，圆满完成达州“6·1”好一新商贸城火灾扑救、白格“10·11”“11·3”堰塞湖救援、西昌“10·31”5.1级地震救援、泸州“12·9”叙永山体滑坡救援等急难险重任务。省消防总队代表队在韩国第13届世界消防竞技大赛中获4金4银2铜。

五、聚焦发展，夯实后勤综合保障根基

加快省级综合应急救援训练基地和成都、川东、川南、川北、攀西区域性训练基地建设。省财政对经济欠发达地区年度装备补助资金1400万元。全年共投入装备经费7.3亿元，新购各类消防车211辆、器材装备12万件（套），配备消防船艇432艘、无人机33架。投入消防信息化建设经费约1亿元，完成两大应急通信系统、“动中通”卫星指挥车等11个项目建设，开展350兆/800兆对讲机及配件、4G单兵图传等6项通信保障建设。全省消防队伍组建22个地震灾害救援快速反应模块，配齐“猎豹”“猎隼”等各类应急抢险突击队高精尖装备。全省战勤保障体系集中储备泡沫灭火剂998吨，配备战勤保障车辆187辆，储备应急物资1.7万件（套）、器材装备7.5万件（套）。

第二十四章　贵州省消防救援工作

一、抓防控、保稳定，改善消防安全环境

省政府召开全省消防工作会议，部署工作、分解任务，严格落实国务院办公厅《消防安全责任制实施办法》，明确省、市、县、乡、村五级责任链条，严格责任追究，全年全省共有19名地方干部受到党纪、政纪处分，16名干部被撤职、停职。省政府将农村消防工作纳入“乡村振兴”战略规划，全省2835个重点村寨落实“一对一”包保措施，478个重点村寨消防综合管控系统全部建成投入使用，黔东南州309个传统村落完成消防安全改造，全省连续3年未发生30户以上连片村寨火灾。深入推进部门联合监管模式，41个行业部门部署加强本行业、本系统消防工作，集中开展医疗卫生机构、施工现场、文物古建筑等9个消防安全专项整治行动，督促整改隐患2.3万处。以民政、教育、卫健、文物4个行业部门为重点，部署开展消防管理示范建设，培树行业标准化管理样板典型200余个，对全省109处重大火灾隐患、230家单位进行曝光整改。持续开展消防安全重点单位“四个能力”和一般单位“一懂三会”达标创建，扎实开展“万人消防安全大约谈大培训”活动。推进“智慧消防”建设，全省1200余家社会单位使用智慧用电安全管理系统，消防大数据建设成果被消防救援局向全国推广。强化消防宣传教育，组织传唱苗族、侗族、水族、布依族“四首防火歌”，开展“消防安全大宣传”“全民消防我行动”等公益活动。全年全省共发生火灾4650起，亡37人，伤27人，直接财产损失8836.8万元。

二、抓练兵、谋打赢，增强队伍实战能力

省消防总队党委定期专题议训研战，成立训练工作专班，组织骨干示范教学，制定执勤训练工作奖惩规定，加大练兵督查、考核、问效力度，确保训练时间、人员、内容、效果“四落实”。加快山岳洞穴救援国家队建设，组建10支高层建筑灭火救援专业队和13支典型灾害事故处置专业队，采取“基地轮训、驻厂培训、岗位特训”模式开展专业培训。开展高层建筑、危化品、地质灾害等灭火救援课题研究，深化全省消防队伍危险化学品事故处置实战演练、典型战例研讨、水域救援专题讲座，开展熟悉4668次、演练4246次，修订完善灭火救援预案5475份，开展战例研讨12次、战训大讲堂19次。举办全省消防队伍冬季比武竞赛、执勤岗位练兵比武竞赛、夏训片区比武对抗竞赛以及冬训考核等活动，检验练兵成效。建立灭火救援前后方指挥运行机制，确保第一时间集中优势兵力“灭早、灭小、灭初期”。新建政府专职消防队164支、企业专职消防队5支，征召专职消防员1120人。全年全省消防队伍共接警出动1.8万

起，出动消防车 3.2 万辆次、指战员 18.5 万人次，抢救疏散被困人员 3.2 万人，保护财产价值 4.2 亿元，圆满完成“1·26”鸭池河大桥百车相撞、黔西南“6·10”晴隆天然气管道爆燃、黔西南“12·23”义龙新区厂房坍塌事故等应急救援任务。

三、抓基层、打基础，牢固事业发展根基

全省落实地方消防经费 11.4 亿元，其中，省级财政安排战勤保障物资储备、农村村寨防火、“智慧消防”大数据建设专项经费 7600 万元。编制《2019—2021 年灭火救援装备建设发展规划》，投入 2.8 亿元新购各类消防车 95 辆、器材装备 4.8 万件（套），推动全省消防队伍装备结构提档升级。投入 8000 万元加快推进战勤保障体系建设，以贵阳、黔南、六盘水为中心，支队级战勤保障大队为支点的应急战勤保障体系初步建立。新开工建设 11 座消防站，完成 4 座消防站主体工程建设。

第二十五章　云南省消防救援工作

一、党委、政府重视，优化消防发展环境

省委、省政府高度重视转制期间消防工作和队伍建设，全力支持消防改革。省委书记陈豪、省长阮成发等领导多次就消防工作作出批示，省长阮成发主持召开省政府常务会专题传达习近平总书记重要训词精神、研究消防改革事宜，调研消防工作和队伍建设、批示支持消防发展。省政府研究出台《关于进一步加强政府专职消防队伍建设的实施意见》等政策文件，推动云南消防事业快速发展。全省州、县两级500余名党政领导出席消防救援队伍迎旗授衔和换装仪式，带队开展调研检查。

二、强化综合防治，稳定全省火灾形势

积极宣传贯彻《消防安全责任制实施办法》，省委、省政府连续11年将消防工作纳入全省综合考评和政务督查。坚持“两个严防、一个持续改善”（严防群死群伤火灾、严防有影响的火灾，持续改善农村地区火灾多发态势）基本思路，坚持问题导向、源头治理、排查整治、除患务尽，严管严控“高低大化”高危单位和“老幼古标”敏感场所，持续开展电动自行车、电气火灾、大型商业综合体等综合治理，加强博物馆和文物建筑及“城中村”、出租房等不托底场所专项治理。各级政府累计投入2.7亿元，按照“一城一策、一项一策”推动81座历史文化名城（镇村街）、502个中国传统村落及所有国家级、省级文物完成消防达标，推动98%的重点单位完成消防安全标准化管理达标创建，培训29.4万名行业部门、社会单位“明白人”，发展培养8700名消防“代言人”，72%的中小学校实现消防安全“四有”（有教材、有师资、有课时、有场地）。全年累计整改销案重大火灾隐患单位161家，督促整改火灾隐患68.2万处。全年全省共发生火灾6735起，亡85人，伤26人，直接财产损失1.1亿元，未发生群死群伤重特大火灾事故，消防安全形势总体稳定。

三、推动队伍转型，提升救援实战能力

围绕“全灾种、大应急”任务要求，优化地震轻（重）型救援队战斗编成，组建快速反应分队和通信前突分队，联合国际搜救教练联盟举办山岳、水域救援培训班，选派骨干赴法国开展救援技术学习交流，分期集中轮训全省169个消防中队552名指挥员和班长骨干。紧盯“高低大化”场所和云南主要灾害类型，开展高层、地铁、石油化工、大跨度大空间火灾和滇池水域救援实战演练。省政府组织开展“担当·2018”地震救援跨区域实战演练，省消防总队与云南省防灾减灾智库、云南财经大学合作开展课题攻关。全

年全省消防队伍共接处警1.5万起，出动指战员14.3万人次，抢救被困人员3870人，保护财产价值2.8亿元，圆满完成玉溪“8·13”通海地震、文山“9·2”麻栗坡特大山洪泥石流、普洱“9·8”墨江地震、“11·3”金沙江堰塞湖泄洪等灾害事故处置工作。

四、坚持固本强基，加强消防基础建设

全省地方消防经费稳步增长，新购各类消防车76辆、器材装备3.4万件（套），为基层消防队伍调试配发116部北斗定位终端和1.2万件（套）个人防护装备，所有执勤消防中队车辆装备达标。全省建成并投入执勤24座普通消防站和28座小型消防站，15个消防支队战勤保障大队及13座训练基地营房基本完工。290辆战勤保障车辆及17万余件（套）战勤保障器材、油料药剂配备到位。新建市政消火栓4126个，推广安装独立式火灾报警器9265个。全省132支乡镇专职消防队完成公益类事业单位法人登记，181名骨干人员纳入地方事业编制。

第二十六章　西藏自治区消防救援工作

一、消防安全责任层层落实

自治区党委、政府主要领导 8 次召开专题会研究解决重大消防安全问题，15 次带队检查消防安全工作。162 名县处级以上党政主要领导带队检查消防工作，600 余名党政领导和县处级干部走进消防队站参与培训授课。区、地、县三级政府逐级召开消防工作会议，签订消防安全目标管理责任书。健全完善消防工作联席会议协调机制，召开专题会议 99 次，印发各类文件 137 份，常态化约谈行业主管部门和消防安全重点单位。部署开展春夏火灾防控、冬春火灾防控、大型商业综合体等消防安全专项整治，持续加强电气火灾、寄宿制学校、电动自行车等消防安全专项治理。各级行业部门部署开展 12 个消防安全专项行动，开展各类联合检查 4000 余次，督促整改火灾隐患 1 万余处。大力落实社会单位消防安全“七个一”措施（约见一次单位法人、签订一份消防安全承诺书、开展一次内部自查、对建筑消防设施进行一次维保、组织一次全员培训、开展一次全员应急演练、对寺庙开展一次现场指导），社会面消防安全形势基本稳定。全年全区共发生火灾 110 起，连续 16 年未发生重特大火灾事故。

二、消防安全环境持续优化

深化寺庙消防工作，坚持分级指导、分类整治，形成安全评估报告 478 份，提出隐患整改意见 2000 余条，各级政府落实文物安全建设经费 4900 余万元，建设消防水池及水泵房 76 处，改造电气线路 798 处，减少或规范设置酥油灯 9000 余盏，新配灭火器 8946 具，创新推广 WiFi 串联式独立感烟探测器和灭火球，启动西藏文物建筑“智慧消防”预报警系统应用研究和冷光灯源、“供奉圣水”代替“供奉油灯”项目，在户外煨桑炉、焚香点推广安装拦火圈、炉灰防护堤等，降低寺庙文物古建筑火灾风险。推进消防宣传“九进”（进机关、进学校、进社区、进企业、进农村、进家庭、进网站、进寺庙、进高层）、“全民消防我行动”及“119”消防宣传月活动，设置消防安全宣传点 1468 个，发放宣传资料 60 万份，利用区内外 36 家新闻媒体、17 个新兴媒介、3700 余个固定（移动）传媒每日轮播消防公益短片广告，开设消防安全专版、专栏、专题网页 74 个，刊发稿件 2 万余篇（条）。创新开展“消防宣传卡随件送”“消防安全知识有奖竞答”“我与消防的故事”有奖征文及首届 119 消防奖评选等活动。投入近 80 万元开展寺庙消防安全“四个能力”（检查消除火灾隐患能力、组织扑救初期火灾能力、组织人员疏散逃生能力、消防宣传教育培训能力）唐卡创作和消防宣传培训外包。全年全区共检查单位场所 7.8 万家，督促整改火灾隐患 6.1 万处，责令“三停”143 家，临时查封 87 处。

三、攻坚打赢本领持续提升

自治区消防总队6次召开专题会议，研究解决涉及实战训练、力量编配和装备配备等11个重大事项，制定印发执勤岗位练兵实施方案、考评细则5份，编发灭火救援行动规程、自然灾害应急救援预案、公务执勤规范等指导性文件8份。结合高原气候和辖区灾害类型特点，针对性部署开展夏训、冬训工作。组织416名消防员开展灭火救援岗位职业技能鉴定，通过率达96.3%。推进国家高山救援拉萨大队组建，专门派员前往羊八井高山训练基地、廓琼岗日冰川公园洛堆冰山进行实地踏勘、调研学习和驻点轮训。以“一高一庙一车一道”（高层建筑、寺庙、危化品槽车、隧道）为重点作战对象，形成综合性调研报告11份，在最短时间内消除舟艇驾驶无资质、隧道灭火无手段、远程供水无装备3个“空白点”。全区消防队伍开展“六熟悉”7200余次，修订完善各类灭火救援预案2200余份，编制完成35份数字化预案，对全区1224家寺庙文物古建筑灭火进行供水测试，开展“砺剑·2018”跨区域地震应急救援实战拉动演练、“雪域雄鹰·2018”军民融合应急投送和隧道灭火救援等实战演练3000余次。推进消防实战化指挥平台与西藏政务云平台共享结合，全区64座新建消防队站完成接警中心建设和应用培训任务，消防总队与中国电信西藏分公司签订应急通信保障合作协议，全区消防队伍完成公网集群通信系统建设，同步开展三级通信保障科目实操实训50余次，直调直报机制科目预考预演188家（次）。全年全区消防队伍共出动消防车6472辆次、指战员3.3万人次，成功处置应急救援任务292起，抢救疏散被困人员2021人，抢救财产价值3428万元。圆满完成全国“两会”、藏博会、3月敏感期以及“萨嘎达瓦”宗教活动月等重大政治经济活动、重要敏感时段和重大民俗宗教活动消防安保任务，顺利完成4次特大滑坡自然灾害抢险救援任务。

四、综合保障能力不断加强

全年全区投入行政经费1.9亿元、地方消防经费3.7亿元。自治区消防总队专题调研全区灭火救援基础工作20余次，投入1.4亿元购置水陆两用气垫船4艘、救援艇1艘、消防车23辆及装备器材9746件（套），装备经费投量同比增长近400%。投入3200余万元建设“两室一站”、公路隧道模拟训练设施和危险化学品槽罐车火灾泄漏事故处置训练设施，投入7500余万元加快取暖工程、部分基层单位营房、拉萨兵员转运康复中心等项目建设。

第二十七章　陕西省消防救援工作

一、落实消防安全责任制

省委书记胡和平、省长刘国中等领导多次就消防工作作出批示指示、带队开展消防安全检查。省委、省政府将消防工作纳入年度目标责任考核体系，省政府出台《陕西省消防安全责任制实施办法》，召开2018年全省消防工作会议，逐级签订消防安全目标责任书。各级党委、政府研究解决公共消防设施建设、消防经费保障、重大火灾隐患整治等瓶颈难题100余项。建立行业部门信息互通、会商研究、隐患函告、联合执法等联动机制，建立“四级约谈”机制，省消防安全委员会对各地级市政府（管委会）分管副秘书长、省级行业部门负责人、大型集团化和连锁型企业管理人等160余人开展《消防安全责任制实施办法》宣传贯彻培训，开展电动自行车、文物古建筑、大型商业综合体等专项联合检查910余次，检查单位1650家次，约谈下级部门和所属单位负责人2945人。建立完善风险应急处理机制，签订城中村火灾公众责任险，倒逼社会单位落实主体责任。

二、改善消防安全环境

以重大活动消防安保和专项行动为抓手，以人员密集场所、高层和地下建筑、节庆场所为重点，集中组织开展“零点夜查”行动。省消防安全委员会、省公安厅印发春夏火灾防控、冬春火灾防控工作方案，逐项明确责任清单、措施清单和时限清单，强力整治火灾隐患。省消防安全委员会挂牌督办90家重大火灾隐患单位，并在《陕西日报》等主流媒体公布曝光，社会消防安全环境持续改善。全年全省消防部门共出动监督检查人员229.4万人次，检查单位107.7万家，督促整改火灾隐患347.9万处，责令“三停”单位1.8万家，临时查封2.2万家。全年全省共发生火灾1万余起，亡61人，伤42人，直接财产损失1.2亿元，连续20年未发生重大以上火灾事故。

三、优化监督执法服务

省消防总队出台消防“放管服”改革实施意见，制定全面优化提升营商环境措施，推动消防执法工作简政放权、优化服务。消防、住建部门将消防设计审查纳入施工图审查，实行并联审查制度，对400余名从业人员进行消防技术审查业务培训。组织2轮消防执法质量考评，开展消防受理窗口服务规范化建设，提升消防监督执法服务质量。新措施实施以来，全省按时限要求办结各类行政审批6161项，其中，容缺审查项目955个，自贸区、保税区重点建设项目实现“一次性审批”35个，对西安丝路国际会展中心、榆林大型煤化工企业等省、市级重点工程项目提前介入服务1534家（次）。

四、增强消防安全意识

建强总队、支队两级消防宣教中心，出台应急宣传8项措施，消防和教育部门联合开展优秀消防安全示范课征集评选、“我是小小消防员”儿童消防绘画作文大赛和消防安全教育暑期专项行动，发动2000余所学校、上百万名学生参与。消防、文物部门联合开展“保文物平安·护丝路文明”行动，6702个文物古建筑和4.9万个文物景点及3A级以上旅游景区均设立固定消防宣传阵地。举办“流动科技馆进陕南”大型消防科普活动、“消防知识进社区·幸福生活进万家”社区电影巡映活动。省电视台、省交通广播电台开设5个消防固定专栏，全年在中央级媒体刊发消防稿件206篇、省级媒体刊发1302篇。“陕西消防”微信、微博平台关注人数突破120万人次。

五、提升队伍打赢能力

召开全省消防队伍夏训、冬训部署会，举办高层建筑灭火救援实战化示范演练现场会、训练课目示范会，开展全省夏训暨卫星消防站业务技能比武竞赛、专职微型站比武竞赛和支队级片区比武、区域体能对抗赛15次，组织全员夏训、冬训交叉考核，近3000名指战员参加比赛考核。加强队伍专业化建设，组建高层、地下、石油化工、大型城市综合体、山岳水域和公路隧道等7类13支专业队和151个专业攻坚组，创新战术操法11项，分批组织基层指挥员、山岳救援技术、特种设备应急救援等培训班。举行全省大跨度大空间、超高层建筑、煤化工、航空器、地震灾害事故等跨区域灭火救援实战演练5次，开展各类实地演练5977次。全年全省消防队伍共接警出动3.6万起，出动消防车5.5万辆次、指战员33万余人次，抢救疏散被困人员3.5万人，保护财产价值14亿元，圆满完成西安“6·22”南大街建设银行火灾事故、汉中“7·22”抗洪抢险等急难险重任务。

六、救援力量体系逐步完善

构架完善“微型消防站+政府专职卫星站+公安现役站+政府应急联动力量”的全省“1+3+5+X”消防力量体系，制定《卫星消防站建设技术规范》《专职微型消防站建设标准》，明确标准、规范管理。全省建成51个专职微型消防站、1.4万个微型消防站、204个卫星消防站、136支企业消防队、102支乡镇专职队和39支志愿队及其他民间救援力量，在岗政府专职消防员4443人、消防文员951人。坚持“科技强消”战略，省科技厅批准实施重点研发项目——重特大火灾事故现场信息动态感知与辅助救援系统；深度应用陕西消防力量云平台，共享“两客一危”监管、高德定位、高德室内地图和危化品事故处置查询平台等9个系统。加强应急通信保障工作，推进实战指挥平台建设，组织全省无预案应急通信拉动演练，为全省消防队伍配备应急通信保障车15辆、消防无人机34架、卫星电话230部、卫星便携站12台，执勤中队全部实现图传设备“一主一备”。

七、基础装备建设不断优化

贯彻落实《陕西省消防能力建设提振计划》，全省投入地方消防经费9.9亿元。制定装备采购计划，购置风暴排烟车、涡喷车、远程供水消防车等消防车115辆，防护装备1.6万件（套），灭火救援器材 1.7 万件（套）。组织关中东、关中西、陕南、陕北 4 个片区跨区域消防战勤保障实战拉动演练和西安运输保障队装备物资运输能力实战拉动。落实消防总队训练基地（二期）建设专项经费达 2.6 亿元，加快实现 3 个总队级战勤保障基地、7 个战勤保障大队实体化运行。全省建设公寓住房（含在建）1034 套。

第二十八章　甘肃省消防救援工作

一、坚持党委、政府主导

省委书记林铎、省长唐仁健多次听取消防工作汇报，参加消防重大活动，批示解决消防改革发展重大问题。省政协主席欧阳坚主持召开高层建筑消防安全协商座谈会，推动解决高层建筑消防安全突出问题。省政府将消防工作纳入政府目标责任考核体系，建立“年初专题部署、年中专项督导、年底专班考核”的消防工作常态化落实机制，加大约谈、督办和“两罪”办理力度。出台《消防责任制实施办法》《消防诚信行为信息管理规定》和《物业消防安全管理规定》等地方规章和规范性文件，进一步厘清各级政府责任清单、行业部门管理职责和社会单位人防技防要求。各级党委、政府和行业部门坚持主要领导每半年、分管领导每季度检查消防工作，切实形成高位重视推动、层层传导压力、逐级抓实责任的良好局面。全年全省共发生火灾8594起，亡6人，伤6人，直接财产损失3475.4万元，未发生较大以上火灾事故。

二、创新社会消防管理

突出消防安全重点单位“靶心”地位，持续深化示范管理创建活动，将全省消防安全重点单位分解至494名监督员，严格对照创建标准和检查验收细则，按照监督员每人每月创建1家，大队验收、支队核查、总队抽查的闭环管理模式，创建达标单位1.1万家，6392家重点单位100%完成创建。深化消防安全网格化管理，研发应用互联网版消防安全网格化管理平台，建立在线推送、动态留痕、全程可溯的闭环工作流程，分级发动1377个乡镇街道、1.4万个村组社区的4.3万名基层网格员，使用手机APP常态化落实巡查检查、宣传培训等工作，有效破解“小火亡人”难题。推行消防物联网配套维保模式，依法督促社会单位签订消防设施维保合同，构建消防部门、维保机构、消防控制室人员、社会单位“四位一体”闭环管理。全省消防安全重点单位维保率达97.5%、消防物联网接入率达98%，消防控制室值班人员持证率达60%以上，消防设施完好率大幅提升。扎实推进冬春、春夏火灾防控和电气火灾、高层建筑、电动自行车消防安全综合治理，加强人员密集场所、石油化工单位及宗教活动场所消防安全集中整治，定期分析火灾形势，持续加大监督执法力度。全年全省消防部门共检查单位28.4万家，整改火灾隐患58.2万处，临时查封2981处，责令“三停”2471家。

三、狠抓全员岗位练兵

扎实开展全省消防队伍全员岗位大练兵，出台训练工作奖惩“双十条”，通过每月考评通报、每季度比武竞赛、每半年全员普考、晋升前核查训练成绩等硬性措施，形成浓厚练兵氛围。研发灭火救援预案管理系统，将全省6300多家重点单位预案编制任务分解至595名战训干部，按照“中队编制、大队审核、支队审批、总队抽查”模式，层层审核把关，及时修订完善，提升预案质量，全省90%以上的消防安全重点单位完成数字化灭火救援预案制定。运用地理信息、三维建模等技术手段，创新编制高层建筑、地下空间、大跨度大空间场所、石油化工单位等重大危险源，以及地震、洪涝等自然灾害三维数字化预案，有效运用预案多元化功能设置灾情，开展指挥能力训练和“六熟悉”考核，提升指挥员指挥应变能力。依托各地特勤消防队伍，分区域建成石油化工、水域山岳、地震救援等专业攻坚队38支，分片区开展各类灾害事故救援跨区域实战拉动演练50余次。集中采购越野车42辆，模块化设计各种方舱，配备高度集成化的救援、指挥、通信装备和保障物资，选调精干人员组建应急救援快遣队，确保一旦发生重大灾害事故能够快速反应。全年全省消防队伍共接警出动1.4万起，出动消防车2.3万辆次、指战员13万人次，抢救疏散被困人员2万人，保护财产价值1.2亿元，圆满完成全国“两会”、上海合作组织青岛峰会、中非合作论坛北京峰会等重大活动消防安保任务及夏秋季陇南市暴洪灾害处置工作。

四、强化消防信息支撑

建成消防总队大数据运维中心和涵盖“一中心、七平台”的“智慧消防”大数据系统，汇集各类应用系统和基础数据，共享政府及行业部门平台信息，通过系统提取分析、可视化呈现，实现在线风险研判、预警提示、动态管理，全面提升火灾防控效能。结合消防“放管服”改革，研发消防政务服务平台，建立互联网与公安网数据交换平台，并嵌入省政务服务平台，将审核、验收、营业前检查等行政审批事项全部集成在互联网端，同步实施精简合并、容缺受理、一周办结等10项便民措施，实现“政务网端一网申请、办理进程实时推送、审批结果快递送达”的“最多跑一次”目标。平台运行以来，受理申报项目1万余项，网上申报率达90%以上，消防行政许可办理时限缩减60%以上。

五、提升综合保障能力

落实新修订的《甘肃省地方消防经费管理办法》，队伍人均基本支出经费全额纳入财政预算。全省落实地方消防经费9.6亿元，同比增长30%。结合各地车辆装备现状和灾害事故特点，科学编制实施全省消防队伍装备建设5年规划，省级财政每年配套经费6000万元，市（州）划分不同类区，以省级经费为基准，分别按照1∶3、1∶2、1∶1的比例配套经费，力争利用5年时间落实不低于10亿元的车辆装备建设经费，配齐配强典型灾害事故车辆器材装备，全面优化车辆装备结构。全省29座普通消防站、27座小型消防站和14个支队战勤保障大队建设项目全部达到既定进度要求。

第二十九章　青海省消防救援工作

一、着力提升消防安全治理水平

深入贯彻落实《地方党政领导干部安全生产责任制规定》《消防安全责任制实施办法》，省人大开展“一法一条例”专项执法检查，召开4次座谈会并专题审议检查报告，研究提出16项消防工作改进措施。省政府将28个省直部门消防工作纳入年度目标绩效考核内容，增加西宁、海东等重点地区考核分值权重。全省各级党委、政府将消防工作纳入平安建设、目标管理、社会综治体系，逐级召开会议，签订责任书，部署年度重点任务，强化工作考核和结果运用。贯彻落实“放管服”改革部署要求，推行行政审批“一站式服务、一窗式受理、一网式办结”，简化行政审批程序，优化消防服务质量。发挥消防安全委员会议事协调作用，定期通报情况，会商研判形势，联合执法检查，消防工作政府主导、部门联动、全民参与的良好局面更加巩固。

二、强力夯实重点领域防控基础

紧盯以西宁为中心的新老城区、以海西和格尔木为重点的石化企业及以寺院为代表的宗教场所三类防控重点，开展火灾隐患排查整治工作。推行制度化排查和专项整治相结合的治理机制，部署开展冬春、春夏火灾防控和大型商业综合体、高层建筑等近20类专项整治行动，消除一大批消防安全隐患。全面推行宗教寺院“四人小组”工作模式，省委统战部、省公安厅、省消防总队、省民宗局在全省寺院推进“一室一队伍一平台”建设，在投资1600万元配齐92座重点寺院基本灭火器材的基础上，推动各级落实资金1367万元，将全省重点文物保护类寺院消防设施升级（改造）工程纳入文物“三防”项目和“文物平安工程”，有效提升寺院场所火灾抗御能力。综合运用挂牌督办、媒体曝光、集中约谈、技术帮扶、行业函告和失信惩戒6项措施，依法用足用好关停、拘留等执法措施，督促社会单位落实消防安全主体责任。全年全省消防部门共检查单位场所9.3万家，督促整改火灾隐患16.6万处，查封关停724家。

三、致力增强公众消防安全意识

省委组织部将《消防安全责任制实施办法》和消防常识列为全省党员干部必训内容，全省各级党校（行政学院）普遍落实消防培训教育。省委宣传部等19个部门连续两年将消防宣传教育纳入文化科技卫生“三下乡”活动主要内容。打造网格员、村警、社区宣传大使、驻寺干部“四支力量”消防宣传志愿队伍，开展进村、入户、入寺双语宣传。组建“高原消防快递哥”公益团队，发动4200余名少数民族干部群众成立“双语”消防宣传队，覆盖全省95%以上的农牧村和社区。依托“青海消防”新媒体矩阵推送消防微课堂，开展分行业消防安全知识网络竞赛，超过48万人次参与答题。深度应用消防微博、微信和手机短信发送平台，全省消防微信、微博平台关注量达105万人次。

四、聚力推进应急救援能力建设

对标应急救援主力军和国家队的职能定位，省消防总队召开5次专题会议研究部署冬训、夏训工作，召开训练科目示范会，组织全省中队干部现场观摩学习。针对高原低压、低氧、严寒等气候特点，邀请青海高原体育研究所专业人员开展高原体能测试和数据分析，为全省基层单位培养体能教练员73名。推行训练工作常态化督察机制，采取实地检查、随机督察、视频抽查等形式，组织开展全时段、全过程督导检查，对排名靠后的中队和个人实施绩效奖惩。制定《专业救援队伍建设指导意见》，举办基层指挥员轮训和攻坚组培训班，自主培养各类专业骨干，组建8类典型灾害事故专业救援队伍，初步构建涵盖全省各类灾害事故的专业救援队伍体系。选派骨干力量赴发达省份参加专业培训，组建5支示范教学队伍开展6种类型灾害事故、95项实战化训练科目示教课题编制和示范教学工作。

五、努力提升综合保障水平

建立经费保障长效机制，省财政厅将应急救援装备建设经费、维持性业务经费和应急救援物资储备经费列入同级财政预算予以保障，落实省消防总队本级每年3500万元保障标准。省政府将全省消防救援队伍高危补贴、执勤补助、加班补贴三项经费全部纳入地方消防经费保障范畴，明确发放标准。全年投入8900余万元，新购消防车25辆、灭火救援装备3万余件（套），推动车辆装备结构转型升级。推进“大美青海·魅力警营”8项工程建设，所有中队均完成红门影院、队史馆（荣誉室）、休闲空间、网络天地、文化阵地、魅力注入6项建设任务，海拔3000米以上大（中）队全部建成生态氧吧，31个室内体能训练馆投入使用，有效改善艰苦地区工作生活环境。

第三十章　宁夏回族自治区消防救援工作

一、党政主导，消防安全责任有效落实

自治区党委书记石泰峰、主席咸辉等领导多次听取消防工作汇报，作出批示指示，带队开展检查。自治区政府将消防工作与经济社会发展任务统筹部署、协调推进、同步落实，研究出台《宁夏回族自治区消防安全责任制实施细则》等规章制度，召开电动自行车、春夏火灾防控、冬春火灾防控等专项整治会议，成立以自治区、市、县三级政府主要负责人为主任的各级消防安全委员会，与5个地市政府和相关行业部门签订消防工作目标任务书。各行业部门全面落实监管责任，组织召开消防安全监管厅际联席会议，全区教育、民政、文旅等21个行业部门对本系统消防工作进行部署，开展7类系统内部专项自查活动，检查单位8238家，发现整改火灾隐患7500余处。制定完善七大类消防安全管理制度，全区1901家消防安全重点单位、82家火灾高危单位严格履行主体责任，严格落实“六加一”措施。

二、依法治火，消防安全环境持续改善

开展春夏火灾防控、冬春火灾防控、大型商业综合体消防安全专项整治以及博物馆和文物建筑消防安全大检查等行动，共检查单位场所9.2万家，督促整改火灾隐患9.1万处。开展消防安全大约谈，召开集中约谈会45次，约谈人员5700余人，挂牌督办重大火灾隐患单位58家，整改销案30家，所有整改期限到期单位全部整改完毕。全区各市、县、全国重点镇、建制镇全部完成消防专项规划（专篇）编制工作，自治区政府累计投资4909万元推广安装独立式感烟火灾探测报警器1.6万个、简易喷淋系统2313套，完成89个城中村、棚户区、老旧小区和传统村落电气线路改造，新增市政消火栓549个。深化消防宣教培训，承办全国中小学校消防安全宣传教育工作推进会，全年举办各类消防公益培训1800余期，培训各类人员近25万人，依托全区各级媒体开设专栏18个，中央、国家级和区级媒体刊播专题新闻2200多篇（条）。建立火灾隐患曝光台，开展“响雷”“利剑除患”等火灾隐患曝光行动，刊发火灾隐患曝光新闻1000余条，曝光单位300余家。全年全区共发生火灾2910起，亡3人，伤2人，直接财产损失5418.9万元。圆满完成上合组织青岛峰会、自治区成立60周年大庆等重大活动消防安保任务。

三、深化改革，消防执法效能稳步提升

深入推进消防“放管服”改革，部署开展自治区成立60周年庆祝活动相关建设工程消防服务专项行动，为40余项国家和自治区重点建设项目提供技术帮扶150余次，解决技术难题1200余项。协

调公安部门和政务大厅将建设工程消防设计审核、竣工验收等7项行政审批事项纳入“互联网+公安政务服务”平台及手机APP，消防执法服务效能进一步提升。加强受理窗口服务质量督导检查，对全区33个消防受理窗口的工作人员业务能力、中介机构资质、便民措施公开等10个方面内容进行明察暗访，进一步规范消防行政服务窗口工作。

四、实战牵引，攻坚打赢能力显著增强

自治区消防总队制定出台训练工作奖惩规定，每季度召开参谋长联席会议，先后召开冬训、夏训开训动员会，组织开展2次区级体能对抗赛，举办夏季训练比武竞赛大会，掀起练兵比武热潮。以“高低大化”、人员密集场所和火灾易发区域为重点，开展实战演练1559次，熟悉社会单位3816家，开展多部门联合演练27次，队伍协同作战能力有效提高。建强总队级灭火和应急救援专家组，编印《建筑火灾扑救实用技术及安全管理手册》，推进数字化预案体系建设，组织危险化学品事故处置技术培训，加强特殊火灾扑救技战术研究，依托5个消防支队分别建立1支重型和4支轻型化工灾害作战单元，组建7支高层建筑火灾扑救专业队。全年全区消防队伍共接警出动7813起，出动消防车1.7万辆次、指战员10.9万人次，抢救疏散被困人员1.5万人，保护财产价值7.1亿元。

五、筑牢根基，基层基础建设保障有力

全区落实地方消防经费4.1亿元，增幅达11%，初步达成宁东装备规划建设3年配套2亿元经费目标。投入装备经费1.4亿元，新购各类消防车57辆、进口大流量消防机器人2台、装备器材3.8万件（套）。推进战勤保障体系建设，规划建成以2个总队战勤保障基地为支点、3个支队战勤保障大队为骨干、社会联勤单位为依托的消防战勤保障体系，完成银川、中卫2个战勤保障基地和石嘴山、吴忠、固原3个战勤保障大队营房基础设施建设工作。

第三十一章　新疆维吾尔自治区消防救援工作

一、坚持党政统领，消防责任体系日趋完善

自治区党委、政府高度重视消防工作，先后召开消防专题会议10次，出台专门文件6个，自治区领导8次作出批示指示，17次视察慰问消防队伍、带队检查消防安全。自治区党委、政府联合印发《关于做好消防队伍改革过渡期间有关工作的通知》，系统解决改革过渡期间消防事业发展的一揽子重大问题。自治区政府将消防工作纳入安全生产、防灾减灾、城市管理等改革发展重要内容，先后3次召开常务会，出台《消防安全责任制实施办法》，研究解决消防事业发展瓶颈性问题。针对区域性、行业性消防安全突出问题，研究出台《建筑外保温系统材料应用防火暂行规定》《高层建筑物业服务企业消防安全管理意见》《群租房消防安全整治标准》《电动车消防安全整治标准》等地方标准规范。

二、紧盯重大风险，消防治理成效日益显著

自治区政府、安全生产委员会部署开展冬春和春夏火灾防控、大型商业综合体、电动自行车以及电气火灾等消防安全综合治理，针对性地开展高层和城市标志性建筑、棉花储存场所等专项整治行动。自治区政府警示约谈14个地（州、市）政府分管领导、31个行业部门负责人；消防工作联席会议办公室对8个党政机关、16个行业部门、6个大型集团企业下发督办单或工作建议书。连续9年开展建筑消防设施“三化”（标准化、标识化、规范化）建设，全区6490家设有自动消防设施的单位设施主要功能完好率达95%。做实末端管理，将防火巡查检查、消防宣传、初起火灾扑救纳入综合治理等工作，实体化运行消防网格管理组织，强化出租屋、“九小”场所和老旧居民住宅排查治理。全年全区消防部门共检查单位32.6万家，督促整改火灾隐患40.9万处，责令“三停”单位5193家。全年全区共发生火灾8487起，亡34人，伤10人，直接财产损失6699.6万元，同比分别下降42.7%、10.5%、16.7%、29.9%，未发生较大及以上火灾事故。圆满完成第六届中国—亚欧博览会等大型活动消防安保任务。自治区消防总队被自治区政府评为“2018年安全生产目标管理先进单位”，被部消防局表彰为年度工作先进总队。

三、聚焦全民消防，宣传教育工作持续深入

自治区党委宣传部将消防宣传教育纳入党委宣传工作内容，自治区安全生产委员会发文部署“全民消防我行动”大型

公益活动。全区建成消防科普教育基地124个，县级行政区域消防科普教育基地覆盖率达100%，3860所中小学达到消防安全教育“四有”标准。开展“消防民俗作品征集评选”活动，推广安装高层建筑逃生“三要诀”（无烟迅速逃生、浓烟退守待援、有烟冷静应对）、居民楼院“三禁”（禁楼道停放电动车、禁楼道存放可燃物、禁管道井堆放杂物）警示牌25万块，制作18类消防宣传“双语”课件及专题片，开展“消防送教”活动1.2万场，直接受教育群众近300万人次。开展重大火灾隐患曝光、抗震救灾拉动演练直播等活动，累计2000万人次在线参与互动。全年在中央级媒体刊播消防工作新闻2100余篇（条），在中央电视台《新闻联播》《焦点访谈》《东方时空》等14个栏目播出新闻360条。

四、加快转型升级，应急救援能力稳步提升

自治区消防总队分片区召开3次训练工作研判推进会，组织8次总队级战例研讨，开展9次总队级多种类型灾害事故应急救援实装、实战跨区域拉动演练。组建国家地震救援新疆大队，承办3期西北六省基层指挥员和班长骨干培训班，会同森林消防队伍、专职消防队伍350名骨干开展2期综合性应急救援队伍轮训。深化全区28支高层灭火专业队、9支石油化工灭火专业队建设，督促大型石化企业建强207个工艺处置小组。依托全区7475个便民警务站、微型消防站，深化“一站多点、以站管点、以点辅面”消防执勤模式，公安部门将234名辅警纳入基层消防队站参与执勤。将全区47个企业专职消防队统一接入消防指挥调度网，形成“机动作战单元+专业处置队伍+区域协作联防”作战体系。组建总队、支队两级应急通信保障专班，开展应急通信岗位轮训20次，与电信、移动、联通公司建立通信联勤机制。全年全区消防队伍共接警出动1.7万起，出动消防车3.3万辆次、指战员15.6万人次，圆满完成哈密“7·31”水库溃坝、昌吉“11·9”页岩油储罐火灾、乌鲁木齐“11·24”红雁池电厂煤堆场火灾等应急救援任务。

五、紧贴中心工作，综合保障能力不断增强

自治区发改委拨付消防建设经费1亿元，并列入2019年度中央预算内投资计划2.3亿元。全区各地新建市政消火栓2090个、水鹤115座，新开工建设消防站2座。自治区消防总队制定出台《新疆消防队伍2018—2020年灭火救援装备建设三年规划》，年内投入2.35亿元新购各类消防车83辆、装备器材4.8万件（套）、泡沫931吨、机器人8台，一大批高精尖车辆装备列装队伍。加强特别重大灾害应急响应现场指挥部后勤保障，消防救援物资储备区由3个增至9个，完善应急成员单位、社会力量联勤联动机制，做好大型工程机械、医疗绿色通道、油料供应、饮食保障、装备维修、御寒保暖物资供给等社会保障工作。

第三十二章　新疆生产建设兵团消防救援工作

一、坚持党政统领，完善消防责任体系

以贯彻落实国务院办公厅《消防安全责任制实施办法》为抓手，严格落实消防安全责任，按照政府统一领导、部门依法监管、单位全面负责、公民积极参与的原则，形成"党政同责、一岗双责、齐抓共管、失职追责"的局面。全年兵团共组织召开4次安委会暨防火委全体委员会议，落实兵团安全生产暨消防安全工作会议精神，听取防火委办公室工作汇报，研究部署兵团消防安全工作，狠抓消防安全责任落实。审议通过《新疆生产建设兵团消防安全责任制实施细则》，以兵团名义下发兵团各师、各单位，进一步健全各级党委、政府、行业监管部门以及社会单位的消防安全责任，人民群众对消防安全工作的满意度持续提升。

二、保持高压态势，确保消防形势稳定

按照公安部、应急管理部和兵团统一部署，兵团防火委办公室聚焦"高低大化"等火灾高危单位，集中组织开展冬春和春夏火灾防控、电气火灾综合治理、高层建筑消防安全综合治理、兵团商业综合体消防安全专项整治、电动自行车专项治理、消防安全"百日攻坚"等系列行动，出台兵团消防安全重点单位消防档案示范卷，落实"一场所一对策"，强化消防重点单位规范化管理。全年兵团共出动消防车2000余辆次、指战员3800余人次，组成联合检查组103个，检查各类单位场所2.8万家次，发现火灾隐患1.4万处，现场整改1.1万处，下发责令限期改正通知书1362份，兵团防火工作委员会挂牌督办整改重大火灾隐患单位7家。全年兵团共发生火灾138起，亡3人，伤3人，直接财产损失661.3万元，同比分别下降18.3%、42.9%、72.7%、49.1%，未发生较大以上火灾事故。

三、紧盯重点领域，补齐火灾防控短板

严格落实消防安全分析评估和研判机制，找准影响消防安全的重大问题，研究提出针对性改进措施。按照《兵团办公厅关于印发〈兵团创建消防安全社区活动实施方案〉的通知》要求，充分发挥基层自治组织作用，依据创建消防安全社区工作目标，以消防安全网格化管理为抓手，全面开展创建消防安全社区活动。紧盯"九小"场所、老旧住宅、群租房、"三合一"场所等消防安全薄弱环节，不定期开展消防安全检查，坚决遏制"小火亡人"事故多发势头。着力提升监督执法水平，积极组织开展"全国建筑消防规范宣传及

疑难问题处理与案例解析高级研讨班”“消防监督业务培训班”“消防大讲堂”等各类业务培训。加强消防公共基础设施建设，争取国家专项资金3400万元新建一级消防站2座、微型消防站984座，各师投资206.5万元在79个小区新建电动自行车充电桩810个。

四、聚焦全民消防，提升宣传教育质效

按照兵团办公厅消防宣传工作“七进”（进机关、进学校、进社区、进家庭、进企业、进农村、进网站）要求，充分利用“全国中小学生安全教育日”“5·12防灾减灾日”“119”消防宣传月等重大节点，紧紧围绕“全民参与，防治火灾”主题，以“人人受到消防安全教育，人人增强消防安全意识”为出发点，组织逃生演练621场次，开展消防知识培训380场次，组织师生进行消防设施体验式宣传203场次，兵团各级电视台刊播新闻113条（兵团卫视11条），报刊发稿16篇，兵团网制作“119”消防宣传月专题节目1期，官方微博、微信及手机短信平台累计发布消防提示类信息1.1万条。全年兵团消防受训人数超2000人，1975人考试合格取得相关证书，消防教育培训社会化水平逐年提升。

第 三 篇

相关行业系统消防工作综述

第一章 森林草原消防工作综述

一、高位推动，周密部署全年工作

习近平总书记亲自研究部署加强自然灾害防治工作，李克强总理两次对森林草原防灭火工作作出重要批示。国务院两次召开专题电视电话会议，胡春华副总理、王勇国务委员分别就森林草原防灭火工作作出安排部署。国务院调整成立国家森林草原防灭火指挥部，王勇国务委员任总指挥，调整指挥部组成单位和人员，进一步强化对全国森林草原防灭火工作的组织领导。修订《国家森林草原防灭火指挥部工作规则》，明晰成员单位责任，有效形成工作合力。秋冬防火紧要期，应急管理部党组书记黄明等领导先后深入黑龙江、内蒙古、云南、广东等森林草原防火重点地区进行检查指导。全国各地深入贯彻国家森林草原防灭火指挥部的工作部署，严格落实森林草原防灭火工作地方党委、政府负责制，相关各单位、各部门认真履职、密切配合，森林草原防灭火工作齐抓共管、立体防控的善治局面进一步形成。

二、强化督导，全面清查火灾隐患

应急管理部火灾防治管理司会同森林消防局、森林防火预警监测信息中心及北方、南方航空护林总站等单位，派出31个工作组深入河北、内蒙古等17个森林防火重点省（自治区、直辖市）及黑龙江大兴安岭地区，采取明察暗访、突击检查等方式进行专项督查，对工作得力的予以通报表扬，对责任缺失、工作缺位、存在隐患的及时通报约谈。派出工作组对内蒙古、黑龙江、四川、青海等重点草原防火区进行专项督查，切实排除草原火灾隐患。指导各地强化野外火源管理，加强巡查管控，严查违规祭祀用火、农事用火和野外吸烟等行为。针对秋冬季节防火严峻形势，在全国范围内组织开展森林草原火灾风险隐患排查整治工作，进一步防范化解火灾风险。加大火灾案件查处和责任追究力度，派出工作组赴山西省对“10·29”临汾市安泽县和长治市屯留县、黎城县森林火灾处置情况进行现场核查。

三、严格值守，强化监测预警宣传

严格执行24小时值班、“有火必报”和热点核查“零报告”制度，周密部署清明、五一、国庆等重点时段应急值守工作，加强紧要时段应急值守力量，确保火情信息畅通、处置高效。完善监测预警工作机制，组织重点时段火险形势会商，全年完成火险研判报告6期、火险气象等级预报498期、高火险天气警报138期、火场气象专报20余期、高火险红色（橙色）警报7期，监测发布卫星热点3734个，核查反馈率超过99%。中央广播电视总台、新华网、人民网等媒体开展森林草原防火宣传，及时发布预警信息，加强舆论引导，普及防火常识。

四、科学布防，妥善处置突发火情

完成全国森林草原消防队伍和大型灭火装备摸底调查，编制赴火场工作组、调运应急物资、飞机跨省灭火、边境涉外火情协调联络等专项应急预案。指导各省科学布防森林消防队伍和灭火飞机，重点时段和重点地段实施靠前驻防。全年启动应急预案10余次，积极协调资源，快速集结力量，高效处置四川雅江、内蒙古汗马、黑龙江呼中等重特大森林火灾和俄罗斯、蒙古国入境草原火灾，最大限度减少火灾损失。全年全国共发生森林火灾2478起，受害森林面积1.6万公顷，因灾伤亡39人，同比分别下降23%、33%和15%；发生草原火灾39起，受害草原面积0.3万公顷，未造成人员伤亡，同比火灾起数和受害面积分别下降33%和16%。

五、加大投入，着力夯实基础建设

落实中央预算内基本建设资金17亿元，启动实施170余个森林草原各类防火基础设施建设项目。落实中央财政飞行补助费5.5亿元，保障森林航空消防工作正常开展。落实中央补助资金7882万元，维护建设森林草原边境防火隔离带1.2万公里。国家森林草原防火物资储备库向各地调拨价值6000余万元的防扑火物资装备4万余件（套）。深化国际合作，密切关注世界各国森林草原火灾情况，落实中俄、中蒙边境火灾联防机制，建立中法森林草原防火合作协议。

第二章 铁路系统消防工作综述

一、做好重大活动消防安保

春运期间，组织6个督导工作组在全路开展消防安全检查，抽调骨干在北京、郑州、武汉、上海、广州、成都等重要枢纽驻点开展客车消防安全专项检查，确保春运期间不发生客车火灾事故。扎实开展全国“两会”、博鳌亚洲论坛年会、上海合作组织青岛峰会、中非合作论坛北京峰会等重大活动期间铁路安保消防专项检查，对进京、进琼旅客列车实施添乘检查，开展核心区铁路单位专项检查，组织重点车站和场所工作人员开展火灾事故应急演练，严格落实各项消防安保措施，确保铁路消防安全万无一失。全年铁路系统共发生火灾事故27起，死亡1人，直接财产损失1056万元。

二、开展消防安全专项检查

认真贯彻落实铁路总公司、公安部、应急管理部关于安全生产专项治理和火灾隐患排查整治的工作部署，以旅客列车、人员密集场所、重点行车场所、机车车辆存放场所、物资集中场所和易燃易爆场所为重点，督促铁路单位落实消防安全责任制，深入开展消防监督检查，大力整治火灾风险隐患。开展隧道消防安全复查，对已投入运营的5公里以上隧道进行消防安全专项检查，对发现的问题隐患及时发函告知建设单位，并抄送接管运营铁路局，督促落实整改措施。开展G281次列车火灾事故调查，通过现场勘查、技术鉴定和原因认定，查明起火原因为2号车厢主变压器电气故障。全年全路共检查旅客列车5.4万列次、人员密集场所2.7万处、重点行车场所1.5万处、机车车辆存放场所4014处、物资集中场所9908处、易燃易爆场所3232处、其他场所2.3万处，发现隐患问题8.4万个，督促当场整改6.9万个，限期整改1.5万个，实施行政警告818起。

三、加强铁路系统消防监督

召开2018年消防监督工作会议，部署推进全年消防监督工作，加快“智慧消防”建设，强化科技信息支撑。对成蒲、连盐、怀绍衡等新建铁路工程开展消防验收，及时发现并督促解决消防安全隐患，确保新线工程依法通过消防验收，为新线工程创造良好的安全条件。

第三章　交通港航系统消防工作综述

部署开展春夏火灾防控工作，严管严控易燃易爆和人员密集场所，持续深化电气火灾综合治理，大力推进“智慧消防”建设。部署开展夏季易燃易爆火灾高危单位消防安全专项检查，重点围绕易燃易爆储存、装卸场所和危化品运输船舶，集中开展针对性治理，有效避免高温时节易燃易爆场所火灾事故发生。部署开展冬春火灾防控工作，科学制定防控工作方案，紧盯危化品、人员密集等场所，深入开展隐患排查整治，夯实火灾防控基础。组织开展船舶重点处所消防安全隐患专项整治工作，有效遏制船舶火灾多发势头。

持续深化消防宣传培训，广泛开展“营区开放日”活动，累计开展消防培训300余场次，教育职工和从业人员5500余人，悬挂条幅200余条，发布提示信息和宣传视频300余条，发放各类消防宣传材料1.1万余份。“119”消防宣传月期间，围绕“全民参与、防治火灾”主题，开展形式多样的宣传教育活动，制作水上消防公益宣传片《行舟万里共筑平安》并在长江全线播放。

全年各级交通公安机关共出动警力7.5万人次、车辆2.5万辆次、船艇1万余艘次。全年共检查单位2.2万家、船舶1.6万艘，发现并整改隐患2.6万处，查处消防行政案件890起。全年共办结消防设计审核49件，竣工验收81件，设计备案抽查62件，验收备案抽查44件。

第四篇

消防社团、产品评定、科研教学等机构工作综述

第一章　中国消防协会工作综述

一、服务国家和社会建设

加强消防行业自律管理，落实《中国消防行业信用等级评价管理办法》，对29家生产型、9家安装施工型企业开展信用等级评价。推进消防行业特有工种职业技能鉴定工作持续发展，做好“消防设备操作员”和“消防员”国家职业技能标准、教材、题库的重新调整工作，先后组织4次理论知识全国统考，共有44.4万名社会消防从业人员报名参加；对海南、吉林等鉴定站点升级改造进行验收，对湖南、重庆、青海等21个鉴定点进行年度抽查。做好注册消防工程师考试工作，调整充实考试专家组，完成新版辅导教材的修订出版，年内共有89.7万人报名参加考试，为注册消防工程师开考以来报名人数最多的一年。按照中国科协工作部署，向青海省称多县拨付扶贫资金10万元、贵州省普安县拨付扶贫资金5万元，支援当地经济建设。

二、参与国际和地区交流

根据协会发展和对外关系需要，开展多层次、宽领域的港澳台地区及国际消防科技交流合作，充分发挥国际消防协会联盟执委优势，积极在国际消防舞台发出中国声音。组织参加“国际消防协会联盟执委会议及亚洲分会”，围绕联盟财务报告、联盟最新业务进展情况及亚洲分会成员的信息更新情况进行讨论。6月10—12日，中国消防协会与中华志愿者协会联合指导“第二届海峡两岸防灾减灾论坛”（第十届海峡论坛子论坛），两岸专家学者就“灾害管理策略”“消防社会化管理”“地铁事故处置”等主题进行交流，配套举办“海峡两岸灭火、救援实操技术演练”“妇女消防培训及宣导示范”等系列活动。组织赴日本参加中日韩三国消防协会联席会议，就“智慧消防”、灾害事故发展对消防工作提出的新需求、消防宣传教育等主题进行探讨，增进技术交流合作。承办中日消防协会第33次协议会，就消防科普宣传教育工作交流工作心得、学习先进经验。

三、大力开展科普教育工作

加强消防科普理论与技术研究，组织召开全国消防科普理论与技术研讨会，来自英国、美国和中国香港、台湾地区的300余名代表参加会议，就消防科普文化发展、宣传形态、人才培养、科普模式、场馆建设等方面进行研讨交流。与中国汽车工程学会联合发布9项新能源汽车消防安全团体标准。组织发动各地消防协会及消防科普工作者，在“科技活动周”“全国科普日”“119消防日”“防灾减灾日”等全国性消防安全教育活动中，开展丰富多彩的消防科普教育活动。联合中国防灾减灾协会等9家单位共同在四川北川举办“纪念汶川抗震救灾十周年系列纪念活动”，举行“2018灾害应急救援论坛”“全国社会救援力量技能竞赛”、“牵手未来”全国青少年防灾减灾培训体验公益行和“汶川地震十周年总结回顾及表彰大会”。采用线上、线下相结合的方式组织举办“2018 年全国消防安全知识网络大赛”，近 100 万网民参与。组织开展消防科普传播系列工作，举办“第十一届‘火凤凰杯’全国优秀消防科普工作者评选活动”和 2018 年“全国优秀消防科普作品评选大赛”，面向全国聘任消防科普专家 41 人、“科普中国”共建基地专家工作委员会成员 19 人。

四、评选优秀科技成果

评选第八届“中国消防协会科技创新奖”，评审出获奖项目 28 项，有效发挥服务消防科技工作者作用，调动消防行业科技人员创新发展积极性，促进消防产业科技创新提升。开展 2018 年优秀消防论文征集评奖活动，征集科技论文 311 篇，经过专家严格评审，共有 133 篇论文获评“优秀论文奖”，推动广大消防科技工作者不断总结经验、持续探索创新。

五、提高期刊建设水平

紧紧围绕消防工作大局，扎实做好《中国消防》《消防技术与产品信息》《消防科学与技术》等期刊编辑工作，宣传党和国家对消防工作的重大决策部署，报道全国消防工作经验动态，推广新型应用技术，开展消防学术交流。开办中国消防杂志社网站，设 15 个主栏目、43 个子栏目。全年编辑推送微信 1000 余条，策划微信公众号专题 12 个，上线发布稿件 1200 余篇、图片近 5000 幅，制作大型专题 3 个。《中国消防》期刊由双月刊改为月刊，《消防技术与产品信息》期刊办理停刊手续，《消防科学与技术》期刊办理变更主办单位手续。

第二章　消防产品合格评定中心工作综述

一、持续深化消防“放管服”改革

按照习近平总书记在民营企业座谈会上提出的“加快推进涉企行政事业性收费零收费”有关指示精神，暂停收取有关强制性产品认证费用。严格执行国家认监委修改强制性产品认证目录有关规定，在规定时限内取消气溶胶灭火装置、可燃气体报警产品、电气火灾监控系统三类消防产品强制性认证业务。率先采用云平台跟踪管理技术，实现工厂条件检查及监督管理网上操作，在推进廉洁执业建设的同时，免除原由认证企业支付的交通费、监督检查费等费用。以企业分类管理为基础，对长期保持良好信用状况的企业，采用“取消全部文件审查或检验、代之以备案抽查或检验”模式，有序推进“先证后检”“先证后查”简化程序。组织各指定检验机构初步开展认证检验项目削减工作，并相应下调检验收费标准。国家消防及阻燃产品质量监督检验中心（山东）和国家消防产品质量监督检验中心（广东）被国家市场监督管理总局、国家认监委正式批准为新的消防产品指定检验机构。

二、全面推动技术鉴定成果转化

按照《国务院办公厅关于加快应急产业发展的意见》要求，着力提升消防应急救援科技创新能力，加快推动科技鉴定成果转化，营造消防产业发展良好环境。在落实产品安全性、可靠性基础上，开展电动客车锂离子动力电池火灾防控产品、抑制谐波式电气火灾监控产品、全氟己酮灭火剂及灭火系统产品、无线联网式火灾报警产品、灭火无人机及新型灭火弹产品、物联网智能室外消火栓等新产品、新成果的技术鉴定工作。

三、有序实施消防产品强制认证

全年中心共受理4801家企业的认证委托3.6万项，处理企业咨询事宜7.7万次，签订服务合同1.2万份；组织召开重大技术研讨会22次，批准认证决定1.8万项；发放中国强制性产品认证证书8.2万张，国内外获证企业共6989家。对3190家企业生产现场、336个建设工程项目开展消防产品监督抽查。暂停强制性产品认证证书1964张、撤销602张。派出442人次为30个消防总队的162个支队级单位开展消防装备产品出厂批检221批次，批检正压式空气呼吸器1.5万具、消防员灭火防护服39.7万套。派出由22名强制性产品认证检查人员组成的专家组，对184个规格型号的213辆消防车开展主战装置及动力配置一致性核查。向80余个消防总队、支队级单位提供消防产品质量信息服务1200余次，在4个消防总队开展消防产品现场快速质量鉴定技术推广应用培训15次，为30个基层单位开展消防产品生产销售流向系统技术培训89次，累计培训基层技术人员 300 余名。

四、努力开拓重点业务领域

开展“新型水系灭火剂在自动喷水灭火系统中的应用研究”“高稳定性泡沫灭火装备应用技术研究”“环境友好型轻质防火建材及应用技术的研究”“灭火无人机高效灭火弹”等重点课题项目研究。推进“中国消防管控与淘汰持久性有机污染物”示范项目建设，与世界银行多边基金组织签订履约项目合同意向书。承担国家“十三五”重点研发计划子课题——“大跨度空间结构建筑自动喷水 / 添加剂联用灭火系统工程应用技术研究”。完成国家标准《灾后过渡安置点防火设计规范》报批工作。完成“消防产品生产销售流向管理系统移动应用程序”项目开发、验收、推广应用及软件著作权申报等工作。

第三章　天津消防研究所工作综述

一、多项并举，强化科研队伍建设

改革所长办公会议制度，建立健全所领导带班、中层领导干部值班、普通干部全天候值守机制。开设高端学术平台“半月讲坛”，连续举办20余期学术报告会，邀请中央党校（国家行政学院）、中国人民大学等高校知名专家授课，安排所内专家和学术带头人授课讲学。

二、紧盯主业，提升科技创新能力

完成“十二五”国家研发计划课题“交通隧道新型灭火技术工程应用研究”验收任务，推进“十三五”国家研发计划课题“人员安全疏散智能诱导技术与系统”“受限空间氢泄爆机理及泄爆装置检测方法研究”“典型点火源表征方法及能量谱技术”“石油化工工程火灾应急处置特种装备研发”“高效环保特种泡沫灭火剂产品研制及应用示范”等攻关，启动“十三五”国家重点研发计划“特殊结构建筑防火灭火关键技术装备研发与应用示范”项目。全年新立项国家级、省部级、消防救援局科研计划项目16项，新增基本科研经费项目23项，新增标准规范制修订项目23项；获公安部科学技术三等奖1项，中国消防协会科学技术创新一等奖1项、二等奖1项，华夏建设科学技术奖二等奖1项，标准科技创新二等奖1项，全国科学实验展演汇演比赛三等奖1项。

三、攻坚克难，服务消防实战需要

开展“智慧消防”与信息化建设自主创新，启动“智慧消防一体化平台关键技术研究”“火灾监测与消防设施维护管理智能平台开发与应用”“消防科普及巡检机器人关键技术研究”等10余个科研项目。推进以“火察”火灾原因视频调查分析系统为代表的技术成果应用，为黑龙江哈尔滨“8·25”北龙温泉酒店火灾事故、河北张家口“11·28”重大爆燃事故、天津滨海新区“10·28”润滑油仓库火灾及河南商丘“12·17”冷库火灾等多起重特大事故调查提供技术支撑。承担“雄安新区消防专项规划——多尺度区域火灾风险评估与智慧消防建设”专题研究，依托建筑防火技术和区域消防安全评价技术优势，为雄安新区建设发展保驾护航。承担国家重点研发计划课题“重点场所和关键设施风险识别与评估技术”，首创性提出“涉奥场所”风险识别和评价方法，为2022年北京冬奥会构建消防风险动态管控机制。承担国家电网“特高压换流站变压器专用灭火技术研究”，推动换流站技术升级，形成安全运行一揽子解决方案。自主研发“抗结冰性灭火防护服”，为西藏、陕西和青海等地消防队伍配发3500余套。研发“环保高效A类泡沫灭火剂”，为全国消防队伍提供药剂总量达110吨。依托天津所组建的消防救援局天津火灾物证鉴定中心完成鉴定任务2094

项、现场勘验任务128项，承担“5·14”四川航空A319航班客舱失压事故、四川达州“6·1”好一新商贸城火灾、上海宝山“8·2”电动自行车行火灾等物证鉴定任务，参与黑龙江哈尔滨“8·25”北龙温泉酒店火灾、昆明西山“9·1”王家地新村较大亡人火灾等疑难火灾调查工作。组织北京、天津、河北、上海、湖南和广东6个消防总队的120名火灾调查干部开展技术培训。

四、深化改革，加强对外交流合作

全年完成强制性检验6192项、自愿性检验762项、监督抽检12项、委托检验3101项，完成工厂检查3517项。推进检测降费工作，减免检测费用1200万元。国家消防工程技术研究中心认证部发放强制性证书36张、自愿性证书300余张，完成工厂检查160余项。承办国际消防研究所长论坛（FORUM）2018年峰会，与美国工厂互助实验室（FM）、美国联合保险商实验室（UL）、法国爆炸及火灾安全实验室、消防建筑安全部合作发展中心（Efectis）等多家国际知名科研机构达成合作意向，同期举办FORUM论坛大型国际学术报告会。派工作组参加ISO/TC21防火和灭火设备国际标准化分技术年会，提出由我国承办2020年ISO/TC21年会的申请。完成乌兹别克斯坦共和国消防代表团考察接待任务。

第四章　上海消防研究所工作综述

一、瞄准重点攻关，实现科研新突破

稳步推进科研项目，开展“公共安全”“新能源汽车”“NQI”等国家重点专项课题立项或验收工作，牵头或参与“十三五”国家重点研发计划课题及子课题22项，国家拨款经费总额达1.8亿元。科研创新成果显著，全年完成科研项目验收67项，获国家级奖1项、省部级奖2项，“应急救援现场感知与多方协同指挥关键技术、装备及应用”获国家科技进步二等奖。研发安保警戒机器人等特种反恐装备、非视距遥操作地面消防机器人等灭火救援装备、消防员个人生化防护系统等个人防护装备以及火灾现场检测器件等火灾物证鉴定装备。积极谋划重大专项，成立“堰塞湖灾害处置技术与装备研究”专项工作组，在举高消防车、消防员个人防护装备、危化品事故处置、应急救援装备等方面形成申报书；开展“重大灾害防控与应急救援重点工程项目需求”论证申报，编报“三基地一平台”项目建设方案；参与“科技冬奥”重点专项规划，编制“冬奥会生命救援技术和装备”项目申报指南。

二、聚焦主责主业，服务实战再提升

配合消防救援局开展“面向2030重大灾害防治重大专项”论证，参与制定《消防救援局科技成果推广应用管理办法》；配合完成《消防训练基地建设标准》宣传贯彻，组织召开标准研讨会；配合编制《特种消防车辆装备实战应用手册》，完成《关于消防车安装火花熄灭器调研工作的专报》；配合开展“三小”装备选拔、评审和推广，参与修订《消防车退役与报废规定》。推动科技成果转化，4项成果列入消防救援局“革新优秀成果目录”并在全国消防队伍配备推广，22项成果列入消防救援局“示范性配备目录”，3项成果在辽宁、江苏、四川、贵州、西藏、甘肃和新疆等总队开展试点应用。向基层配备大型水力排烟机、穿透式破拆水枪、消防救援用金刚石串珠绳锯破拆装备、消防用救生衣和消防水域救援装备等近5200件（套）。对消防救援局配发四川、云南、甘肃和青海等总队的180辆水罐消防车进行一致性检查验收，对河北、广东总队新购消防员防护装备进行抽检；联合消防员学校举办3期消防装备质量检验员培训，累计培养装备质检员1190余名；提供火因物证鉴定服务520次，参与重大亡人火灾事故现场勘验6次，协助培养基层火灾调查干部28人。

三、狠抓谋划发展，工作业绩更凸显

成功立项外部科研项目20项，完成标准规范报批稿8项、送审稿2项、征求意见稿7项。发表学术论文70篇，授权专利29项，获得软件著作权5项。制定消防应急救援装备应急管理部重点实验室三年工作规划和年度工作要点。受上海消防总队邀请和国家会展中心委托，组织 100 余名技术人员对首届“中国国际进口博览会”主场馆红线范围内近 174 万平方米的建筑进行电气防火安全检测、建筑消防设施检测和消防安全评估。完成全国 31 个省（自治区、直辖市）微型消防站 6 类 1314 种消防产品的监督抽查检验。完成上海、河南、甘肃、江苏、江西等地质监和消防部门委托的检验任务。完成工厂检查任务 1678 批次，完成近 900 家企业 5700 余份文件审核。全年减免企业检验费用 1700 余万元。

第五章　沈阳消防研究所工作综述

一、消防科研创新跨越发展

列入年度计划的科研和标准项目 116 项，其中，国家科技基础性工作专项项目 1 项，国家重点研发计划课题 6 项、子课题 5 项，公安部科研计划项目 19 项，消防救援局科研计划项目 13 项、科技成果试点应用项目 4 项、标准和规范制修订项目 21 项，中央级公益性科研院所基本科研业务项目 26 项、修缮购置项目 14 项。新批准立项项目 54 项。“基于 GC-MS/MS 的火场残留物分析鉴定技术及应用”获中国分析测试学会科学技术三等奖，“消防应急通信系列装备研发与应用”获公安部科学技术三等奖，提名“火灾监测预警与智能疏散关键技术及应用”项目申报 2019 年度国家科学技术进步奖。“地铁车辆火灾探测及灭火应用技术的研究”等 18 项公安部科研计划项目通过验收。开展“多合一危险气体现场联合侦检系统”等 4 项消防救援局科技成果试点应用项目结题验收，取得专利 15 项、软件著作权 18 项。在国家正式刊物和学术会议发表论文 28 篇。

二、业务工作科学有序发展

火灾监测预警技术研究方面，针对大型物流仓库、充换电站、城市综合管廊等新兴建筑场所，开展火灾监测预警技术和城市综合管廊分布式光纤管线连续测温测漏及定位技术研究，开发基于物联网技术的火灾预警监测系统并编制《无线联网火灾报警系统通用技术要求》，研制地铁车辆火灾探测报警及细水雾灭火优化集成系统，并应用于沈阳市 78 列地铁。电气火灾防控技术研究方面，开展电动汽车、充换电站、充电桩等火灾防控技术研究，研发智能剩余电流式电气火灾探测器、新型电气防火限流式保护器和电气安全智能管理系统。人员安全疏散引导技术研究方面，研发消防应急室内地图导航系统，开展声音疏散引导技术、疏散路线现场图文显示技术研究，开发具有应急状态下优先实时显示火灾、疏散路线等火灾应急疏散关键信息的图文显示系统。消防应急通信技术研究方面，开发窄带自组网和宽带自组网基站、消防融合通信终端、灭火救援现场指挥调度终端等装备，研制基于消防作战车辆的信号传输和图传装备，开展 4G-LTE 基站设备及 Mesh 自组网设备等通信组网装备性能测试，编制《灭火救援现场通信组网装备模块化解决方案（草案）》。消防信息化技术研究方面，研发消防社会化云服务平台、火灾隐患社会化整治信息系统、多因素综合风险评估系统等，搭建消防指挥多源信息云服务平台，研制灭火救援现场装备物资状态信息采集装置、消防员状态信息采集装置等，开发基于信息融合的移动指挥信息终端和灭火救援数字化预案信息采集工具及制作工具，编制《灭火救援数字化预案编制指导意见（草案）》和“高低大化”四类场所数字化预案模板。消防侦检技术研究方面，开展无人机危化品事故动态侦察侦检技术研究，完成5千克、15千克两个有效载荷级别的消防无人机系统装备，研发危险气体复合侦检仪、便携式广谱痕量危化品快速检测仪、便携式危险气体激光遥测侦检仪等装备。火灾物证鉴定与现场勘验技术研究方面，完成火灾调查基础信息数据库建设，探索香烟燃烧残留物特征成分分析技术方法，研发FDS程序三维图形可视化前端平台，构建变压器火灾绝缘体系微量物证鉴定方法。产品检验方面，全年共受理8000余种规格型号产品检验，出具检验报告7560份，分型产品认可书3000余份，分派3C工厂检查任务925个，完成国内外800余家企业现场检查工作。电气防火检测方面，完成上海合作组织青岛峰会、中非合作论坛北京峰会35个涉会场馆的电气防火检验工作，检验面积达200万平方米。

三、实验平台引领作用显著

推进消防与应急救援国家工程实验室建设，在消防安全中心、灭火与应急救援中心等开展12个研发实体平台建设，承办“2018消防科学与技术国际学术研讨会”“消防与应急救援无人机应用高峰论坛”等高端学术会议。依托实验平台深层次推进技术研发工作，实现火灾早期探测器响应阈值不大于0.8%obs/m（减光率）和人员疏散诱导效率提高20%、大流量消防炮射程提高15%、大型水力排烟机排烟量提高20%，火灾预警与早期探测、人员安全疏散与智能诱导、危险化学品事故快速处置等18项关键技术及装备研究取得突破进展，构建覆盖全国的消防安全服务云平台。获批成立消防改革转隶后首个省部级重点实验室——辽宁省消防大数据重点实验室。

四、科技成果加速转化推广

推广应用手提式强光照明灯、佩戴式防爆照明灯、消防车辆信息采集与传输装置、分布智能图像火灾探测报警系统、火灾现场电气熔落物分选机等科技成果。派遣技术人员100余人次参与各地71起重特大、疑难火灾现场原因论证、现场勘验和物证提取工作；受理火灾物证鉴定工作515起。完成2项行业标准报批工作，另有4项标准通过标准委员会审查，完成2项工程建设消防技术规范复评审工作和2018年度消防标准制订计划项目申报工作。召开全国消防标准化技术委员会第六分技术委员会六届三次会议、第十四分技术委员会二届四次会议、第十五分技术委员会一届四次会议。配合消防救援局编著《部分国家和地区消防法律法规概况》并正式发行。修订《国际火灾调查技术文献摘要汇编2006—2016》，新增文献171篇。编著《国际车辆火灾技术文献摘要汇编2010—2016》，汇集文献130余篇。

第六章　四川消防研究所工作综述

一、科研工作取得丰硕成果

全年申报立项科研项目 47 项，其中国家重点研发计划专题 4 项、国家自然科学基金项目 2 项、消防救援局重点攻关项目 4 项、四川省科技厅项目 1 项。参与国家重大科技专项“重大灾害事故防治”申报工作，提出 58 项研究内容。申报立项标准 13 项，其中行业标准修订 4 项、CECS 工程建设协会标准 9 项。全年在研科研项目 127 项，在研标准规范项目 45 项，其中，国家级专题 15 项、国家科技基础性工作专项课题 1 项、国家自然科学基金项目 2 项、消防救援局项目 7 项。围绕消防实战需求，开展“通天房”“内天井”“大型城市综合体”等消防安全问题专项研究。完成 30 个科研项目验收工作，其中，省部级项目 12 项、消防救援局项目 2 项。全年获中国消防协会科学技术创新一等奖 1 项、三等奖 1 项，获知识产权授权36项，发表论文60篇，签署“四技”服务合同 25 份。

二、检测认证水平显著提高

研究制定《国家防火建筑材料质量监督检验中心长远发展规划》，大力落实《质检中心业务拓展计划及实施方案》，与中国消费品质量安全促进会、中国质量认证中心等机构开展常态化交流，与法国船级社、美国安丰认证有限公司达成合作意向。推进“放管服”改革，通过减少认证单元、缩减检验项目、降低或取消检验外服务性收费等措施，减少相关产品检验费用 1500 万元。开展四期“检测技术与服务创新交流会”，召开国家标准《饰面型防火涂料》（GB 12441—2018）和 CCC 证书转换宣传贯彻会。提升检验认证效率，全年共受理 3000 余家企业防火建筑材料、耐火构（配）件、防火涂料、阻燃及耐火电缆等近 1.4 万个产品检验任务，下达检验任务单、出具检验报告各 1.5 万份，完成工厂检查任务 3800 余项；配合开展“3・15”消防产品质量专项检查专项工作，派出 6 个检查组对 20 家防火门企业开展专项监督检查；配合四川省质监局完成对 20 家企业、39 批次 CCC 产品双随机抽查和检验工作。完成 470 余家企业型式检验和标识服务抽封样工作，发放标识使用证书 60 余张。提高检验认证技术能力，完成中国船级社定期监督、试验动物许可证换证检查等 12 个标准的计量认证 / 实验室认可变更申报并获得授权证书。完成 CCC 实验室的分包评审、认监委“资质认定同步评审系统网上信息采集”和莱茵公司（TUV）的首次审核。完成法国船级社和交铁检验认证中心的分包实验室申报准备工作。

三、火灾物证鉴定作用明显

完成宜宾“7・12”重大爆炸着火事故、自贡电动汽车专卖店亡人火灾事故等火灾物证鉴定任务 582 起，派出 51 人次参与完成新疆哈密天山换流站爆炸燃烧事故、四川达州“6·1”火灾等现场勘验任务。全年为有关公检法机关和社会团体提供13起火灾物证司法鉴定和6起技术服务。

四、内控管理机制不断优化

以改革转隶为契机，完善管理体系建设，部署开展机构人员、印章档案、科研项目、国有资产等清查，保障人事、财务、国有资产、政府采购、审计监督、基础建设等工作有效运行，确保按时完成整体移交工作。规范人才引进、管理和培养机制，推进评聘分离制度，探索“7+2”学术团队，建立人才梯队培养体系。做好规章制度“立改废”，组织制修订制度35项，废止制度3项。加强综合保障，规范政府采购、单位食堂、合同工管理等工作，开展审计实战大练兵专项活动。加强所属企业管理，规范企业经营行为，制定实施“所属企业管理办法”“企业‘三重一大’决策制度”“企业薪酬管理和法人绩效考核”等制度，进一步加强企业内控管理和绩效管理，实现国有资产保值增值。

第七章　消防救援局培训基地工作综述

一、坚持改革创新，推进教育成果转化

深入学习贯彻习近平新时代中国特色社会主义思想和习近平总书记重要训词精神，承办3期师职领导干部学习贯彻党的十九大精神专题培训班和3期副团职干部培训班，培训师职和副团职干部学员876人次。从中央党校（国家行政学院）、国防大学、解放军南京政治学院、消防救援局和各地消防队伍中选聘多名专家学者和业务骨干充实培训师资库，打造“新时代习近平特色社会主义理论体系”“领导科学与领导艺术”“党性修养与作风建设”等23门“精品课程”，师资更新率达30%，授课师资教学质量评估满意度达95%以上。开展“支队党委班子建设”“廉政作风建设”等专题研讨30余次，各类研讨交流约占总课时45%。成立以党委成员为组长的团职培训导师组，参与指导学员专题研讨30余次，收集评阅实战案例500余例。利用京津冀地区资源，组织学员深入天津空中客车总装公司、海鸥手表集团、天津消防研究所等参观见学。创新教学运行和质量管理，制定“三报告”“三确认”“三自查”保障机制，落实“随堂评课”“每课必评”措施，形成包括专业业务测试、综合理论考试、日常考评等考核环节的全程考评模式。

二、坚持政治建队，做强培训教育主业

深入开展改革宣传教育，开办教育整训“示范班”“精品班”，通过发放调查问卷、专题座谈、重点了解等方式掌握全体人员思想动态；邀请闪淳昌教授等知名学者辅导授课，通过专题研讨、宣讲报告、印制口袋书等形式，对改革政策进行全方位宣传贯彻。对各类课程安排、师资力量从政治上把关，建立授课责任追究机制，严禁教员讲无关内容、说不当言论。组织蹲点调研，开展心理测查，完善舆情监测和处置工作机制。

三、坚持从严治队，发挥党委核心作用

组织开展为期3个月的纪律作风集中教育整顿活动，统一思想、纠风肃纪。强化以上率下，先后召开各类意见征求会10余次，收集整理意见40余条，出台《警官培训基地党委议事规则》《关于切实加强党委班子纪律作风建设和队伍管理教育的意见》《党委成员和党员干部违反党的纪律处理暂行办法》等制度规定，全面做好改革转制期间队伍思想政治工作，确保队伍高度稳定。强化纪检审计职能监督，审计各类基建和采购项目20个，其中内部审计14个，依托地方审计公司审计6个，涉及金额579万元，审减金额52.3万元，全年未发生违法违纪和不廉洁

问题。

四、坚持以人为本，构建精细管理机制

坚持一切按条令条例运转、一切按规章制度办事，从严执行培训全程封闭、全程禁酒、全程跟班、全程量化、全程考核、全程讲评“六个全程”，每天至少一名党委成员跟班督训评学。定期召开各级管理工作会，严格落实一日生活制度和请销假制度。持续加大营区基础建设投入，完成学员宿舍楼家具更换、房间粉刷、食堂改造以及办公楼、游泳馆、体能训练馆防水工程项目。加强经费预算编制管理，严格经费支出管控，全面开展资产清查工作，确保资产管理账账、账证、账物相符。加强后勤综合服务保障，外聘医师专家开展“名医坐诊”，开通驻地医院24小时绿色就诊通道，规范理发室、洗衣房等实体服务，圆满完成1000余人次、2800余车次、行程20万公里的后勤保障任务。

第八章 消防高等专科学校工作综述

一、全力拥护投身改革，贯彻落实消防改革决策部署

深入学习领会习近平新时代中国特色社会主义思想和习近平总书记训词精神，坚决贯彻落实中央改革精神以及应急管理部党组、消防救援局党委的重大决策部署。深入推进改革教育，精心组织开展政策宣讲、集体宣誓等活动，党委常委分专题解读习近平总书记训词精神、《中华人民共和国消防救援衔条例》以及《组建国家综合性救援队伍框架方案》等内容，印制《消防部队改革政策问答手册》。学习宣传贯彻习近平总书记训词精神，隆重举行迎旗授衔和换装仪式，开展向队旗集体宣誓仪式和集中教育整训活动，确保队伍高度安全稳定。

二、巩固特色办学优势，不断加强人才培养体系建设

落实《云南省教育督导委员会办公室关于开展2018年全国职业院校评估工作的通知》要求，制定评估工作方案，成立评估工作专班，邀请专家到校指导，编制上报学校2018年全国职业院校评估工作情况报告，完成中西部教育发展监测评估工作，顺利通过教学评估。采购地震救援、高空救援、水域救援、消防燃烧学实验仪器等实践教学器材装备，新建心理健康服务中心、学习研讨室、高空救援铁塔等教辅设施，丰富图书馆藏书和数据库，加快图书馆智能化建设。邀请闪淳昌教授、范维澄院士等著名专家学者来校讲学，深化学术交流和办学指导。健全校外专家、校内同行和在校学员三维评教机制，邀请校外44名专家听课2177课时。建成学校教育教学信息系统，实现学籍管理、排课选课、学员评教等功能。自建《消防应急救援》等5门慕课，启动7门慕课录制，择优引入网络平台学习学分课500余门，开通网上选课9门。持续开展两期131人青年教师培训，完成17名新教师选拔考核工作。选派9名教师参加国际性专业救援资质培训班，并全部取得国际权威认证资质证书；组建9人水域救援教官团队。建设校外水域救援训练基地3个，开发实战化教学课程模块18个，坚持水域救援等4支专业队伍常态化练兵，改革课程考核方式20余门次。派员参加无人机驾驶员培训、高层建筑灭火救援专业队队长培训和全国灭火与应急救援战例研讨班，选派724名指战员参与上海合作组织青岛峰会、上海国际进口博览会等重大消防安保任务，组织开展远距离实战化教学地震拉练演练，开展实战实训科目34项。组织申报省部级、厅局级科研项目4项，通过公安部科研计划项目验收1项，通过校级项目立项验收6项，教改立项28项、验收通过7项；选送18件优秀作品申报国家实用新型专利，并获国家实用新型专利15项、软件著作权1项。出版教材7部、论著及科普读物3部。荣获

“第二届军事数学建模竞赛”一等奖1项、二等奖1项、三等奖2项以及“第九届军事运筹杯数学建模竞赛”三等奖1项。

三、持续推进基础建设，稳步提升后勤服务保障水平

完成招标采购项目63项，落实采购预算金额4300万元，立项投资880万元建设学校田径运动场。编制《学校“十三五”装备建设规划》并列入消防救援局整体装备建设体系，消防救援局累计投入6000万元对学校教学实战装备进行换代升级，全年共增配消防车19辆、器材装备1.6万件（套）。对照应急救援主力军和国家队标准，组建山岳、水域、化工、地震4支专业救援队和战勤、应急通信、医疗救护3支战勤保障队伍。编制学校“十三五”信息化建设规划，投入1300万元用于信息化建设，发放移动办公终端450台，建设网闸系统互联互通学校多媒体，连通应急管理部视频系统，建成学校官方网站，实现办公无线双网覆盖。严格执行改革转隶期间重大经费开支规定，落实财务、粮秣、服装、车辆等政策，按期完成10万余件（套）新式制服更换、96辆消防车牌照改挂、55本驾驶证换发、517吨粮秣申领和新旧财务套改任务，顺利完成99名消防员身份套改工作。建立校园智能化安防系统，改造校园围墙，配备警用巡逻车和警用安防装备，开展“消除死角”专项行动2次、安全检查360余次，检查车辆3450辆、检查人员1.4万人次，全年未发生安全责任事故，校园环境安定有序。

第九章　消防员学校工作综述

一、加快实战化教学改革，提升教学培训实力

全面修订教学计划和课程体系，提炼933个灾害事故典型案例技战术要点，开设《无人机应用与技术》等10余门新课程，重建20余门课程教材的体系结构、知识框架、递进层级等要素，完成《举高消防车维护》等10余本教材讲义的初稿编写和《灭火救援装备应用》等11本拟出版教材的评审修订、校稿审定工作。推行小班化教学和辅导员管理机制，跨专业成立“化学事故处置”“车辆事故处置”“绳索救援”等10余个技术专队，下设18个学习班，分专题开展集中式、模块化教学及“高低大化”专科专训。加强攀爬横渡训练设施和搜救犬舍建设，引进IRATA绳索救援技术国际认证和搜救犬训导员培训项目。依托学员队建强全灾种常备应急分队，搭设全学科、全专业对抗性比武擂台，先后10余次开展应急救援、应急通信、装备维保、后勤保障等专项应急拉动演练。与徐工集团、天津鼎力、上海格拉曼等消防厂家合作建立车辆装备维修等10余个实践实训基地，与陆军第一综合训练基地、东部战区培训基地和南京职业技术学院建立联教联训机制，常态化开展参观见习、教学训练。圆满完成技师技能等级鉴定对象培训、消防通信员和计算机系统管理员高级职业技能鉴定考核、江苏和江西消防总队车辆装备保障专业士兵职业技能鉴定、全国消防装备质量检验员培训以及消防应急通信师资培训等培训鉴定12批次、1117人次。健全新任教员、新开课程试讲试教制度，提高教学岗位入职门槛。出台《教学训练员分级评定办法》，建立教学训练员选拔任用机制，首批21名教学训练员正式上岗。完善在职进修机制，安排32名教员、教学训练员赴消防车辆装备厂家参加车辆维护保养、救援工程机械操作等技能培训。健全工作考评机制，定期组织教员说课、评课等教学活动，全年组织试讲16次、听课评课240余次。

二、聚焦科研兴校强校，加快科研成果转化

推动信息化教学，综合运用AR、VR和现代声光电技术模拟实战场景，建成空气呼吸器和氧气呼吸器充气室、危化品事故处置、医疗教学等10余个专修实训室。研发危险化学品事故处置、举高消防车、车载消防泵、救援工程机械、卫星便携站5个虚拟仿真实训系统并取得软件著作权证书。自主研发的“消防员紧急供气消防水枪装置”荣获国家和国际双专利。建成应急通信装备语音综合管理平台和卫星地面站，参与国产卫星网管系统与便携式卫星站测试，发表《国产卫星网管系统与便携式卫星站在南京复杂环境卫星链路测试结果》专业报告。申报实用新型专利15项，立项“化学事故处置虚拟仿真训练系

统”等10个校级科研项目，其中“消防应急通信教学系统”等4个科研项目成功申报消防救援局立项，科研课题“建筑倒塌搜救模拟信号源”（2017XFCX19）已结题。

三、严抓队伍教育管理，确保队伍安全稳定

研究制定队伍正规化管理规定和安全教育工作计划，集中开展专题学习教育和纪律作风整训。修订《学员量化考评实施细则（试行）》，完善学员考评激励机制，推行探亲休假责任捆绑机制和通信工具实名制管理。开展全员心理问卷调查，分批开展心理拓展训练，建立指战员心理健康档案。强化警示教育，探索建立常态化廉政教育机制，持续开展涉赌、涉贷、涉黄、涉密专题教育整治。加强审计监督，完成40个项目合同和招标文件审核，17个项目结算审计，3个项目跟踪审计。落实暖心举措，对32名学员和指战员、9个困难家庭开展救济帮扶。

四、加强基础设施建设，提升精细保障水平

投入3000余万元专项经费用于购置实践教学装备器材、建设模拟训练设施以及维修改造教学楼和实训楼等营房设施。完成集中采购项目49项，增加资产7300余件（套），清查固定资产17万件（套），接收水罐消防车、抢险救援车、战勤保障车等消防车7辆和消防员抢险救援服等个人防护装备4300余件（套）。投入150万余元用于更新医疗卫勤设备，增配监护型转送救护车1辆，组织各类体检5批796人次。

第　五　篇

有关消防救援工作的重要文件资料

教育部办公厅　应急管理部办公厅关于开展消防安全教育暑期专项行动的通知（摘录）

（教基厅函〔2018〕49号）

各省、自治区、直辖市教育厅（教委）、消防总队，新疆生产建设兵团教育局、公安局消防局：

为深入贯彻落实习近平总书记关于公共安全教育进学校的重要指示精神，在暑期社会实践活动中培养提升师生的消防安全意识和自防自救能力，营造良好的校园消防安全环境，教育部、应急管理部决定在中小学校、幼儿园开展消防安全教育暑期专项行动。有关要求通知如下：

一、活动时间

2018年6月25日至9月25日。

二、活动对象

各中小学校、幼儿园。

三、活动内容

（一）开展消防安全教育“四个一”活动。各中小学校、幼儿园普遍开展以“上一节消防课、开展一次逃生疏散演练、参观一次消防队站或消防科普教育基地、完成一次暑期家庭消防作业”为内容的“四个一”活动。

（二）开展“消防安全示范课”征集展示活动。在中小学校、幼儿园在职教师中开展消防安全示范课征集活动，由各省、自治区、直辖市教育厅（教委）、消防总队组织发动并层层征集遴选，推荐上报。教育部基础教育司、应急管理部消防救援局将对征集的“消防安全示范课”在“全国中小学安全教育网”“中国消防网”进行展示，供各地学习借鉴。

（三）开展消防安全主题实践活动。各地教育、消防部门可结合综合实践活动，通过竞技、挑战、闯关、拍微视频等形式，丰富活动内容，组织开展消防安全实践活动。有条件的初高中学校，在新生军训活动中，可以安排消防安全知识辅导讲座、应急疏散演练、火灾报警和灭火器材使用等消防技能课目。

四、工作要求

（一）高度重视，提高认识。开展消防安全教育暑期专项行动，是深入推进学校消防安全宣传教育工作、提高学校防灾抗灾能力的重要举措，是提高师生及学生家庭消防安全意识和自防自救能力的重要手段，也是通过“教育一个孩子、带动一个家庭、影响整个社会”，全面提升国民消防安全素质的重要途径。各级教育和消防部门要切实提高思想认识，加强组织领导，制定详细方案，明确工作责任，确保各项活动扎实开展。

（二）发挥优势，协同配合。各级教育、消防部门要将消防安全教育暑期专项行动作为强化学校消防安全教育的重要举措，精心策划组织，主动发挥优势，加强督导检查和帮扶指导，确保各项活动师生喜闻乐见、踊跃参与、安全顺利。

（三）着眼长远，建立机制。中小学校及师生的消防安全，关系重大，意义深远。加强对中小学生的消防安全教育，已纳入国务院对省级政府消防工作年度考核内容，各地要进一步落实中小学校消防安全教育师资、教材、课时、场地“四到位”的要求，加强制度和经费保障，建立和完善长效机制，努力推进“平安校园”建设。

教育部办公厅　应急管理部办公厅

2018 年 6 月 15 日

国务院安委会办公室关于印发《大型商业综合体消防安全专项整治工作方案》的通知（摘录）

（安委办〔2018〕21号）

各省、自治区、直辖市及新疆生产建设兵团安全生产委员会，公安部、住房城乡建设部、商务部、文化和旅游部、应急管理部、市场监管总局、国家能源局：

为有效防范和坚决遏制重特大火灾事故的发生，结合当前火灾防控工作实际，国务院安委会办公室决定从2018年7月至10月组织开展大型商业综合体消防安全专项整治。现将《大型商业综合体消防安全专项整治工作方案》印发你们，请结合实际认真组织实施。

国务院安委会办公室
2018年7月3日

大型商业综合体消防安全专项整治工作方案

近年来，我国大型商业综合体逐年增多。这类场所一旦发生火灾，损失大、伤亡大、影响大，灭火救援困难。为切实加强火灾防控工作，充分保障人民群众生命财产安全，国务院安委会办公室决定在全国范围内组织开展大型商业综合体消防安全专项整治。特制定工作方案如下：

一、工作目标

认真贯彻落实习近平总书记关于应急管理的重要思想和党的十九大精神，按照政府统一领导、部门依法监管、单位全面负责、群众积极参与的原则，组织开展大型商业综合体消防安全专项整治，及时化解安全风险、消除安全隐患，推动消防安全防范责任措施落实，不断提升消防安全管理水平，有效防范和坚决遏制重特大火灾事故发生。

二、整治时间

2018年7月至10月。

三、整治范围

已建成投入使用的建筑面积5万平方米（含）以上的集购物、住宿、展览、餐饮、文娱、交通枢纽等两种或两种以上功能于一体的城市商业综合体（不包括住宅和写字楼部分的建筑面积）。

四、整治重点

（一）建筑使用功能

1. 大型商业综合体建筑实际使用功能是否与设计功能一致。

2. 经过特殊消防设计的，是否按原设计文件要求落实相关针对性技术措施。

3. 内部装修改造是否擅自改变使用性质，导致建筑耐火等级、安全疏散、消防设施设置等不符合要求。

（二）建筑消防设施

1. 是否按消防技术标准或经批准的特殊消防设计文件设置消防设施。

2. 是否对建筑消防设施定期检验维修，每年至少进行一次全面检测。

3. 自动消防设施是否正常运行，报警、控制、模拟灭火测试等功能是否符合要求。

（三）防火分隔设施

1. 防火分区是否符合消防技术标准或经批准的特殊设计文件要求。

2. 防火门、防火卷帘等防火分隔设施是否完整有效。

3. 建筑外墙设置外装饰面或幕墙时，其空腔部位是否在每层楼板处采用防火封堵材料封堵。

（四）消防安全管理

1. 大型商业综合体产权单位、委托管理单位以及各经营主体、使用单位是否分别明确消防安全责任人、管理人；是否设立消防安全工作归口管理部门，并逐级明确消防安全管理职责。

2. 从事消防设施检测、维修、保养的机构是否具备相应资质，经维修、保养的建筑消防设施是否符合国家标准、行业标准，是否违规出具虚假、失实文件。

3. 消防安全责任人、管理人是否经过消防安全培训，消防控制室值班人员是否取得中级及以上国家职业资格证书。

4. 是否逐楼层、逐区域、逐级、逐岗位明确重点岗位人员和员工的消防安全职责。

5. 是否组织开展消防安全教育培训，制定灭火和应急疏散预案并实施演练；是否落实防火检查巡查，及时整改火灾隐患。

6. 是否违规住人、违规设置库房或者超量存放易燃可燃商品货物。

7. 是否制定并严格执行用火、用电安全管理制度。

（五）灭火救援条件

1. 建筑外墙是否违规设置影响逃生、自然排烟和灭火救援的障碍物。

2. 是否根据需要设置灭火救援窗，有无明显标识。

3. 消防车道、消防车登高操作场地是否满足火灾扑救要求。

4. 微型消防站建设是否符合标准，是否落实管理、训练、值守、联动等工作制度，是否具备及时处置初起火灾能力。

五、整治措施

（一）严密防火分隔。防火分区不合理的应重新划定、设置。防火分隔不到位的，应按规范要求采取分隔、封堵措施。防火门、防火卷帘等防火分隔设施损坏的，应及时修复，保证完整有效。建筑外墙设置外装饰面或幕墙时，其空腔部位应在每层楼板处采用防火封堵材料进行封堵。

（二）加强设施维护。大型商业综合体应委托具备相应资质的消防设施维护保养检测机构对建筑消防设施进行一次全面检测并定期维护保养，定期组织对电气系统进行保养和检测，每月对自动排烟窗联动开启功能进行全数测试，及时拆除影响逃生、自然排烟和灭火救援的外墙障碍物，在灭火救援外窗设置明显标识。

（三）实施智能管控。大型商业综合体应接入城市消防远程监控系统，在主要进出口、人员密集部位安装客流监控设备，使用燃气的部位应设置燃气泄漏报警和自动切断装置，具有电气火灾危险的场所应设置电气火灾监控系统，利用手机 APP 实时动态查看消防设施运行状况。

（四）压实主体责任。大型商业综合体应成立由建筑主要产权单位或者委托管理单位法定代表人为组长的消防安全管理组织，与各经营主体、使用单位逐一签订责任书，明确各方消防安全责任。至少配备一名专业管理人，鼓励聘用注册消防工程师，专职负责消防安全。

（五）建强消防队伍。大型商业综合体微型消防站应经过当地消防部门拉动测试，有条件的应建专职消防队，积极参加消防安全区域联防联控，建立与现役消防队联勤联动机制。消防部门组织大型商业综合体调查摸底，制定完善针对性灭火作战预案并开展演练，积极开展自动消防设施测试和灭火救援技战术研究，加强对微型消防站、专职消防队的指导、调度。

（六）加强宣传培训。充分运用各类媒体广泛宣传大型商业综合体火灾危险性，大力普及防火、灭火和逃生自救知识，提高公众消防安全意识。大型商业综合体至少每半年组织一次全员消防培训和演练，消防安全责任人、管理人须经过消防安全培训，消防控制室人员须取得中级及以上国家职业资格证书。

（七）强化监督执法。对经过专家评审并投入使用的大型商业综合体，应逐条梳理其特殊消防设计及相关针对性技术措施，作为重点检查内容。对检查发现的违法行为和火灾隐患，严格依法实施责令“三停”、行政拘留和临时查封等处罚和强制措施。对存在重大火灾隐患的大型商业综合体，提请政府挂牌督办。

（八）实施综合治理。集中约谈大型商业综合体及其连锁集团消防安全责任人，督促向社会公开承诺消防安全。对大型商业综合体重大火灾隐患进行曝光。对逾期未改的重大火灾隐患单位，以及未按照国家标准、行业标准检测、维修、保养建筑消防设施的机构，列入消防安全不良行为公布范畴，通报有关部门。

六、任务分工

（一）国务院安委会办公室成立由应急管理部、公安部、住房城乡建设部、商务部、文化和旅游部、市场监管总局、国家能源局等相关部门参加的大型商业综合体专项整治协调小组，指导各地大型商业综合体专项整治工作，定期通报整治工作进展情况，研究协调有关工作，联合开展督导检查。应急管理部消防局承担协调小组日常工作。

（二）省（自治区、直辖市）安委会加强调度指挥和检查督导，明确各市（地、州、盟）政府是专项整治第一责任主体，各县（市、区、旗）政府是直接责任主体，具体负责专项整治的组织实施。

（三）地方各级公安消防、住建、商务、文化、旅游、安全监管、工商、质监、能源（电力）等部门按照相关法律法规规定，认真履职，加强配合，抓好各项工作落实。

（四）地方各级安委会要明确交通运输、卫生计生、国有资产管理、体育等相关行业主管部门在大型商业综合体消防安全专项整治工作中的职责，负责做好本行业领域的专项整治工作。

七、工作步骤

（一）动员部署阶段（7月15日前）。地方各级安委会召开会议进行部署，制定具体实施方案，明确整治工作目标、任务和措施，细化相关部门、单位整治工作职责，迅速开展工作。

（二）排查整治阶段（7月16日至10月15日）。一是开展全面排查。组织大型商业综合体开展消防安全自查，各省（自治区、直辖市）组织市、县开展互查。对排查出的安全隐患，建立台账、列出清单、逐项整改。8月15日前完成排查工作。二是集中约谈曝光。分区域、分行业对大型商业综合体及其连锁集团消防安全责任人进行约谈，督促落实防范责任措施。对排查发现的突出隐患，在当地主流媒体曝光，全国集中曝光一批严重影响公共安全、久拖不改的大型商业综合体隐患单位和未依法执业的消防设施维护保养检测机构。三是实施重点整治。对排查发现的火灾隐患整改难易程度及危害后果进行分析研判，逐个制定整改计划和措施，逐个落实整改方案、责任和资金。排查整治期间，集中查处一批存在严重违法行为的单位，集中挂牌督办一批存在重大火灾隐患的单位。

（三）总结验收阶段（10月16日至10月31日）。各地成立检查组，对大型商业综合体消防安全专项整治工作进行检查验收，验收不合格的一律重新进行整治，检查验收情况纳入地方各级政府2018年度安全生产工作考核内容。

八、工作要求

（一）加强组织领导。各地要高度重视，充分认识大型商业综合体消防安全面临的严峻形势，将开展专项整治作为防止火灾发生、维护公共安全的重要举措，切实抓好落实、抓出成效。要逐级成立组织机构，加强调度指挥，压实工作责任。

（二）强化监管协作。各相关部门要按照“管行业必须管安全、管业务必须管安全、管生产经营必须管安全”的要求，各尽其职，各负其责，联合组织检查督查，建立健全信息共享、情况通报、联合查处、案件移送等机制，形成大型商业综合体监管合力。

（三）严格督导问责。各地要组成督导组，采取“四不两直”的方式，明察暗访工作任务落实情况。对未按要求开展专项整治、工作不到位、效果不明显的地区和单位，要督促其加大工作力度，落实整治措施。专项整治期间，大型商业综合体发生较大及以上火灾事故的，要依法从严从重追究有关单位和人员的责任。

（四）完善长效机制。各地要边整治边总结，固化好的经验做法，对存在的普遍性问题，要进行专题研究并及时修订完善有关法规标准，加强城市公共建筑和高层建筑消防设计管理，强化建筑消防设施检测维护保养监督抽查机制，不断提升城市建筑消防安全管理水平。

应急管理部　文化和旅游部　国家文物局关于印发博物馆和文物建筑消防安全大检查工作方案的通知（摘录）

（应急〔2018〕82号）

各省、自治区、直辖市消防总队，文化厅（局），文物局，新疆生产建设兵团公安局消防局、文化广播影视局、文物局：

为贯彻落实习近平总书记关于加强文物消防安全工作的重要指示精神，深刻汲取巴西国家博物馆火灾事故教训，应急管理部、文化和旅游部、国家文物局于2018年9月至12月联合开展博物馆和文物建筑消防安全大检查。现将《博物馆和文物建筑消防安全大检查工作方案》印发给你们，请结合本地实际，认真组织实施。

应急管理部　文化和旅游部　国家文物局
2018年9月16日

博物馆和文物建筑消防安全大检查工作方案

为认真贯彻落实习近平总书记关于加强文物消防安全工作的重要指示精神，切实做好博物馆和文物建筑的消防安全工作，应急管理部、文化和旅游部、国家文物局决定联合开展博物馆和文物建筑消防安全大检查，工作方案如下：

一、工作目标

深刻吸取巴西国家博物馆和近年来我国博物馆、文物建筑火灾事故教训，坚持问题导向，督促博物馆、文物建筑管理使用单位严格落实消防安全主体责任，集中开展消防安全大检查，彻底整改消除火灾隐患，提高消防安全管理水平，坚决预防重特大火灾事故发生。

二、大检查时间

2018年9月至12月。

三、大检查范围

所有博物馆和文物建筑，重点检查三级以上博物馆等重要文物收藏单位和具有火灾危险性的全国重点文物保护单位。

四、大检查重点

对照《文物建筑消防安全管理十项规定》（文物督发〔2015〕11号）、《文物建筑电气防火导则（试行）》（文物督发〔2017〕3 号）、《古城镇和村寨火灾防控技术指导意见》（公消〔2014〕101 号）以及地方文物消防安全管理的政策文件，集中检查消防安全主体责任落实、日常消防安全管理、消防设施器材配置及检验、维修、用火用电、消防演练等工作落实情况。

五、工作措施

（一）督促落实消防安全主体责任。各博物馆、文物建筑管理使用单位要全面落实消防安全主体责任，单位消防安全责任人要向社会公开作出消防安全承诺，自上而下逐级逐岗位签订消防安全责任书，建立健全日常消防安全管理机制。对同一建筑由两个以上单位管理使用的，文化、文物部门要与其上级主管部门、单位各产权人、使用人逐一签订责任书，明确各方消防安全责任，落实更加严格的消防安全管理措施。

（二）改善消防安全条件。结合城市规划建设、文物修缮保护，提请政府拆除博物馆、文物建筑范围内及周边私搭乱建的违章建筑，保障消防车通道畅通，保证防火间距符合消防技术标准。逐一排查建筑消防设施，确保完好有效；易燃可燃装饰装修材料要符合消防技术标准；对木结构古建筑等文物建筑，要因地制宜安装独立式火灾报警器和灭火设施，提高消防安全设防等级。

（三）规范用火用电管理。各博物馆、文物建筑管理使用单位要严格控制使用明火，宗教活动场所、经营场所、民居建筑等确需使用明火的，应加强火源管理，采取有效防火措施，并由专人看管，必须做到人离火灭。要严格安全用电，一般不得使用电热器具和大功率用电器具，确需使用的，要采取安全防护措施，制定并严格落实使用管理制度，严查假冒伪劣电气设备。电气线路安装敷设应采取穿金属管等保护措施，由具有相应资质的施工企业或者电工负责施工，严禁私拉乱接，对电气线路要定期检查检测。

（四）严格危险品管理。博物馆、文物建筑保护范围内严禁生产、使用、储存和经营易燃易爆危险品，对储存或者堆放的柴草、木料、酥油等可燃物要组织集中清理，采取切实有效的安全防护措施，严禁在文物建筑保护范围内燃放烟花爆竹。

（五）提升智能防控能力。将博物馆、文物保护单位智能防控系统建设纳入“智慧城市”整体部署，积极应用物联网、大数据、云计算等现代信息技术，推进智慧消防、远程监控、视频监控等信息化手段在文物消防安全防范领域的应用，增设电气火灾监控系统，加强火灾预警监测，实现可视化监控和智能化处置。

（六）加大综合治理力度。综合运用法律、行政、舆论等手段，集中治理博物馆、文物建筑存在的火灾隐患和违法行为。治理期间要集中约谈一批火灾高危单位消防安全责任人、管理人，集中曝光一批火灾隐患和违法行为，集中挂牌一批重大火灾隐患单位。

（七）加强消防宣传教育。充分运用各类媒体广泛宣传博物馆、文物建筑火灾危险性，普及防火、灭火和逃生自救常识。对博物馆、文物建筑的消防设施器材，设置规范醒目的标识，用文字或图例标明操作使用方法，重点部位、重要场所设置“提示”和“禁止”类消防标语。所有博物馆和文物建筑管理使用单位要至少开展一次全员消防安全培训和消防演练，着力提升扑救初起火灾和应急疏散技能。

（八）做好应急准备工作。属于消防安全重点单位的博物馆、文物建筑管理使用单位要建立微型消防站，配备必要的消防装备，距离消防队较远、被列为全国重点文物保护单位的古建筑群管理单位，要依法建立专职消防队，并报当地消防部门验收。消防部门要加强熟悉演练，按照“一家一策”的原则，对三级以上博物馆和具有火灾危险性的全国重点文物保护单位逐一制定灭火作战预案，逐一组织开展实战演练。

六、工作步骤

（一）动员部署

9月18日前，省级消防、文化和文物部门联合召开会议进行部署，制定具体实施方案，明确工作目标、任务和措施，细化相关部门、单位工作职责，迅速开展大检查。

（二）自查自改

9月20日前，省级文化、文物部门要全面核查辖区内三级以上博物馆等重要文物收藏单位和具有火灾危险性的全国重点文物保护单位底数，列出场所清单。

9月20日前，省级文化、文物部门要会同省级消防部门，对列入场所清单的单位消防安全责任人集中约谈一次，部署开展消防安全自查工作。

9月30日前，所有博物馆和文物建筑管理使用单位要全面完成消防安全自查，开展一次内部消防安全培训和应急演练，并向属地文化、文物、消防部门报备。三级以上博物馆等重要文物收藏单位和具有火灾危险性的全国重点文物保护单位要向省级文化、文物、消防部门书面报备。

（三）排查督查

10月10日前，在博物馆和文物建筑管理使用单位开展自查。同时，省级消防部门牵头，联合省级文化、文物部门，抽调专门技术力量组成检查组，逐一对三级以上博物馆等重要文物收藏单位和具有火灾危险性的全国重点文物保护单位开展实地排查。10月15日前，省级消防部门会同省级文化、文物部门，对排查发现的火灾隐患连同单位自查上报的隐患问题一并梳理，形成问题清单，分别报送应急管理部、文化和旅游部、国家文物局。

大检查期间，应急管理部、文化和旅游部、国家文物局联合开展两轮集中督查。9月下旬起，开展第一轮督查，重点检查各地贯彻落实中央领导同志重要指示批示精神和应急管理部联合文化和旅游部、国家文物局召开的博物馆和文物建筑消防安全大检查工作电视电话会议精神情况，抽查各地博物馆和文物建筑管理使用单位自查开展情况；10月下旬，开展第二轮督查，根据上报的问题清单，对重点博物馆、文物保护单位明察暗访、交叉检查，抽查各地自查工作成效和隐患整改情况。

11月10日前，应急管理部会同文化和旅游部、国家文物局对各地上报的问题清单和两轮督查发现问题进行分类整理，以国务院安委会名义，对突出隐患问题向省级政府、相关部门下发督办清单。省级文化、文物和消防部门要对照清单，督促推进隐患整改，确保按期整治到位。

（四）总结考评

12 月 31 日前，省级消防部门牵头，联合省级文化、文物部门组织对大检查工作进行考评，并向应急管理部、文化和旅游部、国家文物局报送总结报告。结合年终考核，应急管理部将会同文化和旅游部、国家文物局对大检查工作进行总体考评。

七、工作要求

（一）加强组织领导。应急管理部、文化和旅游部、国家文物局成立博物馆和文物建筑消防安全大检查工作领导小组，领导小组办公室设在应急管理部消防救援局，承担日常工作。各级消防、文化、文物部门要加强统筹协调，成立领导组织机构，建立定期会商、信息共享、联合执法等机制。依托各地消防安全委员会，推动地方政府协调解决隐患整治、经费保障、力量建设、装备设施等重大问题。

（二）强化分工协作。按照“管行业必须管安全、管业务必须管安全”的原则，各级文化、文物部门要依法履行行业监管责任，加强博物馆、文物建筑消防安全工作的监督管理，对于直接管理的博物馆和文物建筑，要推动高标准高质量开展大检查工作，为其他行业管理使用的博物馆和文物建筑树立标杆示范。同时，要提请属地人民政府安排专项经费，改造升级重点单位的消防设施设备。各级消防部门要加强监督执法，提供技术指导服务，依法督促单位落实主体责任，及时消除火灾隐患。

（三）实行清单治理。全面落实清单化治理模式，按要求列出博物馆和文物建筑场所底数清单，对发现的隐患要分类列出问题清单，整治情况要全部量化进度项目清单，各项工作任务照单履责、照单检查、照单督导。各地要细化清单管理，逐项列出时间表、明确责任人，定期照单对账、照单销账，确保工作实效。

（四）严格考核问责。博物馆和文物建筑消防安全大检查将列入国务院对省级政府安全生产和消防工作考核内容。对工作不到位、效果不明显的地区和单位，要督促其加大工作力度，落实整治措施。大检查期间，发生有影响和较大及以上火灾事故的，要依法从严从重追究有关单位和人员的责任。

应急管理部办公厅关于山东寿光重大洪涝灾害抗洪抢险救灾工作情况的通报

（应急厅〔2018〕21号）

各省级安全监管局、地震局、煤矿安监局，各省（区、市）消防总队，应急管理部机关各司局，驻部纪检监察组，消防局，地震局和煤矿安监局机关各司室，国家安全生产应急救援指挥中心，各直属事业单位、社会组织：

山东寿光重大洪涝灾害发生后，应急管理部认真贯彻落实习近平总书记重要指示精神，按照李克强总理等中央领导同志批示要求，迅速调集山东、天津、河北、江苏4个消防总队和14支矿山救援队，全力配合当地政府抢险救灾。参战救援队伍始终牢记使命、忠诚履职，夜以继日、连续奋战，在16个昼夜的战斗中，完成136个作业点排涝任务，累计排水167万立方米，约相当于杭州西湖的水量，成功搜寻到2名失联人员，清理淤泥6.5万立方米、废弃物4302吨，抢救转运物资1724吨、牲畜856只，为维护人民群众生命财产安全作出了突出贡献，赢得了地方党委、政府和人民群众的高度赞扬。现将有关情况通报如下：

一、基本情况

受台风“温比亚”影响，山东全境普降大暴雨，多地发生洪涝灾害；其中寿光市受灾最为严重，呈现出洪水急、范围广、涝点多、积水深、灾情重、损失大等特点。全市15个镇街全部受灾，受灾人口50.5万人、房屋近5000间、农作物面积3.5万公顷、大棚10.6万个、养殖棚2000多个，紧急疏散转移涉及89个行政村、群众6.2万人。

受灾的寿光市地处平原、地势低洼，历年多旱少雨，防洪基础设施薄弱、损毁严重，不少地方封渠建棚、占渠他用，水利工程排水不畅，加之上游水库短时间大量泄洪，致使大量内游积水无法及时排出。农田道路狭窄，土质松软，大型机械设备难以进入抽水核心区，且受灾大棚绵延数十里，部分大棚地势标高低于河流池塘水面，必须长距离铺设排水线路。现场救援环境复杂恶劣，烈日暴晒、蚊虫肆虐、水体腥臭、泥泞难行，给救援人员造成极大困难。

二、救援救灾主要措施

这次抗洪抢险救灾是我国消防部队在改革转制关键期的一次重大遂行任务，是除汶川地震外消防部队和安全生产应急救援队伍调动力量最多的一次，充分体现了以民为本、以人为本的宗旨意识，展示了敢于担当、勇挑重担、攻坚克难、敢打必胜的优良作风，发挥了综合应急救援主力军和国家队作用。

（一）周密组织部署。灾情发生后，应急管理部党组书记黄明同志立即赴部指挥中心指挥调度，启动国家救灾Ⅳ级响应，先后10余次召开视频调度会，研判灾情，统筹调度，确保了救援行动有序有力进行。一是紧急调派增援力量。8月21日，应急管理部命令山东消防总队调集济南等9个消防支队、233名官兵、12套远程供水系统赶赴增援。8月26日，应山东省请求，调集天津、河北、江苏等3个省市消防总队和14支矿山救援队力量紧急增援。24小时内救援力量一次性调集到位，共计10837名消防指战员（消防官兵5570人、政府专职队消防员5267人）、352名安全生产应急救援队员，93辆消防车、60套远程供水系统、69艘冲锋舟、260余台工程机械，以及2万余件（套）的潜水泵、浮艇泵、机动泵等救援器材装备。二是实施统一指挥。8月25日，按照部党组部署，部消防局、国家安全生产应急救援指挥中心分管负责人赶赴灾区一线，与前方工作组合并成立前方指挥部，下设调度协调组、政工后勤组、宣传通信组、群众生活救助组和社会力量组。山东、天津、河北、江苏总队分别设立分指挥部，14支矿山救援队纳入4个消防分指挥部，实施统一管理、调度和保障，8家社会组织由前方指挥部对接指导，构建了较为顺畅的应急指挥体系和协调机制。三是加强灾情研判。加强与国家防总、国家气象中心等会商研判、信息通报和预警联动，跟进研判台风“温比亚”实时路径和洪涝灾情发展变化。建立前后方指挥机制，部领导每日与一线指挥员视频连线，加强救灾指导，研究解决难题，组织协调应急保障。前线指挥部主动与地方政府紧密对接，及时沟通灾情变化和救灾进度，分阶段、分区域、分队伍明确行动目标、部署战斗任务。

（二）创新救援战法技法。坚持“问计于民、因情施策”、边救灾边总结、边钻研边提高，在最短时间内摸索出一整套全新的应对重大洪涝灾害的战术战法，极大地提高了救灾效率。一是以抢救人员生命为重点，全力疏散转移被困群众和搜寻失联人员。灾情发生当天，当地消防部门共接到强降雨及衍生灾害事故救援警情34起，先后出动车辆68辆次、官兵408人次，抢救被困群众89人，疏散2000余人。同时，针对2名辅警失联的情况，组织61名官兵，携带无人机、冲锋舟、搜救犬等装备，分成2组开展地毯式全覆盖搜寻，成功完成搜救任务。二是以乡镇、村庄等居民住宅集中区域为重点，全力排水清淤。制定“筑堤防护确保道路畅通、远程供水系统抢排积水、救援队员跟进全力清淤”的救援措施，利用12套远程供水系统和排水泵，优先排除居民住宅集中区域积水，连续奋战5昼夜将87个村庄积水排尽，然后集中优势兵力在受灾最严重的南宅科村和李家洼村部署6套远程供水系统、1000余名官兵，全力排水并跟进清淤。8月27日上午，寿光市89个村庄积水全部排尽，群众得以重返家园。三是以大面积连片淹没区域为重点，昼夜奋战，集中优势兵力攻坚排涝。配合当地政府制定了纪台镇“四横六纵”和稻田镇“六横六纵”排水沟渠工程方案，明确了“开渠引流、排蓄结合、集中兵力、优化编成”的救援措施。在纪台镇、稻田镇和洛城街道的6个大面积水域，约16.5平方公里的重点区域设置57处排水点，部署60套远程供水系统和55台排水泵，协调18台大流量排涝车辆，指导当地政府调动260余台挖掘机、推土机等工程机械到场协助开挖明渠、疏通河道、排障清淤。四是以蔬菜大棚、生产田地为重点，进村入户，逐个抽排，帮助困难群众恢复生产。采取“小泵进棚抽水、大泵接力输转”的救援措施，在大棚、田地水位不断下降、工程排水效果逐渐减弱的情况下，前方指挥部发出了“进村入户、逐个抽排”的总攻命令，救援队员深入37个村庄采取机械排水与工程排水相结合，大小泵优化组合，加快大棚、田地的排涝进度。主动帮助群众清淤除险、转移物资，尽快恢复生产，减少灾害造成的损失。截至9月5日，抢救9.8万个蔬菜大棚，为群众挽回损失约2.94亿元。

（三）落实救灾救助政策。与地方建立联动工作机制，切实做好救灾救助各项重点工作，督促指导灾区各项群众生活救助工作落实到位。一是向重灾区倾斜安排资金物资。在下拨中央救灾资金1.5亿元中，向潍坊市倾斜安排1.08亿元，其中寿光市3000万元。在向山东调拨3000顶帐篷、3万床棉被、5000张折叠床等中央救灾物资基础上，再次向寿光专门调拨2万床棉被。二是推动落实各项救助工作。指导出台《受灾人员生活救助工作实施方案》，确定资金发放对象、标准和进度安排，组织地方按标准及时下拨救助资金1873万元。做好救灾款物接收发放，接收社会捐赠资金10910万元、物资65万余件，已拨付2935万元、53万件。三是协调社会力量参与救灾。协调社会单位调派大功率排涝车辆等特种装备，会同山东省慈善总会和寿光市志愿者联合会，组织指导48个当地志愿组织、近5万名志愿者和24支外地救援队参与救灾物资发放、防疫消杀、垃圾清理搬运等工作。四是提早部署灾后恢复重建。针对入冬前时间紧迫的实际，督促指导地方加紧部署因灾倒损房屋恢复重建工作，并制定《群众住房修复重建工作方案》，逐一走访考察4个易地重建村组及规划选址，明确重建内容和时间安排，帮助受灾群众早日重建家园。

（四）加强思想政治教育和宣传引导。积极探索救援过程中政治思想和宣传工作方式，确保救灾任务延伸到哪里，政治工作就跟进到哪里。一是健全组织体系。成立应急抢险救灾前方指挥部临时党委，指导山东、天津、河北、江苏参战队伍成立4个临时党委、153个临时党支部，把消防、矿山救援队伍统一纳入其中。成立7个政治工作小组、45个政治工作小分队，发挥组织优势，凝聚集体力量。二是开展教育引导。充分发挥政治工作“引擎”作用，制定印发《五个讲明白》战时教育宣讲提纲，向全体参战队伍发出慰问信，开展“不忘初心、牢记使命、心系灾民、奉献灾区”专题学习教育活动。深入各救灾作业点、队伍驻地慰问生病人员，开展谈心谈话、心理咨询，解决官兵实际困难，做深做细做实思想工作。三是强化典型激励。注重在救灾中考察干部、发现典型，评选“每日之星”，编写《寿光抢险救灾风采录》，大力宣扬救灾中的感人事迹，涌现出了“三过家门而不入”王佐军、“救灾尖兵”陈新宽、“不拿群众一针一线”楚志勇等众多典型，树立了参战队伍的良好形象。四是狠抓纪律作风。明确参战官兵要严格遵守政治纪律、工作纪律、群众纪律、执勤纪律和宣传纪律“五项纪律”，对各救灾作业点、队伍驻地开展暗访督导106次，发现整改问题32处，确保了队伍作风严整和安全稳定。

（五）强化协同保障。按照“救大灾、打大仗”标准，精心组织各项保障，现场救援队伍物资供应充足，通信渠道畅通，技术支持高效，较好地满足了应急抢险救灾任务的需要。一是紧急调拨装备物资。组建 12 支装备抢修保障分队，分组排班 24 小时作业，巡检远程供水系统 490 余次、车辆 890 余辆次。紧急拨付专项资金 500 万元，调拨装备物资 2.5 万件（套）连夜发放到一线救援人员手中，并协调当地政府为救援人员发放雨具、手套等物资 16.5 万件（套）。二是全力做好食宿保障。按照自我保障与地方保障相结合的原则，为救援人员提供饮食、副食品，保障矿泉水、野战食品、方便面、火腿肠等应急食品。协调当地政府利用大学、中学宿舍、教室，大型企业驻地及宾馆等，保障了 1 万余名救援人员住宿。三是着力加强卫生防疫。联合当地医疗机构，组建 18 个医疗救护小组，为官兵诊疗 1600 余人次，发放药品 1.5 万余盒，住院治疗 15 人。对执勤点开展食品留样、水质检测、卫生清理和防疫消毒，发放免疫口罩 3.4 万余个、灭蚊除蝇药剂 9500 余件、消毒液 2400 余瓶，防疫消毒 11.4 万余平方米。四是充分发挥技术优势。组织山东和增援总队应急通信保障分队，建立“部指挥中心、前方指挥部、现场分指挥部、作战救援队伍”4 级可视化、扁平化指挥调度体系。首次将无人机遥感技术运用到排涝抢险工作中，每日航拍监测重点积水区域，快速生成二维快拼影像和三维重建模型，制作总体灾情图、总体排水分布图和分区域排水效果图等专题图件共 22 幅，及时掌握灾情变化，优化部署力量。

三、主要经验

（一）坚持党的领导。习近平总书记时刻心系灾区群众，专门作出重要指示，为做好防汛抢险救灾工作指明了方向、提供了根本遵循。部党组和救援一线临时党组织，以加强党的政治建设统领抢险救援工作，在实战中锤炼党性、磨炼耐性、锻炼能力，为确保成功救援提供了坚强政治保证。实践证明，只有坚持党对应急救援工作的绝对领导、全面领导，始终做到对党忠诚、听党指挥，才能确保精准救援、高效救援、安全救援。

（二）主动担当作为。黄明同志和其他部领导每日调度研判，根据灾情变化，把控阶段任务，科学决策部署。前方指挥部人员坚持深入抗洪救灾一线、田间村头、深水涝区，每日汇总情况、分析会商，主动对接地方，抓实抓细工程排水等具体工作，从部领导到一线指战员勇于担当、主动作为，以实际行动赢得了人民群众的信赖。

（三）加快转型升级。这次抢险救援提炼归纳了抗洪救灾“以人为本、以家为先，先易后难、集小胜于大胜，机械工程优化合成”的处置指导思想和农田内涝排险“先期工程排水优先，中期机械工程排疏结合，后期集中大小机械排抽协同”的战术原则，以及“挖渠引流、打通堵点、排蓄结合、接力抽水、长短组合、设障防渗”等技战术措施，探索了执行综合救援任务的技战术打法，提升了执行综合性救援任务的能力水平。

（四）磨合运行机制。寿光抗洪救灾是应急管理部成立以来，救援规模最大、涉及部门力量最多、救援时间最长的一次救援行动，探索了部统一指挥、跨区域支援、专业力量与社会力量有序联动的全国应急救援“一盘棋”的组织指挥机制，探索了防范、救援、救灾一体化运作模式，探索了灾害预警、灾情信息、救援部署、救灾安排等信息“一个窗口”对外的宣传报道模式。

（五）发扬奉献精神。这次参战的1万多名救援队员坚持16个昼夜，始终听党指挥、心系人民，甘于担当、勇挑重任，冲锋在前、不辞劳苦，有的家人生病、爱人待产依然奋战在救灾一线，有的休假第二天接到命令立即赶回参加救灾，有的因长时间救灾体力严重透支，有的轻伤不下一线，用实际行动诠释了应急救援队员对党和人民的赤胆忠心。

四、下一步重点工作

各地区、各相关单位要结合机构改革，对标国家综合性应急救援队伍主力军、国家队的职责使命，从组织领导、指挥架构、力量编程、战术方法、装备器材及机制体系等方面加快建设、补齐短板，推动综合救援能力有一个大的跃升。重点抓好以下工作：

（一）推进“专业精干、灾种齐全、社会补充”的救援力量体系建设。立足当前实际，着眼长远发展，在抓紧组建中国救援队、尽快形成跨国作战能力的同时，加快推动水域、山岳、地震、空勤4种类型国家消防救援队建设，将矿山救护、石油化工、深水打捞等行业系统的专业队伍纳入力量体系，支持建设一批重点社会救援队，构建多元化的综合抢险救灾力量体系。

（二）推进“统一指挥、反应灵敏、上下联动”的应急响应体系建设。分类别、分等级制定应急预案和响应程序，细化灾情接报、评估预警、预案启动、指挥调度等流程，指导地方完善公安、环保、交通、卫生等部门联动机制，建立完善铁路、公路、水运、航空应急调运与配送机制，明确隶属、配属、支援、协同、指导和协调等纵向和横向指挥关系，努力构建指挥体系。

（三）推进“模块储备、社会协作、战时征用”的应急救援装备体系建设。抓紧摸清全国生产或配有特种救援器材装备的厂家和企业，指导各地通过签订合作协议，在需要时能够紧急调用、租用或征用，并推动各地在省、市两级建立工程机械大队。

（四）推进“专业指挥、骨干人才、技术支撑”的职业化培训体系建设。立足我国灾害事故种类与特点，制定中长期成才培养规划，采取依托院校和科研机构、特招入队、返聘专家等方式，培养和储备一批水域、地质、地震、化工、洞穴、航空等应急救援方面业务骨干和专家团队，切实提高应急救援的科学化和专业化水平。

应急管理部办公厅

2018年9月25日

应急管理部关于表彰第四届全国 119 消防奖先进集体和先进个人的决定

（应急〔2018〕107 号）

各省级应急管理部门，各省级安全监管局、地震局、煤矿安全监察局，各省级消防总队、森林消防总队：

近年来，在党中央、国务院决策部署下，在地方各级党委、政府正确领导下，社会各界积极践行社会主义核心价值观，踊跃投身消防事业，在火灾扑救、应急救援、志愿消防服务、消防宣传教育和落实消防安全责任制等方面涌现出一大批事迹突出、群众认可、示范引领作用明显的先进集体和个人，为凝聚社会力量推进消防事业发展，提高全社会防灾抗灾救灾能力和水平发挥了重要作用。为表彰先进、树立典型，提高应急管理事业的社会化参与水平，应急管理部决定，授予 41 个先进集体和 44 名先进个人第四届全国 119 消防奖，并分别颁发奖匾、奖章和证书。

一、先进集体（41 个）

北京市安全芯消防志愿服务队

天津名流茶馆有限公司消防文艺宣传队

河北省邢台市南和县政府专职消防队

山西晋城无烟煤矿业集团有限责任公司救护消防中心

内蒙古自治区兴安盟消防“好来宝”义务宣传队

辽宁省朝阳市“九大妈”消防艺术团

吉林省四平市公共汽车公司

黑龙江省佳木斯市汤原县中华社区公共服务中心

大兴安岭五·六火灾纪念馆（黑龙江）

上海市徐汇区枫林路街道徐汇苑社区微型消防站

江苏省扬州市广陵区东关街道琼花观社区

江苏省南通市经济技术开发区江海石化港储库区政府专职消防队

浙江省金华义乌市佛堂镇消防工作站

浙江省公羊会公益救援促进会公羊救援队

安徽省黄山市黟县西递镇西递村义务打更队

福建省福州市晋安区新店政府专职消防队

江西省鹰潭市龙虎山上清古镇女子消防志愿服务队

山东省青岛市少年消防团

山东省菏泽市东明县黄河政府专职消防队

河南省洛阳偃师市政府专职消防队
湖北省黄石市民主街小学
湖南明星志愿消防队
广东省广州市番禺区大石街政府专职消防队
广东省汕头市存心慈善会
广东省佛山市蓝天救援志愿协会
广西壮族自治区北海市海城区地角女民兵连
海南省文昌市华侨中学
西南铝业（集团）有限责任公司专职消防队（重庆）
重庆市渝北区王家街道观月路社区
中共四川省甘孜藏族自治州白玉县委员会统战部
四川省成都简阳市杨柳街道办事处
中国航空油料有限责任公司康定供应站（四川）
贵州省贵阳市世纪城社区明珠助老社“消防妈妈团”
云南省红河哈尼族彝族自治州弥勒市特殊教育学校手语消防宣传队
西藏自治区拉萨市城关区小昭寺管理委员会
西藏西林凤腾通用航空有限公司
陕西延长石油（集团）有限责任公司榆林炼油厂消防大队
国家电网有限公司甘肃省电力公司刘家峡水电厂
青海省玉树藏族自治州红旗学校
宁夏回族自治区“王兰花”热心小组慈善协会“兰花”消防志愿服务队
中国石油天然气股份有限公司塔里木油田分公司消防支队（新疆）

二、先进个人（44名）

张纪海	北京市顺义区天竺镇人民政府武装部部长
丁俊全	天津市民政局社会福利和慈善事业处副处长
郭启民	河北省邢台市人民政府外事侨务办公室干部
刘　政	河北省廊坊市三河发电有限责任公司专职消防队队长
柴京海	山西省大同市文学艺术研究所所长
岳　芸（女）	山西省忻州市忻府区消防大队消防文员
许凤哲	内蒙古自治区赤峰市元宝山区美丽河镇政府专职消防队队员
杨永权	中国石油天然气股份有限公司辽阳石化分公司退休职工（辽宁）
张　权	吉林省四平市梨树县十家堡镇八棵树村村民
李思阳	吉林省长春市公共交通（集团）有限责任公司北达汽车公司司机
陈晓锐（女）	黑龙江广播电视台主持人
曹秀文（女）	上海市金山区枫泾镇中国农民画村画师

唐真亚	中国邮政集团公司淮安市洪泽区分公司老子山支局邮递员（江苏）
严　美（女）	江苏省扬州市宝应县消防大队消防文员
蓝陈启（女，畲族）	浙江省丽水市景宁畲族自治县鹤溪街道双后岗村村民
金　浩	浙江省舟山市嵊泗县枸杞乡政府专职消防队队长
吕迪新	浙江省绍兴诸暨市次坞镇吕家村村民
曹春雨	安徽省阜阳市中距电动车配件有限公司经理
黄飞鸿	福建省漳州市南靖县山城镇江滨社区居民委员会党支部书记
柯文谋	福建省泉州晋江市磁灶镇政府专职消防队队长
张包春	江西省宜春市万载县双桥镇龙田村村民
王梅平	山东省日照市东港区聋哑学校退休教师
牟晓燕（女）	山东省烟台市消防支队消防文员
雷登平	山东省青岛直升机航空有限公司副总经理
王兴山	河南省焦作市山阳区新城街道亿祥社区居民
王再红（女）	湖北省武汉市江岸区百步亭花园社区悦秀苑居民委员会党支部书记
段武兰	湖南省涟源钢铁集团有限公司保卫部消防大队大队长
张光峰	广东省教育厅安全保卫处干部
唐基木	广西壮族自治区梧州市藤县众鼎科技信息咨询有限公司金鸡分公司员工
杨泽勇	海南省海洋石油富岛有限公司专职消防队队长
张　黎（女）	重庆广播电视集团（总台）记者
钟廷全	重庆市沙坪坝区磁器口街道金蓉社区居民
王祥贵	重庆市酉阳土家族苗族自治县桃花源街道林业工作站护林员
刘显全	四川省绵阳市北川羌族自治县政府专职消防队队员
陈刘洪（女）	贵州省贵阳市南明区花果园第三小学校长
杨祖华（土家族）	黎平会议纪念馆副馆长（贵州）
吉思妞（女，傈僳族）	云南省怒江傈僳族自治州特殊教育学校副校长
扎西达瓦（藏族）	中国农业银行股份有限公司山南分行安全保卫部副总经理（西藏）
杨　浩	陕西延长中煤榆林能源化工有限公司专职消防队队长
王石磊	甘肃省民航机场集团有限公司金昌机场公司运行保障部消防大队大队长
林　君	青海省海西蒙古族藏族自治州高级中学校长
张富泉（回族）	宁夏回族自治区银川市逆行者应急救援促进中心理事长
薛志刚	中国石油天然气股份有限公司吐哈油田分公司消防支队支队长（新疆）

叶尔江·朱曼（哈萨克族） 新疆维吾尔自治区塔城地区裕民县吉也克镇镇长

希望受到表彰的先进集体和个人珍惜荣誉、不忘初心、再接再厉，矢志不渝践行社会主义核心价值观，勇当消防公益精神的践行者、引领者、传播者，在新时代应急管理事业中奋发有为创造新业绩。各级应急管理部门要全面贯彻习近平新时代中国特色社会主义思想和党的十九大精神，牢固树立“四个意识”，坚持以人民为中心的发展思想，紧紧围绕统筹推进“五位一体”总体布局和协调推进“四个全面”战略布局，坚持以防为主、防抗救相结合，广泛动员社会各界学习先进集体和个人热心消防、服务社会的崇高品质，把榜样的力量转化为亿万群众的生动实践，凝聚形成“全民消防、生命至上”的浓厚氛围，为提升全社会应急管理能力和水平，决胜全面建成小康社会提供良好的安全保障。

应急管理部

2018 年 10 月 23 日

中华人民共和国主席令
第十四号

《中华人民共和国消防救援衔条例》已由中华人民共和国第十三届全国人民代表大会常务委员会第六次会议于 2018 年 10 月 26 日通过，现予公布，自 2018 年 10 月 27 日起施行。

中华人民共和国主席　习近平

2018 年 10 月 26 日

中华人民共和国消防救援衔条例

第一章　总　　则

第一条　为了加强国家综合性消防救援队伍正规化、专业化、职业化建设，增强消防救援人员的责任感、荣誉感和组织纪律性，有利于国家综合性消防救援队伍的指挥、管理和依法履行职责，根据宪法，制定本条例。

第二条　国家综合性消防救援队伍实行消防救援衔制度。

消防救援衔授予对象为纳入国家行政编制、由国务院应急管理部门统一领导管理的综合性消防救援队伍在职人员。

第三条　消防救援衔是表明消防救援人员身份、区分消防救援人员等级的称号和标志，是国家给予消防救援人员的荣誉和相应待遇的依据。

第四条　消防救援衔高的人员对消防救援衔低的人员，消防救援衔高的为上级。消防救援衔高的人员在职务上隶属于消防救援衔低的人员时，担任领导职务或者领导职务高的为上级。

第五条　国务院应急管理部门主管消防救援衔工作。

第二章　消防救援衔等级的设置

第六条　消防救援衔按照管理指挥人员、专业技术人员和消防员分别设置。

第七条　管理指挥人员消防救援衔设下列三等十一级：

（一）总监、副总监、助理总监；

（二）指挥长：高级指挥长、一级指挥长、二级指挥长、三级指挥长；

（三）指挥员：一级指挥员、二级指挥员、三级指挥员、四级指挥员。

第八条　专业技术人员消防救援衔设下列二等八级，在消防救援衔前冠以“专业技术”：

（一）指挥长：高级指挥长、一级指挥长、二级指挥长、三级指挥长；

（二）指挥员：一级指挥员、二级指挥员、三级指挥员、四级指挥员。

第九条 消防员消防救援衔设下列三等八级：

（一）高级消防员：一级消防长、二级消防长、三级消防长；

（二）中级消防员：一级消防士、二级消防士；

（三）初级消防员：三级消防士、四级消防士、预备消防士。

第三章 消防救援衔等级的编制

第十条 管理指挥人员按照下列职务等级编制消防救援衔：

（一）国务院应急管理部门正职：总监；

（二）国务院应急管理部门消防救援队伍领导指挥机构、森林消防队伍领导指挥机构正职：副总监；

（三）国务院应急管理部门消防救援队伍领导指挥机构、森林消防队伍领导指挥机构副职：助理总监；

（四）总队级正职：高级指挥长；

（五）总队级副职：一级指挥长；

（六）支队级正职：二级指挥长；

（七）支队级副职：三级指挥长；

（八）大队级正职：一级指挥员；

（九）大队级副职：二级指挥员；

（十）站（中队）级正职：三级指挥员；

（十一）站（中队）级副职：四级指挥员。

第十一条 专业技术人员按照下列职务等级编制消防救援衔：

（一）高级专业技术职务：高级指挥长至三级指挥长；

（二）中级专业技术职务：一级指挥长至二级指挥员；

（三）初级专业技术职务：三级指挥长至四级指挥员。

第十二条 消防员按照下列工作年限编制消防救援衔：

（一）工作满二十四年的：一级消防长；

（二）工作满二十年的：二级消防长；

（三）工作满十六年的：三级消防长；

（四）工作满十二年的：一级消防士；

（五）工作满八年的：二级消防士；

（六）工作满五年的：三级消防士；

（七）工作满二年的：四级消防士；

（八）工作二年以下的：预备消防士。

第四章　消防救援衔的首次授予

第十三条　授予消防救援衔，以消防救援人员现任职务、德才表现、学历学位、任职时间和工作年限为依据。

第十四条　初任管理指挥人员、专业技术人员，按照下列规定首次授予消防救援衔：

（一）从普通高等学校毕业生中招录，取得大学专科、本科学历的，授予四级指挥员消防救援衔；取得硕士学位的研究生，授予三级指挥员消防救援衔；取得博士学位的研究生，授予一级指挥员消防救援衔；

（二）从消防员选拔任命为管理指挥人员、专业技术人员的，按照所任命的职务等级授予相应的消防救援衔；

（三）从国家机关或者其他救援队伍调入的，或者从符合条件的社会人员中招录的，按照所任命的职务等级授予相应的消防救援衔。

第十五条　初任消防员，按照下列规定首次授予消防救援衔：

（一）从高中毕业生、普通高等学校在校生或者毕业生中招录的，授予预备消防士；

（二）从退役士兵中招录的，其服役年限计入工作时间，按照本条例第十二条的规定，授予相应的消防救援衔；

（三）从其他救援队伍或者具备专业技能的社会人员中招录的，根据其从事相关专业工作时间，比照国家综合性消防救援队伍中同等条件人员，授予相应的消防救援衔。

第十六条　首次授予管理指挥人员、专业技术人员消防救援衔，按照下列规定的权限予以批准：

（一）授予总监、副总监、助理总监，由国务院总理批准；

（二）授予高级指挥长、一级指挥长、二级指挥长，由国务院应急管理部门正职领导批准；

（三）授予三级指挥长、一级指挥员，报省、自治区、直辖市人民政府应急管理部门同意后由总队级单位正职领导批准，其中森林消防队伍人员由国务院应急管理部门森林消防队伍领导指挥机构正职领导批准；

（四）授予二级指挥员、三级指挥员、四级指挥员，由总队级单位正职领导批准。

第十七条　首次授予消防员消防救援衔，按照下列规定的权限予以批准：

（一）授予一级消防长、二级消防长、三级消防长，由国务院应急管理部门消防救援队伍领导指挥机构、森林消防队伍领导指挥机构正职领导批准；

（二）授予一级消防士、二级消防士、三级消防士、四级消防士、预备消防士，由总队级单位正职领导批准。

第五章　消防救援衔的晋级

第十八条　消防救援衔一般根据职务等级调整情况或者工作年限逐级晋升。

消防救援人员晋升上一级消防救援衔，应当胜任本职工作，遵纪守法，廉洁奉公，作风正派。

消防救援人员经培训合格后，方可晋升上一级消防救援衔。

第十九条　管理指挥人员、专业技术人员的消防救援衔晋升，一般与其职务等级晋升一致。

消防员的消防救援衔晋升，按照本条例第十二条的规定执行。通过全国普通高等学校招生统一考试、取得全日制大学专科以上学历的消防员晋升消防救援衔，其按照规定学制在普通高等学校学习的时间视同工作时间，但不计入工龄。

第二十条　管理指挥人员、专业技术人员消防救援衔晋升，按照下列规定的权限予以批准：

（一）晋升为总监、副总监、助理总监，由国务院总理批准；

（二）晋升为高级指挥长、一级指挥长，由国务院应急管理部门正职领导批准；

（三）晋升为二级指挥长，报省、自治区、直辖市人民政府应急管理部门同意后由总队级单位正职领导批准，其中森林消防队伍人员由国务院应急管理部门森林消防队伍领导指挥机构正职领导批准；

（四）晋升为三级指挥长、一级指挥员，由总队级单位正职领导批准；

（五）晋升为二级指挥员、三级指挥员，由支队级单位正职领导批准。

第二十一条　消防员消防救援衔晋升，按照下列规定的权限予以批准：

（一）晋升为一级消防长、二级消防长、三级消防长，由国务院应急管理部门消防救援队伍领导指挥机构、森林消防队伍领导指挥机构正职领导批准；

（二）晋升为一级消防士、二级消防士，由总队级单位正职领导批准；

（三）晋升为三级消防士、四级消防士，由支队级单位正职领导批准。

第二十二条　消防救援人员在消防救援工作中做出重大贡献、德才表现突出的，其消防救援衔可以提前晋升。

第六章　消防救援衔的保留、降级和取消

第二十三条　消防救援人员退休后，其消防救援衔予以保留。

消防救援人员按照国家规定退出消防救援队伍，或者调离、辞职、被辞退的，其消防救援衔不予保留。

第二十四条　消防救援人员因不胜任现任职务被调任下级职务的，其消防救援衔应当调整至相应衔级，调整的批准权限与原衔级的批准权限相同。

第二十五条　消防救援人员受到降级、撤职处分的，应当相应降低消防救援衔，降级的批准权限与原衔级的批准权限相同。

消防救援衔降级不适用于四级指挥员和预备消防士。

第二十六条　消防救援人员受到开除处分的，以及因犯罪被依法判处剥夺政治权利或者有期徒刑以上刑罚的，其消防救援衔相应取消。

消防救援人员退休后犯罪的，适用前款规定。

第七章　附　　则

第二十七条　消防救援衔标志式样和佩带办法，由国务院制定。

第二十八条　本条例自 2018 年 10 月 27 日起施行。

中华人民共和国国务院令
第 705 号

现公布《中华人民共和国消防救援衔标志式样和佩带办法》，自公布之日起施行。

总理　李克强
2018 年 11 月 6 日

中华人民共和国消防救援衔标志式样和佩带办法

第一条　根据《中华人民共和国消防救援衔条例》的规定，制定本办法。

第二条　消防救援人员佩带的消防救援衔标志必须与所授予的消防救援衔相符。

第三条　消防救援人员的消防救援衔标志：总监、副总监、助理总监衔标志由金黄色橄榄枝环绕金黄色徽标组成，徽标由五角星、雄鹰翅膀、消防斧和消防水带构成；指挥长、指挥员衔标志由金黄色横杠和金黄色六角星花组成；高级消防员、中级消防员和初级消防员中的三级消防士、四级消防士衔标志由金黄色横杠和金黄色徽标组成，徽标由交叉斧头、水枪、紧握手腕和雄鹰翅膀构成，预备消防士衔标志为金黄色横杠。

第四条　消防救援衔标志佩带在肩章和领章上，肩章分为硬肩章、软肩章和套式肩章，硬肩章、软肩章为剑形，套式肩章、领章为四边形；肩章、领章版面为深火焰蓝色。消防救援人员着春秋常服、冬常服和常服大衣时，佩带硬肩章；着夏常服、棉大衣和作训大衣时，管理指挥人员、专业技术人员佩带软肩章，消防员佩带套式肩章；着作训服时，佩带领章。

第五条　总监衔标志缀钉一枚橄榄枝环绕一周徽标，副总监衔标志缀钉一枚橄榄枝环绕多半周徽标，助理总监衔标志缀钉一枚橄榄枝环绕小半周徽标。

指挥长衔标志缀钉二道粗横杠，高级指挥长衔标志缀钉四枚六角星花，一级指挥长衔标志缀钉三枚六角星花，二级指挥长衔标志缀钉二枚六角星花，三级指挥长衔标志缀钉一枚六角星花。

指挥员衔标志缀钉一道粗横杠，一级指挥员衔标志缀钉四枚六角星花，二级指挥员衔标志缀钉三枚六角星花，三级指挥员衔标志缀钉二枚六角星花，四级指挥员衔标志缀钉一枚六角星花。

高级消防员衔标志缀钉一枚徽标，一级消防长衔标志缀钉三粗一细四道横杠，二级消防长衔标志缀钉三道粗横杠，三级消防长衔标志缀钉二粗一细三道横杠。

中级消防员衔标志缀钉一枚徽标，一级消防士衔标志缀钉二道粗横杠，二级消防士衔标志缀钉一粗一细二道横杠。

初级消防员衔标志中，三级消防士衔标志缀钉一枚徽标和一道粗横杠，四级消防士衔标志缀钉一枚徽标和一道细横杠，预备消防士衔标志缀钉一道加粗横杠。

第六条　消防救援人员晋升或者降低消防救援衔时，由批准机关更换其消防救援衔标志；取消消防救援衔的，由批准机关收回其消防救援衔标志。

第七条　消防救援人员的消防救援衔标志由国务院应急管理部门负责制作和管理。其他单位和个人不得制作、仿造、伪造、变造和买卖、使用消防救援衔标志，也不得使用与消防救援衔标志相类似的标志。

第八条　本办法自公布之日起施行。

附图

消防救援衔标志式样

肩　　章

消防救援衔等级	标志式样	消防救援衔等级	标志式样
总　监		一级消防长	
副总监		二级消防长	
助理总监	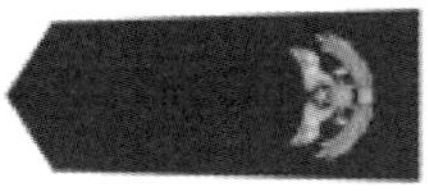	三级消防长	
高级指挥长		一级消防士	
一级指挥长		二级消防士	
二级指挥长		三级消防士	
三级指挥长		四级消防士	
一级指挥员		预备消防士	
二级指挥员			
三级指挥员	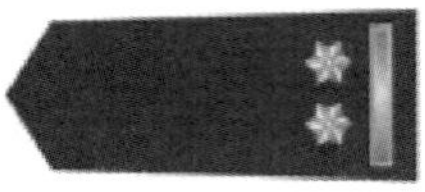		
四级指挥员	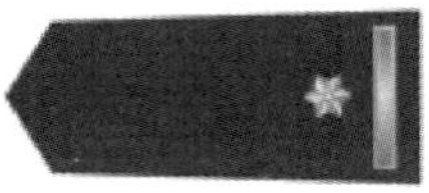		

领　章

消防救援衔等级	标志式样	消防救援衔等级	标志式样
总　监		一级消防长	
副总监		二级消防长	
助理总监		三级消防长	
高级指挥长		一级消防士	
一级指挥长		二级消防士	
二级指挥长		三级消防士	
三级指挥长		四级消防士	
一级指挥员		预备消防士	
二级指挥员			
三级指挥员			
四级指挥员			

套 式 肩 章

消防救援衔等级	标志式样
一级消防长	
二级消防长	
三级消防长	
一级消防士	
二级消防士	
三级消防士	
四级消防士	
预备消防士	

关于国家综合性消防救援车辆悬挂应急救援专用号牌有关事项的通知（摘录）

（国办发〔2018〕114号）

各省、自治区、直辖市人民政府，国务院各部委、各直属机构：

根据《中共中央办公厅　国务院办公厅关于印发〈组建国家综合性消防救援队伍框架方案〉的通知》要求和《全国人民代表大会常务委员会关于国务院机构改革涉及法律规定的行政机关职责调整问题的决定》精神，为保障国家综合性消防救援队伍依法履行职责使命，经国务院同意，国家综合性消防救援车辆悬挂应急救援专用号牌（以下简称专用号牌）。现将有关事项通知如下：

一、专用号牌的核发范围和管理

国家综合性消防救援车辆中符合执行和保障应急救援任务规定的悬挂专用号牌，主要包括灭火消防车、举高消防车、专勤消防车、战勤保障消防车、消防摩托车、应急救援指挥车、救援运输车、消防宣传车、火场勘查车等。应急部为专用号牌及配套行驶证件的核发主管单位。驾驶悬挂专用号牌车辆的人员须持公安机关交通管理部门核发的相应准驾车型机动车驾驶证。

二、专用号牌要素和车辆外观

专用号牌分为汽车号牌和摩托车号牌两种。汽车号牌每副两只，分别悬挂在车辆前后部；摩托车号牌为单只，悬挂在车辆后部。专用号牌为白底黑字，配以红色汉字“应急”，其中：汽车号牌字符共8位，依次为省（自治区、直辖市）汉字简称、所属救援队伍代号、四位序号和汉字“应急”；摩托车号牌字符共7位，依次为汉字“应急”、省（自治区、直辖市）汉字简称、三位序号和所属救援队伍代号。悬挂专用号牌车辆外观参照国际通行做法进行标识涂装，车身前面涂装“救援 RESCUE”字样，车身侧面涂装国家综合性消防救援队伍徽标、“消防”字样和所属单位名称、车辆编号，车顶涂装车辆编号，车身两侧及车辆尾部涂装装饰条。

三、悬挂专用号牌车辆的道路优先通行权

悬挂专用号牌的车辆执行应急救援任务时可以使用警报器、标志灯具；在确保安全的前提下，不受行驶路线、行驶方向、行驶速度和信号灯的限制，其他车辆和行人应当让行。非执行应急救援任务时，悬挂专用号牌的车辆不得使用警报器、标志灯具，应遵守《中华人民共和国道路交通安全法》及其实施条例，自觉维护公共交通安全和秩序。对悬挂专用号牌车辆及其驾驶人的道路交通安全违法行为、道路交通事故，由公安机关交通管理部门依据《中华人民共和国道路交通安全法》处理，并实行交通违法和交通事故抄告制度。

四、悬挂专用号牌车辆的政策保障

对悬挂专用号牌的车辆免征车辆购置税、免收车辆通行费和停车费。国家综合性消防救援车辆由部队号牌改挂专用号牌的，一次性免征改挂当年车船税，此后按有关规定执行。应急部负责制定悬挂专用号牌机动车参加交通事故责任强制保险办法。悬挂专用号牌消防救援车辆的环保政策平移不变。

国家综合性消防救援车辆悬挂专用号牌工作意义重大、使命光荣。应急部要按照党中央、国务院决策部署要求和本通知精神，认真组织实施。各地区、各有关部门要积极支持国家综合性消防救援车辆悬挂专用号牌相关工作，明确责任分工，加强沟通衔接，做好宣传解读，确保工作平稳顺利有序开展。

国务院办公厅

2018 年 12 月 4 日

（此件公开发布）

应急管理部关于规范督查检查考核和执法检查的意见

（应急〔2018〕140号）

中国地震局、国家煤矿安监局，各省级应急管理厅（局）、地震局、煤矿安监局和消防救援总队、森林消防总队，应急管理部机关各司局，消防救援局、森林消防局：

为深入贯彻落实习近平总书记重要指示精神，坚持实事求是，一切从实际出发，在微观执法过程中避免简单化、执行政策搞“一刀切”，进一步改作风、转方式、严执法、重实效，根据《中共中央办公厅关于统筹规范督查检查考核工作的通知》要求，现就规范应急管理督查检查考核和执法检查提出如下意见。

一、统筹优化督查检查巡查考核工作

（一）优化整合各项督查检查考核工作。按照中央办公厅关于各部门原则上每年搞1次综合性督查检查考核的规定要求，整合全国安全生产考核和消防考核工作，统筹优化安全生产、消防安全、应急救援、防汛抗旱、森林草原防火和防灾减灾救灾等全国性的专项督查检查巡查工作，防止重复扎堆。不同层级组织的督查考核可以同步开展。

（二）实行计划管理。严格执行全国性的督查检查巡查归口管理和审批报备制度，统筹制定年度计划，年初按程序报中央办公厅、国务院办公厅审核批准后实施。因紧急突发事项需要开展全国性督查检查或变更调整计划的，实行一事一报批。

二、依法严格履行监管执法职责

（一）规范执法行为。要正确区分日常监管执法检查与全国性督查检查，认真梳理应急管理涉及法律、法规和规章规定，理顺层级职责关系，厘清执法权限，公开执法职责、执法标准、执法程序、监督途径、执法结果、执法领域和执法重点。完善和落实执法全过程记录制度和重大执法决定法制审核制度，规范自由裁量权，严防随意性，提高执法规范化水平。

（二）正确运用执法措施。在依法依规对一家企业发生事故进行停产整顿时，及时向同类企业发出警示信息，吸取事故教训，切实做到“一企有事故、万企受教育，一地有隐患、各地受警示”，不得简单对同类企业全部进行停产整顿；对企业申请恢复生产经营的，应在收到申请之日起在有关法律法规规定时限内进行现场核查，并及时作出是否合格的意见书，不得以整改限期未满为由不予复核。

（三）狠抓问题整改。要坚持问题导向，对执法检查中发现的问题隐患，应急管理部门应当依法依规查处，及时反馈地方政府和有关部门督促企业限期整改，实行闭环管理；对重大问题隐患要挂牌督办、盯住不放，并适时开展“回头看”；对限期内不落实整改、消极整改甚至拒不整改的，依法依规严肃查处。

（四）强化执法监督。加强对情节复杂或者重大违法行为案件的执法监督，做到严格执法、公正执法、文明执法、廉洁执法。加强对事故暴露问题的整改督办，确保整改措施落实到位。严格落实执法公示制度，依法对企业作出执法决定之日起20个工作日内，向社会公开执法信息，主动接受社会监督、企业监督和舆论监督。

三、改进监管方式创新执法检查机制

（一）实行分级分类监管。按照分级属地管理原则，对安全管理基础条件比较好的企业，实行承诺制度，减少执法检查频次，强化企业自律，持续提升本质安全水平；对安全管理基础条件一般的企业，实行计划检查、“双随机”抽查、明查暗访检查，督促加强安全管理，及时改进提高；对安全管理基础条件差、问题隐患突出、严重违法违规、具有高风险和重大危险源以及发生事故的企业，列入重点监管范围，增加执法检查频次，严格监管执法，强力推动落实主体责任。

（二）健全联合执法机制。加强与公安、检察院、法院的协同配合，完善违法线索通报、案件移送、受理立案和协助调查工作机制。加强与其他行业领域主管部门的协调联动，建立分工明确、沟通顺畅、协调联动的联合执法机制，增强执法合力，提高执法效能。依法核查处理各类投诉举报案件，及时通报违法案件信息，对不属于本部门职责范围的，应移送有关地区和部门处理，推动各地区和相关行业领域依法严厉打击各类违法违规行为。

（三）发挥社会力量和市场机制作用。要大力推进安全生产诚信体系建设，对严重失信行为企业实施联合惩戒，严格落实“黑名单”管理制度。要分类健全专家库，组织行业协会和专家成立安全生产指导服务小组，协助地方指导企业深入排查治理风险隐患。要大力推行安全生产责任保险，推动保险机构参与风险管控和事故预防。要善抓善用典型，充分发挥各类新闻媒体的作用，对存在突出问题隐患和严重违法违规行为的企业公开曝光，强化警示教育，实现执法检查与宣传教育互促共进。

四、加强能力建设提高执法水平

（一）提高执法专业技能。按照建设政治机关和纪律队伍的要求，完善和落实监管监察执法人员业务培训制度，加强执法人员政治素质和业务能力培养。建立从中央企业和省属重点企业选派安全生产专业技术人员与重点县（市、区）安监人员“双向挂职”制度，提升基层监管执法专业水平。加强监管执法装备建设，配备必要的调查取证等现代化执法装备，增强执法检查的规范性和科学性。

（二）加快执法信息化建设。注重运用数字化、信息化、智能化等现代技术手段，建立“互联网+执法检查”工作机制，加快建设与企业隐患排查治理系统联网的监测预警信息平台，加强远程监管，推动企业落实自查、自改、自报隐患排查治理制度。建立完善监管执法信息系统，逐步实现执法信息网上录入、执法流程网上管理、执法质量网上监督。

五、改进工作作风注重工作实效

（一）加强组织领导。各级应急管理部门要进一步加强督查检查考核和执法检查工作的组织领导，主要负责同志要亲自抓，强化任务统筹、力量统筹、进度统筹、效果统筹，进一步完善各相关部门沟通协调机制，逐步健全统一领导、分工负责、协调联动的工作格局，既要做好“放管服”、为企业改革发展助力，又要依法监管执法，推动提升安全生产水平，牢牢守住安全底线。

（二）切实解决问题。要把发现问题、解决问题作为督查检查和执法检查的主要任务，深入基层一线，真正沉下去、实起来，一抓到底、把问题查深查透，严防同类问题重复发生。要改进方式方法，注重运用“四不两直”、明查暗访等方式，确保看到真情况、发现真问题、真解决问题。要坚决克服蜻蜓点水、做表面文章和大呼隆、运动式等形式主义、官僚主义作风，严防刚安排部署就督查检查、只重痕迹不看实绩。要敢于动真碰硬、严抓严管，切实解决只检查不执法、执法宽松软等问题，严防处理问题规避矛盾、避重就轻。

（三）严明纪律规矩。严格遵守国家有关法律、法规及其他相关规定，严格贯彻落实中央八项规定精神，轻车简从，不影响基层和生产经营单位正常工作。严格遵守工作纪律，如实报告工作情况，不擅自对外发布相关工作信息。

应急管理部
2018 年 12 月 18 日

国家文物局　应急管理部关于深入推进博物馆和文物建筑消防安全大检查工作的通知（摘录）

（文物督发〔2018〕26号）

各省、自治区、直辖市文物局（文化和旅游厅/局）、应急管理厅（局）：

自2018年9月应急管理部、文化和旅游部、国家文物局部署博物馆和文物建筑消防安全大检查以来，各地认真组织检查自查，督促火灾隐患整改，取得了阶段性成效。当前已进入冬季火灾易发多发期，大检查也进入关键阶段，为保障大检查取得预期效果，确保博物馆和文物建筑消防安全，现就有关工作通知如下：

一、扎实开展冬防工作

要按照国务院安委办今冬明春火灾防控工作部署，持续深入开展冬防工作。要组织对当地博物馆和文物建筑冬季火灾形势进行分析研判，制定加强和改进消防安全工作的方案或措施，加强统筹指挥和安排调度，确保各项措施落实落地。要对博物馆和文物建筑单位开展冬防“六个一”活动（开展一次消防安全自查，列出一份隐患整改清单，向社会作出一次整改承诺，对消防设施和电气线路进行一次维护保养和检测，组织一次全员“一懂三会”培训，开展一次应急演练）进行再强调、再督促、再检查。岁末年初，各种节日接踵而至，群众出行增多，博物馆和文物建筑单位举办各类文化活动频繁。各地要严格督促主办单位落实火灾防范措施，落实人员靠前值守，制定应急疏散预案并开展演练，做到万无一失。对发生火灾事故的，既要按时报告、查清原因、评估损失，也要严格追责、汲取教训，达到处理一起、警示一片、规范一方的效果。

二、深入推进博物馆和文物建筑消防安全大检查

紧盯前期单位自查和联合检查、督查发现的火灾隐患，督促指导博物馆和文物建筑单位对照问题清单、整改清单和责任清单，明确措施、照单对账、限时整改、闭环管理。整改不力的，要公开挂牌督办，整改一处销号一处；短期不能整改的，要落实人防物防技防补救措施。要选取大型博物馆和文物建筑单位，组织文物部门安全监管人员、文物博物馆单位消防安全责任人、管理人和专职工作人员，一起开展“示范性”检查，在检查中注意培养消防安全“明白人”，提升全行业消防管理水平。

三、进一步建立完善长效管理机制

各级文物、消防部门要进一步完善文物建筑消防安全工作协调机制，定期研判调度，联合督查检查，研究解决重大问题。要积极争取当地党委和政府支持，在消防安全队伍建设、人员配置和经费投入等方面继续加大力度。要提请地方政府将违规占用文物建筑、私搭乱建建筑物、构筑物等问题，纳入当地搬迁改造计划一并整改解决。要将博物馆和文物建筑消防基础设施建设纳入“文物平安工程”建设重要内容，积极运用智慧消防、远程监控和自动探测报警、电气火灾监控等先进技术装置，提高火灾预警和扑救能力。各级文物部门对直接管理的博物馆和文物建筑单位要切实负责、管好抓实，为其他单位树立标杆示范。各博物馆和文物建筑管理使用单位要切实落实主体责任，一级博物馆和属于全国重点文物保护单位的大型文物建筑单位要建立健全专职消防队伍，其他未设置专职消防队伍的可通过政府购买服务方式，加强消防巡查和日常管理。要立足打早、灭小、救初期，按规定建立健全微型消防站，配备消防器材，严格值班备勤，加强巡逻检查和培训演练，提高初起火灾处置能力。各消防部门要组织深入辖区博物馆、文物建筑单位开展演练，制定完善灭火救援预案，加强灭火技战术研究，一旦发生火灾，快速出动，有效扑救。

根据工作部署，博物馆和文物建筑消防安全大检查将进入收尾总结阶段，各省级文物和消防部门要共同做好总结工作，及时汇总情况，分析存在问题，提炼经验做法，提出改进措施。2018 年 12 月 31 日前，两部门联合将本地区大检查工作报告书面报国家文物局和应急管理部消防救援局，同时填报《博物馆和文物建筑消防安全大检查工作情况汇总表》。另外，国务院安委会将挂牌督办各地隐患严重，整改推进缓慢的博物馆和文物建筑单位，各省（自治区、直辖市）至少要上报 1 家，《各地上报需提请国务院安委会督办的单位名册》随总结一并上报。

近期，国家文物局、应急管理部将会同相关部门对有关省份大检查工作开展情况进行重点督导调研。

国家文物局　应急管理部

2018 年 12 月 19 日

第六篇
火 灾 案 例

第一章 较大火灾案例

1月

1月2日3时20分，陕西省渭南市大荔县城关镇西关村马家巷斌斌文具店（村民自建房）发生火灾，造成3人死亡，过火面积550平方米，直接财产损失564万元。起火原因为电气线路故障引燃周边可燃物。

1月2日3时53分，湖北省恩施土家族苗族自治州来凤县翔凤镇接龙桥路一民宅发生火灾，造成5人死亡，过火面积50平方米，直接财产损失5万元。经现场勘查，该起火灾火势发展迅速、燃烧猛烈，起火部位液化气瓶已烧空，阀门呈开启状态，且气瓶移位，死亡人员关系复杂。起火原因无法排除人为放火引发火灾的可能性，已移交当地公安机关刑侦部门处理。

1月2日9时5分，湖南省永州市冷水滩区工业园区珍珠塘村麦塘组一民宅发生火灾，造成3人死亡，过火面积384平方米，直接财产损失122万元。起火原因为儿童玩火。

1月10日1时46分，贵州省黔东南苗族侗族自治州从江县下江镇一民宅发生火灾，造成4人死亡、1人重伤，过火面积465平方米，直接财产损失51.1万元。起火原因为使用电加热器不当。

1月14日12时35分，内蒙古自治区赤峰市翁牛特旗乌丹镇蒙都羊业食品股份有限公司二期生产车间发生火灾，烧毁、烧损生产车间内拉伸机、风干流水线等生产加工设备、肉质熟食制品等物品，车间内恒温室、气泵房等房间塌落，造成4人死亡，过火面积700平方米，直接财产损失476万元。起火原因为恒温室电热风幕机电源操作箱电气线路故障。

1月22日1时30分，重庆市永川区渝西大道中段918号俊豪中央大街1幢一民宅发生火灾，造成3人死亡，过火面积119平方米，直接财产损失31.2万元。起火原因为电热毯折叠使用导致温度过高引燃周围可燃物。

1月23日1时38分，陕西省西安市雁塔区青龙路王家村一民宅发生火灾，造成4人死亡、15人受伤，过火面积40平方米，直接财产损失2万元。起火原因为一层中厅电动车上方电气线路短路引燃下方电动车及周围可燃物。

1月23日15时35分，内蒙古自治区包头市稀土高新区万水泉镇共青二队一民宅发生火灾，造成5人死亡、1人受伤，过火面积30平方米，直接财产损失5万元。起火原因为电线短路引燃沙发。

1月29日1时30分，湖南省邵阳市城步县汀平乡蓬瀛村一民宅发生火灾，造成3人死亡，过火面积105平方米，直接财产损失6万元。起火原因不能排除电气原因引发火灾的可能性。

1月30日3时36分，四川省自贡市大安区凤凰乡马吃水路一电动车专卖店发生火灾，造成4人死亡，过火面积31平方米，直接财产损失38.2万元。起火原因为专卖店内办公区东侧沙发处电热棒（热得快）长时间使用引燃周围可燃物。

2月

2月2日5时33分，安徽省阜阳市临泉县高塘镇高塘村一自建住房发生火灾，造成4人死亡、1人受伤，过火面积140平方米，烧损室内电器、生活用品、家具等物品，直接财产损失52.9万元。起火原因为电气线路故障。

2月6日5时许，湖南省益阳市安化县东坪镇鑫源小区十三层一民宅发生火灾，造成4人死亡，过火面积24平方米，直接财产损失53万元。起火原因为电烤火炉引燃周围可燃物。

2月12日1时55分，湖南省邵阳市邵东县廉桥镇新廉村8组一民宅发生火灾，造成4人死亡，过火面积20平方米，直接财产损失0.35万元。起火原因为放火。

2月12日4时15分，辽宁省营口盖州市太阳升办事处合作村二组一民宅发生火灾，造成3人死亡，过火面积42平方米，直接财产损失2万元。起火原因为生活用火不慎。

2月15日17时40分，江西省萍乡市芦溪县宣风镇文风大道一民宅发生火灾，造成3人死亡，过火面积170平方米，直接财产损失43.6万元。起火原因为燃放后的组合烟花遗留火种引燃包装纸壳。

2月16日23时59分，广东省清远市清城区石角镇碧桂园垃圾站发生火灾，造成9人死亡、1人重伤，过火面积200平方米，直接财产损失20.3万元。起火原因为烟花爆竹回收物阴燃。剖析火灾事故教训：起火建筑违规搭建木制夹层阁楼，且收集点内可燃物多，主要为未燃尽的烟花爆竹；起火后产生的大量有毒烟气迅速扩散到阁楼，唯一的疏散楼梯被火势烟气封堵，造成逃生自救困难。

3月

3月13日8时22分，江苏省泰州市海陵区森园路江苏天和食品有限公司冷库发生火灾，造成9人死亡、18人受伤，过火面积2000平方米，直接财产损失1434.8万元。起火原因为焊接人员违规动火作业。剖析火灾事故教训：该公司违法组织建设活动，违规组织动火作业，使用保温材料不规范；施工现场消防安全管理不规范；泰州市城管执法局、农村工作委员会、海陵公安分局京泰派出所以及属地政府未依法履行监管职责。

3月17日3时30分，湖南省怀化市溆浦县两丫坪镇大坡头村三组一民宅发生火灾，造成4人死亡，过火面积18平方米，直接财产损失4.7万元。起火原因为电烤箱过热引燃覆盖的可燃物。

3月24日13时13分，江苏省泰州兴化市英武南路一商铺发生火灾，造成3人死亡，过火面积100平方米，烧毁一至三层房屋及一层货物和二层配件，直接财产损失49万元。起火原因为店内销售的锂电池爆炸。

3月25日12时3分，福建省莆田市仙游县鲤城街道东门社区一民宅发生火灾，造成3人死亡，过火面积300平方米，直接财产损失24.7万元。起火原因不能排除电气故障和儿童玩火引发火灾的可能性。

3月27日3时36分，山西省忻州市忻府区解原乡豆槐村康宁养老院发生火灾，造成3人死亡，过火面积2平方米，直接财产损失2000元。起火原因为放火。

3月27日16时40分，辽宁省鞍山海城市站前街道14号楼一民宅发生火灾，造成3人死亡，过火面积70平方米，直接财产损失1万元。起火原因为烹饪时油锅起火引燃周围可燃物。

3月29日2时30分，福建省泉州晋江市陈埭镇湖中村一民宅发生火灾，造成4人死亡、4人受伤，过火面积28平方米，直接财产损失5.7万元。起火原因为电动车电气线路短路引燃周边可燃物。

4月

4月1日1时23分，北京市海淀区水磨西街28号五星钻豹电动车店发生火灾，造成4人死亡，过火面积50平方米，直接财产损失46.8万元。起火原因为电动自行车锂电池组在充电过程中爆炸。

4月6日22时5分，江苏省苏州市虎丘区浒墅关经济开发区长江花园二区15幢1单元一层楼道发生火灾，造成4人死亡、3人受伤，直接财产损失2000元。起火原因为电动自行车充电时电气故障。

4月12日20时20分，山西省朔州市平鲁区东酸茨村一民宅发生火灾，造成3人死亡，过火面积92平方米，直接财产损失1.2万元。起火原因为冰柜放置和使用不当，散热条件差，长时间与可燃物接触。

4月15日0时19分，江苏省苏州常熟市莫城街道湖鹤村湖鹤苑东区一民宅发生火灾，造成5人死亡、4人受伤，直接财产损失4.8万元。起火原因为缝纫机电气故障引燃周边可燃物。剖析火灾事故教训：房东、雇主、员工安全意识淡薄，楼梯间堆放大量可燃物，房间过度分隔且未设置有效的逃生通道；报警不及时，延误救援最佳时机；派出所、“三合一”整治办多次下发整改通知，承租人和房东整改不力；属地村、街道、公安派出所督促整改不到位。

4月25日3时1分，四川省达州市达川区大树镇建军村1组一民宅发生火灾，造成6人死亡，过火面积96平方米，直接财产损失55.6万元。起火原因不排除起火点处电瓶故障引燃附近可燃物引发火灾的可能性。剖析火灾事故教训：建筑内铅酸蓄电池放置不合理，导致火灾发生概率增加；起火建筑内存放大量易燃可燃物，导致火灾迅速蔓延；村民消防安全意识淡薄，发生火灾后逃生自救措施不得当，导致人员未能成功逃生。

4月27日2时27分，北京市朝阳区将台乡酒仙桥村一村民自建房发生火灾，造成4人死亡、1人受伤，过火面积100平方米，直接财产损失5万元。起火原因为电气线路故障。

5月

5月2日23时44分，广西壮族自治区贵港市港北区三合村龙圣小区民宅发生火灾，造成5人死亡，过火面积300平方米，直接财产损失99.4万元。起火原因为电气线路故障。剖析火灾事故教训：消防安全主体责任不落实，疏于消防安全管理，违法违规出租经营；建筑未进行防火分隔，一层起火后，热烟气迅速向上蔓延，充满楼上房间；住户消防安全意识淡薄，缺乏消防安全逃生自救常识。

5月3日0时45分，湖南省长沙市开福区捞建路捞刀河街道罗汉庄村湖南金鹰卡通有限公司《疯狂的麦咭》节目拍摄基地（租用湖南幻影片场文化传媒有限公司片场）发生火灾，造成4人死亡、1人受伤，过火面积2900平方米，直接财产损失652万元。起火原因为施工过程中使用乙炔气割不慎。

5月3日13时43分，安徽省合肥市包河区胡岗小区17栋一民宅发生火灾，造成3人死亡，过火面积90平方米，烧毁家具、家电、设备及锂电池等物品，直接财产损失84.4万元。起火原因不能排除电池故障自燃引发火灾的可能性。

5月7日21时2分，辽宁省辽阳市辽阳县吉洞峪乡六道河村一民宅发生火灾，造成3人死亡，直接财产损失11.2万元。起火原因不能排除电气线路故障引发火灾的可能性。

5月8日0时许，河南省商丘市宁陵县程楼乡一临街门面房发生火灾，造成3人死亡，过火面积115平方米，直接财产损失3.2万元。经调查，该起火灾存在放火嫌疑，已移交当地公安机关刑侦部门处理。

5月11日23时许，贵州省毕节市七星关区鸭池镇草堤村一民宅发生火灾，造成3人死亡，过火面积16.5平方米，直接财产损失3万元。起火原因为儿童玩火。

5月19日4时，福建省龙岩市永定区城郊镇东溪村下楼组一补胎店发生火灾，造成3人死亡，过火面积199平方米，直接财产损失28万元。起火原因为金属楼梯正下方区域的汽油蒸气遇电火花引起爆燃。

5月20日0时5分，湖南省邵阳市洞口县石江镇正兴社区大正街一民宅发生火灾，造成5人死亡，过火面积800平方米，烧毁家具、油漆、腻子、稀释剂等货物，直接财产损失135.1万元。起火原因为电气线路故障起火引燃周围可燃物。起火建筑为砖混结构5层，建筑面积约900平方米，一层（含夹层）为3间门面，二层为仓库及住宅，三至五层为住宅。剖析火灾事故教训：起火场所不符合消防安全要求，一层门面存放大量可燃易燃物品、电气线路私拉乱接，用火用电管理混乱；一层门面与楼上住宅共用楼梯间，未进行防火分隔，导致火势迅速蔓延；受灾人员缺乏安全防护和逃生自救能力。

5月27日0时30分，广东省汕尾市新港街道打铁街一民宅发生火灾，造成3人死亡，过火面积50平方米，直接财产损失12.5万元。起火原因为电线短路。

5月27日4时30分，福建省宁德市古田县城西街道六一四路一民宅发生火灾，造成3人死亡、3人受伤，过火面积300平方米，直接财产损失79.7万元。起火原因为电线短路。

5月29日3时12分，江苏省苏州市姑苏区新塘路三花二村18幢一民宅发生火灾，造成5人死亡，建筑一层和二层全部过火，过火面积200平方米，烧毁建筑内吊顶、墙面及楼梯装修采用的大量木质装饰材料，直接财产损失35万元。起火原因为电气线路故障。剖析火灾事故教训：房屋内部装修采用大量木质材料，建筑室内墙面、吊顶以及楼梯全部采用可燃材料装饰，增加了火灾荷载，导致起火后火势发展迅猛；火灾发生在凌晨，周围邻居发现较晚、报警较迟；建筑安装的防盗窗严重影响人员逃生。

6月

6月2日23时17分，湖北省荆州市监利县黄歇口镇古井口村五组一民宅发生火灾，造成4人死亡，过火面积40平方米，直接财产损失5万元。起火原因为电气线路故障。

6月17日3时许，广西壮族自治区柳州市三江侗族自治县同乐乡孟寨村坳寨屯一民宅发生火灾，造成4人死亡，过火面积约120平方米，烧毁砖木结构房屋1栋，直接财产损失2万元。起火原因为电气线路故障。

6月30日23时43分，安徽省安庆桐城市孔城镇三里街一民宅发生火灾，造成3人死亡，过火面积250平方米，直接财产损失7.6万元。起火原因不能排除电气线路故障引发火灾的可能性。

7月

7月2日2时30分，河南省郑州市惠济区花园口镇八堡村第八村民组一自建房发生火灾，造成4人死亡、2人受伤，过火面积100平方米，直接财产损失6.2万元。起火原因不能排除建筑一层南侧门厅东北部室内电气线路故障引发火灾的可能性。

7月7日4时许，广东省汕头市潮南区峡山街道一村民自建房一层茶叶店铺发生火灾，造成3人死亡，直接财产损失1.9万元。起火原因为电线短路。

7月9日1时14分，河北省邢台市临城县临城镇北街村一民宅发生火灾，造成3人死亡，过火面积34.4平方米，直接财产损失3.7万元。起火原因为电气线路故障。

7月15日3时许，河南省洛阳市洛宁县涧口乡西湾村一临街四层村民自建房发生火灾，造成6人死亡，过火面积220平方米，直接财产损失10万元。经调查，该起案件为放火案件，犯罪嫌疑人已被抓捕归案。

8月

8月2日5时32分，上海市宝山区通南路310号一电动自行车专卖店发生火灾，造成5人死亡，过火面积50平方米，直接财产损失37.5万元。起火原因为电动自行车锂电池故障起火引燃周边可燃物。剖析火灾事故教训：起火车行内仅有一扇大门，南侧窗户安装有金属栅栏，且通道两侧放置货架导致通道变窄，而起火部位上方即为住人的阁楼，火势扩大后将阁楼楼梯封堵，致使人员无法逃生；起火店铺内堆放大量锂电池及电动自行车配件，火势在短时间内形成大面积扩散燃烧，并产生大量的浓烟及有毒气体；商铺业主消防安全意识淡薄，火灾防范、隐患自查自治能力不足，对商铺内的住宿、搭建阁楼、电线私拉乱接等违规行为缺乏自我管控能力。

8月8日6时4分，广东省汕头市潮南区井都镇一民宅发生火灾，造成6人死亡，过火面积4.5平方米。经调查，火灾存在人为放火嫌疑，汕头市公安局潮南分局将此起案件以故意杀人、放火案立案侦查，并成功破案。

8月11日0时52分，贵州省安顺市平坝区天龙镇二官村一民宅发生火灾，造成3人死亡、1人受伤，过火面积32平方米，直接财产损失8万元。起火原因为电气线路故障。

8月18日2时34分，江苏省连云港市灌南县新集镇东村二组一民宅发生火灾，造成4人死亡，直接财产损失16万元。起火原因为店内电动车电气故障。

8月22日3时26分，江苏省泰州泰兴市黄桥镇城黄中路一沿街商铺发生火灾，造成3人死亡，过火面积80平方米，直接财产损失60万元。起火原因不能排除电气故障引发火灾的可能性。

8月23日2时20分，河南省郑州市管城回族区商城路金银村小区1号楼3单元楼前停放的电动自行车发生火灾，造成3人死亡、4人受伤，过火面积110平方米，直接财产损失5万元。起火原因为电动自行车电池故障。

9月

9月1日4时38分，云南省昆明市西山区福海街道王家地新村一民宅发生火灾，造成6人死亡、1人受伤，过火面积13平方米，烧毁6辆电动自行车，烧损部分建筑装修结构和生活用品，直接财产损失9.3万元。起火原因为电动自行车充电器短路。剖析火灾事故教训：电动自行车燃烧产生的大量有毒热烟气是造成人员死亡的主要原因；电动自行车违规停放占用疏散通道影响人员逃生疏散；房屋建筑结构严重降低了火场排烟效果；房屋入户门锁闭导致安全出口失去逃生作用；人员逃生自救意识不强，受火场从众心理和趋光心理影响，不能选择正确的逃生方向进行自救，最终因吸入大量有毒气体导致窒息死亡或受伤。

9月5日3时20分，宁夏回族自治区银川市西夏区银川佳通轮胎有限公司炼胶处2号车间发生火灾，未造成人员伤亡，过火面积1.2万平方米，烧毁车间内部生产设施和天然橡胶等原材料，直接财产损失2858.7万元。起火原因为炼胶处2号车间密炼机设备配电柜线路故障。剖析火灾事故教训：单位消防安全主体责任落实不到位，值班巡查管理制度不严，夜间巡查工作制度流于形式，起火当晚夜间巡查人员未及时发现起火部位异常；生产车间用电管理不规范，车间内大功率密炼机使用均超过十年，期间未进行系统的维护和保养，火灾发生前用电设备处于通电状态；生产车间内混存大量天然橡胶、润滑油和炭黑等易燃可燃物质，增加了车间内火灾荷载。

9月30日4时许，广西壮族自治区柳州市三江侗族自治县八江镇汾水村高滩屯一民宅发生火灾，造成3人死亡，过火面积160平方米，直接财产损失10万元。起火原因为电气线路故障。

10月

10月10日1时18分，浙江省温州市龙湾区永中街道水心新街一民宅发生火灾，造成4人死亡，过火面积112平方米，直接财产损失10万元。起火原因为一层北间冰柜压缩机工艺管上方焊接处冷媒泄漏，遇电火花发生燃烧。起火建筑为温州市常见的“通天房”结构，火灾中产生的有毒烟气和热量在“烟囱效应”作用下迅速向上蔓延，人员无法及时逃生。

10月13日21时12分，广东省汕头市金平区金厦街道芙蓉园18幢一层店铺发生火灾，造成5人死亡、9人受伤，过火面积12平方米。经调查，火灾存在人为放火嫌疑，汕头市公安局金平分局将此案件以刑事案件立案侦查，并成功破案。

10 月 17 日 2 时许，广东省广州市番禺区南村镇兴业大道一店铺发生火灾，造成 3 人死亡，过火面积 20 平方米。经调查，火灾存在人为放火嫌疑，案件移交当地公安机关刑侦部门调查处理。

10 月 27 日 7 时许，贵州省铜仁市沿河县中寨镇清河村木侧边组一民宅发生火灾，造成 3 人死亡，过火面积 18 平方米，直接财产损失 4 万元。起火原因为电气线路故障。

11 月

11 月 2 日 8 时 10 分，黑龙江省绥化肇东市尚家镇肇东正邦养殖有限公司红光分公司福水猪场二分场分娩猪舍发生火灾，造成 4 人死亡，直接财产损失 171.2 万元。起火原因为猪舍敷设的电缆长时间超负荷运行，造成绝缘弱部位击穿放电，引燃覆盖电缆上的易燃保温材料。

11 月 24 日 23 时 6 分，内蒙古自治区呼和浩特市回民区通道南街意达 V 公馆住宅楼四层电梯前室发生火灾，造成 3 人死亡，过火面积 4 平方米，直接财产损失 500 元。起火原因为放火。

11 月 28 日 22 时，河南省驻马店市正阳县慎水乡夕阳红老年公寓发生火灾，造成 4 人死亡，过火面积 3.3 平方米，直接财产损失 4000 元。经调查，起火原因不能排除起火房间室内精神障碍人员点火引发火灾的可能性。

12 月

12 月 2 日 1 时 47 分，云南省昆明市西山区福海街道办事处船房社区船房新农村一民宅发生火灾，造成 9 人死亡、2 人受伤，过火面积 171 平方米，直接财产损失 13.2 万元。起火原因为电动自行车蓄电池连接线和蓄电池固定压条压合部位漏电并产生高温，导致电动自行车起火引燃周边可燃物。剖析火灾事故教训：乡镇街道、社区（村）末端消防责任落实不到位，出租房、电动自行车综合整治不到位，隐患整改不彻底；“城中村”、出租房消防基础薄弱，公共消防基础设施、建筑消防设施缺乏，先天性火灾隐患突出；群众消防安全意识不强，面向基层群众特别是“城中村”、出租房居民群体的消防宣传培训普及率不高，群众识灾防灾抗灾能力总体较弱；各级、各有关部门消防监督检查不严，逐级监督、行业监督不到位。

12 月 11 日 0 时许，河南省开封市杞县邢口镇北村程一轮胎修理铺发生火灾，造成 3 人死亡，过火面积 130 平方米，直接财产损失 28.4 万元。起火建筑为村民自建房，一、二层为砖混结构，三层搭建彩钢板房，室内只有一部敞开楼梯，外窗全部安装铁栅栏。经调查，起火原因为电子捕鼠器短路引燃周边可燃物。

12 月 22 日 15 时 34 分，福建省漳州市芗城区芝山镇谢溪头村宝福硅业厂房发生火灾，未造成人员伤亡，过火面积 2000 平方米，受灾 4 户，直接财产损失 1603 万元。起火原因不能排除电气线路故障及静电引燃可燃物的可能性。剖析火灾事故教训：起火厂区内存放大量油漆、稀释剂等易燃易爆物品及塑料袋、蛇皮袋等易燃材料，导致火灾发生后火势迅速蔓延扩大；租赁厂房防火分隔不到位；起火厂区设备老旧，彩印设备无除静电设施；厂房产权所有人与生产经营者消防安全意识薄弱，在签订租赁合同时未明确各自的消防安全职责，产权所有人未召集租户宣传贯彻相关消防知识。

12月24日21时36分，广东省茂名市茂南区迎宾二路与文明中路交叉口一民宅发生火灾，造成3人死亡，过火面积100平方米，直接财产损失20万元。起火原因为电气线路故障。

12月27日8时45分，四川省凉山彝族自治州美姑县瓦西乡拉洛村二组一民宅发生火灾，造成4人死亡、1人受伤，过火面积35平方米。起火原因为放火，案件已移交当地公安部门。

12月28日1时许，福建省三明市明溪县雪峰镇城西村红豆杉路一民宅发生火灾，造成5人死亡，过火面积200平方米，直接财产损失1.9万元。起火原因为祭祀用火不慎引燃周边可燃物。剖析火灾事故教训：起火建筑属典型的老旧自建房，砖、土、木混用，吊顶、楼板隔墙均为木质材料，可燃物多，耐火等级低，未采取有效防火分隔措施，导致火灾发生后火势迅速蔓延；火灾发生在凌晨，人员处于熟睡状态，发现迟，报警迟，造成人员大量吸入一氧化碳中毒死亡。

12月28日21时18分，山西省晋中市榆次区玉湖路36号燃料公司宿舍内养老院发生火灾，造成3人死亡、5人受伤，过火面积100平方米，直接财产损失3万元。经调查，起火原因不能排除放火的可能性，已移交当地公安机关刑侦部门立案侦查。

12月31日6时25分，江苏省宿迁市蔡集镇田洼村一组一民宅发生火灾，造成3人死亡，过火面积60平方米，直接财产损失6000元。经调查，起火原因为刑事放火。

第二章　重大火灾案例

广东清远“4·24”英德市兰桂坊KTV火灾

2018年4月24日0时30分许，广东省清远英德市茶园中路兰桂坊KTV发生火灾，造成18人死亡、5人受伤，过火面积65平方米。火灾原因为刑事放火。

一、基本情况

起火建筑为3层砖混结构建筑，建筑面积480平方米，耐火等级为二级，部分作为KTV使用（面积约368平方米），一层为前厅、杂物房，二、三层为KTV包房。2006年3月22日，该建筑以英德市兰桂坊西餐厅内部装修通过消防验收。

二、处置经过

4月24日0时37分，清远市消防支队指挥中心接到报警后，立即调派英德、佛冈2个中队共6辆消防车、31名指战员赶赴现场处置，支队全勤指挥部遂行出动。0时43分，首战力量到达现场，经侦察发现起火点为一层大厅门口处的一辆摩托车，火势正处于猛烈燃烧阶段，并呈向四周蔓延趋势。现场消防力量立即采取堵截包围的战术措施，出3支水枪进行控火，其中一支水枪重点打击着火点，一支水枪控制火势向左侧商铺蔓延，一支水枪控制火势向右侧商铺蔓延，并利用排烟机不间断地对建筑内部进行排烟降毒。同时，组织6名攻坚队员分成2组进行内攻搜索救人。

0时48分，现场火势被控制。0时54分，内攻队员在楼内搜救出第一名被困人员。0时57分，火灾被扑灭。由于建筑内部空间较为密闭，大量高温浓烟在楼内聚集，救援人员难以长时间开展搜索作业，现场消防力量采取一边破拆排烟降温、一边搜索救人的方法，分成10个搜索小组，在喷雾水枪的掩护下，冒着高温浓烟轮番交替进入内部的包房、过道及洗手间等部位。3时35分，经过5轮反复清理和确认，现场搜救完毕，先后搜救出23名被困人员送医院救治，其中18人死亡、5人受伤。

三、火灾调查及事故处理情况

经公安、消防等部门初步调查，事发时，纵火嫌疑人刘某与经营者发生矛盾，将自己停放在一层门厅处的一辆摩托车油管拔出，点燃流出的汽油后逃离现场，当时现场有4人目击整个纵火过程。

由于汽油燃烧猛烈，摩托车迅速起火，并引燃停放在大厅内的另一辆电动车，摩托车、电动车的海绵坐垫、轮胎、汽油、电池等猛烈燃烧。火势封堵了疏散通道，释放出大量有毒高温烟气并沿室内楼梯迅速向上蔓延，造成二层、三层被困人员无法逃生；加之该场所顾客大多饮酒，意识不清，行动能力迟缓，逃生自救能力差，致使出现大量人员伤亡。该起火灾纵火嫌疑人于当日10时50分被公安机关抓获。2018年9月，广东省清远市中级人民法院对被告人刘某进行公开宣判，以放火罪判处刘某死刑，剥夺政治权利终身。

四川达州“6·1”通川区好一新商贸城火灾

2018年6月1日17时30分许，四川省达州市通川区西外镇塔沱市场好一新商贸城发生火灾，过火面积约5.1万平方米，造成1人死亡，直接经济损失9210万余元。火灾发生后，应急管理部党组书记黄明先后5次视频调度火场一线，了解现场情况，并就火灾扑救、救援安全、舆情应对等具体工作进行强调部署。四川省委副书记、省长尹力等领导作出批示指示，到场指导火灾事故处置工作，部消防局副局长魏捍东率工作组到达州火灾现场一线指挥灭火救援战斗。

一、起火单位基本情况

好一新商贸城位于达州市通川区西外镇塔石路190号，东侧为通川区塔沱安置房项目建筑工地，南侧为农副产品综合市场，西侧为塔石路，北侧是凤凰大道东延线大桥。商贸城由四川好一新集团有限公司投资，于2005年10月开工建设，2006年4月26日工商登记注册，2007年9月开市营运，共有958户业主、784户商户，16个经营品类，总从业人员2600余人。

该商贸城建筑主体为钢混结构，东面长149.8米，南面长120.0米，西面长141.8米，北面长115.3米，地下1层、地上5层。地下一层为仓库和冷库（水果类用），地上一层为服装批发市场和小商品门市，二层为日用百货，三层为家用电器商场，四层为库房，五层为KTV，总建筑面积9.04万平方米。起火冷库位于地下一层南侧出入口东北30米处，南北长111.76米，东西宽38.1米，自南向北依次分割为1~7号库，冷库前方为卸货台，卸货台东西宽4米，南北长56.4米。商贸城内部安装有火灾自动报警系统、自动喷水灭火系统、室内消火栓系统、室外消火栓系统、机械防排烟系统、防火卷帘、防火门、消防广播、声光报警系统。其中，地下一层冷库内未安装自动消防设施及室内消火栓系统；商贸城在建设过程中存在违法改建，防火分区未按规范进行调整设计。

二、起火经过及扑救情况

6月1日17时30分许，好一新商贸城地下一层冷库3号库内通道北侧香蕉堆垛中部起火。17时49分36秒，3号库租户朱某某将3号库门打开后，发现库内有大量浓烟且在通道北侧香蕉堆垛中部有明火，遂拿起一个塑料桶先后在门口南侧值班室处和门口北侧消火栓处接水进入库内灭火。第二次进入库内时，内部发生爆燃，朱某某自行逃出，向外呼救。17时52分，库管员陈某在办公室发现3号库有浓烟和火光冒出，立即拨打119报警电话，与其同一办公室的库管员马某某立即拨打电话通知冷藏部经理彭某。彭某告诉马某某让其用消火栓赶紧进行灭火，但是此时浓烟较大，已无法靠近灭火。随后，彭某立即拨打冷库机房工作人员杨某某电话告知其起火事宜。冷库机房工作人员杨某某和彭某某得知火情后，立即切断了冷库制冷设备和液氨设备电源，并赶赴事发冷库进行灭火，等其赶到时因火势较大已无法进行灭火。消防控制室值班员曹某某、万某某、杨某某通过监控发现3号库有浓烟冒出，立即到微型消防站携带灭火器前往处置，但因火势较大，3人未能靠近起火冷库。保安陈某某和蒲某某在巡逻时发现火情，也试图去灭火，同样因火势发展迅猛未能靠近。

6月1日17时52分59秒，达州市消防支队接到报警后，立即调派8个消防中队、2个政府专职消防队、1个企业专职消防队共42辆消防车、168名消防指战员到场处置，同时向省消防总队报告现场火情并请求增援。省消防总队接报后，及时向部消防局报告火情，并启动省级跨区域增援机制，先后调集182辆消防车、839名消防指战员赶赴达州增援。后期，部消防局又调派重庆市消防总队29辆消防车、254名消防指战员增援。6月4日6时许，现场发起总攻。11时许，明火被扑灭。此次灭火救援行动共疏散群众1157人，抢救出1名被困人员，保护520间商铺和毗邻批发市场安全。

此次火灾现场中，地下一层及地上一至四层火灾自动报警系统动作，二、三层南侧卷帘部分动作，屋顶一台机械排烟风机运行，消防水泵房喷淋泵、室内消火栓泵电源控制柜未置于自动状态，水泵在火灾中未启动。

三、起火原因认定

经调查，该起火灾起火时间为2018年6月1日17时30分许，起火部位为好一新商贸城地下一层冷库3号库内，起火点位于3号库通道北侧中部香蕉堆垛处，起火原因为冷库3号库租户朱某某自行拉接的自西向东第三根铁丝上的照明电源线短路引燃其下方的香蕉外包装纸箱蔓延成灾。

四、消防审核监督情况

2007年1月，好一新集团向达州市消防支队申请好一新商贸城建筑消防设计审核；1月11日，市消防支队批准消防设计审核；2007年6月，市消防支队批准建筑内部装修防火审核；6月29日，该场所通过整体消防验收。2014年，该场所被列为区域性火灾隐患，直至火灾发生时，该场所火灾隐患正在整改中。

五、主要教训

（一）违法建设、违规经营、安全隐患长期存在

该商贸城在建设过程中，未按照原市规建局批准的设计图施工，存在违法超建的问题，但在消防设计方面未进行调整。好一新商贸有限公司在该商贸城经营管理过程中，安全生产责任制和安全生产规章制度不健全、不完善，安全生产责任制落实不到位，安全生产管理机构设置不符合要求，专职安全生产管理人员配备不足，安全生产教育培训不到位，未建立健全安全生产教育培训档案；未建立健全生产安全事故隐患排查治理制度；未采取有效措施对消防通道和疏散通道堵塞、地下一层冷库与地上商铺没有进行防火分隔等长期存在的重大消防安全隐患进行整改；未定期对相应电气设备进行保养、检测；对冷库租户私拉乱接电线的重大消防安全隐患未及时发现并进行有效整治。

（二）属地政府落实安全监管责任不力

通川区人民政府、通川区朝阳街道办事处、通川区朝办塔沱社区履行消防安全管理工作职责不到位，对消防安全督促

检查不彻底，对消防安全宣传教育的广度、深度不够，对辖区内相关部门消防安全工作履职情况督促和领导不到位，虽然数次对好一新商贸城进行安全检查，发现该商贸城长期存在消防设施不够、消防通道堵塞的问题，但没有对整改情况进行跟踪督促，未能及时发现并纠正商贸城私拉乱接电线等重大消防安全隐患问题。

（三）相关部门对违法建设、消防安全等问题监管不力

原市规建局未认真履行工作职责，违规办理相关证照，并通过综合性验收；消防部门、通川区商务局、安全监管部门、朝阳派出所对好一新商贸城消防安全失管失察，对好一新商贸城消防安全检查不到位，未发现该商贸城存在的重大安全隐患问题。

六、责任追究

经调查认定，达州市通川区塔沱市场“6·1”事故是一起重大火灾责任事故。达州市通川区塔沱市场“6·1”重大火灾事故调查组已完成事故调查工作，并提出责任追究意见及建议，按规定移交相关部门作进一步调查处理。

黑龙江哈尔滨“8·25”松北区北龙汤泉休闲酒店有限公司火灾

2018年8月25日4时12分许，黑龙江省哈尔滨市松北区哈尔滨北龙汤泉休闲酒店有限公司发生火灾，造成20人死亡、23人受伤，过火面积约400平方米，直接财产损失261.2万元。火灾发生后，中共中央政治局委员、国务院副总理刘鹤，国务委员王勇，黑龙江省委书记张庆伟、省长王文涛等领导相继作出批示，部消防局有关领导到现场指导事故救援处置工作，国务院安全生产委员会对事故查处挂牌督办。

一、基本情况

哈尔滨北龙汤泉休闲酒店有限公司注册时间为2015年4月15日，民营企业，原名北龙温泉酒店，2016年2月6日变更为现名。注册资本为3000万元，注册地为哈尔滨市松北区太阳岛风景区太阳岛

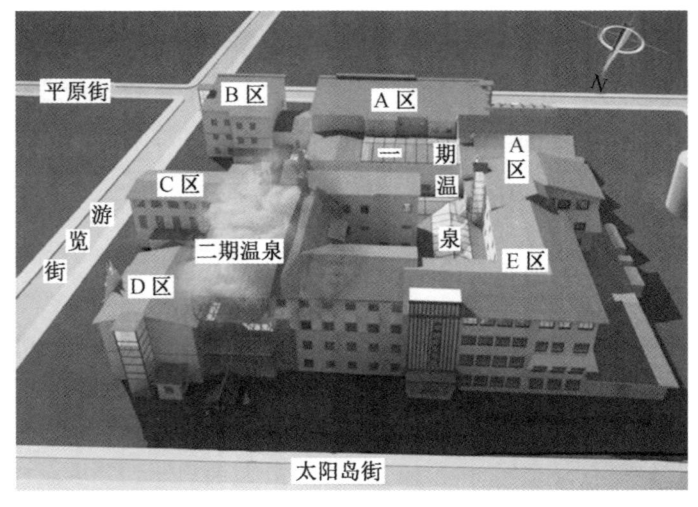

北龙汤泉酒店建筑布局示意图

街18号。企业经营范围为餐饮服务、旅馆经营、会议服务、洗浴服务、室内娱乐场所经营。

北龙汤泉酒店建筑总面积17583.5平方米，地上4层，主体建筑分A、B、C、D、E区及一、二期温泉区。A、B、C、D、E区原建筑为砖混结构，加高接层改扩建部分为彩钢板结构；一期温泉区由A、B、E 3个区域合围而成，二期温泉区由D、C、E 3个区域合围而成，均为利用建筑之间的空地采用钢屋架彩钢板结构搭建。酒店原始建筑属于合法工程，总建筑面积6446.93平方米，后期改扩建工程未取得相关审批手续，属于违法工程，违建面积11136.57平方米。改扩建建筑内设有火灾自动报警系统、室内外消火栓系统、湿式自动喷水灭火系统、消防水池及稳压设备等。由于日常检修维护不到位，事发时整个消防系统不能正常启动，处于瘫痪状态。

二、消防监督管理情况

2016年7月13日至2017年7月31日，哈尔滨市消防支队松北区大队共对北龙汤泉酒店进行6次执法检查，下达《行政处罚决定书》7份、《临时查封决定书》2份，累计罚款11万元。其中，2016年3次：7月20日，因“未经消防安全检查擅自投入使用营业”给予责令停产停业，并处3万元罚款；7月21日，因“二层建筑消防设施损坏，不再具备防火灭火功能”对二层部分区域下达临时查封决定；8月20日，因7月21日执法检查发现的问题隐患仍未整改，再次下达临时查封决定。2017年3次：6月14日，因“缺少疏散指示标志、消防设施设置不符合标准、室内报警系统存在故障、消防设施未保持完好有效、室内消火栓被杂物遮挡、喷淋头损坏、堵塞安全出口”等隐患问题，下达5份《行政处罚决定书》，共给予4万元罚款；7月28日，因未将消防隐患整改完毕，给予9000元罚款；7月31日，因该单位未经消防验收擅自投入使用，责令停止使用，并给予3.1万元罚款。

三、起火经过和扑救情况

2018年8月24日晚，共有115名客人入住北龙汤泉酒店。8月25日4时20分许，北龙汤泉酒店锅炉工陈某观察发现二期温泉二楼平台有火光后立即进行呼救，随后酒店员工组织开展自救。消控员吕某试图启动消防水系统实施自动灭火，但由于消防控制室主机存在总线故障，与消防水泵无法联动，无法实施自动灭火。消控员吕某到水泵房试图手动启动灭火系统，但喷淋系统和消火栓内均无水，消防灭火系统完全处于瘫痪状态，使得初期火灾未得到有效控制。当班保安利用灭火器自发进行灭火，因火场内部烟雾较大、火势猛烈，未能抵近起火点，灭火自救未能成功。

4时27分51秒，哈尔滨市公安局110指挥中心接到报警称太阳岛北龙汤泉酒店起火。4时29分10秒，哈尔滨市消防指挥中心接到关于该酒店发生火灾的报警电话。

4时56分，辖区消防首战力量到场处置。5时25分，消防支队全勤指挥部到达现场。经全力扑救，火势于6时30分得到有效控制，7时50分被彻底扑灭。此次火灾扑救行动中，消防支队共出动8个中队、1个战勤保障大队、40辆消防车、148名指战员、6条搜救犬到场实施救援，共抢救疏散遇险群众80余人，搜救被困人员20人、遇难人员18人。

四、火灾损失情况

此次火灾导致建筑一至四层部分过火，过火面积约400平方米，共造成20人死亡（2人为抢救无效死亡）、23人受伤。经哈尔滨市松北区价格认证中心认定，火灾直接财产损失为261.2万元。

五、火灾原因认定

（一）起火原因

经过现场勘验、调查询问、现场指认、视频分析及现场实验等工作，认定起火原因是二期温泉区二层平台靠近西墙北侧顶棚悬挂的风机盘管机组电气线路短路，形成高温电弧，引燃周围塑料绿植装饰材料并蔓延成灾。

（二）火灾蔓延扩大原因

火灾发生前一日，员工张某使用灭火器箱挡住E区三层常闭式防火门，使其始终处于敞开状态。起火后，塑料绿植等装饰材料燃烧产生大量有毒有害浓烟，迅速通过敞开的防火门进入E区三层客房走廊，导致大量人员中毒眩晕并丧失逃生能力和机会。

酒店室内外消火栓系统控制阀处于关闭状态，消火栓系统管网无压力水，自动灭火系统处于瘫痪状态。

起火后，北龙汤泉酒店员工陈某虽第一时间发现火情，随后多名酒店工作人员均确认火情，但仅层层上报领导，均未在第一时间拨打报警电话。厨师周某报警时，已是发现火情9分钟后，延误了最佳灭火救援时间。

六、主要教训

（一）北龙汤泉酒店消防安全管理混乱

北龙汤泉酒店消防安全主体责任不落实，未明确消防安全管理人、消防安全责任人，管理人员法律意识淡薄。在违法投入使用后，未履行消防安全职责，消防安全管理制度不健全；未制定应急预案和开展应急演练，未对员工进行消防安全教育培训。消防设施管理不到位，消防管网无压力水、自动灭火系统瘫痪；消防控制柜、电气线路、消防管网等存在诸多隐患，大量使用易燃可燃材料进行装饰装修，虽然消防部门多次下达行政整改指令，但该单位拒不整改，且未对消防设施定期进行检测维修。建筑违建部分属于违法工程，没有通过相关部门批准、验收，其建筑结构不符合人员密集场所的安全需要，内部格局复杂，疏散通道混乱，各功能区间未设置有效防火分隔，存在重大消防安全隐患。

（二）相关企业单位责任不落实

燕达宾馆违法组织改扩建和装修施工，吉林建银实业有限责任公司对产权房屋安全管理职责落实不到位，太阳岛风景区资产经营有限公司对产权房屋安全管理职责落实不到位。

（三）属地政府及相关部门监管责任不落实

松北区行政执法局、哈尔滨市城市管理局、太阳岛风景区管理局、松北区安监局、哈尔滨市公安局松北分局、哈尔滨市公安局松北分局太阳岛派出所、哈尔滨市消防支队松北区大队、哈尔滨市消防支队、松北区政府、哈尔滨市政府等部门监管责任落实不到位。

七、火灾责任处理情况

经调查认定，哈尔滨北龙汤泉酒店“8·25”重大火灾为一起责任事故。对北龙汤泉酒店实际控制人李某、法定代表人张某、原法定代表人王某、燕达宾馆副总经理张某、松北区消防大队大队长杨某等20人追究刑事责任。对哈尔滨市政府副市长王某、松北区委书记高某、原松北区区长李某、原松北区委常委李某等20人给予党纪政纪处分。对松北区副区长孙某等5人给予诫勉谈话处理。对北龙汤泉酒店等4家单位予以行政处罚。

天津滨海新区“10·28”中外运久凌储运仓库火灾

2018年10月28日17时30分许，天津市滨海新区大港安和路467号中外运久凌储运有限公司天津分公司大港仓库发生火灾。该起火灾造成中外运久凌储运有限公司天津分公司大港仓库项目3号、4号、5号仓库建筑及库内存放的润滑油等物品被烧毁，过火面积2.3万平方米，直接经济损失8944.95万元。

一、基本情况

久凌储运天津分公司成立于2006年12月7日，是中外运久凌储运有限公司在天津市设立的分公司，下设仓配一体化中心、安全监管部等。该单位总占地面积4.2万平方米，库区南门常年锁闭，北门作进出使用。北门正对库区主通道，通道东侧由北向南依次为门卫室（消防控制室）、消防水泵房、充电间、厕所、柴油发电机房、库区总配电柜、4号仓库和5号仓库；通道西侧由北向南依次为办公楼、1号仓库、2号仓库和3号仓库。5个仓库均为轻钢结构，1号、2号、3号仓库完全相同，每个仓库长108.48米、宽72.48米，屋檐高9.5米，屋脊高11.4米，建筑面积7862.63平方米，划分4个防火分区，外墙均为1.2米实体墙加彩钢板结构，屋面采用坡屋顶结构。4号、5号仓库的各项建筑参数相同，每个仓库长97.68米、宽79.98米，屋檐高9.5米，屋脊高11.4米，建筑面积7812.45平方米，划分4个防火分区，防火分区之间采用防火墙分隔，连通部位采用防火卷帘，外墙均为1.2米实体墙加彩钢板结构，屋面采用坡屋顶结构，与西侧的1号、2号、3号仓库东西向水平距离为22米。最先起火的5号仓库划分的4个防火分区由西向东分别编号为501、502、503、504，每个防火分区南北墙各有一个安全出口，共有8处安全出口。该仓库由中朗恒运（天津）实业有限公司投资建设，2012年6月租赁给久凌储运天津分公司使用。仓库内设置有室内外消火栓系统、自动喷水灭火系统、火灾自动报警系统、机械排烟系统、视频监控系统、照明系统、应急照明灯、疏散指示标志和干粉灭火器。

二、消防监督管理情况

中朗恒运（天津）实业有限公司位于滨海新区大港安和路467号的仓库项目于2011年7月通过消防设计备案抽查，于2012年5月25日进行竣工验收消防备案。中外运久凌储运有限公司天津分公司大港仓库项目属于消防安全重点单位，消防特勤支队严格按照《消防监督检查规定》，分别于2017年11月24日、12月24日，2018年3月7日对该单位依法进行消防监督检查，先后发现火灾隐患10处，督促整改隐患10处，并依法下达《责令限期改正通知书》和《责令立即改正通知书》。西环路消防中队定期对该单位进行演练，2018年2月7日对该单位进行“六熟悉”演练时，发现个别消火栓没水，当场督促其整改。

三、起火经过和扑救情况

2018年10月28日17时29分，位于门卫室内的火灾自动报警联动控制柜发出火灾报警信号，显示5号库1区感烟探测器报警，当值保安于某某和杜某某听到报警后未作任何处置。门卫室西侧办公楼一层调度室内的工作人员张某听到火灾自动报警联动控制柜一直报警，让于某某去报警区域查看。于某某于17时49分进入仓库查看后，电话通知杜某某5号仓库起火，张某立即拨打电话报警。17时53分，上述人员使用灭火器和消火栓进行扑救，未果。

天津市消防总队于17时50分接到报警后，先后调派总队和10个支队全勤指挥部、26个消防中队、战勤保障大队以及2个企业专职消防支队、1个企业专职消防中队共62辆消防车、6辆战勤保障车辆、383名消防人员赶赴现场处置，火灾于10月29日3时17分被扑灭。

四、起火原因认定

经调查，该起火灾起火原因为久凌储运天津分公司大港仓库项目5号仓库501仓间西墙北数第3根与第4根立柱之间上方的视频监控系统电气线路发生故障，产生的高温电弧引燃线路绝缘材料，燃烧的绝缘材料掉落并引燃下方存放的润滑油纸箱和塑料薄膜包装物，随后蔓延成灾。

火灾蔓延扩大原因为发现火灾及报警延误，前期处置不力。从17时29分火灾自动报警联动控制器发出火灾报警信号至17时50分向119指挥中心报警的21分钟内，该单位未在第一时间采取有效措施扑救初期火灾，致使火势扩大；自动消防设施未启动，火灾发生时自动消防设施设置在手动模式上，初期火灾未得到控制；润滑油燃烧后形成流淌火，蔓延迅速；风力大，燃烧猛烈，火灾发生时，现场平均风力为3级，瞬时最大风力达6级，火势突破5号库外壳后，燃烧流淌的润滑油在风力作用下向4号、3号库蔓延，形成猛烈的立体式燃烧。

五、事故发生单位及有关部门存在的主要问题

（一）事故发生单位存在的主要问题

久凌天津公司消防安全主体责任不落实，未认真执行消防安全法律法规、国家标准。久凌天津公司未对视频监控系统电气线路进行定期检查、检测，违反《仓储场所消防安全管理通则》（GA 1131—2014）第8.10条的有关规定；违反《建筑消防设施的维护管理》（GB 25201—2010）第5.2条第3款的有关规定，在正常工作状态下，将自动喷水灭火系统和联动控制的防火卷帘等防火分隔设施设置在手动控制状态；消防控制室部分值班人员无证上岗，违反《国务院办公厅关于印发消防安全责任制实施办法的通知》（国办发〔2017〕87号）第十五条第3款和《建筑消防设施的维护管理》（GB 25201—2010）第5.2条第1款的有关规定；久凌天津公司大港仓库未及时消除仓储场所用电安全管理不到位、违规设置建筑消防设施控制状态、消防控制室部分值班人员无证上岗等火灾隐患，违反《中华人民共和国消防法》第十六条第1款第5项的有关规定。

（二）有关单位、属地政府及部门存在的主要问题

中外运物流（筹）有限公司及中外运久凌储运有限公司监督管理责任落实不到位，隐患排查治理工作开展不力。中朗公司作为久凌天津公司大港仓库产权方，消防安全管理职责不落实。君安公司作为久凌天津公司大港仓库建筑消防设施维修保养、检测服务单位，未严格履行职责。精英保安公司派遣到久凌天津公司大港仓库消防控制室的人员未取得保安员证，不了解保安员应具备的消防安全基础知识，未履行保安服务公司法定职责。滨海新区消防支队大港大队作为消防安全监督管理部门，履行法定职责不力。大港经济开发区管委会作为滨海新区政府派出机构，未落实消防安全责任制的有关要求。原大港区建设工程质量监督站作为属地建设工程质量监管部门，对辖区建设工程竣工验收未备案的违法行为查处不到位。

六、火灾责任处理情况

经调查认定，久凌天津公司大港仓库“10·28”重大火灾事故是一起责任事故。对中外运久凌储运有限公司天津分公司、招商局物流（天津）有限公司、天津市滨海新区精英保安服务有限公司、中朗恒运（天津）实业有限公司、天津君安消防工程有限公司17人给予刑事处罚。对中外运物流（筹）有限公司、滨海新区消防支队大港大队、大港经济开发区管委会、原大港区建设工程质量监督站15人给予党纪政纪处分。对中外运久凌储运有限公司天津分公司、中朗恒运（天津）实业有限公司、天津君安消防工程有限公司和天津市滨海新区精英保安服务有限公司给予行政处罚。

河南商丘“12·17”华航现代农牧产业集团有限公司厂房火灾

2018年12月17日11时许，河南省商丘市城乡一体化示范区河南省华航现代农牧产业集团有限公司南厂区一栋闲置厂房，在设备安装过程中，违规气割作业引发火灾，造成11人死亡、1人受伤，过火面积3630平方米，直接财产损失300万元。事故发生后，中共中央政治局委员、国务院副总理孙春兰，国务委员王勇，应急管理部党组书记黄明等领导先后作出重要批示。河南省委书记王国生、省长陈润儿等领导以及应急管理部派出的工作组，第一时间赶赴事故现场，指导事故处置和善后工作。

一、基本情况

华航农牧公司成立于2002年12月，经营范围为生猪屠宰、生猪收购、房地产开发与经营、粮食收购、农产品和农副产品生产与销售，实际控制人为葛某。2016年10月起，河南千盛食品有限公司租赁华航农牧公司南厂区局部厂房用于冷冻猪蹄的加工和储存。2018年12月14日，江苏泰州泰兴市泰江冷鲜肉经营部负责人张某丙与葛某达成口头协议，拟租赁华航农牧公司南厂区5号闲置厂房。2018年12月15日，翟某甲指派张某甲（临时聘用的气焊工，无熔化焊接与热切割作业操作证）、张某乙、翟某乙3名工人到华航农牧公司安装相关设备。

华航农牧公司分南北两个厂区，事故建筑位于南厂区，地上建筑，建筑东西总长136米、南北总长63米，总占地面积约6500平方米。因历经多次新建、改

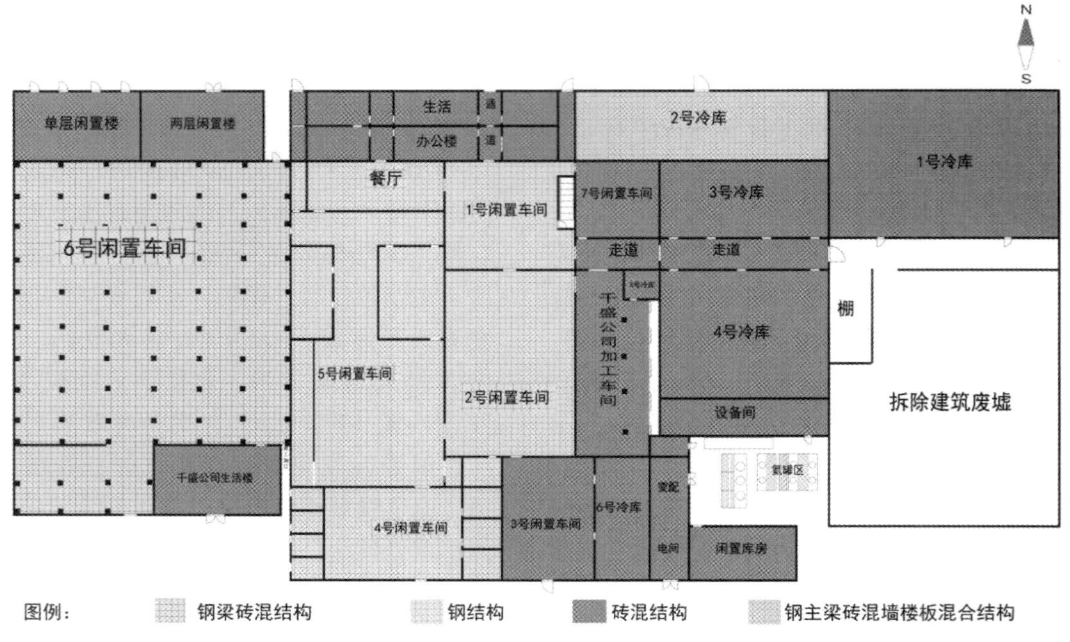

“12·17”河南省华航现代农牧产业集团有限公司事故现场建筑结构示意图

建、扩建，建筑结构较为复杂。

事故建筑为6号闲置厂房，地上2层，建筑结构为混合结构，墙、柱均为砖混，梁为工字型钢梁。该厂房东西长47米、南北宽44米，南侧西部凸出部分宽20米。该厂房南北两侧各有一个出口直通室外，东墙偏北位置有一门洞通向相邻5号闲置厂房。厂房顶板、立柱、墙面包覆保温材料，保温材料分2层，内层为聚苯乙烯泡沫板（氧指数18.6%，引燃温度277 ℃），表面喷涂聚氨酯泡沫（氧指数22.6%，引燃温度258 ℃）。

二、事故发生经过及应急处置情况

2018年12月17日11时许，张某甲在切割6号闲置厂房东南角区域空气冷却机上方的金属管道时，发现其所在位置东侧刚切割过的部位下方有火，随即到起火区域使用灭火器进行扑救，但灭火器不能正常使用；随后取用地面堆放的沙土进行灭火，亦未能有效控制火势。张某甲立即赶到5号闲置厂房呼喊张某乙、翟某乙。3人发现起火厂房浓烟已经封闭入口，无法进入，即拨打电话报警。此时，火灾继续蔓延扩大，高温有毒烟气迅速蔓延进入5号闲置厂房、餐厅，1号、2号闲置厂房，随后进入千盛公司加工厂房等区域，导致千盛公司11名员工被困。

11时15分，商丘市消防支队指挥中心接到报警后，立即调集5个中队、20辆消防车赶赴现场处置。11时23分，2个中队首先到达现场开展搜救、控火和冷却防护，划定警戒区域、疏散厂区工人和周边群众，强攻灭火。11时43分许，商丘市消防支队全勤指挥部和增援力量相继到达现场。14时15分，现场火势基本得到控制。14时40分，明火全部扑灭。事故处置过程中，消防人员先后发现并救出14名被困人员，由120送往医院救治，其中11人死亡、1人受伤。

商丘市城乡一体化示范区管委会接到事故报告后立即启动应急预案。商丘市委、市政府启动市级应急响应，组织公安、消防、医疗、工信、供电、环保、气象、畜牧等相关部门迅速开展救援。火情控制后，商丘市城乡一体化示范区管委会组织安全专家对液氨压力表、液氨设备、液氨管道、阀门、冷库等进行排查，对现存液氨进行导罐处理。12月28日，全部处理完毕。

三、伤亡及损失情况

该起事故共造成11人死亡、1人受伤，死亡人员全部为千盛公司员工。建筑过火面积3630平方米，直接财产损失300万元。

四、事故原因和性质认定

经河南省政府调查组调查认定，该起事故为一起生产安全责任事故。事故直接原因为，气焊切割作业人员张某甲在不具备特种作业资质、未履行动火审批手续、未落实现场监护措施、未配备有效灭火器材的情况下，违规进行气焊切割作业，在切割金属管道时，引燃墙面保温材料并蔓延扩大，燃烧产生的高温有毒烟气导致11名人员死亡。导致火灾蔓延扩大并造成人员伤亡的原因为，事故建筑墙体、顶板大量使用聚苯乙烯、聚氨酯等易燃可燃建筑保温材料，此类材料热解快、燃点低，被气焊作业引燃后，蔓延速度极快，同时产生大量高温、有毒烟气，导致被困人员死亡。

五、主要教训

起火建筑耐火等级、防火间距不符合要求，大量使用易燃、可燃保温材料，未按标准设置消防设施。

企业主体责任不落实，华航农牧公司安全生产意识淡薄，安全生产管理制度缺失，安全生产组织不健全，安全生产管理混乱，未按规定开展安全检查和隐患排查，安全生产资金投入不足，教育培训不到位。

违法违规出租，华航农牧公司与千盛公司建立了租赁关系，未签订安全生产管理协议，未明确各自的安全生产管理职责和应当采取的安全措施，未指定专职安全生产管理人员进行安全检查与协调，没有履行动火作业过程监管责任。

千盛公司未建立安全生产管理制度，未开展日常安全检查和隐患排查，未对员工进行安全生产教育培训；未制定应急救援预案并开展应急疏散演练。漯河市日晟鑫贸易有限公司介绍无资质人员进行气割作业活动，未对作业人员进行安全教育。

商丘市城乡一体化示范区公安消防部门履行监督管理职责不力，安全监管局履行工贸企业安全监管职责不力，社会事务局履行行业监督管理职责不力，平安街道办事处未履行属地安全生产和消防安全管理责任，示范区督导检查安全、消防工作不力。

六、火灾责任处理情况

商丘市公安局开发区分局对12名犯罪嫌疑人采取刑事拘留措施，其中施工人员3人、企业管理人员9人。相关部门对6个单位的19名责任人员给予相应处理，其中给予党纪政纪处分14人，诫勉谈话3人，批评教育2人。

2018 年全国重大火灾案例表

火灾案例名称 （5起，不含铁路、港航火灾）	亡(人)	伤(人)	直接损失	火灾类别	火灾原因
广东清远“4·24”英德市兰桂坊KTV火灾	18	5	直接财产损失20万元	人员密集场所	刑事放火
四川达州“6·1”通川区好一新商贸城火灾	1		直接经济损失9210万元	人员密集场所	电线短路
黑龙江哈尔滨“8·25”松北区北龙汤泉休闲酒店有限公司火灾	20	22	直接财产损失261.2万元	人员密集场所	电线短路
天津滨海新区“10·28”中外运久凌储运仓库火灾			直接经济损失8944.95万元	仓储场所	电气线路故障
河南商丘“12·17”华航现代农牧产业集团有限公司厂房火灾	11	1	直接财产损失300万元	厂房	违章切割

第七篇

灭火救援战例

安徽滁州“1·25”G281次高铁列车火灾扑救情况

2018年1月25日12时8分，安徽省滁州市定远县高铁站G281次高铁列车发生火灾。安徽省滁州市消防支队接到报警后，立即调派定远、明光2个中队共6辆消防车、28名指战员到场处置。经奋力扑救，火灾于13时15分被扑灭，无人员伤亡，确保了列车其他15节车厢和站台各类电气设备安全，为尽快恢复京沪高铁线通车提供了保障。

一、基本情况

（一）定远高铁站情况

定远高铁站位于滁州市定远县池河镇青岗村，隶属中国铁路上海局集团有限公司蚌埠站，为二等站，共设有2站台、4线，距辖区定远消防中队18.5公里。高铁站设有地下消火栓14个，站房南侧泵房设有消防水泵、消防稳压泵和300立方米消防水池1个。

（二）起火列车情况

起火的G281次列车由青岛始发开往杭州东站，车型系我国自主研发的“和谐号”高速列车系列型号之一。列车采用8动8拖的编组方式（共16节车厢），牵引功率为18400千瓦，定员为1005人（当时载有乘客963人）。起火的2号车厢为车组中动力车之一，车厢底部设有牵引变压器和牵引电机等电气设备。

（三）事故发生经过

G281次列车在定远站并不停靠，但当日事故列车在途经蚌埠境内时安全系统报警，由于站间不能停车，列车于11时53分在定远站内正线紧急停靠，此时2号车厢底部已经开始冒出大量浓烟。站内工作人员迅速对车上乘客进行疏散，在利用地下消火栓和灭火器进行初期扑救无效的情况下，于12时8分报警。

（四）天气情况

当日大雪，东北风5～6级，气温−4～−2℃，路面积雪厚度约10厘米。

二、火灾特点

（一）可燃物多，火灾荷载较大

起火的2号车厢底部为牵引变压器、牵引电机和大量电气连接线路等设备，车内座椅、窗帘等装饰均为可燃材料。

（二）蓄烟量大，影响内攻展开

由于车厢为通廊结构，断电后，车门和车厢连接部的玻璃门自动关闭，通风换气功能失效，车窗破拆难度大，大量高温、有毒烟气迅速聚集，不利于内攻行动展开。

（三）天气恶劣，作战行动受限

当日定远县普降大雪，气象条件恶劣，道路积雪结冰，对消防车行车安全造成影响，且站台地面冰冻湿滑，不利于作战行动展开。

（四）影响面广，社会关注度高

G281次列车起火造成京沪高铁线6趟列车停运，沪宁杭方向列车班次全部取消，大量乘客滞留。各大媒体高度关注，互联网等传媒广泛传播，如处置不当，可能造成更大的社会影响。

三、处置经过

（一）第一阶段：准确预判、控制蔓延

定远消防中队接到指令后，立即赶赴现场，并在行驶途中通过联系高铁站负责人，了解现场基本情况，确认起火列车停靠位置、燃烧物质和人员被困情况，要求车站切断列车电源、继续疏散乘客，并根据定远高铁站灭火救援预案，制定处置方案。12 时 37 分，定远消防中队到达现场。经侦察发现着火部位位于列车 2 号车厢的中前部，火势呈猛烈燃烧态势，并伴有大量浓烟，车厢厢体局部已被烧穿，形成面积约 4 平方米的裂口，车厢内充斥大量烟气，并通过车厢连接部向 1 号车厢和 3 号车厢扩散。现场参战人员立即分成 3 个战斗小组和 1 个供水小组，以压缩空气泡沫车为主战车，铺设 1 条干线抵近设置分水阵地。第一战斗小组在侧上风方向出 1 支泡沫枪从正面压制火势，第二战斗小组在侧上风方向出 1 支泡沫枪重点压制南侧火势，防止向距离较近的头车蔓延。经过泡沫压制覆盖，火势开始减弱。

（二）第二阶段：破拆排烟、强攻近战

火势得到控制后，现场增设 1 条干线，由第三战斗小组通过 3 号车厢车门进入，准备内攻。由于车厢内部温度高、烟雾浓，进攻受阻，内攻人员使用消防斧对双层钢化车窗进行破拆排烟。车厢内的温度和烟雾浓度明显下降后，内攻组手动打开 3 号车厢和 2 号车厢连接部位的玻璃门，进入 2 号车厢抵近灭火，与第一、二战斗小组形成夹击态势，有效打击火势。

（三）第三阶段：清理残火、现场监护

12 时 55 分，2 号车厢内明火基本扑灭。第一、二战斗小组利用开花水枪对车厢外部进行冷却，第三战斗小组深入内部清理残火。13 时 15 分，明火全部扑灭。14 时 45 分，京沪高铁定远站恢复正常运行。辖区中队留守 1 辆消防车、6 名指战员继续现场监护，其余力量返回。

四、主要经验

（一）力量调集迅速及时是成功处置的前提

定远消防大队接警后正确研判，第一时间调集 4 辆消防车、20 名指战员赶赴现场救援，争取了灭火战斗的主动权。支队指挥中心立即启动轨道交通事故应急救援预案，调集临近中队赶赴现场增援。

（二）指挥果断、战术得当是成功处置的保证

灭火救援战斗中，坚决贯彻“外围控火、内攻近战、防止蔓延、不留盲点”的战术措施，及时掌握现场灾情，准确研判火灾态势，科学部署作战任务，果断指挥战斗行动，确保事故快速处置。

（三）有效联动、通力协作是成功处置的保障

定远消防大队接警后，立即向县委、县政府和县公安局报告情况。县政府立即启动应急预案，调集交警、特警、派出所警力及卫生、交通等相关联动力量赶赴现场协助救援。同时，协调铁路部门紧急断电，清空站台通道，安抚滞留旅客，妥善安置现场群众，为灭火救援行动提供了有力保障。

宁夏银川“2·28”乙烯管道爆炸起火事故处置情况

2018 年 2 月 28 日 22 时许，宁夏回族自治区银川市宁东能源化工基地神华宁夏煤业集团烯烃二分公司乙烯出料管道发生爆炸火灾事故。宁夏回族自治区消防总队调集 3 个消防支队、41 辆消防车、175 名指战员，以及 6 个企业专职消防队、18 辆消防车、89 名消防人员赶赴现场处置。

部消防局指挥中心调集内蒙古自治区消防总队 17 辆消防车、70 名指战员跨省增援。经过近 10 个小时的奋力扑救，事故于 3 月 1 日 9 时 45 分处置完毕，保护了爆炸管道所在的乙烯罐区以及毗邻生产装置的安全。

一、基本情况

神华宁夏煤业集团烯烃二分公司位于宁东能源化工基地煤化工园区 A 区，主要从事煤炭开采、洗选、煤化工、煤深加工及综合利用、发电等项目，有煤制甲醇、煤制油、煤制烯烃 3 条产业链。其中，煤制烯烃项目下设烯烃一分公司和烯烃二分公司。一分公司采取煤制甲醇 MTP 技术制备烯烃，产能规模为聚乙烯 40.2 万吨 / 年、聚丙烯 58.6 万吨 / 年、液氨 11.2 万吨 / 年、丁二烯 8 万吨 / 年；二分公司采取煤制石脑油热裂解技术制备烯烃，产能规模为聚乙烯 51.4 万吨 / 年、聚丙烯 45.6 万吨 / 年、汽油 40.5 万吨 / 年、LPG8.3 万吨 / 年。发生事故的区域为煤制烯烃二分公司乙烯罐区，其东侧为压力罐区，主要储存 LPG、碳 4、碳 5、丁二烯、液氨等；南侧为常压罐区，主要储存裂解汽油、加氢汽油、混合苯等；西侧为裂解装置区；北侧为全压力丙烯罐区。该乙烯罐区共有 8 个球罐（编号由 A 到 H），均为球形半冷冻液化烃储罐，每个罐的设计储量为 2500 立方米（1150 吨）。发生事故时共储存乙烯物料 6100 余吨，其中 E、F、G、H 罐设计为储存来自乙烯裂解装置生产的不合格乙烯。事故发生时 E、F、G 3 个储罐已调整为储存合格乙烯，只有 H 罐储存不合格乙烯。乙烯半冷冻储罐外设有保温层，设计压力 2.16 兆帕、设计温度 -45 ~ 50 ℃；球罐底部设有一条出料管线和不合格乙烯气化器侧线；球罐顶部设有火炬线、气相平衡线、氮气线、液相进料线、循环线。罐区防火堤外设烃泵 4 台（2 大 2 小），一套冰机冷冻系统用于整个罐区的循环制冷。事故发生当日多云，气温 -1 ~ 14 ℃，东风 3 ~ 4 级，相对湿度 27%。

视频监控显示，2 月 28 日 22 时 42 分 11 秒，烯烃二分公司乙烯罐区 G 罐西侧管线先有白色气体泄漏，7 秒钟后突然发生爆燃，导致罐区西侧管廊和毗邻的烯烃转化反应器裂解炉过火。事故的原因为：企业将 H 罐不合格乙烯倒空用于存放合格乙烯，在进行乙烯残液排放流程时，操作人员没有对 H 罐紧急切断阀是否处于开启状态进行确认（正常应为开启状态，而当时处于关闭状态），致使排放管线压力降低后，出料总管液态乙烯通过 H 罐第二道阀泄漏至排放管线长达 32 分钟，引起 H 罐出料管线发生低温韧脆转变。当 H 罐第一道阀门打开时，低温韧脆转变部位受到压力冲击崩裂，导致乙烯泄漏。泄漏的乙烯边流淌边气化，扩散至西侧 72 米处的烯烃转化反应加热炉处时，遇明火引发闪爆，随后火势迅速回缩至爆炸点处呈动力式稳定燃烧。

二、处置经过

（一）第一阶段：冷却控制，降温抑爆，确认漏点，侦察警戒

事故于 2 月 28 日 22 时 42 分 11 秒发生，烯烃二分公司立即启动公司应急预案。一是采取消防喷淋对储罐进行降温，并控制火势；二是控制室对罐区与装置进行远程隔离。22 时 49 分，宁煤集团应急救援中心调派消防一中队、二中队共 12 辆消防车、60 名消防员到场处置。分别在

乙烯罐区南侧设置4门移动炮、1门车载炮、1门固定炮，对H罐、G罐和着火管线进行冷却降温；在西侧设置2门移动炮、1门固定炮和1辆56米举高喷射消防车，对E罐、G罐和着火管线西面冷却降温。

3月1日0时16分，银川市消防支队指挥中心接警后，调派宁东防化中队、新城中队共15辆消防车、63名指战员赶赴现场处置，并调集宁东地区5支企业专职消防队6辆消防车、29名消防员到场增援。经现场侦察，确认泄漏爆炸点为H罐出料管线与不合格乙烯气化器副线连接的三通弯管处，且罐区半冷冻球罐冰机动力线路被炸毁。现场安排专人在DCS控制室实时监控收集信息；在G罐西、南面各架设2门移动炮，对相邻架空管线进行冷却，并设置水幕水枪将着火区域与相邻管线隔离；铺设远程供水系统做好供水准备；安排侦检小组实施动态检测，划定警戒区域，清退现场无关人员。

（二）第二阶段：精准降温，关阀断料，停车泄压，注氮惰化

2时15分，银川市消防支队全勤指挥部到达现场，结合现场情况和部消防局专家意见，坚持工艺处置与消防技战术结合，采取工艺措施进行处置。一是立即关闭除受火势直烤的G罐以外储罐的固定喷淋，移动炮主要对迎火面的储罐和架空管线进行冷却，并设置水幕隔离；二是对各装置与压力罐区、常压罐区相连接互供的73条管线采取双阀隔离；三是紧急切断整个罐区8个储罐的进出料阀和各储罐间的气、液相旁通阀；四是对乙烯进泵口管线火炬放空、罐体火炬管线放空，对乙烯罐区进行泄压，降低系统负荷风险。

2时24分，银川市消防支队指挥中心调派特勤一中队、特勤二中队、特勤三中队、双渠中队共13辆消防车、73名指战员赶赴增援。

2时30分，宁夏回族自治区消防总队总队长唐国忠、副总队长安春晖、参谋长刘松奇率全勤指挥部赶赴现场实施前方指挥，政委郭六虎在指挥中心实施后方指挥。自治区政府副主席、公安厅厅长许尔锋接报后赶到现场，牵头成立以安监、公安、消防以及相关企业为成员的现场总指挥部。经现场总指挥部综合研判，决定按照裂解装置、丁二烯单元、汽油加氢单元、芳烃抽提单元、聚丙烯装置、合成氨装置的顺序，逐一进行单元、装置停车。根据压力和温度变化情况，组织企业技术人员，在水枪掩护下，登顶对H罐顶部放空阀门开启泄压和关闭升温，压力降为0.6兆帕时，立即采取注氮保压措施，进行惰化处理，控制火焰大小，减少对邻近储罐、框架及管线的炙烤，并防止压力过低导致回火。与此同时，消防总队调派石嘴山市消防支队、吴忠市消防支队共18辆消防车、106名指战员赶赴增援。4时许，部消防局调派内蒙古自治区消防总队乌海支队跨区域增援，同时，要求陕西省消防总队做好增援准备。

（三）第三阶段：排查管线，手动关阀，盲板隔离，排除险情

凌晨4时和5时许，部消防局副局长琼色与宁夏回族自治区消防总队指挥中心两次视频连线，指挥做好火灾处置工作。

5时12分，部消防局副局长琼色和自治区副主席、公安厅厅长许尔锋进行视频连线，商议成立由政府领导牵头的指挥部、事故调查组，做好信息发布、环境监测和舆情管控等工作，掌握主动权。9时10分，部消防局副局长魏捍东带领工作组赶赴现场指导灭火救援工作。9时20分，

现场指挥部组织关阀攻坚组再次对其他储罐出料阀门关闭状态进行手动确认，待其他 7 个储罐关闭确认后，火苗迅速变小，随即逐渐熄灭。随后，厂方技术人员组织对 H 罐液相出料口第一道阀门、第二道阀门处加装盲板，对 H 罐进行隔离，通过取样点监测管线压力和气体浓度，直至现场风险全部解除。10 时 50 分，石嘴山市消防支队、吴忠市消防支队和内蒙古自治区消防总队增援力量返回，辖区力量继续组织对现场进行冷却监护，直至消除危险。

三、主要经验

（一）侦察评估到位

始终将侦察工作贯穿于事故处置全过程，初战力量和增援力量到场后，根据煤制烯烃的工艺特点和火灾危险性，结合现场灾情发展的等级和特点，将车辆全部停靠在有效安全距离外，并派出侦察力量进入 DCS 控制中心查看灾情发展态势和单位应对措施，待查明现场情况并具备处置条件后方采取下步行动。同时，设置了内、外两个侦察哨，随时报告情况，确保了整个救援行动始终安全可控。

（二）战术应用得当

始终坚持底线思维，通过侦察准确摸清企业设防标准和等级，动态评估处置行动风险，严守灭火救援底线，采取紧急停车、关阀隔离、泄压控温、控制燃烧、氮气惰化等措施。特别是针对乙烯储罐制冷系统因爆炸损坏无法启动循环制冷的情况下，会同厂方技术人员果断登上罐顶打开排放阀紧急泄压，及时化解潜在风险隐患，避免了恶性连锁爆炸事故的发生。

（三）工艺处置队伍建设成效初显

事故发生时，该罐区工艺处置队第一时间到场确认事故地点、范围，处置过程中配合专业技术人员关阀断料、放空减压，发挥了应有的作用。参加事故处置的化工技术骨干，受益于近年部消防局组织的全国石油化工处置培训，积极发挥参谋作用，为现场指挥决策提供了科学的技术支撑。

广西总队跨国增援处置越南广宁芒街“4·4”仓库火灾情况

2018 年 4 月 4 日 2 时 30 分，越南社会主义共和国广宁省芒街市天虹银龙科技有限公司发生火灾。广西壮族自治区消防总队接到越方跨国增援请求后，按程序调派防城港市消防支队 15 辆消防车、62 名指战员实施跨国增援。全体消防员奋力处置近 22 个小时，成功将火灾扑灭，保护了天虹银龙科技有限公司价值约 2 亿美元的生产线和毗邻约 12 万平方米的厂房、仓库安全。

一、基本情况

（一）事故单位情况

天虹银龙科技有限公司位于越南广宁省芒街口岸经济区天虹海安工业区内，建有 4 个厂房、2 个仓库、1 栋办公楼、1 栋员工食堂。厂房为单层钢架结构，集原料、半成品仓库、生产车间等功能于一体，占地面积 6 万平方米，高 9 米。起火部位为 4 号厂房原料、半成品仓库，起火物质为棉花、氨纶丝及棉纱锭成品等，起火库房建筑面积 8000 平方米。

（二）水源情况

起火库房西侧和南侧各有 1 个消火栓，水压不足，且接口与我国消防水带接口不匹配。起火仓库北侧 900 米处有 1 座水库，南侧100米处有1个池塘，水源充足。

（三）天气情况

当日多云，南风2级，相对湿度80%，温度24～28℃。

二、处置经过

（一）第一阶段：反应迅速，强化联动，调集精锐力量增援

4月4日8时10分，广西消防总队接到防城港东兴市外事办电话称，越南广宁省芒街市天虹银龙科技有限公司仓库发生火灾，越方请求我国消防力量援助。接到请求后，广西消防总队调集防城港市消防支队5个灭火编队、1个战勤保障编队共15辆消防车、4台挖掘机、2辆铲车、62名指战员实施跨国增援，并指令南宁、钦州2个支队7个灭火编队、6个高喷编队共32辆消防车、130名指战员在本地集结待命，做好二次增援准备。东兴市政府、东兴市外事侨务办公室、东兴边防检查站分别为赴越南增援的消防指战员办理出境手续，开设出境绿色通道，并安排翻译人员、向导协助引导增援力量赶赴火灾现场。

（二）第二阶段：强化协同，全力控火，堵截火势蔓延扩大

9时10分，广西消防总队第一出动力量到达火灾现场，经全面侦察，该公司4号厂房南部火势处于猛烈燃烧阶段。越南芒街、夏龙两市共出动10辆消防车、40名消防员进行处置。我方在与越方协商后，立即开展灭火救援行动，部署2门移动水炮在着火厂房北侧堵截火势，利用南侧天然水源建立1条供水干线实施不间断供水。10时12分，防城港消防支队全勤指挥部和特勤中队增援力量到场，中越双方成立现场联合指挥部，调整部署精干力量堵截火势向北侧、东侧扩大蔓延。

（三）第三阶段：科学研判、战术得当，成功扑灭大火

12时30分，港口中队、渔澫岛中队、战勤保障大队共7辆消防车、26名指战员先后到达现场。联合指挥部及时调整作战部署，将火场划分为3个战斗段，采取分隔堵截控火、开辟隔离带、穿插分割、各个击破等战术控制火势蔓延，全面做好强攻灭火前期准备。其中，中方东兴、防城中队联合越方在着火仓库北侧、东侧出3支水枪、2门移动水炮、2门车载炮继续堵截火势；中方特勤、港口中队在着火仓库南面利用2辆举高喷射消防车灭火；中方特勤、渔澫岛中队掩护挖掘机开辟东西、南北隔离带，分隔火场。现场利用5辆消防车、2个消防浮艇泵共建立4条供水干线，保障火场供水充足不间断。19时，火势得到有效控制。4月5日4时25分，起火厂房东西、南北隔离带全面打通，指挥部下达总攻命令，5时10分成功扑灭大火。中方增援力量于8时30分撤离归建。

三、主要经验

（一）建立边境交流机制为我国完善跨国（境）应急救援协同机制积累了宝贵经验

此次跨国灭火救援行动的圆满成功得益于中越双方长期以来的交流互访。2015年，广西壮族自治区党委与越南广宁省党委签订《中国共产党广西壮族自治区委员会与越南共产党广宁省委员会关于建立友好组织的交流协议》，自治区消防总队积极推动将灭火救援工作纳入协议共同

抗灾救灾内容，明确了相关要求。此次接到越方增援求助后，总队第一时间向部消防局，自治区党委、政府、公安厅请示汇报，并获准同意按照交流协议规定进行跨国增援。地方党委、政府和相关职能部门按照协议规定开展联动协调，安排引导及翻译人员，简化出入境手续，提供集结场地，开辟绿色通道，提高救援行动效率，为我国跨国（境）应急救援协同机制的建立进行有益尝试，积累了宝贵经验。

（二）采取有效战术是成功处置重大灭火救援行动的关键

广西消防总队增援力量到场后，与越方成立现场联合指挥部，强化沟通协调，优化灭火救援组织指挥程序，采取围追堵截、穿插分割、逐片消灭等技战术措施控制火势蔓延，提高灭火效率。整个行动过程中，我方指挥体系层次分明、分工明确，参战消防指战员训练有素，作战行动规范有序、务实高效，充分展示了中国消防队伍战斗力。

（三）配备精良装备是打赢跨国灭火救援行动的坚实基础

广西消防总队第一时间调集 15 辆消防车、6 台大型工程机械及无人机、消防机器人等高精尖装备，携 90 吨泡沫灭火剂赶赴现场，同时，队伍携行的先进通信设备及全套个人防护装备在此次厂房火灾扑救中发挥了明显优势。

四川达州“6·1”好一新塔沱商贸城火灾扑救情况

2018 年 6 月 1 日，四川省达州市通川区好一新塔沱商贸城发生火灾。四川省消防总队先后调集 17 个支队、182 辆消防车、839 名指战员到场处置。重庆市消防总队调派 29 辆消防车、254 名指战员增援。经过 66 个小时的扑救，成功扑灭大火，共疏散群众 1100 余人、营救 1 人，保护了 520 间商铺约 1.1 万平方米的安全。

一、基本情况

（一）建筑情况

起火建筑位于达州市通川区塔石路，是川东北最大的小商品批发市场，钢筋混凝土现浇结构，主体地上 5 层、地下 1 层，总高度 23.9 米，总面积约 9.04 万平方米。建筑呈“回”字形布局，中庭上方为 2500 平方米钢架夹层玻璃穹顶。东侧为在建工地，南侧为冻库和大型蔬果批发市场，西侧为建材装饰城、住宅小区和中学，北侧为塔石立交桥。

（二）交通水源情况

起火建筑位于达州主城区，500 米范围内有市政消火栓 7 个、人工水池 3 个，储水量总计 1000 吨；市政管网为环形，管径 300 毫米，压力 0.4 ~ 0.6 兆帕；距现场 980 米为州河。

（三）建筑消防设施情况

建筑设有水泵接合器 4 个，安全出口 5 个，室内消火栓 224 个；消防水泵 2 台，流量 15 升 / 秒；地下一层 500 立方米消防水池 1 个，屋顶水箱 18 立方米；共设有防火卷帘 163 扇。

（四）天气情况

6 月 1—5 日，当地多云转晴，气温 18 ~ 33 ℃。

二、火灾特点

（一）建筑结构复杂

建筑单层面积超过 1.5 万平方米，通道错综复杂，内部被分隔为 2492 个独立商铺隔间，呈“蜂巢式”布局。

（二）火灾荷载大

该建筑功能集商场、仓库、冻库、娱乐场所等为一体，内有大量纺织品、日化用品、电器、家具等易燃商品。

（三）烟热蔓延途径多

商铺隔间顶部用铁丝网分隔，水平方向大面积贯通，隔间内部设置大量PVC材质落水管，伸缩缝采用泡沫填充，易造成火势“跳跃式”“立体式”发展。

（四）灭火行动难度大

初期，冻库烟热呈“喷射状”迅速蔓延并引燃周边商铺，温度高、烟气厚，火点隐蔽；中期，火灾跳跃式发展，多点反复，焖窑式燃烧；后期，楼板多处爆裂，局部烧穿，存在局部坍塌风险。

三、处置经过

（一）第一阶段：快速响应、加强调派，全面展开打响阻击战

达州市消防支队接警后，迅速调集42辆消防车、168名指战员赶赴现场处置。17时59分，首战力量到场，立即组织全力疏散搜救被困人员，深入地下一层出水枪灭火驱烟。达州市消防支队全勤指挥部及首批增援力量到场后，组织5个搜救组开展4轮搜救，3个攻坚组全力寻找隐蔽火点，并利用排烟车、机动排烟机排烟导流。达州市政府启动应急联动预案，组织环卫供水保障大队到场供水，组织安监部门清空冻库管道内液氨。18时44分，搜救出1名被困人员。随即，所有力量开展穿插控火，至20时40分，现场共部署12支水枪、3门水炮。由于冻库内实体墙夹层内泡沫隐蔽燃烧，附近商铺出现阴燃，不断产生大量高温浓烟并快速扩散沉降，相继“跳跃式”引发商铺区新的火点。

（二）第二阶段：全省驰援、协同作战，坚守阵地开展争夺战

根据火灾发展态势，四川省消防总队启动跨区域增援机制，自21时起，先后6批次调集16个支队、140辆消防车增援、671名指战员。总队长刘赋德率全勤指挥部赶赴一线，政委农有良在后方统筹调度。2日凌晨，现场指挥部制定“穹顶破窗、凿洞导流，强攻近战、围堵合击，上层监护、防止蔓延”战术措施，组织8个攻坚队分别进入地下一层强攻灭火，组织4支监护队对上层建筑冷却保护；由矿山救护支队对中庭玻璃穹顶实施破拆，在中庭一层南北两侧地板凿孔排烟，并布置开花水枪对导流烟气冷却降温。至2日23时，内攻组在地下一层采取机器人探路、水枪交替掩护、边拆边灭、梯次轮换的方式，设置21支水枪、6门移动炮、3台机器人，灭火战线纵深近百米，持续29个小时内攻近战，一度将火势压制在地下一层西北部。由于穹顶破拆难度大，始终没有达到中庭排烟的预期战术目的，内攻战线后方反复出现多点复燃，战斗行动处于僵持状态。

（三）第三阶段：审时度势、战略转段，集中兵力打好防御战

6月2日23时许，经过近30个小时的高温炙烤，一层地板多处出现爆裂、钢筋裸露和局部烧穿迹象，高温烟气沿中庭、伸缩缝、商铺内落水管等向上蔓延，相继引发五层、二层、一层多处着火。23时20分，现场调整作战部署，沿建筑四周布设6辆高喷车、5门水炮，防止火势立体发展。同时，对受火势严重威胁的4吨液氨进行稀释排空，消除爆炸危险。设置枪、炮阵地阻止火势向南侧蔬果批发市场蔓延。3日7时，重庆市消防总队增援

力量到场，担负运水供水任务。

6月3日12时许，部消防局副局长魏捍东率队到场，深入火场侦察，作出“扩大警戒范围，尽快破拆散热，评估结构风险，保证现场供水，工程机械待命，积极应对舆情”的部署。政府紧急调度机械到场，现场利用工程机械等多种手段全力破窗、破墙，水炮射流抵近外层商铺灭火。23时，外圈火势基本消灭。

（四）第四阶段：精准研判、果断决策，抢抓战机打赢歼灭战

4日凌晨5时30分，经过建筑结构专家现场勘察评估、重型机械震动测试，基本排除建筑整体垮塌危险后，现场指挥部组织攻坚组从东南侧由专家带领进行试探性、示范性内攻。6时许，现场发起总攻，采取“穿插分割、逐片消灭、上下联动、精准打击、梯次掩护、整体推进”战术，将火场划分为8个作战区，组织54个内攻组，出48支水枪，在19名结构专家的全程指导下，由上至下逐间、逐片、逐层消灭火势。11时许，大火被全部扑灭，灭火战斗取得决战决胜，现场转入清理监护阶段。至6日10时，历时113个小时，战斗结束，所有增援力量撤离归建。

四、主要经验

（一）各级坚强领导是成功处置的组织保证

灾情发生后，应急管理部党组书记黄明5次调度火场情况，部消防局副局长琼色、副政委詹寿旺、总工程师周天远程指挥，副局长魏捍东率队赶赴现场指挥，及时跨区域调集重庆市消防总队精干力量增援。四川省省长尹力第一时间作出指示，副省长叶寒冰到现场指挥协调，达州市委、市政府积极协调各部门及社会力量参与处置，为成功扑救火灾提供了有力保障。

（二）科学决策指挥是成功处置的重要前提

面对集冻库、地下仓储、商贸批发、娱乐场所等特点于一体的复杂火灾，建立部消防局、总队、支队三级作战指挥体系，整合安监、气象、地质、住建等专家团队，共享信息、远程会商、前后联动、精准部署。通过仪器监测、专家会诊、机器人和无人机侦察等多种手段提供决策参考。现场指挥部根据火场态势变化，灵活运用战术，果断作出“进攻、防御、撤退、反击”战略决策，为成功灭火起到了决定性作用。

（三）创新战术战法是成功处置的重要基础

在处置过程中，消防队伍创新战斗全程无缝链接“阵前交接”、消防坦克与水枪手交替掩护“坦步协同”推进、“水平和垂直面分片包干”全方位立体灭火、“清残干线固定”清残翻打支线水枪随取随用、“战前安全培训”建筑结构专家现场专题培训、由建筑结构专家和设计施工方引导“试探性、示范性内攻”“消防员+N”（编入矿山救援队、社会救援力量等）内攻小组、“工程机械车辆伸缩臂破拆法”等实用有效的战术战法。

（四）全面综合保障是成功处置的坚实后盾

此次作战共调集4套远程供水系统、10辆空气充装车、2万多米消防水带、77.8吨泡沫等到场，现场充装气瓶7500余具。调派56名通信骨干保障现场通信，整合5支社会救援力量，累计3400余人次协助开展物资搬运、火场清理和现场监护，为灭火救援行动提供强有力的战

勤保障。

湖南衡阳“6·29”京港澳高速公路衡东段重大交通事故处置情况

2018 年 6 月 29 日 20 时 41 分，京港澳高速公路湖南衡阳衡东段一辆大客车与一辆罐车相撞，造成多名乘客受伤被困。接警后，衡阳市消防支队先后调集 8 个大（中）队、16 辆消防车、110 名指战员赶赴现场处置。经过 12 个小时的救援，消防队伍共营救被困群众 6 人，搜救遇难者遗体 18 具，完成事故车辆清理洗消，确保京港澳高速在最短时间内恢复畅通。

一、基本情况

（一）事故发生经过

车牌号为豫 Q52298 的大型客车由南向北行驶到京港澳高速衡东路段 1602 公里处时，因司机疲劳驾驶，导致客车穿越中央隔离带与另一侧相向行驶牌号为豫 CS6852 的半挂环己酮罐车正面相撞，造成罐内环己酮泄漏，客车上人员受伤被困。

（二）环己酮理化性质

环己酮毒性分级为中毒，微溶于水；易燃，遇高热、明火有燃烧危险。

（三）事故车辆基本情况

事故客车为单层大型客车，核载 55 人，当天实载人数 30 人；事故罐车为普通汽、柴油半挂罐车，装载环己酮液体约 2.5 吨，泄漏量大约为 1 吨。

（四）道路水源情况

周边 3 公里无天然水源，距事故现场最近的消火栓往返距离约 25 公里。

（五）气象情况

当日气温约 28℃，北风 1 ~ 2 级。

二、处置经过

（一）接处警与力量调派情况

20时48分，衡东县消防大队接警后，立即调派 2 辆泡沫消防车、1 辆抢险救援消防车、22 名指战员赶赴现场救援。衡阳市消防支队指挥中心接到报告后，调集 7 个参战中队、13 辆消防车、88 名指战员赶赴现场增援，全勤指挥部遂行出动。

（二）首批力量到场处置情况

21 时 43 分，首批力量到场，成立侦察组，对泄漏区域进行侦察检测，确定人员被困及泄漏情况；成立搜救疏散组，搜救从大客车中被甩出的乘客，并疏散事故点周围人员；成立警戒组，配合高速交警对高速公路实施双向封闭。

经侦察发现，罐车的罐体与车头脱离，罐体呈 90 度侧翻，前端顶部有 30 厘米 ×30 厘米的不规则裂口，后部有直径约为 15 厘米的圆形孔洞，周边地面有泄漏的环己酮液体，客车内有多名人员被困。

（三）增援力量到场处置情况

1. 深入侦察，科学决策

21 时 49 分，衡阳市消防支队全勤指挥部及增援力量到达现场，确立了“破拆、救人、稀释、降毒、抑爆”的战术措施。一是扩大警戒区域。交警、路政负责在上风方向 150 米、下风方向 200 米处设置警戒线，严格控制人员出入。二是加强稀释降毒。出喷雾水枪对现场周边扩散气体进行驱散、稀释、降毒；出泡沫枪对罐车车体及流淌的环己酮进行泡沫覆盖。三是全力破拆救人。成立 8 个破拆救人组，按照“先重后轻、先易后难”的原则对被困者进行搜救。四是做好接应准备。安排人员在大客车旁待命，确保紧急情况下救援人员第一时间撤离现场。五是实施堵漏抑爆。成立堵漏小组对罐体实施堵漏，在排水渠两侧筑坝，将环已酮汇聚在堤坝内，并用泡沫覆盖。六是强化现场供水。安排现场的8辆大中型水罐车采取运水供水的方式，保障现场供水不间断。七是落实战勤保障。调集照明车、移动供气车为现场照明、供气提供保障。

2.分组负责，协同配合

利用喷雾水枪和水幕水带将现场分隔为大客车破拆救人和罐车危化品处置两个作业现场，破拆救人组进入大客车内部搜救被困人员。22时29分、32分，第1、第2名被困者被成功救出。至23时30分，共成功救出6名幸存者。

同时，堵漏小组在喷雾水枪掩护下对泄漏点开展堵漏。22时50分，利用圆锥形木楔将罐车后部泄漏点成功堵漏。随后，利用捆绑式堵漏袋对罐体前部泄漏点实施堵漏，但由于车体与地面接触严实，堵漏未能成功，只能利用棉絮进行临时封堵。

3.强力推进，全面搜救

23时35分，根据救援情况，调整作战部署。一是由现场医护人员对被困人员进行生命体征再确认；二是在喷雾水枪的掩护下，进入客车内部搜救；三是协助环保部门做好现场环已酮洗消工作。

经医护人员确认，大客车内被困人员均已无生命体征。破拆组人员进入客车内部继续搜救。6月30日2时30分，14名遇难者遗体被救出。4时20分，大客车起吊后由平板拖车拖离现场，大客车前部2名被困者遗体被救出。

4.二次堵漏，成功排险

6月30日6时20分，总指挥部决定对罐体实施起吊和二次堵漏。6时35分，罐体被吊离地面30厘米，堵漏小组利用捆绑式堵漏袋堵漏成功。罐体、车头相继被起吊拖离现场，最后2名被困者遗体被救出。

5.洗消降毒，清理现场

6月30日9时许，现场救援结束，辖区消防中队对污染区域地面进行洗消并协助环保部门将流入筑堤内的环已酮残液进行再收集和处理，其余力量返回。9时30分，事故路段清理完毕，交通恢复。

三、主要经验

（一）始终坚持“安全第一、科学施救”理念

采取安全警戒措施，配合高速交警对事故路段实行双向交通管制，并按规定实施分区警戒；疏散围观群众，通过喊话器、专人巡查等方式要求禁止一切火种。落实安全操作规程，利用移动炮和喷雾水枪，对事故罐体全面稀释并加速导流；设置水幕水带将大客车和槽车隔离，减少环已酮蒸气扩散；起吊时与罐体接触的钢丝绳采用湿棉被包裹，防止产生火花。

（二）加强应急联动力量协同配合

指挥部在行驶途中与高速交警联系，利用微信获知事故发生的位置、泄漏物质、被困人员情况等信息，并通知交管部门开通绿色救援通道。现场成立应急联动指挥部，委托授权消防部门指挥，协调高速交警、路政、医疗、环保、安监等应急联动力量开展救援工作。

（三）通信保障到位

接警后，衡阳消防支队应急通信保障分队遂行出动，并第一时间与湖南省消防总队指挥中心、湖南省公安厅指挥中心建立现场音视频传输，并向应急管理部、公安部实时汇报救援进展情况，确保现场

通信联络畅通。

云南通海“8·13”“8·14”地震救援情况

2018年8月13日1时44分，云南省玉溪市通海县发生5.0级地震，8月14日3时50分，再次发生5.0级地震。地震发生后，玉溪市消防支队先后调集全勤指挥部、重型搜救队、通信分队、战勤保障分队、搜救犬分队以及通海、江川、华宁消防大队救援分队共18辆消防车、164名指战员、6条搜救犬和大量救援装备投入抗震救灾，共搜索房屋1000余户，转移群众1500余人，排除险情280余处，拆除严重毁损房屋491户，帮助群众转移被埋压物资3540件。

一、基本情况

此次地震发生在小江断裂带中段，属于典型的双震型地震，震中位于通海县四街镇，震源深度7公里，烈度7度。地震发生后48小时内共发生余震11次，最大余震3.5级，3级以上的余震共有9次。地震造成玉溪江川区和通海县不同程度受灾，共造成5人重伤、17人轻伤，民房倒塌2992间、损坏2.2万间，受灾人口6.5万人。8月13—24日，灾区以阴雨天气为主，气温14～28℃，风力以1～2级偏东风为主。

二、处置经过

（一）快速响应阶段

地震发生后，玉溪市消防支队立即启动地震救援预案，调派通海消防大队2辆消防车、10名指战员赶赴震中开展救援，支队全勤指挥部2辆消防车、7名指战员和战勤保障大队2辆消防车、6名指战员赶赴灾区。同时，命令支队重型搜救队集结待命，江川、华宁等9个大队10支地震救援分队做好随时增援准备。13日3时15分，支队全勤指挥部和战勤保障大队力量到达震中与通海大队参战力量会合，迅速成立前方指挥部，组织力量对四街、纳古2镇6村展开“地毯式”搜索，全力搜救被困人员，并协助县政府对新区广场、四街社区、通海六中3个临时避难点进行应急照明保障。

（二）全力施救阶段

8月14日3时52分，通海县再次发生5.0级地震，玉溪市消防支队立即调派重型搜救队、应急通信分队及搜救犬分队共59名指战员、13辆消防车、4条搜救犬赶赴通海，紧急调集战勤物资保障模块运往灾区，做好应对突发重大灾情救援准备。指挥部按照通海县政府抗震救灾指挥部的要求，将参战指战员分成10个搜救组和4个排危除险组，重点深入受灾最重的四街镇、纳古镇逐户逐屋进行全面搜索清理，排查被困人员，处置紧急险情，疏散转移被困群众，帮助转移被埋压重要物资。

（三）排险拆危阶段

8月16日，根据通海县政府抗震救灾指挥部统一部署，玉溪市消防支队将参战力量编成5个排危除险组，分别派往四街、者湾、大营、四寨和十街5个村协助政府相关部门对受灾危房进行大规模拆除，主要负责拆除过程中的现场警戒、群众疏散、物资搬运、除险排危、除湿降尘等工作。至8月24日，共协助拆除受损房屋近500幢，拆除和除湿降尘的面积近7万平方米，搬运物资3000余件。

三、主要经验

（一）领导重视是取得抗震救灾胜利的保证

地震发生后，应急管理部党组书记黄明在指挥中心远程指挥救援行动，派出工作组赶赴现场指导救援。应急管理部现场工作组组长、中国地震局副局长阴朝明等领导全程参与救援工作组织指挥，深入一线看望慰问参战指战员。玉溪市消防支队在地震后迅速组建地震救援指挥部临时党支部，党员干部带头深入一线开展救援，充分发挥基层党组织的战斗堡垒作用，为救援行动的顺利进行提供了强有力的组织保证。

（二）科学决策是取得抗震救灾胜利的关键

玉溪市消防支队按照成建制、成规模和模块化的原则，调集重型地震救援队、地震救援分队、战勤保障分队、搜救犬分队、应急通信分队等专业救援队伍迅速赶赴灾区、开展救援，最大程度降低了人员伤亡和财产损失。救援行动始终坚持“救人第一、科学施救”的指导思想，在任务设置上突出先救人、时间上突出全时段、空间上突出全覆盖；救援行动采取灵活机动、由近及远、梯次推进的战术，顺利完成救援任务。

（三）综合保障是取得抗震救灾胜利的基础

跟进做好食品、衣物、油料、工具等保障，为前方作战力量提供全时段战勤保障服务，确保救援行动持续深入开展。利用卫星站、短波电台、海事卫星电话等通信装备深入灾区搭建通信网络，为前后方指挥部提供稳定的通信保障，确保救援指挥及时、高效。

山东寿光抗洪排涝抢险救灾情况

2018年8月18—19日，山东省潍坊寿光市遭受严重洪涝灾害。灾情发生后，应急管理部调集山东、天津、河北、江苏4个省（市）消防总队和14支矿山救援队、2支工程救援队到场处置。至9月13日，救援队伍累计排涝1265万立方米，清理淤泥6.5万立方米，清理废弃物4302吨，抢救转运物资1723.8吨、牲畜856头，抢救蔬菜大棚9.8万个，提前一个半月完成排涝任务，最大限度减少损失，圆满完成救灾工作。

一、基本情况

（一）灾情概况

受台风“温比亚”影响，山东全境普降大暴雨，多地发生洪涝灾害，其中寿光市受灾最为严重，呈现出洪水急、范围广、涝点多、积水深、灾情重、损失大等特点。全市15个镇街全部受灾，受灾人口达50.5万人、房屋近5000间、农作物面积3.5万公顷、大棚10.6万个、养殖棚2000多个，紧急疏散转移涉及89个行政村、群众6.2万人。

（二）天气情况

8月18—19日，暴雨，部分乡镇最大降雨量达401毫米。8月20日至9月13日，天气以晴间多云为主，气温25 ~ 31 ℃。

二、救援难点

寿光市地处平原、地势低洼，历年多旱少雨，防洪基础设施薄弱且损毁严重，不少地方封渠建棚、占渠他用，水利工程排水不畅，加之上游水库短时间大量泄洪，致使暴雨过后大量内涝积水无法及时排出。农田道路狭窄、土质松软，大型机械设备难以进入抽水核心区，且受灾大棚绵延数十里相连成片，部分大棚地势标高低于河流、池塘水面，临时挖渠引流易发生回流渗漏，必须长距离铺设排水线路，费时费力。救援环境复杂恶劣，现场烈日暴晒、蚊虫肆虐、水体腥臭、泥泞难行，给救援人员造成极大困难。

三、处置经过

（一）第一阶段：以抢救人员生命为重点，全力疏散转移被困群众和搜寻失联人员

灾情发生当天，当地消防部门共接到强降雨及衍生灾害事故救援警情34起，先后出动车辆68辆次、消防指战员408人次，抢救被困群众89人，疏散2000余人。同时，针对2名辅警失联的情况，组织61名消防指战员，利用无人机、冲锋舟、搜救犬等多种搜寻手段，分成2组开展地毯式全覆盖搜寻，最终成功搜获。

（二）第二阶段：以乡镇、村庄等居民住宅集中区域为重点，全力排水清淤，解群众燃眉之急

针对寿光市15个镇街全部受灾、89个村庄的6万余名群众无家可归的情况，前方指挥部制定“筑堤防护确保道路畅通、远程供水系统抢排积水、救援队员跟进全力清淤”的救援措施。山东省消防总队增援力量到场后，利用12套远程供水系统和排水泵，优先排除居民住宅集中区域积水，为群众重返家园创造条件。经过连续5个昼夜奋战，87个村庄的积水排尽。跨区域增援力量到达后，前方指挥部集中优势兵力，在受灾最严重的南宅科村和李家洼村部署6套远程供水系统、1000余名指战员，全力排水并跟进清淤。经过全力救援，8月27日上午，寿光市89个村庄的积水全部排尽，除因房屋倒塌受损的1800余名群众由政府安置外，其余群众全部重返家园，缓解了当地政府和群众的燃眉之急，为后续救灾奠定了基础。

（三）第三阶段：以大面积连片淹没区域为重点，开渠引流，昼夜奋战，集中优势兵力攻坚排涝

在应急管理部党组书记黄明和山东省委书记刘家义的指导下，前方指挥部配合当地政府制定纪台镇“四横六纵”和稻田镇“六横六纵”排水沟渠工程方案，明确“开渠引流、排蓄结合、集中兵力、优化编成”的救援措施。部消防局协调福建侨龙公司18台“龙吸水”装备增援寿光。经过多方评估，前方指挥部确定了在纪台镇、稻田镇和洛城街道的6个大面积水域、约16.5平方公里的重点区域设置57处排水点，部署60套远程供水系统和55台排水泵，协调当地政府调动260余台挖掘机、推土机等工程机械到场协助开挖明渠、疏通河道、排障清淤。期间，部消防局副局长魏捍东每日前往集中积水点现场指导，及时调整力量布局，优化机械排水措施，制定“一点一方案”，充分发挥消防救援队伍的优势与作用。

（四）第四阶段：以蔬菜大棚、生产田地为重点，进村入户，逐个抽排，帮助困难群众恢复生产

针对大面积的积水排清后受灾群众急切恢复生产的实际，前方指挥部确定“小泵进棚抽水、大泵接力输转”的救援措施。9月5日，洪涝发生18天后，随着大棚、田地水位的不断下降，工程排水效果逐渐减弱，前方指挥部发出“进村入

户、逐个抽排”的总攻命令。消防和矿山救援队员深入37个村庄，采取机械排水与工程排水相结合，大小泵优化组合，加快大棚、田地的排涝进度。消防指战员还主动帮助有困难的群众清淤除险、转移物资，尽快恢复生产，减少灾害造成的损失。至9月5日，共抢救9.8万个蔬菜大棚，其中4.3万个已恢复生产，为群众挽回经济损失约2.9亿余元。

（五）第五阶段：以最后两个内涝区域为重点，调整力量、逐步撤离

根据应急管理部命令，9月6日凌晨起，应急管理部前方指挥部和全国跨区域增援力量陆续撤离，保留山东省消防总队10套远程供水系统和侨龙公司13台“龙吸水”装备，做好最后2个重点区域的排涝收尾工作。9月13日12时，山东省消防总队留守力量完成收尾任务，全部归建。

四、主要经验

（一）坚持党的领导，是综合性应急救援队伍取得抗洪抢险救灾胜利的前提与保证

这次抗洪救灾，党中央、国务院高度重视，习近平总书记时刻心系灾区群众安危，专门作出重要指示，为做好防汛抢险救灾工作指明了方向。实践证明，只有坚持党对应急救援工作的绝对领导、全面领导，始终做到对党忠诚、听党指挥，才能确保在灾害发生时第一时间响应、集中统一指挥、第一时间处置，才能确保救援行动更加精确高效。山东省潍坊市委、市政府专门发出感谢信，代表全市936万人民群众特别是158万受灾群众，感谢总书记的关怀、国家的温暖，赞誉应急管理新体制展现出的应急速度、应急力量、应急成效。

（二）主动作为担当，是对以人民为中心、实践为民、爱民情怀的一次诠释与回答

洪涝灾害发生后，应急管理部党组快速反应、果断决策，科学调派力量赶赴灾区救援，以最快速度投入抗洪抢险，为挽救人民财产损失赢得宝贵时间，为稳定民心赢得信赖。应急管理部党组书记黄明及其他部领导，部消防局副局长琼色、副政委詹寿旺每日调度研判，关心救援进程，把控阶段任务，科学决策部署。副局长魏捍东带领前方指挥部人员每日坚持深入抗洪救灾一线、田间村头、深水涝区，与基层干部共同研究救援难题，每日坚持情况汇总，分析会商，主动对接山东省、寿光市抗洪救灾指挥部，了解沟通信息，抓工程排水、地方干部包靠等具体工作落实情况。从部领导到一线指战员用实际行动，集中凸显情系人民、服务人民的为民情怀，是一次党性锻炼与实战检验的高度融合。

（三）催化转型升级，是对观念认识、思想觉悟、职能任务的一次转变与跨越

国家综合性消防救援队伍作为应急救援的主力军和国家队，党和人民寄予了重托与厚望。在党和人民需要时，必须豁得出、冲得上、拿得下。作用发挥既要体现在关键时刻的攻坚克难，也要体现在平时的为民实践。综合应急救援队伍既是救援队、战斗队，也是宣传队、服务队，时时处处要传播党心系人民的好声音，传递人民消防为人民的正能量。火灾扑救和以抢救人员生命为主的抢险救援是主业，涉及国计民生的社会救助也是主业，为国为民分忧解难的职责使命必须牢记在心、责任在肩。

（四）磨合运行机制，是对应急响应、上下协作、社会联动的一次拉动与检验

寿光抗洪救灾是应急管理部成立以来，救援规模最大、涉及部门力量最多、救援时间最长的一次救援行动，是对应急管理部组建半年来成效的检验。接到山东省委、省政府支援请求后，部消防局、应急办、救灾司、安全生产应急救援指挥中心第一时间响应，部工作组受命4小时后赶到灾区，江苏、河北、天津等增援消防队伍1小时内集结完毕，6小时内相继到达救援现场，14支矿山救援队伍也以最快速度赶到灾区，投入抗洪救灾战斗。在前方指挥部统一指挥下，各工作组有条不紊地开展工作，指导省、市、乡镇、村各级开展抗洪抢险和自救互救，组织指挥消防、矿山救援队、民间救援力量清淤排涝，指导地方政府妥善安置受灾群众、第一时间发放救灾款物，尽快恢复生产和家园重建。

（五）锻炼队伍素质，是对意志品质、耐心韧性、战术战法的一次考验与练兵

此前，消防队伍参加抢险救援最长时间为12天左右，火灾扑救最多3～4天，通常需要中途轮换。此次参战的1万余名消防人员坚持近1个月，无一人退缩。全体指战员边战斗、边摸索，边总结、边实践，提炼归纳出抗洪救灾“以人为本、以家为先，先易后难、集小胜于大胜，机械工程优化合成”的处置指导思想和农田内涝排险“先期工程排水优先，中期机械工程排疏结合，后期集中大小机械排抽协同”的战术原则，以及“挖渠引流、打通堵点、排蓄结合、接力抽水、长短组合、设障防渗”等技战术措施，是消防救援队伍应对“全灾种、大应急”难能可贵的经验总结。

云南麻栗坡“9·2”特大山洪泥石流灾害事故救援情况

2018年9月2日3时许，云南省文山州麻栗坡县猛硐瑶族自治乡受连日强降雨影响发生大面积山体滑坡，引发特大山洪泥石流灾害。接到灾情报告后，云南省消防总队迅速响应，共投入35辆消防车、206名指战员、10条搜救犬，连续奋战7天6夜，共搜寻8具遇难者遗体、营救7名受伤人员、疏散转移42名被困群众、搜寻处理1枚122毫米炮弹。

一、基本情况

（一）区域情况

此次灾害发生地麻栗坡县距文山市80公里，距昆明市423公里，距越南河江市64公里。灾情最严重的猛硐乡政府所在地距麻栗坡县城50公里，距中越边境直线距离仅1公里。

（二）受灾情况

此次灾害造成麻栗坡全县11个乡镇79个村委会和629个村民小组16568户5.95万人不同程度受灾，造成全县经济损失47.9亿元。灾情最严重的猛硐乡有3033户12070人受灾，泥石流冲毁道路4725处、桥梁56座、电站5座、河堤33公里、房屋31幢、车辆317辆，引水管道及配套设施受损87公里，造成的直接财产损失初步统计为14亿元。至13日，因灾死亡9人、受伤7人、失踪12人。

（三）气象情况

8月31日起，麻栗坡县境内开始持续降雨，且雨量较为集中，1小时降雨量

最高峰值为97.4毫米，4小时降雨量为199毫米；9月1日8时至9月2日8时，24小时降雨量为236毫米，为当地50年一遇的极端天气。

（四）灾害原因

由于表面砂土层覆盖较薄、附着力较差和连夜单点强降雨，引发山体垮塌，加之发生垮塌后降雨没有减弱，造成坍塌后“淤积—堵塞—再淤积—再堵塞”的受灾现象，受灾面和灾情严重性增大。

（五）救援难点

灾区交通多处中断，沿途道路被倾泻泥沙覆盖、泥泞崎岖、河道阻塞、杂物林立，救援力量投送、行进和搜索疏散转移群众困难。灾区属于河谷地带，两岸山高坡陡、峡谷峭壁，随处可见塌方点，二次灾害风险突出；猛硐乡扣林山是对越自卫反击战的主战场之一，山洪暴发后，战争遗留的炮弹、地雷随泥石流四处冲击，存在极大的安全隐患。此次灾害地处中越边境，位置特殊，各级领导及社会各界高度关注，且灾区属于少数民族聚居地，民族风俗复杂，对救援行动的科学性、规范性要求极高，指战员救援行动压力大。

二、处置经过

（一）响应调集阶段

9月2日7时21分，文山州马关县消防大队接警称，麻栗坡县猛硐乡黄瓜坡附近发生滑坡，一辆载有10人的面包车陷入泥潭。文山州消防支队立即调集麻栗坡县消防大队出动3辆消防车、14名指战员前往救援。13时30分，消防支队接到州政府关于抗击猛硐乡特大山洪泥石流灾害的指令，随即调集支队全勤指挥部、3个中队和战勤保障大队共10辆消防车、62名指战员、6条搜救犬前往增援。省消防总队接报后，总队长赵文生、政委孙建成利用指挥系统统筹指挥救援工作，参谋长王岗随同省政府工作组赶赴灾区指挥救援工作。总队启动全省跨区域救援预案，调派总队全勤指挥部、昆明、玉溪、红河支队共22辆消防车、130名指战员、4条搜救犬和2000余件（套）救援器材前往增援。同时，一次性调集总队机关、昆明、玉溪、红河、文山5支应急通信保障队共34名通信员、9辆应急通信车，投入卫星便携站、无人机、单兵图传、卫星电话、卫星/公网双通道等通信装备遂行保障。

（二）救援展开阶段

9月2日11时20分，麻栗坡县消防大队救援力量到达猛硐乡政府，携带器材装备徒步挺进黄瓜坡，在途中帮助疏散转移撤离村民11人。15时38分，到达人员被困点，对被困的10名群众实施疏散营救。18时10分，人员全部疏散转移到安全地带。19时11分，支队全勤指挥部先期到达猛硐乡，立即与当地政府共同研究救灾工作。21时55分，文山支队增援力量12辆消防车、76名指战员到达现场。

省消防总队参谋长王岗随同省政府工作组到达现场，研究确定了“划分片区、突出重点、合力攻坚、确保安全”的作战原则和“三点一线”的救援部署。9月3日8时，总队增援力量123辆消防车、30名指战员、4条搜救犬到达现场增援，指挥部组织将参战力量分批部署到坝子桥、农贸市场、茶厂和黄瓜坡4个战区，全力投入人员搜救工作。各搜救小组采取“分级分点”保障模式，搭建现场通信网络，实时对外传送灾害现场图像。

（三）攻坚决战阶段

9月3日14时30分，麻栗坡县消防

大队救援力量到达石材厂，立即组织被困的21人疏散转移。历经13个多小时的艰苦救援，成功将21名工人和途中逃生的7名群众安全转移到猛硐乡政府。15时30分，应急管理部工作组到达现场，研究部署后续救援工作。在前期救援工作的基础上，优化确定“两点一线”的救援思路，投入10辆消防车、68名指战员、4条搜救犬的预备力量到现场，与先期调集的12台挖掘机编组作业。9月4—6日，所有消防救援力量分批次分区域开展河道沿线搜寻、现场作业监护、设置拦截打捞、救助排危除险等作战行动。6日，搜寻并处理1枚122毫米榴弹炮弹，完成坝子桥河道漂浮堆积物清理。

（四）有序撤离阶段

9月6日21时，救灾工作重点由搜救转为灾民安置和救助服务。7日6时，前方指挥部命令，昆明、玉溪、红河支队全部力量和总队全勤指挥部、文山支队部分力量共30辆消防车、172名指战员、10条搜救犬陆续归建。总队全勤指挥部后期救援工作组和文山支队麻栗坡中队、西畴中队共5辆消防车、34名指战员继续坚守阵地，协助做好灾区排危除险、救助服务和火灾防控等善后安置工作。9月8日16时，值守力量全部归建，后续灾区火灾防控交由当地派出所和乡镇专职消防队负责。

三、主要经验

（一）组织领导有方

灾害发生后，国务院副总理刘鹤、国务委员王勇等中央领导作出批示指示。应急管理部党组书记黄明全程调度指挥，先后派出2个工作组深入现场指导救援工作。省委、省政府高度重视，派出工作组深入现场指挥协调救援。消防总队各级指挥员身先士卒，率先垂范，为夺取救援的全面胜利提供强有力的组织领导保证。

（二）救援科学有序

前方指挥部采取手机信号围栏定位等多种手段搜集信息，还原灾害发展过程，分析失踪人员去向，科学制定救援方案，充分利用人工搜索、挖掘机挖掘、无人机巡查等措施，先组织力量沿河道两侧进行“地毯式”搜寻，后采取“边挖掘、边监测、边救援”的方法，在河道下游设置3道防线拦截遇难者遗体，就地取材制作“泥沼地形通行工具”对被困人员实施营救，确保救援科学高效。

（三）安全措施有效

针对灾区时有二次垮塌发生的危险，及时调派边坡雷达探测仪对山体进行密切监控，各搜救组均设立现场安全员，各救援力量全部落实河道、淤泥区搜救设置保护绳等安全措施。特别是针对搜救区域存在战后遗留炮弹隐患的实际，将扫雷工程人员编入搜救小组遂行出动，坚持“先排查、后搜救”，为指战员安全搜救提供可靠安全保障。

（四）遂行保障有力

前方指挥部及时成立临时党委，充分发挥党委“一线指挥部”和“战斗堡垒”作用。消防宣传人员遂行出动，各级主流新闻媒体深入现场全方位开展宣传报道。紧急调运抢险救援服等防护装备和罐头等保障物资1500余件（套），医疗卫生防疫药品200余盒，调派12台挖掘机清理淤泥和河段木材堆积漂浮物，有力保障了搜救行动的高效开展。一次性调集应急通信保障指战员和应急通信装备，与当地通信运营商联勤联动，联合保障，最快时间恢复公网，全时段、全过程的高效保障为各级指挥调度、宣传报道工作提供可视化、扁平化的通信资源。

广东“9·16”超强台风“山竹”救援情况

2018年9月16日17时，超强台风“山竹”在广东省江门台山市海宴镇登陆，造成全省大面积受灾，直接经济损失超过76亿元。在党中央、国务院的高度重视下，在应急管理部和广东省委、省政府的直接领导下，广东省消防总队全力以赴，先后调集广州、佛山、东莞、中山、湛江、茂名等12个支队、536辆消防车、7458名消防指战员、350艘冲锋舟艇进行救援。共处置险情3157起，其中，处置因台风引起的火灾190起，清除广告牌526起，救助车辆事故424起，清理倒伏树木警情648起，处置房屋人员被困紧急救援176起，处置简易工棚倒塌43起，抽水排涝82起，其他类型社会救助1068起。共出动车辆（舟艇）4517辆（艘）次、消防指战员2.3万人次，营救群众2427人，疏散群众1.2万人。

一、灾情特点

“山竹”为2018年正面袭击我国的最强台风，具有4个特点。

一是台风强度大、路径多变。超强台风“山竹”号称“风王”，直径达1200公里，深圳、珠海地区出现16 ~ 17级阵风，香港地区最大阵风71.1米/秒，南海海域出现4 ~ 8米的巨浪，台风中心经过海域出现16.3米巨浪，广东沿海13个气象监测站点潮位和浪高超百年一遇，有11个站点超历史实测最高潮位。台风“山竹”的威力为美国飓风“佛罗伦萨”的2倍、为2017年超强台风“天鸽”的3倍，历史罕见。台风中心路径多变，国家气象局及世界多地气象局均未能准确预测其登陆路径，最终于9月16日17时在江门台山登陆，比此前预测的登陆时间提前近6个小时、登陆地点东移100公里，防御难度增大。

二是灾后持续强降雨。台风登陆期间，粤西市县和珠三角南部市县持续大暴雨，部分市县出现特大暴雨，最大雨量达400毫米；粤东、珠三角北部市县有持续暴雨；粤北市县有中到大雨，局部暴雨。台风离境后2天内，粤西部分地区仍有大到暴雨，珠三角部分地区仍有中到大雨。

三是灾情叠加，情况复杂。台风登陆前及过境后各种不同灾情叠加，全省受灾情况复杂。部分地区有海水倒灌的危险，港口、码头防台风压力大。台风登陆造成树木折断倾倒、玻璃幕墙破裂、高空物件坠落、简易建筑倒塌等破坏，威胁沿海地区核电、石化冶炼等高危企业。台风过境后持续强降雨导致部分地区相继出现山洪、内涝、泥石流等次生灾害。

四是受灾范围广，布防困难。台风登陆后，以25 ~ 30公里的时速向西偏北方向移动，台风中心先后经过江门、阳江、茂名，并从茂名信宜移出广东。全省19个地市102个县（市、区）697个乡镇238.3万人受灾，209.8万亩农作物受灾，151间房屋倒塌。800多公里国境线，半个广东省受灾，布防十分困难。

二、救援经过

（一）全程会商研判

省消防总队联合气象、地质等部门开展“灾前、灾中、灾后”全过程综合会商15次，实时掌握灾情发展动态，牢牢把握防风救灾工作主动权。一是注重灾前研判。9月11日接到台风“山竹”预报后，省消防总队联合省气象、海洋、水文专家开展会商研判，分析台风可能登陆点、路径和影响，及时向基层发布预警信息，讲解台风“山竹”特点及发展趋势。立即启动灾害事故应急救援等级响应机制，进入等级战备状态。二是密集灾中会商。9月15—17日，消防与气象、水利、海洋等部门落实每日会商制度，每2小时更新一次台风信息，综合评估风圈半径、风力等级、降雨量等情况，明确组织机构、力量编成、力量调集、处置原则、战勤保障和行动要求，向各地发布针对性风险提示，及时调整作战力量部署。三是落实灾后分析。台风过境后，根据各地受灾实际情况，迅速将工作重心调整到防范次生事故和地质灾害上。消防总队党委常委全部下沉一线，深入山体滑坡、泥石流多发易发区域，主动对接三防、国土、地质等部门，落实重点布防，加强救援准备工作。

（二）紧急力量前置

前移防控关口，集中前置优势力量在形势最严峻、任务最复杂、力量最薄弱的关键部位，确保救援任务高效处置。根据会商研判意见，由总队党委常委带队，在台风可能正面登陆的珠海、阳江、江门、茂名4个地市、16个县区设置32个屯兵点，江门、珠海、阳江、茂名等15个单位进入一级战备，全省其他力量进入二级战备，全省前置救援力量5000名。将核电站、机场、石油化工、码头港口、油库等重点场所和项目工程单位列为受灾重点目标和薄弱环节，在阳江东平核电站、江门台山核电站、深圳大亚湾核电站、茂石化乙烯分部等重点单位部位，提前预置236名核电及石化消防专业队员，指导加强布防，确保了重点场所、工程项目和重大危险源的绝对安全。在易发生洪涝灾害的汕头、中山、江门、阳江等地提前调集350艘救援舟艇、36套抽排水设备、6000余套防护装具；在易发生建筑物、广告牌、树木倒塌的广州、深圳、珠海等地提前调集300套破拆装备和46辆牵引、吊臂、挖掘等重型机械；在易发生海水倒灌的珠海、汕尾等地提前调集1.5万个沙袋、200组防水墙、10套远程供水泵组、65台手抬机动泵和浮艇泵等排水设备。

（三）精准调度指挥

充分发挥指挥部的中枢作用，紧密衔接参战力量，全面提升应急救援效率。成立前沿总指挥部和后方总指挥部，下设4个前沿指挥部、15个一线指挥部，全面统筹指挥防风救灾工作。广东省消防总队总队长赴一线指挥，政治委员在指挥中心调度指挥，党委常委带领增援力量分赴重点防护地区指挥督战，前后方指挥部按照分工密切配合、统筹指挥，下达作战任务、战斗编成、应急通信、兵力投送、战勤保障、作战安全等30条作战命令。各地市划分县区为作战分区，支队级全勤指挥部前移至重灾区，统筹全市力量集中开展救援；大队一级指挥员编入中队救援力量，形成132个救援专业队（组），直接由指挥部统筹指挥，压减指挥层级，提升指挥调度效率。

（四）实施科学救援

充分发挥应急救援主力军和国家队作用，区分不同时段和重点，灵活运用战术战法，提高救援效能。消防总队接报灾情后，迅速将指挥部移至受灾最重的台山，在海晏镇附近设置观察哨，组织参战力量开展救援。救援指挥部带领各保障团队沿台风轨迹层层推进，开展各类救援行动326次，救助转移群众3300余人；特别是在漠阳江两岸2～8米不等深水中侦察编队开展水文勘测与住户人员定位，救援逐户搜寻，18个小时内将2300余名受困群众转移至安全区域。组建小型机动专业队，开展灾区巡查，应对各类突发情况。阳江绳索小分队利用绳索救援成功解救被困漠阳江西大桥底的6名渔民；深圳水域救援队使用水下破拆技术在水浸区域救出汽车内被困群众2名；广州舟艇巡逻队利用孤岛救援技术将15名被水围困在花木场的群众安全救出“水中孤岛”。受台风影响，深圳市主干道倒伏树木3.6万株，罗湖、福田等主城区四成主干道处于瘫痪状态。前沿指挥部将广州、深圳、东莞860名救援力量划分为127个作战条块，实行编号分片作战，迅速清除各类路障，40个小时打通受阻道路240余公里，确保灾后城市道路基本恢复畅通。

（五）夯实遂行保障

灾前，后勤装备部门对全省消防队伍装备器材进行逐一盘点，全总队3000余辆消防车、450艘冲锋舟艇、113架无人飞机、23套远程供水泵组油水电气充足，3.4万件（套）抗洪抢险器材完整好用。救援中，利用社会化保障资源，启动与三防、民政等部门物资紧急调用协议，进一步健全“社会储备、消防使用”的战勤保障机制。广州、珠海、江门等12个通信分队组成“防风圈通信环动力量”，利用无人机拍摄实时全景图，为领导指挥决策提供依据，为各大媒体宣传提供前沿实时动态资料，首次全方位、多视角支持中央电视台全程直播，保障大型复杂灾害现场指挥体系畅通。

（六）形成宣传声势

台风登陆前，发挥微博、微信发布快、受众广、形式活等特有优势，在消防总队官方微博、微信上提前发布防御台风提示信息，有效实现防范宣传效果最大化。台风登陆后，立即成立前方宣传报道组和后方信息联络组。前方4个应急宣传小组赶赴一线采写救援信息，后方信息联络组第一时间对接媒体，前后方密切配合，不间断向电视、广播、报刊、网络等各类媒体投送新闻稿件和素材。救援期间，中央、省级主流媒体共刊载相关新闻350篇，其中，中央电视台刊播新闻28条、直播连线4次，人民网、新华社、澎湃网、中青在线网、腾讯网、《应急管理报》《南方日报》等网络和平面媒体刊播新闻200余条，全省消防官方微博、微信和抖音号救援信息网民阅读量超过800万次。

三、主要经验

此次作战行动调集兵力之多、涉及范围之广、集结速度之快，在广东省抗击台风灾害的历史上尚属首次，为最大限度地抢救生命赢得了宝贵时间，为跨区域救援作战积累了宝贵经验，为加快队伍转型升级提供了实战机会。

（一）坚定的政治站位是打赢的核心

党中央、国务院对防风救灾工作作出统一部署，习近平总书记、李克强总理先后作出重要批示。应急管理部党组书记黄明果断指挥、科学用兵，部消防局副局长魏捍东深入一线指挥作战，全程指导广东做好防风救灾工作。广东省消防总队党委始终坚持“以人民为中心”的救灾工作理念，主动担当作为，总队长曹奇、政委黄远杰带头深入防风救灾一线，以自身行动带动全体消防员全力以赴投身救援行动，为圆满完成防风救灾行动提供了强有力的组织保证。湖南、江西、湖北、浙江、安徽、福建等总队按照部消防局统一部署，分别集结500名精干力量待命增援。

（二）密集的会商研判是打赢的先导

广东省消防总队主动对接气象、水文、海洋、地质、国土等部门加强灾情会商研判，确保各类预警信息第一时间收集、第一时间研判、第一时间处置，根据各个阶段灾情趋势特点，及时调整作战力量部署，为坚决打赢防风救灾工作赢得主动权。

（三）高效的指挥调度是打赢的前提

广东省消防总队军政主官分工配合，党委常委分片包干，加强社会力量统一调度，形成“上下政令畅通、前后无缝对接、内外统一指挥”的组织指挥机制，最大限度提高作战指挥效率，确保各项救援工作有力有序有效开展。

（四）精准的前置备勤是打赢的关键

由于超强台风波及范围广，受灾地区道路交通关闭，机动救援力量难以到达，布防十分困难，消防总队坚持提前部署，紧急会商研判受灾重点地区、重点目标和薄弱环节，分别由总队党委常委带队，从全省抽派5000名精干兵力，把优势力量和器材装备集中前置在形势最严峻、任务最复杂、力量最薄弱的关键部位，确保任务高效处置。

（五）灵活的战术战法是打赢的关键

把防风救灾实战作为消防队伍转型升级的练兵场，坚持“全面统筹、突出重点、科学施救、遂行保障”的应急救援工作理念，围绕“科学救援、高效救援、安全救援”的工作目标，对台风灾害和重大危险源进行风险、危害评估，分级分类制定应急处置预案，提前预置救援力量，根据不同作战任务使用相应战法，形成一整套应对台风灾害事故的处置规程，助推应急救援实战能力稳步提升。

（六）坚实的遂行保障是打赢的基础

着眼防风救灾任务突发性强、变数多、转换快等特点，坚持把各项遂行保障工作谋在前、做在前，充分考量台风、洪涝等复杂极端气象条件，立足最复杂、最困难的不利局面，创新模块化战勤和立体化通信保障机制，完善各类灾害事故遂行保障预案，优化与实战相适应的遂行保障体系，全力保障救援工作开展。

天津滨海新区“10·28”中外运久凌储运仓库火灾扑救情况

2018年10月28日17时30分许，天津市滨海新区大港中外运久凌储运有限公司天津分公司润滑油存储仓库发生火灾。17时50分接到报警后，天津市消防总队调派总队及10个支队全勤指挥部、26个中队及战勤保障大队共68辆消防车、383名消防指战员到场处置，并协调公安、交管、水务、环保等联动单位到场协同处置。经过近10个小时的扑救，大火被成功扑灭，保护了该单位其余2个润滑油存储仓库、1栋办公楼以及周边天津克劳斯电梯公司、天津鼎亿机械制造有限公司等单位的安全。

一、基本情况

（一）单位基本情况

中外运久凌储运有限公司天津分公司隶属于国务院国资委招商局集团，位于天津市滨海新区大港中塘开发区安和路467号，主要经营润滑油仓储物流，共有存储仓库5个，总占地面积4.2万平方米。火灾发生时，1～4号仓库存储铁桶装壳牌润滑油（每桶209升），1号仓库储量为3519吨，2号仓库储量为4091吨，3号仓库储量为2585吨，4号仓库储量为1675吨；5号库存储塑料桶装SK牌润滑油（每桶18升），储量为3058吨。

（二）相邻单位及道路

东侧与天津克劳斯电梯有限公司、天津市滨海新区供热集团有限公司和天津鼎亿机械制造有限公司3家单位毗邻，南侧与天津振普筑炉衬里工程有限公司、爱塞克自行车有限公司和新康自行车有限公司3家单位毗邻，西侧为空地，北侧为道路。

（三）消防设施及水源

着火单位设有消防控制室和消防泵房，仓库内设有预作用喷水灭火系统和室内消火栓200个，建有100立方米的地下水池1个；室外消火栓10个，环状结构，管径为300毫米。着火单位周边1公里范围内，共有市政消火栓15个，为同一支状管网，管径为150毫米；东侧天津鼎亿机械制造有限公司建有储水池2个，储水量约140吨；南侧新康自行车厂建有储水池1个，储水量约180吨；距单位东侧约2000米处为天然水源十米河。

（四）气象情况

当日晴，温度7℃左右，西北风4～5级，阵风7级。

二、事故特点及处置难点

（一）地势落差大，流淌火蔓延快

着火单位地势中间高、周边低，特别在东南侧地面绝对标高相差约0.5米，道路坡度近1%。5号仓库发生倒塌后，大量润滑油外泄并沿地势急速流淌燃烧，大面积流淌火先后3次突破灭火防线，严重威胁参战指战员生命安全。

（二）仓库跨度大，火灾荷载大

仓库长约97米、宽约80米、高约9.5米，内部堆放着大量润滑油桶，燃烧物多，火灾荷载大。着火后，火势蔓延迅速，在短时间内形成全面燃烧，火焰高达数十米，温度高、辐射热强，扑救十分困难。

（三）气象条件多变，指挥决策难度大

起火当晚风力为4～5级，阵风达7级。受强风影响，加之风向不稳定，火势蔓延迅速、方向不定，导致现场消防指战员不断变换阵地、难以防守，作战指挥难度大。

三、扑救经过

（一）第一阶段：快速反应，调集充足作战力量到场

天津市消防总队指挥中心接警后，先后调派62辆消防车、6辆战勤保障车辆、383名消防员赶赴现场。天津市委市政府、应急办、公安局、消防总队及滨海新区各级相关领导先后到场参与指挥处置，并成立现场指挥部，有序展开灭火作战行动。

（二）第二阶段：全面侦察，准确把握火场主要方面

作战力量到达现场后，起火的5号仓库火势已突破外壳，仓库已整体坍塌，3号、4号仓库也已呈猛烈燃烧态势，并不断爆炸。根据现场风力较大，且库区充满流淌火，严重威胁毗邻1号、2号仓库，办公楼和周边单位的实际情况，指挥部部署力量采取“枪炮结合、包围控制、堵截

围歼”的战法，全力保护库区1号、2号仓库和办公楼以及周边克劳斯电梯公司、鼎亿机械制造有限公司。在着火的3个仓库周边，调整部署5辆大功率泡沫消防车、4门移动炮、1台机器人，抵近火场控制火势。充分利用库区消火栓和现场2套远程供水系统加强火场供水保障，确保前方供水不间断，并增调叉车和单位员工对1号、2号仓库存储的润滑油进行转运，同时利用无人机实时观察火势发展变化，增设安全员密切关注风向变化。经过参战指战员共同努力，成功将火势堵截在着火仓库周围，防止了扩大蔓延，火势得到有效控制。

（三）第三阶段：多方协作，形成灭火作战最大合力

消防救援局副局长魏捍东率队到达现场后，多次深入火场内部侦察情况，并根据现场情况制定灭火对策措施，科学调整力量部署。明确细化灭火任务分工，将3个着火仓库划分为3个区域，实行分片包干，利用铲车开辟进攻通道，消灭仓库周边残火。组织将受威胁的2号仓库内的润滑油全部转移，防止火势扩大蔓延，同时调集泡沫等灭火剂，全面做好总攻准备。天津市消防总队迅速调整各个作战区域力量，调集备足泡沫灭火剂。29日2时50分，发起灭火总攻，3时17分成功扑灭大火。

四、主要经验

（一）领导高度重视，指挥科学高效

火灾事故发生后，中共中央政治局委员、天津市委书记李鸿忠就火灾扑救作出批示指示，提出具体工作要求。应急管理部党组书记黄明在应急管理部指挥中心进行远程调度指挥，消防救援局副局长魏捍东到场指挥处置工作，确保指挥科学高效。

（二）坚持安全第一，果断紧急避险

现场指挥部始终坚持“科学施救、安全施救”原则，第一时间设立安全员、划定警戒区、疏散人员。尤其是流淌火蔓延前，现场指挥判断准确，果断下达撤离命令，避免人员伤亡。强攻冷却时，前线作战人员始终保持最低数量，移动水炮操作人员全部在后方遥控操作，保证作战安全。

（三）科学选用水源，火场供水充足

通过移动指挥终端，在行进途中提前选定远程供水取水点和供水路线，安排专人负责。部署2套远程供水系统互相补充、协同作业，在近10个小时的灭火救援过程中，始终确保火场供水不间断。

（四）应急联动高效，协同配合顺畅

事故发生后，天津市、滨海新区两级政府迅速启动应急预案和联动机制，公安、交通、气象、卫健、供水、供电、环保等部门迅速响应，调集环境检测车、120救护车、工程机械等特种车辆40余辆，协同开展外围警戒、人员疏散、物资疏散、环境监测、医疗急救等工作。

西藏金沙江堰塞湖救援情况

2018年10月11日7时许和11月3日17时40分许，西藏自治区昌都市江达县波罗乡白格村与四川省白玉县金沙镇日西村交界处先后两次发生山体滑坡地质灾害，导致金沙江主河道被堵塞，形成堰塞湖。灾害发生后，国家减灾委、应急管理部紧急启动国家Ⅳ级救灾应急响应，

西藏自治区政府和昌都市政府相继启动自治区、市Ⅰ级应急响应，西藏自治区消防总队迅速调集昌都支队5个大（中）队、16辆消防车、58名指战员、3400余件（套）装备器材投入抢险救援工作。经过17天的英勇奋战，累计转移疏散灾区136户1115人，搭建帐篷225顶，运送救灾物资约135吨，圆满完成金沙江堰塞湖抢险救援任务。

一、基本情况

（一）灾害基本情况

10月11日和11月3日先后两次山体滑坡地质灾害均位于西藏自治区昌都市江达县波罗乡白格村与四川省白玉县金沙镇日西村交界处，24天内连续两次发生山体滑坡，导致金沙江主河道严重堵塞，V形河谷两岸滑坡面积增大，在原有基础上再度累加，塌方体量剧增，上游沿线水位不断上涨，威胁范围不断扩大，沿途村镇、道路、农田等被淹，灾情更加复杂。江达县境内通往波罗乡的必经桥梁和部分农田被江水淹没，波罗乡政府驻地及下游波公村、白格村、宁巴村、热东村被淹，多处公路以及群众房屋、耕地、草场等严重受灾；芒康县境内11座桥梁被冲毁，索多西乡电信信号中断，4个行政村24个自然组786户6011人道路中断，成为孤岛，沿江公路、桥梁、农田多数被淹没；贡觉县境内则巴乡、克日乡沿江60多公里的道路被冲毁，前往克日乡、罗麦乡的道路中断，敏都乡一座吊桥被完全冲毁。

（二）天气情况

西藏昌都市江达县和四川甘孜州等地天气多为晴转多云，期间伴有下雪、大雾天气，最大风力达7级，夜间气温均低于0℃，部分高海拔地区有积雪，温度较低，出现道路结冰现象。

二、处置经过

（一）第一阶段：快速响应，迅速调集救援力量

10月11日7时46分，昌都市消防支队接到命令后，调派江达县消防大队出动1辆消防车、4名指战员作为前突分队，携带卫星便携站、4G单兵图传设备、无人机、卫星电话及48小时给养，前往灾区进行前期侦察，并向总队报告。西藏消防总队根据现场情况，迅速启动总队自然灾害事故处置应急救援预案，总队长邓立刚率全勤指挥部在指挥中心统一调度，参谋长扎西平措赶赴前线指挥，于当日14时调集昌都支队应急救援增援分队8辆消防车、40名指战员，携带2艘冲锋舟、2艘橡皮艇、各类救援救生装备前往增援，同时命令拉萨、日喀则、山南支队全力做好跨区域增援作战准备。

（二）艰难挺进，深入现场侦察搜救

11日9时36分，昌都消防救援前突分队抵达波罗乡。由于主干道路中断，10时56分，前突分队利用村民摩托车加徒步行进方式，携带大型卫星便携站、发电机、海事卫星电话、4G单兵图传设备及小型无人机等设备向堰塞体核心区域挺进。16时41分，前突分队抵达距离堰塞体核心区域40公里处的宁巴村，发现村委会已被淹没，经搜救了解无被困人员后，帮助当地村民疏散物资和搭建帐篷，并原地休整。16时48分，应急管理部党组书记黄明与前突分队进行视频连线，听取现场情况汇报并慰问救援人员。20时7分，应急救援增援分队8辆消防车、40名指战员抵达江达县，在灾区沿途村镇

开展疏散物资、转移病员、搭建帐篷等工作，随时准备增援堰塞体核心区域。12日，前突分队用时约10小时、行程约148公里，于11时46分到达灾害核心区域波公村后，立即架设卫星便携站，累计坚守17天，开展400小时通信保障和灾情监测工作。

（三）联合作战，全力以赴排除险情

11月3日现场再次发生山体滑坡，形成二次堰塞体，前线指挥部决定出动1艘橡皮艇、2艘冲锋舟及13名消防救援人员（其中专家组7人）的救援队，分3批次运输炸药、雷管等物资至滑坡点，前后共3次、累计运送炸药约14吨，协助拆卸旅游船3艘，运输挖掘机拆分零部件，全力开展堰塞湖坝体挖掘疏通工作。12日10时50分，金沙江白格堰塞湖通过人工开挖的泄流槽开始过流，指挥部调集精干力量做好堰塞湖溢流后次生灾害应对准备。期间，应急管理部党组书记黄明多次连线现场指挥部，对救援方案、疏散转移、安全防范、通信保障等方面作出指示。

（四）提前谋划，科学统筹综合保障

前方指挥部启动应急救援物资调动方案，从藏东应急救援物资储备库调集100余万元的应急救援装备物资，集结运兵车、饮食保障车、宿营车、淋浴车、器材运输车等车辆6辆，调集救生、破拆、照明、宿营、警戒类器材和个人防护装备、发光照明设备、侦检类、携行背囊、医疗箱等共计2300余件（套）；开展安置点防火巡查和消防宣传28次，组织疏散逃生演练3次，张贴消防宣传海报54张，发放宣传资料600余份，累计教育培训群众1600余人次，确保安置区消防安全。

三、主要经验

（一）统筹调度、科学指挥，是圆满完成抢险救灾任务的保证

灾害发生后，应急管理部党组书记黄明先后召开视频调度会10次，多次与总队指挥中心及昌都消防救援前突分队视频连线，了解灾害发展情况，部署调整救援任务，亲切慰问救援人员。自治区党委书记吴英杰、主席齐扎拉亲自部署，常务副主席罗布顿珠、副主席坚参等领导分率工作组赶赴灾害现场，统筹协调组织救援工作；消防救援局副局长琼色、副政委詹寿旺多次视频调度指挥。

（二）精兵强武、高效战斗，是圆满完成抢险救灾任务的前提

近年来，西藏消防总队立足特殊区情，将地质灾害应急救援作为常态科目，健全完善预案，加强装备建设，强化实战演练，有效提升地质灾害应急救援能力。特别是历年来总队组织开展地震救援实战拉动演练，检验提升全区消防救援队伍的实战能力。在这两起山体滑坡灾害救援中，通过4G单兵图传设备、卫星便携站、卫星电话、无人机等通信设备及时上传灾区情况，为各级领导科学决策、参战力量协同配合提供了坚实的应急通信保障。特别是利用无人机多次高空侦搜，在观察灾害区域、山体塌方、滑坡点检测、确定行进和疏散转移路线等方面发挥了积极作用。

（三）全程伴随、充足保障，是圆满完成抢险救灾任务的基础

救灾期间，总队第一时间启动跨区域战勤保障预案，紧急从总队仓库调拨应急救援装备、帐篷等各类保障物资1100余件（套），随时跨区域增援保障；昌都

支队第一时间为增援分队调集配备各类物资1000余件（套），并按上级指示先后从藏东应急救援物资储备库、昌都消防战勤保障基地分别调拨物资装备1300余件（套）补给一线，全力保障前方长时间生活和救援作战。

（四）不怕牺牲、排除万难，是圆满完成抢险救灾任务的关键

两起滑坡现场，远离中心城镇，公路被淹受损，沿途山路崎岖、高寒缺氧、气候多变，救援环境异常复杂恶劣。全体参战消防指战员充分发挥英勇顽强、敢打必胜的优良作风，采取摩托开进、徒步穿越、徒手攀爬等方式强力挺进，迅速赶到滑坡核心区，及时上传现场图像、疏散转移群众，加强安置点火灾防控，长时间、高强度开展抢险救灾工作，担负坝体冲击消融、紧急转运物资、保障应急照明、河道警戒排险及组织人员疏散等任务，充分展现了西藏消防队伍的“高原铁军”形象。

重庆万州“10·28”公交车坠江事故救援情况

2018年10月28日10时8分，重庆市万州区长江二桥发生一起公交车坠江事故。重庆市消防总队接警后，立即调派万州、涪陵、水上等6个支队及总队战勤保障大队，共1艘消防船、20艘冲锋舟（艇）、6辆战勤保障车、212名指战员赶赴现场实施救援。经过90余个小时的处置，坠江车辆被成功打捞出水，共转移和搜救遇难者遗体13具。

一、基本情况

10月28日10时8分，一辆大型客车（渝F27085）由重庆市万州区江南新区往北滨路行驶，当客车行驶至长江二桥距南桥头348米处时，与一辆由城区往江南新区行驶的小轿车（渝FNC776）相撞，随后客车失控冲破护栏坠入长江，小轿车受损、驾驶员受伤。经公安机关走访调查，初步核实失联人员15人。该公交车所有人为重庆万州汽车运输（集团）有限责任公司万州公交分公司。事故桥梁万州长江二桥位于万州区下游聚鱼沱河段，距离江面高50米，为特大型子母塔悬索桥，全桥长1148.86米、宽20.5米，双向4车道。事发当天天气多云，气温13～23℃。

二、救援经过

10时12分，重庆市消防总队作战指挥中心接到万州长江二桥公交车坠江事故报警后，迅速调集万州、涪陵、水上等6个支队及总队战勤保障大队，共1艘消防船、20艘冲锋舟（艇）、6辆战勤保障车、212名指战员，在总队长汪永明的率领下赶赴现场实施救援，政委潘业辉在总队指挥中心组织后方协调指挥。

10时25分，万州支队2艘冲锋舟、2辆抢险救援车、4辆水域救援保障车、2辆通信指挥车和支队全勤指挥部到达事故现场。消防指战员首先将桥面相撞小轿车的女司机疏散到安全地带并安抚其情绪，同时立即派出2艘冲锋舟在事故水域搜寻水面遇险人员，会同社会救援船只将2名落水者营救上岸，并在事故现场布点架设3处4G图传和卫星便携站，与应急管理部党组书记黄明和消防救援局视频连线，实时报告事故现场信息。

14时46分，重庆市消防总队全勤指挥部到场，向市事故救援现场总指挥部报

到并领受任务。在事故区域南滨路建立消防救援指挥部，由总队长汪永明任指挥长、参谋长袁修德任副指挥长，下设救援行动、应急通信、政工宣传、战勤保障4个小组，迅速投入救援作战行动。同时，架设野外帐篷和通信组网作为部际联合工作组临时办公点和协调指挥点。

15时30分，消防救援指挥部组织到场参战力量，以公交车坠江点为中心，从初期上游1公里、下游3公里，后扩展至上游2公里、下游5公里，共出动冲锋舟（艇）86艘次，在事故江面水域开展不间断搜救。同时，总队与重庆蓝天救援队、长航救援队、公羊救援队、展宏图救援队4支社会力量共同研究制订打捞救援方案。

20时48分，应急管理部副部长孙华山率领的部际联合工作组到达事故现场，在消防救援指挥部指挥帐篷听取了市事故救援现场总指挥部前期救援开展情况汇报，传达了应急管理部党组书记黄明的指示精神，并对救援工作提出了5点要求。同时，副部长孙华山要求市消防总队充分发挥应急救援主力军和国家队作用，继续扩大水域搜索范围，积极会同市有关部门和专业救援队伍实施救援行动。

29日17时30分，上海打捞局救援队到场后，市事故救援现场总指挥部立即召开打捞工作部署会，对总队及其他参战单位的具体任务进行安排部署。会后，消防救援指挥部立即召开作战行动会议，进行战前动员，制订和部署对打捞出水的事故车辆进行破拆搜寻、遗体搬运，以及继续实施江面水域人员搜救任务的行动方案。随即各参战力量投入作战行动。一是在现场水域02消防船设立消防前沿指挥部，建立人员装备集结点，统筹指挥现场消防参战力量。二是组织6艘冲锋舟与上海打捞局救援队协同配合，先后搬运转移4具遇难人员遗体（时间分别为30日11时12分、11时17分、14时9分、14时13分），并做好与现场法医和医疗机构的任务对接。三是及时与客车生产厂家联系，对车辆动力结构，特别是油箱和锂电池位置等情况进行了解，对打捞出水的事故车辆采取针对性安全防范措施。四是组成6个攻坚救援组，对打捞出水的事故车辆厢体进行破拆，搜寻遇难人员，先后搜救出6具遇难者遗体（时间分别为31日5时33分、5时47分、6时2分、6时5分、6时13分、6时40分）。五是继续在打捞作业现场水域不间断实施遇险人员搜寻。11月1日8时，消防救援任务圆满完成。经过90余小时的处置，坠江车辆被成功打捞出水，重庆市消防总队共出动消防船1艘、冲锋舟（艇）20艘，累计出动搜救遇险人员360余艘次，转移和搜救遇难者遗体10具。

三、主要经验

（一）各级领导关怀指导极大激发指战员战斗意志

应急管理部党组书记黄明5次视频调度，副部长孙华山全程蹲点指导，消防救援局副局长琼色3次电话连线，重庆市委、市政府领导先后到消防救援指挥部提出救援行动要求，慰问一线指战员。

（二）水域救援队伍专业化建设为任务遂行奠定扎实基础

近年来，市消防总队针对重庆水域救援多样性特点，在全市布点组建108支冲锋舟机动编队，在长江沿线打造4个水域救援大队。2018年，结合国家水域救援重庆大队建设要求，持续推进水域救援

习近平向国家综合性消防救援队伍授旗并致训词强调
对党忠诚纪律严明赴汤蹈火竭诚为民
为维护人民群众生命财产安全英勇奋斗

王沪宁出席　韩正主持

新华社北京11月9日电（记者邹伟、叶昊鸣）国家综合性消防救援队伍授旗仪式9日在人民大会堂举行。中共中央总书记、国家主席、中央军委主席习近平向国家综合性消防救援队伍授旗并致训词，代表党中央向全体消防救援人员致以热烈的祝贺。他强调，组建国家综合性消防救援队伍，是党中央适应国家治理体系和治理能力现代化作出的战略决策，是立足我国国情和灾害事故特点、构建新时代国家应急救援体系的重要举措，对提高防灾减灾救灾能力、维护社会公共安全、保护人民生命财产安全具有重大意义。国家消防救援队伍要对党忠诚、纪律严明、赴汤蹈火、竭诚为民，在人民群众最需要的时候冲锋在前，救民于水火，助民于危难，给人民以力量，为维护人民群众生命财产安全而英勇奋斗。

人民大会堂北大厅华灯璀璨，气氛庄重热烈。红色背景板上，“国家综合性消防救援队伍授旗仪式”字样分外醒目。500余名身着新式制服的消防救援人员整齐列队，以昂扬饱满的精神状态等候仪式到来。

10时30分，授旗仪式开始。全场高唱国歌。

仪仗队员护卫着中国消防救援队队旗，正步行进到主席台前。习近平向应急管理部消防救援总监黄明授旗。黄明向习近平敬礼，从习近平手中接过中国消防救援队队旗，持旗肃立。全场消防救援人员向队旗庄严敬礼。

随后，习近平致训词。他指出，长期以来，消防队伍作为同老百姓贴得最近、联系最紧的队伍，有警必出、闻警即动，奋战在人民群众最需要的地方，特别是在重大灾害事故面前，你们不畏艰险、冲锋在前，作出了突出贡献。改革转制后，你们作为应急救援的主力军和国家队，承担着防范化解重大安全风险、应对处置各类灾害事故的重要职责，党和人民对你们寄予厚望。

习近平对消防救援队伍提出4点要求。一是始终对党忠诚，坚持党的绝对领导，增强“四个意识”，坚定“四个自信”，全面贯彻新时代中国特色社会主义思想，坚定理想信念，坚决维护党中央权威和集中统一领导，坚决听从党的号令，永远做党和人民的忠诚卫士。二是做到纪律严明，坚持纪律部队建设标准，弘扬光荣传统和优良作风，严格教育、严格训练、严格管理、严格要求，服从命令、听从指挥，集中统一、步调一致，用铁的纪律打造铁的队伍。三是敢于赴汤蹈火，时刻听从党和人民召唤，保持枕戈待旦、快速反应的备战状态，练就科学高效、专业精准的过硬本领，发扬英勇顽强、不怕牺牲的战斗作风，刀山敢上，火海敢闯，召之即来，战之必胜。四是永远竭诚为民，自觉把人民放在心中最高位置，把人民褒奖作为最高荣誉，在人民群众最需要的时候冲锋在前，救民于水火，助民于危难，给人民以力量，在服务人民中传递党和政府温暖，为维护人民群众生命财产安全而英勇奋斗。

授旗仪式上，中共中央政治局常委、中央书记处书记王沪宁宣读《中共中央、国务院关于授予国家综合性消防救援队伍“中国消防救援队”队旗的决定》。

中共中央政治局常委、国务院副总理韩正主持授旗仪式。

参加授旗仪式的消防救援人员进行了集体宣誓，誓词为：我志愿加入国家消防救援队伍，对党忠诚，纪律严明，赴汤蹈火，竭诚为民，坚决做到服从命令、听从指挥，恪尽职守、苦练本领，不畏艰险、不怕牺牲，为维护人民生命财产安全、维护社会稳定贡献自己的一切。

授旗仪式后，习近平等亲切接见国家综合性消防救援队伍总队级以上干部，同大家合影留念。

丁薛祥、张又侠、陈希、郭声琨、王勇出席活动。中央和国家机关有关部门负责同志参加授旗仪式。

日前，根据《组建国家综合性消防救援队伍框架方案》，公安消防部队、武警森林部队转制，组建国家综合性消防救援队伍。这支队伍由应急管理部管理，实行统一领导、分级指挥，设有专门的衔级职级序列和队旗、队徽、队训、队服。

（摘自新华社报道）

《中国消防救援年鉴（2018年卷）》编委会

《中国消防救援年鉴（2018年卷）》编写组

肖隆辉　吴　斌　邱启明　邹　宁　邹毅宁　汪　辉
沙洲洲　宋亚明　张　勇　张　涛　张　辉　张文瑞
张亚峰　陆　琦　陈云国　陈文杰　陈立国　罗军涛
金泰来　周建军　周建驿　周耀辉　孟宏昌　赵朝阳
郝自强　胡　兰　胡　君　胡　锐　胡开文　胡志明
段　炼　姜　红　秦　笠　徐　放　郭成传　郭惠芹
浦小海　黄明亮　曹忠良　龚海龙　梁　意　彭　科
彭　楠　董学鹏　蒋思钢　韩晓鹏　喻　炳　程恩虎
傅梅天赐　曾　炜　谢　乾　谭鸣宇　熊　伟　熊旺飞
戴　维

统稿核校人员（以姓氏笔画为序）

马　玮　王　平　王占伟　朱亚东　孙　科　李朝旭
肖隆辉　吴　斌　张真毓　陈立国　周洪波　孟宏昌
赵朝阳　郭成传　梁　意　彭　科　韩晓鹏

编 写 说 明

2018年，是消防救援工作在党和国家工作大局中重塑重构之年，是国家综合性消防救援队伍换羽新生之年。这一年，根据中共中央关于深化党和国家机构改革的决定，17万名消防现役官兵集体退出现役，由公安部转隶到应急管理部，与武警森林部队、安全生产等应急救援队伍一并作为综合性常备应急骨干力量。这一年，我国继军衔、警衔、关衔、外交衔之后，又一次以主席令形式颁布实施《中华人民共和国消防救援衔条例》，设立消防救援衔。习近平总书记亲自向国家综合性消防救援队伍授旗并致训词，消防队伍实现涅槃翱翔。这一年，各级消防队伍深入学习宣传贯彻习近平总书记训词精神，完善法规标准，健全责任体系，深化社会治理，普及消防教育，推动消防工作制度模式重构、力量体系重建。消防队伍改革转隶平稳过渡，全国消防形势总体稳定，火灾起数比2017年下降13.7%。

自2004年起，原公安部消防局*每年编撰出版一部《中国消防年鉴》，记录年度全国消防工作和队伍建设发展进程，为各级政府、相关部门、社会单位及消防科研机构、院校、保卫部门、多种形式消防队伍等提供历史记录和参考资料。从2019年起，该书更名为《中国消防救援年鉴》，由应急管理部消防救援局继续组织编撰和出版，力求全面、客观、准确记载消防救援事业的发展情况。《中国消防救援年鉴（2018年卷）》收录了2018年全国及各省、自治区、直辖市消防救援工作和队伍建设情况，相关行业系统消防工作综述，有关消防救援工作的重要文件，火灾案例，灭火救援战例，全国消防业务统计资料和消防救援工作大事记等内容。

由于编者水平有限，书中疏漏和不足之处在所难免，恳请读者提出宝贵意见。

应急管理部消防救援局
2019年8月

---

* 按照消防队伍改革转隶节点，2018年10月9日前原公安部消防局简称部消防局，10月9日以后称应急管理部消防救援局，简称消防救援局。

目　　录

第一篇　全国消防救援工作概述

第二篇　各省、自治区、直辖市消防救援工作

第三篇　相关行业系统消防工作综述

第四篇　消防社团、产品评定、科研教学等机构工作综述

第五篇　有关消防救援工作的重要文件资料

第六篇　火　灾　案　例

第七篇　灭火救援战例

第八篇　全国消防业务统计资料

第九篇　大　事　记

第 一 篇

全国消防救援工作概述

装备建设和水域救援科目训练，实现水域救援能力的长足进步。

（三）应急通信体系构建有力提升救援作战保障能力

2018年以来，按照应急管理部党组书记黄明要求，市消防总队重点加强“1+2+X”通信保障模式建设，强化4G单兵图传、卫星便携站等硬件建设和人装协同训练，通信保障实现全过程、全覆盖，保障功能在实战中得到有效检验。

第八篇

全国消防业务统计资料

第一章　火灾统计情况

第一节　全国火灾情况

2018 年全国火灾情况

2018 年，全国消防部门共接报火灾 24.3 万起（不含森林、草原、军队、矿井地下部分及铁路、港航系统火灾，下同），亡 1462 人，伤 843 人，直接财产损失 36.79 亿元，与 2017 年相比，起数下降 13.7%，亡人上升 5.2%，伤人下降 4.3%，损失上升 2.2%。

一、冬春季节火灾明显多于夏秋

1—5 月和 12 月，天气寒冷，风干物燥，火灾风险较高，共发生火灾 14.6 万起，亡 962 人，伤 494 人，直接财产损失 19.8 亿元，分别占全年的 60.1%、65.8%、58.6% 和 53.8%，均高于夏秋所占的比重；48 起较大火灾和 2 起重大火灾发生在冬春季节，分别占总数的 67.6% 和 40.0%。

二、东部地区的火灾较为突出

东部地区经济总量大、人口密集，火灾荷载大、风险高，东部 10 个省份（京、津、冀、沪、苏、浙、鲁、闽、粤、琼）共发生火灾 8.1 万起，亡 560 人，伤 374 人，直接财产损失 16.3 亿元，分别占总数的 33.3%、38.3%、44.4% 和 44.3%，超过中部、西部和东北地区所占比重。

三、农村火灾仍占较大比重

农村地区（含集镇）火灾防控基础薄弱，留守老人、儿童比例高，火灾发生概率大、致灾率高，共发生火灾 11.4 万起，亡 743 人，伤 347 人，直接财产损失 16.8 亿元，分别占总数的 46.9%、50.8%、41.2% 和 45.7%。其中，起数、亡人和损失比重均高于城市，71 起较大火灾有 43 起发生在农村。

四、近八成亡人集中于住宅

城乡居民住宅共发生火灾 11 万起，亡 1159 人，虽然起数只占总数的 45.3%，但亡人占总数的 79.3%。其他场所中，各类人员密集场所火灾亡 118 人，厂房火灾亡 45 人，仓储场所火灾亡 25 人，“三合一”场所火灾亡 17 人，交通工具火灾亡 15 人，农副业场所火灾亡 9 人，工地火灾亡 6 人，垃圾草坪等其他场所火灾亡 68 人。

五、重点场所火灾稳中有降

商场市场、宾馆饭店、娱乐场所等人员密集场所发生火灾 17878 起，同比下降 12.8%；生产厂房发生火灾 9173

起，同比下降13.7%；仓储场所发生火灾4800起，同比下降10.7%；易燃易爆场所发生火灾368起，同比下降14.6%；文博馆、古建筑发生火灾73起，同比下降18.0%。

六、电气仍系引发火灾主因

因违反电气安装使用规定引发的火灾占总数的35.3%，生活用火不慎引发的火灾占22.1%，吸烟引发的火灾占7.7%，自燃引发的火灾占5.0%，生产作业不慎引发的火灾占4.2%，玩火引发的火灾占3.0%，放火引发的火灾占1.3%，雷击、静电引发的火灾占0.2%，其他原因引发的火灾占16.9%，不明确原因的火灾占4.3%。71起较大火灾中，42起为电气引起；5起重大火灾中，3起为电气引起。

七、夜间火灾数量少伤亡大

夜间22时至次日6时共发生火灾51489起，亡757人，分别占总数的21.2%、51.8%，平均每68起火灾亡1人，而其他时段平均每272起火灾亡1人。

八、老幼病残占亡人比重大

1462名火灾亡人中，未成年人228人，老年人574人，合计占总数的54.9%。特别是在住宅亡人中的老幼比例更高，合计占总数的60.5%。另外，1462名火灾亡人中，有残疾、瘫痪、精神病人等535人（与年龄分别统计），占总数的36.6%。

分地区火灾综合情况表

地区	火灾概况						较大火灾				重大火灾				特别重大火灾			
	起数	亡(人)	伤(人)	损失			起数	亡(人)	伤(人)	直接损失（万元）	起数	亡(人)	伤(人)	直接损失（万元）	起数	亡(人)	伤(人)	直接损失（万元）
				直接损失(万元)	烧毁建筑（平方米）	受灾户数												
合计	242943	1462	843	367908.8	10074191	53490	71	276	77	9162.1	5	50	28	18736.5				
北京	3293	32	14	3646.5	31948	69	2	8		51.8								
天津	1864	28	18	12804.7	101155	331					1			8945.0				
河北	3981	41	23	17988.6	1252134	1390	1	3		3.7								
山西	4123	46	14	6388.8	239182	458	3	9	5	4.4								
内蒙古	7118	55	15	11241.8	721483	478	3	12	1	481.9								
辽宁	17891	56	16	9175.1	495858	4124	3	9		14.2								
吉林	6796	20	3	4885.3	461485	357												
黑龙江	5428	68	65	11245.9	1209028	1175	1	4		171.2	1	20	22	261.2				
上海	3855	44	42	5951.4	40612	167	1	5		37.5								
江苏	14619	84	86	30011.9	235339	1801	8	36	25	1600.4								
浙江	14027	74	59	27708.2	353822	2785	1	4		10.0								
安徽	9018	39	25	14766.5	276282	473	3	10	1	145.0								
福建	7536	92	35	13276.1	249297	1520	6	18	7	1743.3								
江西	8622	44	17	21456.6	302134	2249	1	3		43.6								
山东	18026	29	15	21104.0	510604	767												

分地区火灾综合情况表（续）

地区	火灾概况						较大火灾				重大火灾				特别重大火灾			
	起数	亡(人)	伤(人)	损失			起数	亡(人)	伤(人)	直接损失（万元）	起数	亡(人)	伤(人)	直接损失（万元）	起数	亡(人)	伤(人)	直接损失（万元）
				直接损失(万元)	烧毁建筑（平方米）	受灾户数												
河南	10997	42	27	10251.5	407166	3493	6	23	6	53.3	1	11	1	300.0				
湖北	13601	23	7	6806.1	165677	2190	2	9		10.0								
湖南	7092	85	47	18145.6	187768	3124	7	27	1	973.4								
广东	13122	128	81	27259.7	468096	1695	7	32	10	58.7	1	18	5	20.0				
广西	6220	57	27	10211.1	239385	2579	3	12		111.4								
海南	1170	8	1	3655.0	50854	127												
重庆	5016	39	24	8732.4	99305	1208	1	3		31.2								
四川	16198	95	64	21792.9	226869	3190	3	14	1	103.8	1	1		9210.3				
贵州	4650	37	27	8836.8	126083	1617	4	13	2	66.1								
云南	6735	85	26	11424.2	355987	5633	2	15	3	22.5								
西藏	110			373.3	7401	66												
陕西	10215	61	42	11835.0	293179	3867	2	7	15	566.0								
甘肃	8594	6	6	3475.4	240804	1381												
青海	1629	7	5	1340.0	154965	175												
宁夏	2910	3	2	5418.9	180529	1055	1			2858.7								
新疆	8487	34	10	6699.6	389760	3946												

分起火场所火灾情况表

项目	火灾概况						较大火灾				重大火灾				特别重大火灾				起火原因(起)											
	起数	亡(人)	伤(人)	直接损失(万元)	烧毁建筑(平方米)	受灾户数	起数	亡(人)	伤(人)	直接损失(万元)	起数	亡(人)	伤(人)	直接损失(万元)	起数	亡(人)	伤(人)	直接损失(万元)	放火	电气	生产作业	用火不慎	吸烟	玩火	自燃	雷击	静电	不明确原因	其他
合计	242943	1462	843	367908.8	10074191	53490	71	276	77	9162.1	5	50	28	18736.5					3109	85893	10134	53748	18848	7172	12035	175	160	10594	41075
住宅	97384	1069	515	69560.9	1616181	26790	48	190	33	1086.0									1384	43426	1234	29790	4790	2067	1224	50	15	3006	10398
宿舍	13029	90	63	8445.0	254557	3264	2	7	15	2.6									253	5615	171	3030	795	291	152	6	5	499	2212
办公场所	1974	3	5	3168.7	41782	367													17	1232	89	173	96	14	29	1		65	258
学校	800	2	5	421.6	13096	123													5	386	22	161	38	17	23	1		22	125
商业场所 小计	6565	48	32	41824.0	294903	2354	5	18		678.8	1	1		9210.3					91	3699	229	1010	230	79	100	3	1	228	895
商业场所 商场	940	3	4	16710.1	102489	316					1	1		9210.3					6	546	47	128	40	10	12			39	112
商业场所 超市	865	6	4	3378.2	28627	248													15	561	16	108	27	14	8	1		18	97
商业场所 室内市场	569	5	1	6009.7	31964	289	1	3		564.0									6	359	17	79	21	7	7			9	64
商业场所 室外集贸市场	948	2		5164.4	37034	426													17	464	22	168	51	19	19			25	163
商业场所 其他	3243	32	23	10561.7	94789	1075	4	15	0	114.8									47	1769	127	527	91	29	54	2	1	137	459
文博馆	46			19.6	1273	6													2	24		8	4					3	5
宾馆、招待所	717	23	27	1279.6	12034	158					1	20	22	261.2					13	355	35	126	48	5	4	1		17	113
餐饮场所	5796	7	40	5115.9	72572	1379													22	1779	164	3217	63	22	33	1	1	91	403
医院	340			535.0	3916	63													4	182	20	35	31	5	9		1	4	49
养老院	56	15	8	59.0	1222	17	3	10	5	3.6									6	16	2	14	3	2	1			2	10
公共娱乐场所	488	19	2	698.6	7831	105					1	18	5	20.0					13	265	31	65	25	8	8		1	13	59

分起火场所火灾情况表（续一）

项目	火灾概况						较大火灾				重大火灾				特别重大火灾				起火原因（起）										
	起数	亡(人)	伤(人)	直接损失(万元)	烧毁建筑(平方米)	受灾户数	起数	亡(人)	伤(人)	直接损失(万元)	起数	亡(人)	伤(人)	直接损失(万元)	起数	亡(人)	伤(人)	直接损失(万元)	放火	电气	生产作业	用火不慎	吸烟	玩火	自燃	雷击	静电	不明确原因	其他
体育场馆	57			62.5	1123	9														25	4	9	3	3	2			2	9
金融交易场所	48			10.1	333	2													1	33	2	2	3				1		6
交通枢纽站	656			1180.8	6262	41													10	226	26	30	43	3	71			24	223
科研试验场所	21			22.2	232	4														11	5		1		1			1	2
广播电视中心	10			12.1	347	4														7					1				2
邮电通信场所	252			182.6	3458	28													2	178	9	13	3		3	2		13	29
文物古建筑	27			25.5	323	4													1	8		10	1			1		1	5
宗教场所	329	1		996.1	10753	63													4	63	5	189	6	6	4	2		12	38
会议展览中心	6			208.8	27															5	1								
物资仓储场所	4800	25	34	64400.7	640168	1704	1	9	18	1434.8	1			8945.0					52	1936	652	520	228	110	236	15	12	273	766
厂房	9173	45	51	70242.3	1068483	2151	4	8	1	5590.0	1	11	1	300.0					65	4149	2525	517	200	51	327	15	43	294	987
加油加气站	94		1	180.2	1251	13													1	27	18	7	2	1	10	1	5	2	20
汽车库	721	2	3	2347.0	69827	183													9	348	46	42	39	20	72		1	31	113
农副业场所	13099	9	2	11282.9	4120323	3672	1	4		171.2									192	1248	214	4764	1760	1106	354	9	6	727	2719
石油化工企业	274	1	2	1989.0	25936	42													1	45	142	18	5	1	6	2	5	17	32
露天框架	4151	3	1	3686.1	84457	711													20	2002	226	511	479	187	173	10	11	132	400

分起火场所火灾情况表（续二）

项目		火灾概况						较大火灾				重大火灾				特别重大火灾				起火原因（起）										
		起数	亡（人）	伤（人）	直接损失（万元）	烧毁建筑（平方米）	受灾户数	起数	亡（人）	伤（人）	直接损失（万元）	起数	亡（人）	伤（人）	直接损失（万元）	起数	亡（人）	伤（人）	直接损失（万元）	放火	电气	生产作业	用火不慎	吸烟	玩火	自燃	雷击	静电	不明确原因	其他
交通工具	小计	27341	15	25	56649.8	160295	3979	1	3	4	5.0									404	9827	2733	492	653	235	7001	6	26	1280	4684
	机动车	24601	12	21	52409.9	140737	3580													372	8583	2596	378	581	211	6570	6	24	1149	4131
	铁路列车	18			29.0	361	1														7	3	2			1			1	4
	船舶	231			1165.5	4554	25													1	81	51	30	8	1	7			12	40
	航空（天）器																													
	城市轨道交通工具	68			61.7	297	13														32		1	3		19			1	12
	其他	2423	3	4	2983.6	14347	360	1	3	4	5.0									31	1124	83	81	61	23	404	0	2	117	497
建筑工地		1657	4	1	1876.2	52259	204													16	470	432	124	184	27	57	2	1	65	279
公园		22095	6	5	4089.0	434191	2203													196	741	279	3769	6089	1527	1130	9	7	1536	6812
“三合一”“多合一”场所		857	1		109.5	49195	91													13	152	9	104	213	74	49	2		44	197
动拆迁工地		273	17	3	1232.4	14196	82	3	12		88.5									2	152	14	41	9	5	8			15	27
垃圾及废弃物		1007	2		620.8	70753	123													17	213	145	113	153	41	26	3		52	244
其他		28800	55	18	15374.7	940636	3551	3	15	1	101.5									293	7048	650	4844	2651	1265	921	33	18	2123	8954

分行业类别

项目		火灾概况						较大火灾			
		起数	亡(人)	伤(人)	损失			起数	亡(人)	伤(人)	直接损失(万元)
					直接损失(万元)	烧毁建筑(平方米)	受灾户数				
合计		52811	213	218	214813.7	6615352	14295	16	56	24	7929.4
第一产业	小计	16784	23	5	18938.0	4358139	4768	1	4		171.2
	农业	12214	8	3	11849.2	3031723	3419				
	林业	2279			2807.8	1095158	595				
	畜牧业	1505	15	1	2881.3	176202	525	1	4		171.2
	渔业	60		1	161.8	6436	21				
	农、林、牧、渔服务业	726			1237.8	48619	208				
第二产业	小计	13644	33	59	80743.9	1215413	2856	2	4		3335.5
	采矿业	161			693.9	16116	27				
	制造业	10009	30	56	72757.4	1131639	2270	2	4		3335.5
	电力、燃气及水的生产和供应业	2275	1		4782.3	34511	311				
	建筑业	1199	2	3	2510.3	33147	248				
第三产业	小计	22383	157	154	115131.8	1041801	6671	13	48	24	4422.7
	交通运输	2745	2	3	8053.0	23573	765				
	邮政业	78			98.8	1260	21				
	仓储业	2352	19	27	43831.3	380343	1010	2	9	18	3037.8
	信息传输、计算机服务和软件业	148			420.2	4553	31				
	批发和零售业	4552	45	28	41409.5	298193	1959	5	17		712.0
	住宿和餐饮业	7158	36	71	8438.6	111155	1699				
	金融保险业	80			33.3	581	14				
	房地产业	284			292.2	5627	45				
	商务服务业	1159	8	6	6276.0	90762	382	1	5		5.0
	科学研究、技术服务和地质勘查业	37			222.6	808	4				
	水利、环境和公共设施管理业	285			130.4	46392	41				
	社会服务业	1967	20	12	2741.9	48177	411	4	13	5	16.4
	教育 小计	529	1	4	223.0	7008	93				
	教育 高等教育	133			80.1	1118	30				
	教育 初中等教育	217	1	3	61.3	2427	33				
	教育 学前教育	135		1	58.5	2426	22				
	教育 职业业余教育	44			23.2	1037	8				
	卫生、社会保障和社会福利业	377	2		826.9	7515	70				
	文化、体育和娱乐业	451	23	1	1459.1	11699	80	1	4	1	651.5
	机关团体	179	1	2	674.9	4145	46				
	国际组织	2			0.0	11					

火灾情况表

重大火灾				特别重大火灾				起火原因（起）										
起数	亡(人)	伤(人)	直接损失(万元)	起数	亡(人)	伤(人)	直接损失(万元)	放火	电气	生产作业	用火不慎	吸烟	玩火	自燃	雷击	静电	不明确原因	其他
5	50	28	18736.5					575	18169	4974	11685	3724	1847	2000	68	91	2027	7651
1	11	1	300.0					236	1928	441	5669	2370	1398	522	20	9	875	3316
								182	1107	259	4421	1807	1076	373	16	4	642	2327
								27	130	75	644	387	189	86	3	2	129	607
1	11	1	300.0					17	502	58	422	88	75	40	1	1	72	229
								1	21	1	11	3	4				7	12
								9	168	48	171	85	54	23		2	25	141
								99	6647	3111	806	376	108	522	29	63	429	1454
								2	47	41	16	8	4	15		2	5	21
								62	4471	2764	563	252	61	403	17	47	342	1027
								13	1782	111	60	17	11	65	9	12	36	159
								22	347	195	167	99	32	39	3	2	46	247
4	39	22	18436.5					240	9594	1422	5210	978	341	956	19	19	723	2881
								42	973	418	62	106	28	600	1	3	78	434
								2	54	1	4	3		1			2	11
1			8945.0					29	922	308	257	146	45	109	8	4	137	387
									100	9	13	3		6			4	13
1	1		9210.3					60	2661	192	559	181	72	65	5	3	166	588
1	20	22	261.2					37	2433	217	3499	144	55	50	2	1	138	582
									54	3	5	5	1	1			2	9
								3	105	23	41	26	14	7			10	55
								18	614	72	165	60	14	21		2	22	171
									14	8	3	1					4	7
								4	92	16	32	39	7	14	1		9	71
								25	845	88	323	158	64	41	1	4	104	314
								3	239	18	113	22	11	17	1		18	87
								2	56	5	25	8	1	8			2	26
									92	8	52	8	5	6			9	37
									71	3	30	3	4	2			6	16
								1	20	2	6	3	1	1	1		1	8
								6	185	19	42	38	8	9		1	9	60
1	18	5	20					7	215	21	65	33	20	12		1	13	64
								4	88	9	27	13	2	3			7	26
																		2

起火原因情况表

项目		火灾概况						较大火灾				重大火灾				特别重大火灾			
		起数	亡(人)	伤(人)	直接损失(万元)	烧毁建筑(平方米)	受灾户数	起数	亡(人)	伤(人)	直接损失(万元)	起数	亡(人)	伤(人)	直接损失(万元)	起数	亡(人)	伤(人)	直接损失(万元)
合计		242943	1462	843	367908.8	10074191	53490	71	276	77	9162.1	5	50	28	18736.5				
电气	小计	85893	586	357	181724.6	3063616	21347	42	163	39	5004.8	3	21	22	18416.5				
	电气线路故障	53697	355	245	131241.0	2369556	14044	28	105	23	4051.2	3	21	22	18416.5				
	电器设备故障	22608	99	57	30862.2	422873	4696	8	33		669.5								
	电加热器具火灾	4395	83	16	5841.3	80985	1260	4	16	1	147.0								
	其他	5193	49	39	13780.0	190202	1347	2	9	15	137.1								
生产作业	小计	10134	49	83	49238.7	751701	2443	2	13	19	2086.3	1	11	1	300.0				
	焊割	3128	29	27	17673.7	272465	838	1	4	1	651.5	1	11	1	300.0				
	烘烤	1440	1	5	4014.1	57259	411												
	熬炼	192	1	1	196.3	4604	48												
	化工火灾	286	2	13	4322.3	34943	66												
	机械设备类故障	3725	2	4	13609.3	229258	823												
	其他	1363	14	33	9423.0	153172	257	1	9	18	1434.8								
生活用火不慎	小计	53748	178	182	29124.4	2855855	13961	2	6		3.0								
	余火复燃	3735	13		1733.2	306505	1276												
	照明不慎	1498	5	7	887.4	34068	367												
	烘烤不慎	6724	54	30	4827.2	151359	2065												
	敬神祭祖	2038	6	7	1812.4	398049	582												

起火原因情况表（续）

项目		火灾概况						较大火灾				重大火灾				特别重大火灾			
		起数	亡(人)	伤(人)	直接损失(万元)	烧毁建筑(平方米)	受灾户数	起数	亡(人)	伤(人)	直接损失(万元)	起数	亡(人)	伤(人)	直接损失(万元)	起数	亡(人)	伤(人)	直接损失(万元)
生活用火不慎	油锅起火	8786	4	5	2181.9	54825	2046												
	炉具故障及使用不当	9211	23	88	4781.6	115208	2347												
	烟道过热蹿火、飞火等	3456	5	1	2483.4	108860	836	1	3		2.0								
	烧荒、野外生火不慎	8149	5		5184.1	1475930	1859												
	使用蚊香不慎	913	7	4	544.7	12442	250												
	其他	9238	56	40	4688.5	198609	2333	1	3		1.0								
吸烟	小计	18848	150	35	5833.6	451655	3087												
	违章吸烟	555	1		188.6	9209	41												
	卧床吸烟	965	106	12	517.7	11201	274												
	乱扔烟头、火柴等	16309	29	15	4563.1	417119	2600												
	其他	1019	14	8	564.1	14126	172												
玩火	小计	7172	32	9	4774.0	290282	1676	2	6		125.6								
	小孩玩火	3319	26	6	1828.2	93655	864	2	6		125.6								
	燃放烟花爆竹	3471	2		2557.5	186983	774												
	其他	382	4	3	388.3	9644	38												
自燃		12035	4	5	19182.5	191729	1623												
雷击		175			505.6	14724	39												
静电		160	1	7	527.1	37260	28												
不明确原因		10594	57	23	17999.0	419981	1360	3	10	3	126.5								
放火		3109	257	64	9092.1	259787	1020	13	52	15	36.7	1	18	5	20.0				
其他		41075	148	78	49907.3	1737600	6906	7	26	1	1779.1								

分地区火灾基本情况表

地区	火灾概况				起火原因																					
					放火		电气		生产作业		用火不慎		吸烟		玩火		自燃		雷击		静电		不明确原因		其他	
	起数	亡(人)	伤(人)	直接损失(万元)	起数	直接损失(万元)	起数	直接损失(万元)	起数	直接损失(万元)	起数	直接损失(万元)	起数	直接损失(万元)	起数	直接损失(万元)	起数	直接损失(万元)	起数	直接损失(万元)	起数	直接损失(万元)	起数	直接损失(万元)	起数	直接损失(万元)
合计	242943	1462	843	367908.8	3109	9255.4	85893	184455.4	10134	50303.1	53748	29461.5	18848	6011.7	7172	4884.9	12035	19218.2	175	506.3	160	529.6	10594	18033.2	41075	50178.1
北京	3293	32	14	3646.5	98	193.7	1260	2266.7	148	136.1	407	235.9	97	33.6	19	46.9	104	206.1	1	0.1			48	28.9	1111	498.7
天津	1864	28	18	12804.7	45	41.5	428	11030.7	61	266.0	254	163.4	89	31.0	10	4.0	36	64.1	3	8.1			62	23.7	876	1172.8
河北	3981	41	23	17988.6	159	978.6	2001	8025.1	339	2211.9	647	2095.0	173	673.5	85	225.5	85	831.9	3	53.2	10	29.7			479	2873.6
山西	4123	46	14	6388.8	77	175.1	1391	2462.8	222	1100.8	558	453.2	319	38.9	74	50.5	144	252.5	2	1.0	1	0.1	178	245.7	1157	1610.3
内蒙古	7118	55	15	11241.8	80	485.7	1540	4079.2	380	1921.7	2257	1834.8	580	162.4	419	315.5	503	517.3	5	3.1	4	49.4	492	952.3	858	920.5
辽宁	17891	56	16	9175.1	174	670.6	1550	2264.1	439	818.0	4946	1490.4	3367	348.9	658	330.3	947	843.5	15	1.8	11	0.6	1470	343.6	4314	2210.5
吉林	6796	20	3	4885.3	65	204.1	2372	2395.8	159	336.8	1472	652.6	754	200.6	147	174.1	209	244.2	6	6.1	3	2.2	362	281.8	1247	387.0
黑龙江	5428	68	65	11245.9	100	301.3	2230	8059.9	275	1201.0	1485	1999.2	557	310.3	123	93.8	147	220.6	3	52.5	3	2.3	8	46.2	497	1220.7
上海	3855	44	42	5951.4	47	171.9	1526	3772.9	118	1327.9	864	247.2	140	143.3	12	8.8	85	81.8	3	4.4	2	0.4	37	38.6	1021	569.9
江苏	14619	84	86	30011.9	188	345.5	6223	12473.5	744	5834.0	2393	1123.4	317	308.0	102	162.8	948	1574.3	11	54.0	13	49.1	776	2177.5	2904	6045.1
浙江	14027	74	59	27708.2	96	534.4	7013	14748.6	1170	5607.3	2890	1874.4	745	895.3	204	201.7	1215	1572.5	19	14.6	17	72.8	152	1437.5	506	846.0
安徽	9018	39	25	14766.5	95	105.6	3410	6719.1	292	1569.7	1350	469.7	499	49.9	257	311.6	181	470.8	6	0.3	3	2.5	303	384.6	2622	4688.8
福建	7536	92	35	13276.1	61	301.9	3709	6444.1	255	959.2	851	1060.8	310	96.3	95	134.6	375	409.4	12	12.2	2	5.0	223	664.7	1643	3204.2
江西	8622	44	17	21456.6	129	536.0	3037	9096.9	432	2794.2	1988	1947.7	249	249.0	240	303.4	547	1274.0	17	26.1	4	18.3	362	673.5	1617	3686.8
山东	18026	29	15	21104.0	183	131.9	6551	10326.4	575	2076.4	3702	2129.2	2676	446.3	740	166.9	1405	2235.2	5	10.2	13	9.0	1388	2816.3	788	756.5

分地区火灾基本情况表（续）

地区	火灾概况				起火原因																					
	起数	亡(人)	伤(人)	直接损失(万元)	放火		电气		生产作业		用火不慎		吸烟		玩火		自燃		雷击		静电		不明确原因		其他	
					起数	直接损失(万元)	起数	直接损失(万元)	起数	直接损失(万元)	起数	直接损失(万元)	起数	直接损失(万元)	起数	直接损失(万元)	起数	直接损失(万元)	起数	直接损失(万元)	起数	直接损失(万元)	起数	直接损失(万元)	起数	直接损失(万元)
河南	10997	42	27	10251.5	137	349.4	4268	4206.0	459	2647.2	1604	508.4	1309	207.7	399	143.7	283	518.9	4	3.1	7	7.9	363	326.8	2164	2455.3
湖北	13601	23	7	6806.1	180	96.9	5003	3216.0	377	568.5	2595	712.7	699	120.2	160	67.9	1004	583.8	6	1.0	2	0.2	462	120.5	3113	1326.4
湖南	7092	85	47	18145.6	98	287.1	3620	8232.2	333	4795.8	1533	1286.7	247	145.3	96	281.4	347	1329.0	8	3.4	7	56.1	190	711.4	613	1099.5
广东	13122	128	81	27259.7	224	325.5	3713	13847.4	708	4549.2	2550	1011.9	303	164.4	184	105.1	804	2213.8	5	1.8	27	138.0	809	1128.4	3795	4013.0
广西	6220	57	27	10211.1	88	211.9	3143	6267.0	222	1333.2	1756	1127.6	249	151.3	225	116.7	243	191.3	8	0.5	4	8.2	27	91.8	255	719.2
海南	1170	8	1	3655.0	22	369.8	464	2017.8	57	159.4	209	200.1	44	13.1	26	38.4	130	410.9					69	61.3	149	384.4
重庆	5016	39	24	8732.4	81	739.8	2527	5320.2	150	472.9	1111	404.6	363	92.3	44	173.8	105	179.5	7	1.0	2	16.4	61	143.0	565	1254.1
四川	16198	95	64	21792.9	139	145.2	6763	15407.0	454	2438.8	4765	728.6	1116	319.7	386	514.8	661	220.4	6	3.7	2	0.1	469	1258.2	1437	1026.2
贵州	4650	37	27	8836.8	71	529.7	2362	4543.5	115	569.7	830	696.5	101	73.8	84	114.8	155	546.6	2	144.5			77	221.0	853	1424.6
云南	6735	85	26	11424.2	137	621.3	1528	4658.2	292	544.1	2230	1607.5	722	134.9	647	228.1	264	156.4	9	88.6	4	42.2	126	2504.8	776	1161.3
西藏	110			373.3			40	168.6	8	76.4	30	15.4	3	0.1	6	3.6	5	10.8					3	32.7	15	66.5
陕西	10215	61	42	11835.0	121	213.0	3775	5186.3	403	1083.0	2196	1176.3	744	266.7	213	192.2	519	1075.4			4	1.8	667	696.7	1573	2050.1
甘肃	8594	6	6	3475.4	149	84.4	1401	786.6	212	638.3	2466	665.9	547	58.9	558	52.6	157	174.3	5	10.4	4	5.1	662	263.1	2433	736.2
青海	1629	7	5	1340.0	9	10.1	384	487.3	77	375.4	505	117.5	235	20.1	215	30.9	96	152.5			2	0.1	36	97.8	70	48.7
宁夏	2910	3	2	5418.9	40	67.7	163	3319.7	113	458.8	1185	602.7	521	75.0	384	85.1	74	346.1	4	0.6	3	1.5	154	193.2	269	271.1
新疆	8487	34	10	6699.6	16	25.7	2498	2626.1	545	1431.2	2119	822.5	773	180.9	360	205.2	257	310.3			6	10.4	558	67.8	1355	1450.0

分经济类型火灾情况表

项目		火灾概况						较大火灾				重大火灾				特别重大火灾				起火原因（起）										
		起数	亡(人)	伤(人)	直接损失(万元)	烧毁建筑(平方米)	受灾户数	起数	亡(人)	伤(人)	直接损失(万元)	起数	亡(人)	伤(人)	直接损失(万元)	起数	亡(人)	伤(人)	直接损失(万元)	放火	电气	生产作业	用火不慎	吸烟	玩火	自燃	雷击	静电	不明确原因	其他
合计		52279	212	214	214235.6	6587684	14291	16	56	24	7929.4	5	50	28	18736.5					578	17823	4931	11584	3716	1861	1987	67	91	2002	7639
公有经济	小计	6531	7	5	23391.0	687727	1017					1			8945.0					124	2666	411	817	584	314	299	18	14	287	997
	国有经济	2630	1	2	17037.8	233545	418					1			8945.0					22	1497	169	184	220	70	124	10	10	58	266
	集体经济	1408	2	2	2927.7	244200	280													21	487	109	242	140	78	102	1	1	32	195
	其他	2493	4	1	3425.5	209982	319													81	682	133	391	224	166	73	7	3	197	536
非公有经济	小计	45748	205	209	190844.6	5899958	13274	16	56	24	7929.4	4	50	23	9791.6					454	15157	4520	10767	3132	1547	1688	49	77	1715	6642
	私有经济	35142	172	181	164783.1	4776035	11027	16	56	24	7929.4	3	32	23	9771.6					341	12392	3814	8469	2426	1158	1282	38	66	1186	3970
	港澳台经济	32	1	2	1330.9	2868	5														18	6				2		2	3	1
	外商经济	75			1844.9	59127	11														33	22	2		1	2		2	3	10
	其他	10499	32	26	22885.6	1061928	2231					1	18	5	20.0					113	2714	678	2296	706	388	402	11	7	523	2661

分区域火灾情况表

区域	火灾概况								较大火灾				重大火灾				特别重大火灾				起火原因（起）										
	起数	扑救起数	扑救所占比例(%)	亡(人)	伤(人)	直接损失(万元)	烧毁建筑(平方米)	受灾户数	起数	亡(人)	伤(人)	直接损失(万元)	起数	亡(人)	伤(人)	直接损失(万元)	起数	亡(人)	伤(人)	直接损失(万元)	放火	电气	生产作业	用火不慎	吸烟	玩火	自燃	雷击	静电	不明确原因	其他
合计	242943	241906	99.6	1462	843	367908.8	10074191	53490	71	276	77	9162.1	5	50	28	18736.5					3109	85893	10134	53748	18848	7172	12035	175	160	10594	41075
城市市区	69508	69409	99.9	466	280	89554.7	1091170	13669	17	66	20	3342.5	3	30	1	9530.4					828	26237	1957	14089	6504	1436	2579	28	37	2622	13191
县城城区	42006	41860	99.7	226	185	63266.6	978331	10890	11	44	21	2159.7	1	20	27	261.2					578	16932	1631	8969	2571	1251	1838	26	25	1812	6373
集镇镇区	35120	35007	99.7	234	161	77263.4	1099052	6846	14	47	6	2123.6	1			8945.0					439	14019	1944	6989	2072	849	1741	20	32	1436	5579
农村	78392	77785	99.2	509	186	91107.9	5956745	19491	29	119	30	1491.3									1080	23682	2545	22308	6473	3392	2930	95	38	3760	12089
开发区旅游区	5327	5305	99.6	19	22	18796.0	404560	983													87	1860	609	754	475	97	333	2	18	250	842
其他	12590	12540	99.6	8	9	27920.3	544332	1611													97	3163	1448	639	753	147	2614	4	10	714	3001

分月季火灾基本情况表

项目		火灾概况										较大火灾				重大火灾				特别重大火灾				起火原因（起）											
		起数	所占比例(%)	亡(人)	所占比例(%)	伤(人)	所占比例(%)	直接损失(万元)	所占比例(%)	烧毁建筑(平方米)	受灾户数	起数	亡(人)	伤(人)	直接损失(万元)	起数	亡(人)	伤(人)	直接损失(万元)	起数	亡(人)	伤(人)	直接损失(万元)	放火	电气	生产作业	用火不慎	吸烟	玩火	自燃	雷击	静电	不明确原因	其他
合计		242943	100	1462	100	843	100	367908.8	100	10074191	53490	71	276	77	9162.1	5	50	28	18736.5					3109	85893	10134	53748	18848	7172	12035	175	160	10594	41075
一季度	小计	83630	34.4	516	35.3	286	33.9	98987.4	26.9	2842030	19373	23	94	41	3005.3									1085	27038	2922	19829	6964	5014	3680	22	50	3751	13275
	1月	26172	10.8	191	13.1	108	12.8	35036.1	9.5	670556	6143	10	38	17	1302.0									341	9786	1190	6175	1887	545	1249	4	22	1071	3902
	2月	33549	13.8	189	12.9	92	10.9	33327.2	9.1	1184272	7781	6	27	2	172.2									415	9709	755	7983	2901	3656	1297	8	15	1513	5297
	3月	23909	9.8	136	9.3	86	10.2	30624.2	8.3	987203	5449	7	29	22	1531.0									329	7543	977	5671	2176	813	1134	10	13	1167	4076
二季度	小计	58920	24.3	348	23.8	200	23.7	98930.3	26.9	3655746	12645	19	74	11	1318.8	2	19	5	9230.3					738	20756	2663	12962	4877	915	3072	70	35	2675	10157
	4月	22389	9.2	160	10.9	82	9.7	35251.1	9.6	1571306	4864	6	26	7	113.5	1	18	5	20.0					278	7133	987	5376	2006	384	1111	16	15	1073	4010
	5月	19770	8.1	124	8.5	67	7.9	29830.8	8.1	732818	4402	11	40	4	1141.8									261	7060	876	4195	1707	325	1001	37	10	922	3376
	6月	16761	6.9	64	4.4	51	6.0	33848.3	9.2	1351622	3379	2	8		63.5	1	1		9210.3					199	6563	800	3391	1164	206	960	17	10	680	2771
三季度	小计	46536	19.2	232	15.9	187	22.2	70159.7	19.1	1116047	9850	14	52	8	2984.9	1	20	22	261.2					568	18607	2039	9325	2871	520	2725	82	38	1861	7900
	7月	16307	6.7	62	4.2	62	7.4	22176.0	6.0	359614	3554	5	19	2	29.5									178	6842	710	3228	894	161	1018	23	11	617	2625
	8月	15719	6.5	102	7.0	69	8.2	21537.8	5.9	326892	3175	6	24	5	77.3	1	20	22	261.2					199	6261	635	3193	995	191	955	41	14	603	2632
	9月	14510	6.0	68	4.7	56	6.6	26445.9	7.2	429542	3121	3	9	1	2878.0									191	5504	694	2904	982	168	752	18	13	641	2643
四季度	小计	53857	22.2	366	25.0	170	20.2	99831.4	27.1	2460367	11622	15	56	17	1853.1	2	11	1	9245.0					718	19492	2510	11632	4136	723	2558	1	37	2307	9743
	10月	17986	7.4	104	7.1	69	8.2	37850.9	10.3	971262	3772	4	15	9	17.1	1			8945.0					260	6013	872	3814	1400	305	887	1	16	818	3600
	11月	15738	6.5	100	6.8	42	5.0	27869.7	7.6	627556	3433	3	11		171.6									228	5699	714	3374	1255	176	739		9	696	2848
	12月	20133	8.3	162	11.1	59	7.0	34110.9	9.3	861550	4417	8	30	8	1664.4	1	11	1	300.0					230	7780	924	4444	1481	242	932		12	793	3295

消防监督分级管理单位火灾基本情况表

项目	火灾概况						较大火灾				重大火灾				特别重大火灾				起火原因(起)										
	起数	亡(人)	伤(人)	直接损失(万元)	烧毁建筑(平方米)	受灾户数	起数	亡(人)	伤(人)	直接损失(万元)	起数	亡(人)	伤(人)	直接损失(万元)	起数	亡(人)	伤(人)	直接损失(万元)	放火	电气	生产作业	用火不慎	吸烟	玩火	自燃	雷击	静电	不明确原因	其他
合计	242943	1462	843	367908.8	10074191	53490	71	276	77	9162.1	5	50	28	18736.5					3109	85893	10134	53748	18848	7172	12035	175	160	10594	41075
一级管理单位	5262	24	11	31700.6	230197	787	1	5		1.9	2	1		18155.3					69	1877	292	984	288	153	305	3	11	534	746
二级管理单位	15515	76	72	34522.5	517273	3248	2	8		529.8	1	20	22	261.2					204	5785	994	3043	1053	346	741	9	21	609	2710
派出所管理单位（场所）	94984	635	372	134555.0	4096198	22481	27	108	45	2592.1	2	29	6	320.0					1197	34566	3828	23578	8459	2946	4418	49	56	4382	11505
其他	127182	727	388	167130.7	5230523	26974	41	155	32	6038.3									1639	43665	5020	26143	9048	3727	6571	114	72	5069	26114

注：“一级管理单位”指直辖市消防总队或地（市）消防支队直接监督管理的单位（也称一级重点单位），“二级管理单位”指大、中城市的区消防处（科）或县（市）消防大队监督管理的单位，“派出所管理单位（场所）”指公安派出所监督管理的单位。

分引火源火灾情况表

项目	火灾概况						较大火灾				重大火灾				特别重大火灾				起火原因(起)											
	起数	亡(人)	伤(人)	直接损失(万元)	烧毁建筑(平方米)	受灾户数	起数	亡(人)	伤(人)	直接损失(万元)	起数	亡(人)	伤(人)	直接损失(万元)	起数	亡(人)	伤(人)	直接损失(万元)	放火	电气	生产作业	用火不慎	吸烟	玩火	自燃	雷击	静电	不明确原因	其他
合计	242943	1462	843	367908.8	10074191	53490	71	276	77	9162.1	5	50	28	18736.5					3109	85893	10134	53748	18848	7172	12035	175	160	10594	41075
建筑构件、材料	21986	159	90	38813.3	1123980	5608	6	24	20	4527.7	2	31	23	561.2					506	9350	1304	6227	792	512	240	39	9	1069	1938
家具、设备及竹、木等制品	93376	799	393	129475.4	2217868	24307	38	138	46	1833.6	1	18	5	20.0					953	56115	2490	20732	2878	1229	2527	56	32	1913	4451
轻工业品、纺织品	22450	213	73	71773.3	942883	5445	8	31		220.0	1	1		9210.3					450	5864	2117	3647	4316	934	1602	16	25	740	2739
易燃、易爆物品	12094	44	144	20700.7	244727	2967	4	16	1	13.2									131	1354	1656	6279	244	126	1088	7	47	269	893
农副产品	5317	9	3	7452.9	1484789	1691													105	579	233	2404	512	341	208	7	1	191	736
山林野外（露天）	36627	12	5	13926.1	2644800	5296													357	2079	492	9241	8130	3249	2142	32	13	2364	8528
其他	51093	226	135	85767.2	1415142	8176	15	67	10	2567.6	1			8945.0					607	10552	1842	5218	1976	781	4228	18	33	4048	21790

分建筑类别火灾情况表

项目	火灾概况						较大火灾				重大火灾				特别重大火灾				起火原因(起)										
	起数	亡(人)	伤(人)	直接损失(万元)	烧毁建筑(平方米)	受灾户数	起数	亡(人)	伤(人)	直接损失(万元)	起数	亡(人)	伤(人)	直接损失(万元)	起数	亡(人)	伤(人)	直接损失(万元)	放火	电气	生产作业	用火不慎	吸烟	玩火	自燃	雷击	静电	不明确原因	其他
合计	147220	1393	798	278973.9	4398816	40122	68	260	71	9080.2	5	50	28	18736.5					2010	65343	5692	39619	6925	2932	2409	106	91	4706	17387
高层	6301	105	74	11543.6	82195	1886	2	6		51.2									147	2829	175	1411	435	161	80		2	148	913
多层	74001	852	575	126290.0	1525401	19771	49	190	69	8092.7	4	50	28	9791.5					983	34735	2045	19669	3627	1231	1001	35	30	2014	8631
单层	66255	436	149	140225.4	2730246	18384	17	64	2	936.4	1			8945.0					857	27538	3446	18464	2812	1469	1298	71	58	2532	7710
地下	663			914.9	60974	81													23	241	26	75	51	71	30		1	12	133

火灾损失、亡人分段情况表

项目		起数	亡(人)	伤(人)	直接损失(万元)
损失分段	合计	242943	1462	843	367908.8
	0.1万元以下	120632	72	52	3014.3
	0.1万～1万元	88214	435	209	26391.4
	1万～5万元	22749	375	233	43984.6
	5万～10万元	5824	178	89	37373.1
	10万～20万元	2676	123	98	33910.0
	20万～30万元	1125	80	53	26088.6
	30万～100万元	1375	112	50	63591.1
	100万～1000万元	346	86	59	115595.5
	1000万元以上	2	1		17960.3
亡人分段	合计	242943	1462	843	367908.8
	无	241881		596	343127.0
	1人	842	842	99	15862.9
	2人	148	296	49	3693.9
	3人	32	96	13	1167.0
	4～5人	30	128	41	1932.9
	6～9人	7	51	22	1544.0
	10～29人	3	49	23	581.2
	30人以上				

注：损失金额含下限(左)不含上限(右)。

每日火灾情况表

日期	1月					2月					3月					4月					5月					6月				
	星期	起数	亡(人)	伤(人)	直接损失(万元)	星期	起数	亡(人)	伤(人)	直接损失(万元)	星期	起数	亡(人)	伤(人)	直接损失(万元)	星期	起数	亡(人)	伤(人)	直接损失(万元)	星期	起数	亡(人)	伤(人)	直接损失(万元)	星期	起数	亡(人)	伤(人)	直接损失(万元)
合计		26172	191	108	35036.1		33549	189	92	33327.2		23909	136	86	30624.2		22389	160	82	35251.1		19770	124	67	29830.8		16761	64	51	33848.3
1	一	921	3	5	818.6	四	986	2	3	856.3	四	753	4	1	536.4	日	907	8	4	907.6	二	688	4		512.4	五	622	2	2	9509.8
2	二	809	15	3	1376.5	五	1114	9	3	1016.2	五	1402	2	3	1507.1	一	811	7	4	1716.4	三	699	10	1	1284.5	六	644	6		1350.8
3	三	804	9	4	656.6	六	1137	7	2	1589.3	六	913	4		739.9	二	838	3	6	1081.2	四	763	9	2	2673.5	日	633	3	1	636.0
4	四	744	1	4	1249.7	日	1147	4	1	1250.0	日	826	4	2	879.4	三	916	3		708.9	五	794	3	3	926.0	一	625	3	3	1183.1
5	五	682	6	4	1495.8	一	1169	12	5	2036.6	一	667		1	750.7	四	837	7	7	1490.5	六	569		1	663.5	二	678	1	2	690.3
6	六	749	3	3	1036.2	二	1088	10	5	1812.2	二	659	3	2	1195.1	五	819	7	14	1058.3	日	700	1	1	428.0	三	606	1	3	1582.2
7	日	699	4	2	689.8	三	1092	11	4	1183.5	三	576	2		698.9	六	928	4		3416.5	一	693	4	6	473.6	四	565	1		594.1
8	一	748		5	857.9	四	1221	8	1	1302.4	四	672	7	2	1147.0	日	842	3	2	813.6	二	662	5	2	754.9	五	532	3		801.3
9	二	824	2	3	744.9	五	1054	11	4	955.6	五	761		3	1767.4	一	936	6	4	1371.3	三	723	1		1666.7	六	507	2	2	543.0
10	三	872	11	6	1091.2	六	1071	1		1149.0	六	870	3	2	662.1	二	807	6	1	1705.7	四	619	3		746.6	日	495	3	3	351.6
11	四	948	8	1	1172.0	日	1254	5	1	974.0	日	947	6		1842.1	三	752		2	747.8	五	521	7		737.3	一	564	2	3	482.3
12	五	952	4		1032.4	一	1288	16	1	906.5	一	868	6	4	753.0	四	729	6	3	478.0	六	603	4	1	506.5	二	570	1	1	911.0
13	六	937	6	4	1264.1	二	1434	7	3	2041.8	二	766	13	18	2374.1	五	601		1	893.1	日	644	2	1	1083.2	三	608		3	1733.6
14	日	883	8		1817.8	三	1370	5	1	772.1	三	692			758.0	六	628	2		1548.4	一	664	8	6	1078.7	四	579	1	2	1256.3
15	一	824	6	7	736.8	四	3742	9	3	2680.6	四	678	1	8	382.5	日	715	10	7	790.6	二	701	2	3	1158.3	五	586	6	2	1730.7
16	二	811	4	1	648.6	五	2670	23	4	2891.0	五	704	3		548.8	一	722	6	3	1559.7	三	700	3	4	728.7	六	578	2	4	771.2

每日火灾情况表（续一）

日期	1月					2月					3月					4月					5月					6月				
	星期	起数	亡(人)	伤(人)	直接损失(万元)	星期	起数	亡(人)	伤(人)	直接损失(万元)	星期	起数	亡(人)	伤(人)	直接损失(万元)	星期	起数	亡(人)	伤(人)	直接损失(万元)	星期	起数	亡(人)	伤(人)	直接损失(万元)	星期	起数	亡(人)	伤(人)	直接损失(万元)
17	三	760	5	2	489.0	六	1367	6	3	897.4	六	637	6		954.8	二	760	5	1	1548.5	四	654	4		683.8	日	561	5	2	1163.6
18	四	753	8		1026.7	日	1089	6	2	958.8	日	581	4	4	996.8	三	786	6	6	1006.3	五	686	3		784.9	一	533	3		492.3
19	五	767	4	9	751.7	一	897	6	5	743.2	一	577	3	3	737.1	四	822	3		697.2	六	651	7	3	934.6	二	455		1	357.5
20	六	754	6	1	906.4	二	885	2	10	1061.6	二	603	5	3	473.5	五	783	1	2	1067.6	日	609	7	2	649.1	三	495			467.8
21	日	774	4	5	1673.5	三	829	5	1	579.3	三	637	6	1	718.1	六	613	4		896.0	一	599	2	4	696.5	四	513	2	2	730.2
22	一	780	6	1	1086.3	四	846	4	4	1374.8	四	696	2	1	1494.0	日	568	8	1	1319.6	二	588	3	10	2415.7	五	524			562.7
23	二	852	13	16	1231.6	五	883	5		871.2	五	756	2		1593.2	一	514	2		641.8	三	615		5	1152.8	六	532	1		510.5
24	三	944	5	2	2336.1	六	835	3	7	625.2	六	806	8	1	960.5	二	545	24	1	1122.4	四	573	3	2	465.1	日	543	2	1	972.4
25	四	888	7	2	707.8	日	814	3		616.0	日	915	7	2	648.1	三	669	14	2	1334.7	五	589	2	1	485.1	一	554	4	2	673.2
26	五	970	6	2	1906.6	一	793	6	7	745.6	一	791	4	2	927.9	四	664	1	4	889.3	六	534	4	3	612.3	二	496	1	4	761.4
27	六	898	6		971.8	二	704	2	6	744.8	二	844	9	1	1053.0	五	675	7	1	594.7	日	560	7	3	923.2	三	565	3	1	1490.9
28	日	887	3	2	833.2	三	770	1	6	692.1	三	813	4	2	710.5	六	823	4	3	1543.6	一	625	3		823.7	四	588	6	3	695.2
29	一	967	10	6	2306.1						四	828	7	7	679.9	日	721	2	2	1760.6	二	572	7		624.1	五	543		3	409.6
30	二	972	14	3	793.7						五	809	7	9	1335.5	一	658	1	1	541.3	三	600	3	3	1474.7	六	467		1	433.8
31	三	999	4	5	1327.0						六	862	4	4	799.0						四	572	3		1682.5					

每日火灾情况表（续二）

日期	7月					8月					9月					10月					11月					12月				
	星期	起数	亡(人)	伤(人)	直接损失(万元)	星期	起数	亡(人)	伤(人)	直接损失(万元)	星期	起数	亡(人)	伤(人)	直接损失(万元)	星期	起数	亡(人)	伤(人)	直接损失(万元)	星期	起数	亡(人)	伤(人)	直接损失(万元)	星期	起数	亡(人)	伤(人)	直接损失(万元)
合计		16307	62	62	22176.0		15719	102	69	21537.8		14510	68	56	26445.9		17986	104	69	37850.9		15738	100	42	27869.7		20133	162	59	34110.9
1	日	484	5	1	482.9	三	474			1406.0	六	502	7	4	730.6	一	687	1	3	1101.1	四	677	5	2	997.3	六	589	3	3	532.4
2	一	523	6	5	841.7	四	580	5		581.8	日	446	1		420.1	二	662	2	5	746.9	五	654	8	1	1141.6	日	530	10	2	591.8
3	二	466	1	5	1371.8	五	478	2	8	796.7	一	467	2		697.1	三	648	2	3	635.8	六	598	4	1	874.2	一	509	2		622.6
4	三	480	2	1	618.4	六	492			1084.2	二	468	3	2	410.2	四	705	4		1628.1	日	528			449.1	二	536	1	3	896.4
5	四	493	1	1	1212.5	日	511	3	1	759.6	三	494	3	5	3745.4	五	614	1	2	555.4	一	490	4		660.3	三	512	3		638.5
6	五	477		2	558.8	一	569			341.7	四	481	1		1433.1	六	648	3	3	952.0	二	504	1	2	1051.0	四	583	2	2	1379.8
7	六	450	5		630.8	二	517	1		560.5	五	493	3		597.7	日	627	4	5	978.2	三	503	1	2	591.5	五	736	5	2	927.3
8	日	431	2	5	464.8	三	557	6		817.4	六	507			1411.5	一	612	2	2	953.1	四	513	3		739.6	六	751	2		994.4
9	一	429	3		391.8	四	549	2		455.2	日	560	3	2	920.7	二	561	2	4	788.0	五	463	3		1479.5	日	701	8		1016.5
10	二	511	3		1488.6	五	500	2		1132.3	一	514	1	5	1497.6	三	604	4	1	1153.1	六	470	2	2	883.1	一	701	5		1239.4
11	三	553	3	2	658.7	六	555	6	1	715.6	二	494	3	2	581.1	四	589	2		880.8	日	447		2	977.3	二	722	14	1	744.5
12	四	479	2	4	699.4	日	506	3	2	569.6	三	456	1	5	360.1	五	623	5		818.6	一	447	7		415.0	三	729	5	4	1269.8
13	五	478	1	2	816.3	一	477	3		831.7	四	424	1	6	609.2	六	572	11	12	573.3	二	492	3	2	635.9	四	731	3	4	795.0
14	六	532	2	1	569.8	二	448			852.4	五	436	4	1	531.7	日	506	3		594.9	三	455	4	1	1548.2	五	673	6		740.2
15	日	527	8	1	429.3	三	479	2	7	565.6	六	473	1		499.9	一	488	3		448.2	四	495	3	8	1597.0	六	620	7	4	1552.1
16	一	528	4	4	496.5	四	532	3	1	647.1	日	545	5	3	1161.9	二	483	1	3	1088.2	五	462	7	2	681.8	日	699	1	2	1623.5

每日火灾情况表（续三）

日期	7月					8月					9月					10月					11月					12月				
	星期	起数	亡(人)	伤(人)	直接损失(万元)	星期	起数	亡(人)	伤(人)	直接损失(万元)	星期	起数	亡(人)	伤(人)	直接损失(万元)	星期	起数	亡(人)	伤(人)	直接损失(万元)	星期	起数	亡(人)	伤(人)	直接损失(万元)	星期	起数	亡(人)	伤(人)	直接损失(万元)
17	二	541		1	953.5	五	490		3	764.3	一	451	3		825.6	三	498	8		398.7	六	498	2		397.8	一	690	15	1	2270.9
18	三	572	1	7	896.7	六	443	5	1	932.6	二	426	1	7	468.9	四	553	1	1	672.0	日	480	3	2	453.3	二	662	5		1301.2
19	四	613	2	1	865.3	日	471	3		711.5	三	431	4		489.0	五	514	1	1	1021.4	一	489			1060.3	三	627	2	3	1042.5
20	五	605	2		874.8	一	505	1	3	583.5	四	457	3	2	441.9	六	471	6	2	1132.9	二	485	1		1256.8	四	577	4		584.6
21	六	586	1	2	600.8	二	471		1	274.1	五	403	2		757.6	日	491	1		1272.1	三	465	5	1	1044.4	五	550	2		719.8
22	日	598			659.9	三	506	4		571.6	六	531	1	1	732.2	一	468	1	1	343.0	四	581	3	1	576.8	六	649	7	3	2225.3
23	一	589	1	2	1419.0	四	539	7	8	466.9	日	558	3	1	625.1	二	483	1		908.3	五	577	4	1	561.5	日	582	2	2	627.2
24	二	571	2	1	741.3	五	523	7		380.4	一	610	2	4	1084.0	三	468	4	2	1814.5	六	556	5	2	901.6	一	631	7	1	1638.4
25	三	557	2		690.1	六	581	27	24	856.7	二	443	1	1	319.0	四	469	5	3	313.6	日	624	1	4	1037.6	二	605		1	1240.9
26	四	577	1		416.1	日	488	3	3	666.0	三	492	1		925.9	五	512	1	8	699.5	一	583	3	4	1390.5	三	593	6	2	1238.1
27	五	520		2	498.4	一	478	1	3	653.3	四	427	1	1	624.0	六	691	5		946.3	二	574	4		754.5	四	637	8	2	1007.1
28	六	529			429.9	二	487	4		511.7	五	461	3	3	657.4	日	750	5	4	10748.9	三	591	2		1098.3	五	739	11	7	1209.2
29	日	546		6	456.7	三	514	2	2	399.7	六	493		1	997.6	一	682	5	1	1156.3	四	543	8		1833.5	六	752	4	6	914.1
30	一	529		1	334.9	四	518			539.2	日	567	4		1889.8	二	666	7		822.9	五	494	4	2	780.3	日	779	2	1	958.4
31	二	533	2	5	606.4	五	481		1	1108.9						三	641	3	3	1704.7						一	738	10	3	1568.7

火灾24小时分布情况表

时间(时)	火灾概况						较大火灾				重大火灾				特别重大火灾				起火原因(起)										
	起数	亡(人)	伤(人)	直接损失(万元)	烧毁建筑(平方米)	受灾户数	起数	亡(人)	伤(人)	直接损失(万元)	起数	亡(人)	伤(人)	直接损失(万元)	起数	亡(人)	伤(人)	直接损失(万元)	放火	电气	生产作业	用火不慎	吸烟	玩火	自燃	雷击	静电	不明确原因	其他
合计	242943	1462	843	367908.8	10074191	53490	71	276	77	9162.1	5	50	28	18736.5					3109	85893	10134	53748	18848	7172	12035	175	160	10594	41075
0—2	13890	230	105	30718.3	459601	3588	18	72	24	1001.9	1	18	5	20.0					342	5648	496	2284	898	354	765	14	3	656	2430
2—4	10858	218	94	33627.7	391520	3004	16	61	10	3619.6									272	4721	475	1659	593	111	654	11	4	477	1881
4—6	9329	175	104	23984.6	309332	2366	9	35	5	269.5	1	20	22	261.2					211	4081	418	1496	522	87	605	16	8	432	1453
6—8	11770	105	50	18560.6	303576	2662	6	23	1	25.8									135	4899	538	2411	718	159	656	7	10	480	1757
8—10	19292	103	56	29182.2	479299	4037	3	16	18	1728.6									187	7215	1106	4475	1374	351	895	6	17	792	2874
10—12	25534	83	85	29231.9	1212970	5231					1	11	1	300.0					230	8530	1342	6650	1892	593	1129	6	18	1027	4117
12—14	26590	73	38	32559.1	2407606	5758	4	13		645.9									273	8317	1068	6686	2225	935	1287	14	18	1142	4625
14—16	29143	84	54	36951.0	1797164	6297	2	5	1	1664.5									269	8768	1380	7084	2632	1132	1384	16	25	1320	5133
16—18	28038	104	62	48603.8	993606	5835	1	3		1.0	2	1		18155.3					263	9076	1232	6785	2302	1015	1237	21	18	1257	4832
18—20	27734	61	49	28238.6	705372	5804	1	3		43.6									276	9374	851	6444	2370	1087	1330	28	12	1198	4764
20—22	23353	92	70	28879.0	521762	4894	5	17	14	34.0									318	8516	638	4691	1963	810	1165	20	13	1004	4215
22—24	17412	134	76	27372.1	492384	4014	6	28	4	127.8									333	6748	590	3083	1359	538	928	16	14	809	2994

注：时间含上限（左）不含下限（右）。

人员死亡火灾分地区情况表

地区	火灾概况				一次死亡1～2人				一次死亡3～9人				一次死亡10～29人				一次死亡30人以上			
	起数	亡(人)	伤(人)	直接损失(万元)	起数	亡(人)	伤(人)	直接损失(万元)	起数	亡(人)	伤(人)	直接损失(万元)	起数	亡(人)	伤(人)	直接损失(万元)	起数	亡(人)	伤(人)	直接损失(万元)
合计	1062	1462	247	24781.9	990	1138	148	19556.8	69	276	77	4643.9	3	49	28	581.2				
北京	25	32	1	95.1	23	24	1	43.3	2	8		51.8								
天津	24	28	1	947.5	24	28	1	947.5												
河北	33	41	4	141.3	32	38	4	137.6	1	3		3.7								
山西	40	46	5	75.8	37	37		71.4	3	9	5	4.4								
内蒙古	44	55	4	802.3	41	44	4	320.4	3	12	1	481.9								
辽宁	42	56	8	131.1	39	47	8	118.5	3	9		12.6								
吉林	17	20		27.7	17	20		27.7												
黑龙江	42	68	30	550.9	40	44	8	118.6	1	4		171.2	1	20	22	261.2				
上海	36	44	8	1402.1	35	39	8	1364.6	1	5		37.5								
江苏	49	84	35	1872.6	41	48	10	311.4	8	36	25	1561.3								
浙江	58	74	16	1651.2	57	70	16	1641.2	1	4		10.0								
安徽	25	39	11	601.2	22	29	10	456.2	3	10	1	145.0								
福建	70	92	11	905.1	65	74	4	764.8	5	18	7	140.3								
江西	33	44	7	266.4	32	41	7	222.8	1	3		43.6								
山东	26	29	5	41.6	26	29	5	41.6												

人员死亡火灾分地区情况表（续）

地区	火灾概况				一次死亡1～2人				一次死亡3～9人				一次死亡10～29人				一次死亡30人以上			
	起数	亡(人)	伤(人)	直接损失(万元)	起数	亡(人)	伤(人)	直接损失(万元)	起数	亡(人)	伤(人)	直接损失(万元)	起数	亡(人)	伤(人)	直接损失(万元)	起数	亡(人)	伤(人)	直接损失(万元)
河南	14	42	11	369.3	7	8	4	31.7	6	23	6	37.6	1	11	1	300.0				
湖北	13	23		107.4	11	14		97.4	2	9		10.0								
湖南	59	85	6	1330.8	52	58	5	357.4	7	27	1	973.4								
广东	71	128	18	1321.9	63	78	8	1243.2	7	32	10	58.7	1	18	5	20.0				
广西	41	57	10	419.7	38	45	10	308.3	3	12		111.4								
海南	7	8		249.1	7	8		249.1												
重庆	32	39	2	218.1	31	36	2	186.9	1	3		31.2								
四川	78	95	14	9650.8	75	81	13	9547.0	3	14	1	103.8								
贵州	26	37	5	322.2	22	24	3	256.1	4	13	2	66.1								
云南	64	85	5	521.3	62	70	2	498.8	2	15	3	22.5								
西藏																				
陕西	50	61	29	668.2	48	54	14	102.2	2	7	15	566.0								
甘肃	5	6	1	17.6	5	6	1	17.6												
青海	5	7		23.9	5	7		23.9												
宁夏	3	3		1.1	3	3		1.1												
新疆	30	34		48.7	30	34		48.7												

死亡1～2人火灾分地区情况表

地区	火灾概况				起火原因																					
					放火		电气		生产作业		用火不慎		吸烟		玩火		自燃		雷击		静电		不明确原因		其他	
	起数	亡(人)	伤(人)	直接损失(万元)	起数	直接损失(万元)	起数	直接损失(万元)	起数	直接损失(万元)	起数	直接损失(万元)	起数	直接损失(万元)	起数	直接损失(万元)	起数	直接损失(万元)	起数	直接损失(万元)	起数	直接损失(万元)	起数	直接损失(万元)	起数	直接损失(万元)
合计	990	1138	148	19556.8	165	555.5	329	16039.7	22	1400.0	156	752.7	145	644.6	20	134.4	4	25.3			1	26.5	40	344.0	108	542.4
北京	23	24	1	43.3	12	16.4	5	13.9					2	1.2											4	11.8
天津	24	28	1	947.5	2	5.2	3	910.2			1	1.1	8	4.7											10	26.4
河北	32	38	4	137.6	5	11.3	13	59.3	1	46.5	6	7.6	5	6.6											2	10.1
山西	37	37		71.4	5	14.4	13	20.2			7	10.0	4	0.6									1	0.5	7	25.7
内蒙古	41	44	4	320.4	3	7.6	11	282.1	1	1.2	12	16.1	9	6.3	1	0.1							1	1.0	3	6.1
辽宁	39	47	8	118.5	4	3.8	12	66.7	1	17.5	4	15.5	8	8.5	1	0.5	1	0.2					5	8.1	3	10.2
吉林	17	20		27.7	1	0.3	5	12.4			2	3.0	5	2.3											4	9.8
黑龙江	40	44	8	118.6	4	8.5	15	58.1	3	41.0	3	1.0	13	13.2									1	1.0	1	0.9
上海	35	39	8	1364.6	6	2.8	15	1503.0			3	8.9	8	85.7											3	17.6
江苏	41	48	10	311.4	6	31.8	14	155.3			5	78.8	3	0.2									3	1.3	10	47.3
浙江	57	70	16	1641.2	12	14.8	24	596.3	2	502.0	10	112.4	3	348.8	1	0.4	1	20.0			1	26.5	3	51.8		
安徽	22	29	10	456.2	1	0.5	12	380.1					3	12.5									1	0.3	5	62.8
福建	65	74	4	764.8	8	4.8	29	638.7	2	15.9	4	35.4	10	15.3	2	31.4							3	15.0	7	12.5
江西	32	41	7	222.8	2	2.0	8	129.1			12	70.2	1	0.6	3	2.1									6	20.1
山东	26	29	5	41.6	4	3.4	8	7.4			3	16.2	5	2.1									5	11.5	1	1.0

死亡1～2人火灾分地区情况表（续）

地区	火灾概况				起火原因																					
					放火		电气		生产作业		用火不慎		吸烟		玩火		自燃		雷击		静电		不明确原因		其他	
	起数	亡(人)	伤(人)	直接损失(万元)	起数	直接损失(万元)	起数	直接损失(万元)	起数	直接损失(万元)	起数	直接损失(万元)	起数	直接损失(万元)	起数	直接损失(万元)	起数	直接损失(万元)	起数	直接损失(万元)	起数	直接损失(万元)	起数	直接损失(万元)	起数	直接损失(万元)
河南	7	8	4	31.7			3	50.7			1	0.3	1	0.3									1	10.1	1	0.5
湖北	11	14		97.4	2	3.5	4	88.2			2	3.2	1	2.0	1	0.2									1	0.3
湖南	52	58	5	357.4	9	47.8	22	186.8	2	35.2	11	35.3	3	1.3	1	3.2							1	3.0	3	55.1
广东	63	78	8	1243.2	22	17.4	23	545.8	2	615.0	2	12.1	2	1.1	2	0.9	2	5.1							8	66.5
广西	38	45	10	308.3	4	9.4	16	185.7	1	48.0	10	61.1	3	2.4	2	4.3									2	0.7
海南	7	8		249.1	4	216.4	3	32.7																		
重庆	31	36	2	186.9	21	56.0	6	73.6	1	40.3															3	26.7
四川	75	81	13	9547.0	8	28.2	27	9588.1	3	17.4	18	77.6	10	49.0	3	15.7							1	0.2	5	8.1
贵州	22	24	3	256.1	3	9.1	8	225.5			2	17.2	6	12.7	1	0.2							1	14.9	1	0.5
云南	62	70	2	498.8	11	36.9	8	142.2			16	129.7	11	32.8									11	211.4	5	13.1
西藏																										
陕西	48	54	14	102.2	4	0.5	14	51.7			16	25.1	7	9.5									1	12.0	6	5.3
甘肃	5	6	1	17.6							4	8.6													1	9.0
青海	5	7		23.9	1	2.0	1	12.5	1	7.3			1	0.1									1	2.0		
宁夏	3	3		1.1									2	0.4											1	0.7
新疆	30	34		48.7	1	1.1	7	23.6	2	12.6	2	6.3	11	24.4	2	75.6									5	93.6

死亡1～2人火灾分月季情况表

项目		火灾概况						较大火灾				重大火灾				特别重大火灾				起火原因（起）										
		起数	亡(人)	伤(人)	直接损失(万元)	烧毁建筑(平方米)	受灾户数	起数	亡(人)	伤(人)	直接损失(万元)	起数	亡(人)	伤(人)	直接损失(万元)	起数	亡(人)	伤(人)	直接损失(万元)	放火	电气	生产作业	用火不慎	吸烟	玩火	自燃	雷击	静电	不明确原因	其他
合计		990	1138	148	19556.8	136298	833					1	1		9210.3					165	329	22	156	145	20	4		1	40	108
一季度	小计	375	423	54	3602.9	28175	357													59	125	5	76	52	10				16	32
	1月	132	154	16	947.9	7852	117													22	53	3	24	13	3				4	10
	2月	144	162	22	1709.0	14192	144													26	45	1	32	20	1				7	12
	3月	99	107	16	946.0	6131	96													11	27	1	20	19	6				5	10
二季度	小计	215	256	41	12024.2	74506	171					1	1		9210.3					42	67	7	21	34	3	3		1	7	30
	4月	99	116	19	2111.1	13388	68													15	29	2	11	18	1	1		1	5	16
	5月	70	84	18	625.7	7625	63													16	24	4	6	8	2	1			1	8
	6月	46	56	4	9287.4	53494	40					1	1		9210.3					11	14	1	4	8		1			1	6
三季度	小计	140	160	20	2065.9	17515	138													28	50	5	16	14	2	1			6	18
	7月	36	43	9	958.8	4395	42													9	13	3	3	1	1				3	3
	8月	50	58	8	501.2	2058	52													11	16	1	8	5	1	1			1	6
	9月	54	59	3	605.9	11062	44													8	21	1	5	8					2	9
四季度	小计	260	299	33	1863.8	16103	167													36	87	5	43	45	5				11	28
	10月	80	89	11	875.3	7098	66													12	25	3	9	13	2				4	12
	11月	78	89	11	698.2	4398	49													13	29		10	16	1				3	6
	12月	102	121	11	290.3	4607	52													11	33	2	24	16	2				4	10

死亡3～9人火灾分地区情况表

地区	火灾概况				起火原因																					
					放火		电气		生产作业		用火不慎		吸烟		玩火		自燃		雷击		静电		不明确原因		其他	
	起数	亡(人)	伤(人)	直接损失(万元)	起数	直接损失(万元)	起数	直接损失(万元)	起数	直接损失(万元)	起数	直接损失(万元)	起数	直接损失(万元)	起数	直接损失(万元)	起数	直接损失(万元)	起数	直接损失(万元)	起数	直接损失(万元)	起数	直接损失(万元)	起数	直接损失(万元)
合计	69	276	77	4643.9	13	37.0	41	2190.1	2	2086.3	2	3.0			2	131.6							3	70.0	6	184.4
北京	2	8		51.8			2	51.8																		
天津																										
河北	1	3		3.7			1	3.7																		
山西	3	9	5	4.4	2	3.4																			1	1.7
内蒙古	3	12	1	481.9	1	0.1	2	481.8																		
辽宁	3	9		12.6			1	11.2			2	3.0														
吉林																										
黑龙江	1	4		171.2			1	171.2																		
上海	1	5		37.5			1	37.5																		
江苏	8	36	25	1561.3	1	0.6	3	55.9	1	1434.8													3	70.0		
浙江	1	4		10.0			1	10.0																		
安徽	3	10	1	145.0			2	60.6																	1	84.4
福建	5	18	7	140.3			3	113.8																	2	28.4
江西	1	3		43.6																					1	49.6
山东																										

死亡3～9人火灾分地区情况表（续）

地区	火灾概况				起火原因																					
					放火		电气		生产作业		用火不慎		吸烟		玩火		自燃		雷击		静电		不明确原因		其他	
	起数	亡(人)	伤(人)	直接损失(万元)	起数	直接损失(万元)	起数	直接损失(万元)	起数	直接损失(万元)	起数	直接损失(万元)	起数	直接损失(万元)	起数	直接损失(万元)	起数	直接损失(万元)	起数	直接损失(万元)	起数	直接损失(万元)	起数	直接损失(万元)	起数	直接损失(万元)
河南	6	23	6	37.6	3	13.8	3	33.7																		
湖北	2	9		10.0	1	5.0	1	5.0																		
湖南	7	27	1	973.4	1	0.4	4	198.9	1	651.5					1	128.6										
广东	7	32	10	58.7	3	3.9	3	34.4																	1	20.3
广西	3	12		111.4			3	111.4																		
海南																										
重庆	1	3		31.2			1	31.2																		
四川	3	14	1	103.8	1	10.0	2	93.8																		
贵州	4	13	2	66.1			3	63.1							1	3.0										
云南	2	15	3	22.5			2	55.1																		
西藏																										
陕西	2	7	15	566.0			2	566.0																		
甘肃																										
青海																										
宁夏																										
新疆																										

死亡3～9人火灾分月季情况表

项目		火灾概况						较大火灾				重大火灾				特别重大火灾				起火原因（起）										
		起数	亡(人)	伤(人)	直接损失(万元)	烧毁建筑(平方米)	受灾户数	起数	亡(人)	伤(人)	直接损失(万元)	起数	亡(人)	伤(人)	直接损失(万元)	起数	亡(人)	伤(人)	直接损失(万元)	放火	电气	生产作业	用火不慎	吸烟	玩火	自燃	雷击	静电	不明确原因	其他
合计		69	276	77	4643.9	16430	172	69	276	77	4643.9									13	41	2	2		2				3	6
一季度	小计	23	93	40	3005.3	6254	80	23	93	40	3005.3									3	12	1	2		1				1	3
	1月	10	37	16	1302.0	2464	20	10	37	16	1302.0									1	8				1					
	2月	6	27	2	172.2	574	6	6	27	2	172.2									1	2		1							2
	3月	7	29	22	1531.0	3215	54	7	29	22	1531.0									1	2	1	1						1	1
二季度	小计	19	75	12	1262.3	5723	16	19	75	12	1262.3									1	13	1			1				1	2
	4月	6	26	7	113.5	471	2	6	26	7	113.5										4								1	1
	5月	11	40	4	1141.8	5082	12	11	40	4	1141.8									1	7	1			1					1
	6月	2	9	1	7.0	170	2	2	9	1	7.0										2									
三季度	小计	13	52	8	126.2	967	50	13	52	8	126.2									2	10								1	
	7月	5	19	2	29.5	564	4	5	19	2	29.5									1	4									
	8月	6	24	5	77.3	230	2	6	24	5	77.3									1	4								1	
	9月	2	9	1	19.3	173	44	2	9	1	19.3										2									
四季度	小计	14	56	17	250.2	3486	26	14	56	17	250.2									7	6									1
	10月	4	15	9	17.1	160	3	4	15	9	17.1									2	2									
	11月	3	11		171.6	2545	2	3	11		171.6									2	1									
	12月	7	30	8	61.4	781	21	7	30	8	61.4									3	3									1

死亡10～29人火灾分地区情况表

地区	火灾概况				起火原因																					
					放火		电气		生产作业		用火不慎		吸烟		玩火		自燃		雷击		静电		不明确原因		其他	
	起数	亡(人)	伤(人)	直接损失(万元)	起数	直接损失(万元)	起数	直接损失(万元)	起数	直接损失(万元)	起数	直接损失(万元)	起数	直接损失(万元)	起数	直接损失(万元)	起数	直接损失(万元)	起数	直接损失(万元)	起数	直接损失(万元)	起数	直接损失(万元)	起数	直接损失(万元)
合计	3	49	28	581.2	1	20.0	1	261.2	1	300.0																
北京																										
天津																										
河北																										
山西																										
内蒙古																										
辽宁																										
吉林																										
黑龙江	1	20	22	261.2			1	261.2																		
上海																										
江苏																										
浙江																										
安徽																										
福建																										
江西																										
山东																										

死亡10～29人火灾分地区情况表（续）

地区	火灾概况				起火原因																					
	起数	亡(人)	伤(人)	直接损失(万元)	放火		电气		生产作业		用火不慎		吸烟		玩火		自燃		雷击		静电		不明确原因		其他	
					起数	直接损失(万元)	起数	直接损失(万元)	起数	直接损失(万元)	起数	直接损失(万元)	起数	直接损失(万元)	起数	直接损失(万元)	起数	直接损失(万元)	起数	直接损失(万元)	起数	直接损失(万元)	起数	直接损失(万元)	起数	直接损失(万元)
河南	1	11	1	300.0					1	300.0																
湖北																										
湖南																										
广东	1	18	5	20.0	1	20.0																				
广西																										
海南																										
重庆																										
四川																										
贵州																										
云南																										
西藏																										
陕西																										
甘肃																										
青海																										
宁夏																										
新疆																										

死亡10～29人火灾分月季情况表

项目		火灾概况						较大火灾				重大火灾				特别重大火灾				起火原因（起）										
		起数	亡(人)	伤(人)	直接损失(万元)	烧毁建筑(平方米)	受灾户数	起数	亡(人)	伤(人)	直接损失(万元)	起数	亡(人)	伤(人)	直接损失(万元)	起数	亡(人)	伤(人)	直接损失(万元)	放火	电气	生产作业	用火不慎	吸烟	玩火	自燃	雷击	静电	不明确原因	其他
合计		3	49	28	581.2	4195	1					3	49	28	581.2					1	1	1								
一季度	小计																													
	1月																													
	2月																													
	3月																													
二季度	小计	1	18	5	20.0	65						1	18	5	20.0					1										
	4月	1	18	5	20.0	65						1	18	5	20.0					1										
	5月																													
	6月																													
三季度	小计	1	20	22	261.2	500	1					1	20	22	261.2						1									
	7月																													
	8月	1	20	22	261.2	500	1					1	20	22	261.2						1									
	9月																													
四季度	小计	1	11	1	300.0	3630						1	11	1	300.0							1								
	10月																													
	11月																													
	12月	1	11	1	300.0	3630						1	11	1	300.0							1								

分场所死亡人员基本情况表

人

场所	亡	性别		年龄段（岁）			健康情况					来源						受教育程度				职业									
								不健康				常住人口			流动人口								有职业								
		男	女	0～18	19～59	≥60	健康	残疾	精神病	瘫痪	其他	国内	国外	港澳台地区	国内	国外	港澳台地区	高等	中等	初等	未受教育	无业	党政组织、事业单位负责人	专业技术人员	办事人员和有关人员	商业和服务人员	农林牧渔水利业	生产、运输设备操作人员及有关人员	军人	不便分类的其他人员	学生
合计	1462	897	565	228	660	574	927	108	60	159	208	1256	3	2	200	1		73	272	666	451	878	6	8	17	78	47	66	2	282	78
住宅	1069	641	428	173	415	481	605	96	51	136	181	941	3	2	122	1		51	175	452	391	708	5	5	7	41	30	28	1	195	49
宿舍	90	55	35	18	43	29	61	7	2	11	9	75			15			6	15	45	24	49	1	1	2	5	1	4		17	10
办公场所	3	1	2		3		3					2			1				2	1						1		2			
学校	2	2		2			2					2							1	1											2
商业场所	48	22	26	10	35	3	47				1	34			14			6	12	27	3	16			2	15		1		7	7
文博馆																															
宾馆、招待所	23	10	13		4	19	22				1	1			22				1	22		21			1					1	
餐饮场所	7	4	3	2	5		7					5			2			1	4	2		3				2				1	1
医院																															
养老院	15	14	1		3	12			1	9	5	15						1	1	11	2	12					3				
公共娱乐场所	19	16	3		18	1	18		1			19							19											19	
体育场馆																															
金融交易场所																															
交通枢纽站																															
科研试验场所																															
广播电视中心																															

分场所死亡人员基本情况表（续）

人

场所	亡	性别		年龄段（岁）			健康情况					来源						受教育程度				职业									
								不健康				常住人口			流动人口								有职业								
		男	女	0～18	19～59	≥60	健康	残疾	精神病	瘫痪	其他	国内	国外	港澳台地区	国内	国外	港澳台地区	高等	中等	初等	未受教育	无业	党政组织、事业单位负责人	专业技术人员	办事人员和有关人员	商业和服务人员	农林牧渔水利业	生产、运输设备操作人员及有关人员	军人	不便分类的其他人员	学生
邮电通信场所																															
文物古建筑场所																															
宗教场所	1		1		1			1				1							1						1						
会议、展览中心																															
物资仓储场所	25	17	8	1	13	11	22				3	23			2			3	6	13	3	4		1	3	1		9		7	
厂房	45	36	9	1	44		44		1			37			8			1	11	31	2	10		1	1		11	15	1	6	
加油加气站																															
汽车库	2	1	1		2		2					2							1	1		1				1					
农副业场所	9	7	2		5	4	8			1		9						2	1	5	1	4					1			4	
建筑工地	4	3	1		4		4					4								4		2						2			
石油化工企业	1	1			1		1					1							1									1			
露天框架	3	3			3		3					3								3								1		2	
交通工具	15	12	3	1	13	1	12	1			2	14			1			2	5	7	1	6				3		2		3	1
垃圾及废弃物	6	4	2	1	5		5		1			6							3	2	1	4								2	
公园	1	1				1					1	1									1									1	
“三合一”“多合一”场所	17	13	4	6	11		16	1				11			6				3	8	6	7				5	1			2	2
动拆迁工地	2	2				2	1				1				2					1	1	1								1	
其他	55	32	23	13	32	10	44	2	3	2	4	50			5				10	30	15	30				4		1		14	6

人员密集场所火灾分类别情况表

项目	火灾概况				较大火灾				重大火灾				特别重大火灾			
	起数	亡(人)	伤(人)	直接损失(万元)	起数	亡(人)	伤(人)	直接损失(万元)	起数	亡(人)	伤(人)	直接损失(万元)	起数	亡(人)	伤(人)	直接损失(万元)
合计	17878	118	119	55580.0	8	28	5	682.4	3	39	27	9491.5				
商场市场	6565	48	32	41824.0	5	18		678.8	1	1		9210.3				
办公场所	1974	3	5	3168.7												
宾馆招待所	717	23	27	1279.6					1	20	22	261.2				
餐饮场所	5796	7	40	5115.9												
娱乐场所	488	19	2	698.6					1	18	5	20.0				
学校	800	2	5	421.6												
医院	340			535.0												
交通枢纽	656			1180.8												
其他	542	16	8	1355.9	3	10	5	3.6								

注：学校含幼儿园，娱乐场所含歌厅舞厅及其他休闲娱乐场所，其他指养老院、文博馆、体育场馆、金融交易场所、宗教场所、会议展览中心等人员密集场所。

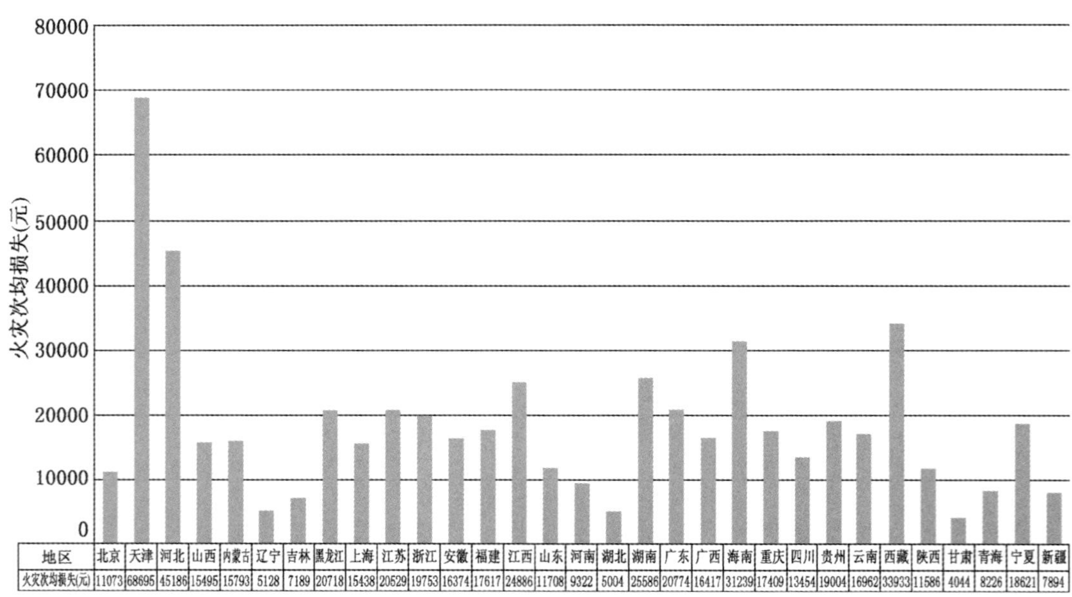

地区	北京	天津	河北	山西	内蒙古	辽宁	吉林	黑龙江	上海	江苏	浙江	安徽	福建	江西	山东	河南	湖北	湖南	广东	广西	海南	重庆	四川	贵州	云南	西藏	陕西	甘肃	青海	宁夏	新疆
火灾次均损失(元)	11073	68695	45186	15495	15793	5128	7189	20718	15438	20529	19753	16374	17617	24886	11708	9322	5004	25586	20774	16417	31239	17409	13454	19004	16962	33933	11586	4044	8226	18621	7894

分地区火灾次均损失图

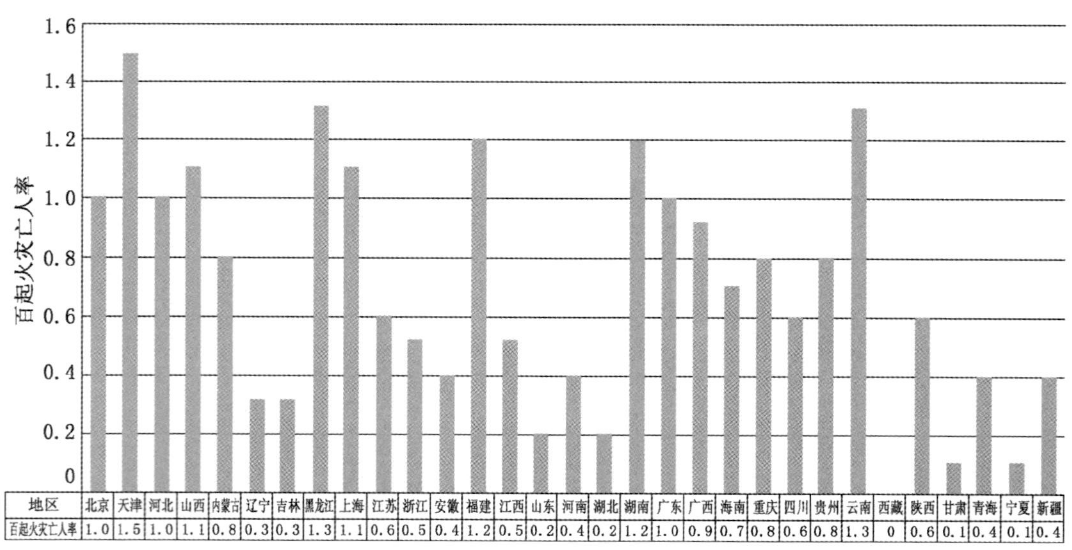

地区	北京	天津	河北	山西	内蒙古	辽宁	吉林	黑龙江	上海	江苏	浙江	安徽	福建	江西	山东	河南	湖北	湖南	广东	广西	海南	重庆	四川	贵州	云南	西藏	陕西	甘肃	青海	宁夏	新疆
百起火灾亡人率	1.0	1.5	1.0	1.1	0.8	0.3	0.3	1.3	1.1	0.6	0.5	0.4	1.2	0.5	0.2	0.4	0.2	1.2	1.0	0.9	0.7	0.8	0.6	0.8	1.3	0	0.6	0.1	0.4	0.1	0.4

分地区百起火灾亡人率图

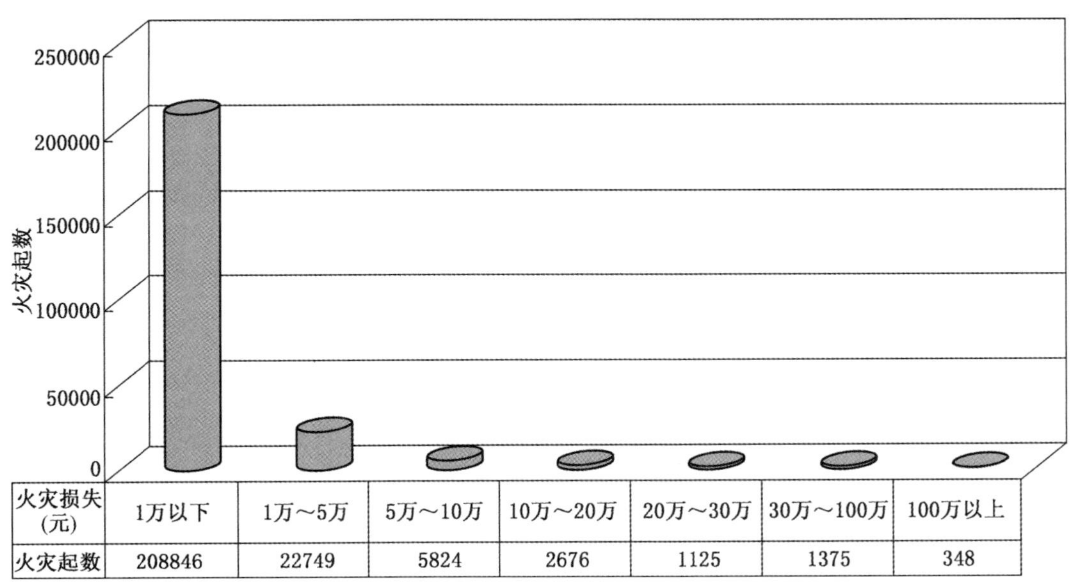

火灾损失(元)	1万以下	1万～5万	5万～10万	10万～20万	20万～30万	30万～100万	100万以上
火灾起数	208846	22749	5824	2676	1125	1375	348

火灾损失分段情况图

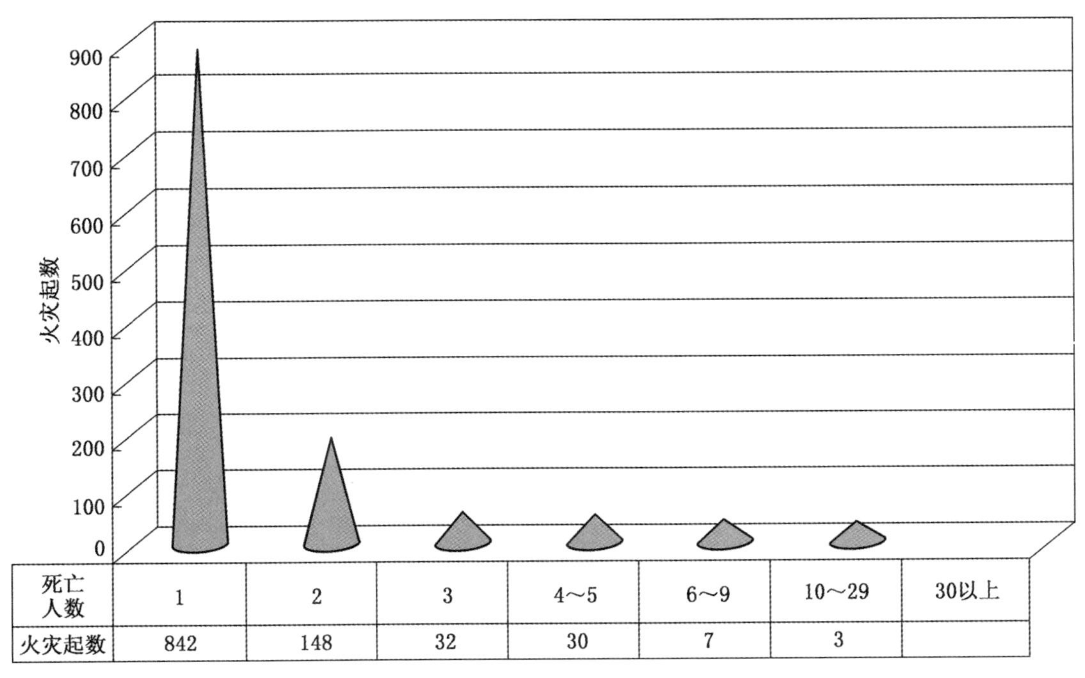

死亡人数	1	2	3	4～5	6～9	10～29	30以上
火灾起数	842	148	32	30	7	3	

火灾死亡人数分段情况图

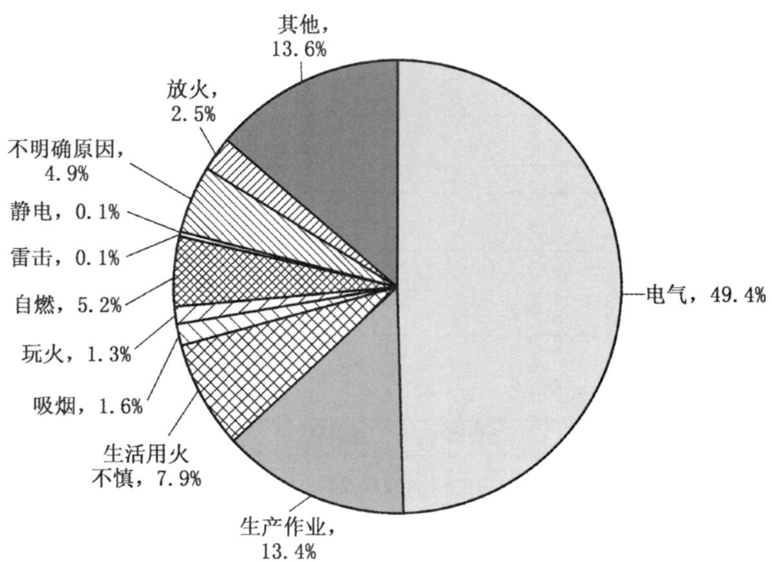

起火原因损失比例图

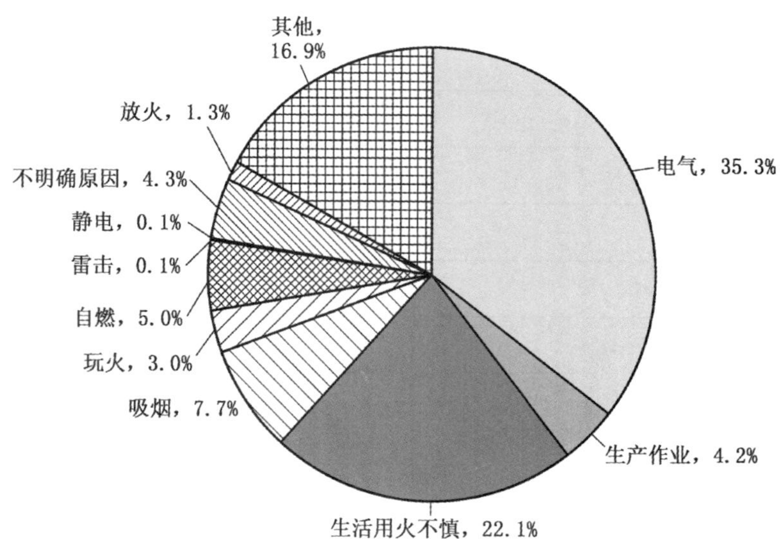

起火原因起数比例图

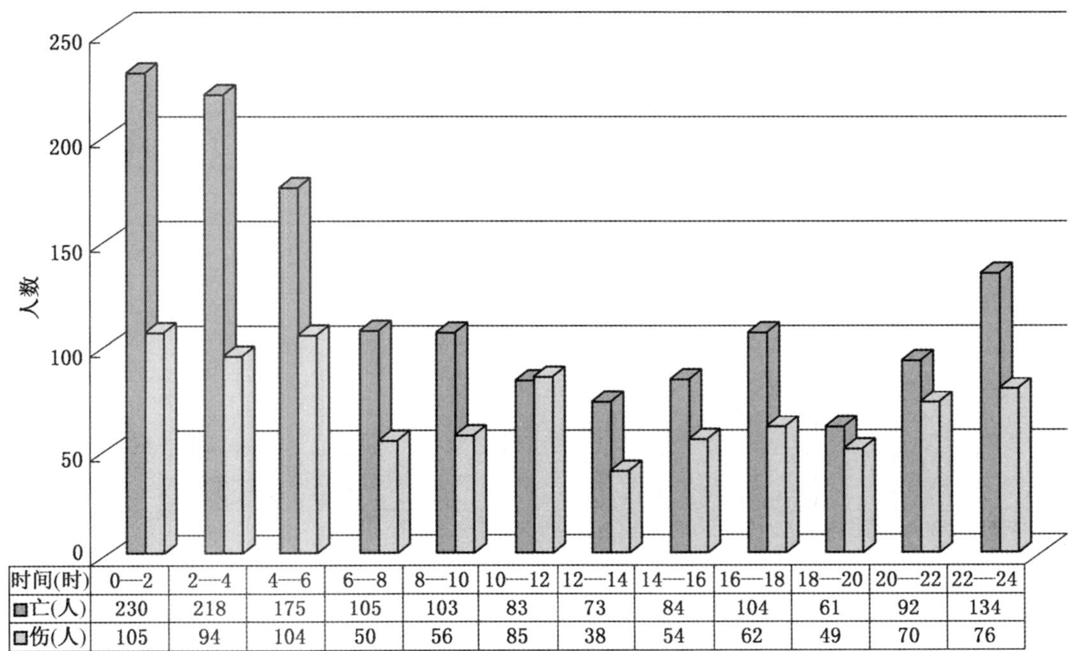

时间(时)	0—2	2—4	4—6	6—8	8—10	10—12	12—14	14—16	16—18	18—20	20—22	22—24
亡(人)	230	218	175	105	103	83	73	84	104	61	92	134
伤(人)	105	94	104	50	56	85	38	54	62	49	70	76

火灾伤亡人数24小时分布图

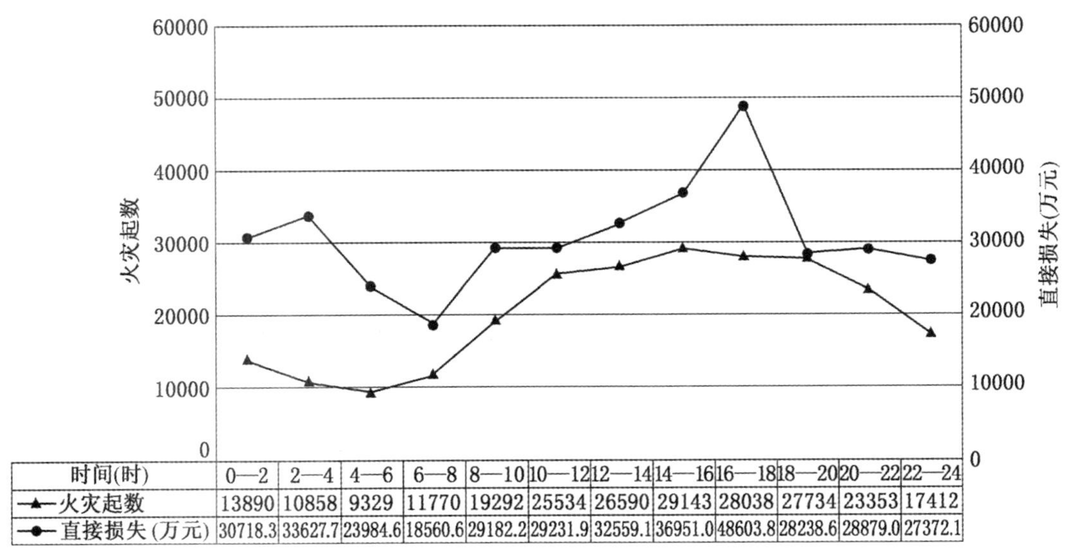

时间(时)	0—2	2—4	4—6	6—8	8—10	10—12	12—14	14—16	16—18	18—20	20—22	22—24
火灾起数	13890	10858	9329	11770	19292	25534	26590	29143	28038	27734	23353	17412
直接损失(万元)	30718.3	33627.7	23984.6	18560.6	29182.2	29231.9	32559.1	36951.0	48603.8	28238.6	28879.0	27372.1

火灾起数、损失24小时分布图

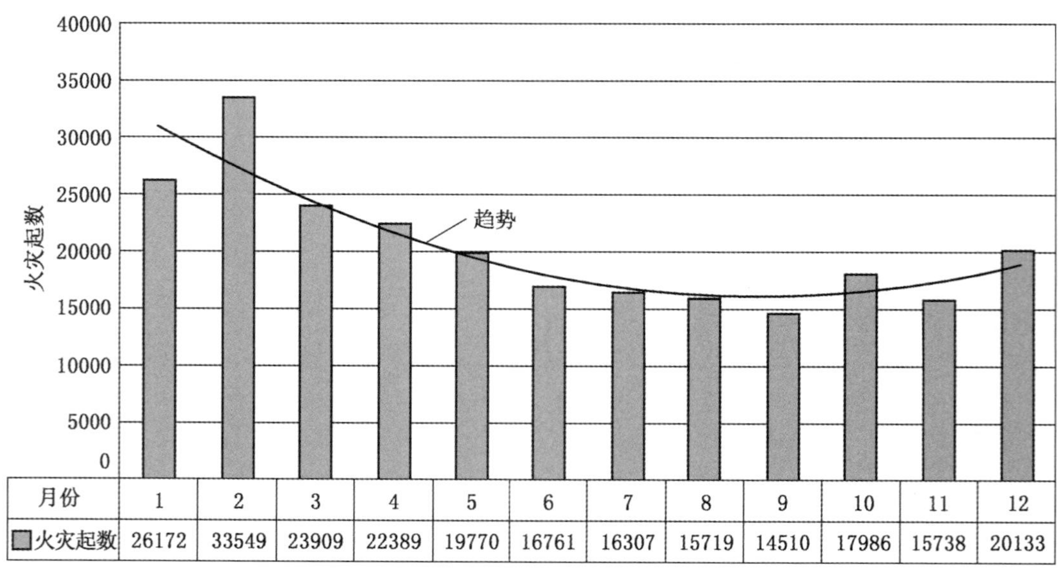

月份	1	2	3	4	5	6	7	8	9	10	11	12
火灾起数	26172	33549	23909	22389	19770	16761	16307	15719	14510	17986	15738	20133

火灾起数分月趋势图

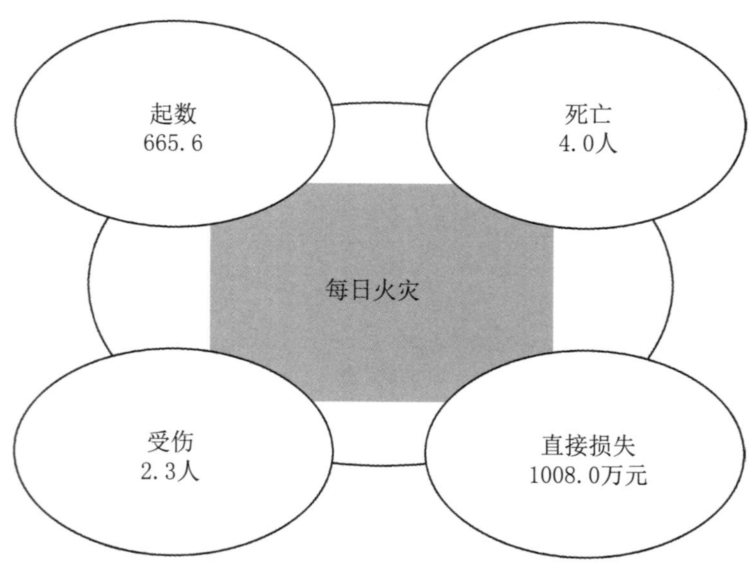

每日火灾情况图

春节期间火灾分地区综合情况表

地区	火灾概况						较大火灾				重大火灾				特别重大火灾			
	起数	亡(人)	伤(人)	损失			起数	亡(人)	伤(人)	直接损失(万元)	起数	亡(人)	伤(人)	直接损失(万元)	起数	亡(人)	伤(人)	直接损失(万元)
				直接损失(万元)	烧毁建筑(平方米)	受灾户数												
合计	10650	52	27	9232.6	308807	2461	2	12	1	63.9								
北京	100			174.7	599	1												
天津	38			71.2	274	4												
河北	158			501.6	33274	47												
山西	193	1		149.9	3825	15												
内蒙古	408	1	1	174.7	14522	20												
辽宁	1259			373.2	30917	286												
吉林	324	2		180.7	8276	28												
黑龙江	147	2	9	216.5	4382	29												
上海	61		2	42.0	805	2												
江苏	346	3		402.6	4698	28												
浙江	607	3	2	584.7	9960	109												
安徽	298			164.3	11969	17												
福建	374	6		320.1	8673	50												
江西	362	4		762.8	23238	98	1	3		43.6								
山东	1048			573.9	20289	42												
河南	338		1	199.8	6156	107												
湖北	477			159.9	5652	54												
湖南	302	1	3	946.7	6808	150												
广东	422	12	3	413.8	14168	66	1	9	1	20.3								
广西	264	1	1	140.9	9712	122												
海南	50			63.8	1098	1												
重庆	142	1	1	64.1	1901	24												
四川	769	4	2	682.3	7921	145												
贵州	167			223.9	5682	71												
云南	823	6	2	1207.6	24085	645												
西藏	1			0.0	50	1												
陕西	381	2		186.9	14162	145												
甘肃	380			100.1	7591	34												
青海	106			35.9	7998	5												
宁夏	195			67.9	16564	46												
新疆	110	3		46.3	3562	69												

注：2018年春节期间是指2月15—20日（农历除夕至正月初五）。

春节期间起火原因基本情况表

项目		火灾概况						较大火灾				重大火灾				特别重大火灾			
		起数	亡(人)	伤(人)	直接损失(万元)	烧毁建筑(平方米)	受灾户数	起数	亡(人)	伤(人)	直接损失(万元)	起数	亡(人)	伤(人)	直接损失(万元)	起数	亡(人)	伤(人)	直接损失(万元)
合计		10650	52	27	9232.6	308807	2461	2	12	1	63.9								
电气	小计	2390	12	7	3563.0	60294	610												
	电气线路故障	1467	6	4	2720.1	36601	418												
	电器设备故障	619		1	398.2	8421	114												
	电加热器具火灾	176	6	2	131.4	2333	37												
	其他	128			313.3	12939	41												
生产作业	小计	106	1	8	144.6	2455	33												
	焊割	11			36.9	201	2												
	烘烤	36	1		15.7	813	13												
	熬炼	2			0.0	2	1												
	化工火灾	2			8.0	33													
	机械设备类故障	32			56.7	784	11												
	其他	23		8	27.4	622	6												
生活用火不慎	小计	2403	8	3	1036.7	77466	639												
	余火复燃	175			42.0	4853	43												
	照明不慎	71	1		35.6	1272	21												
	烘烤不慎	363		3	172.2	6002	117												
	敬神祭祖	460	2		365.1	23483	141												
	油锅起火	219			24.8	1336	61												
	炉具故障及使用不当	209	1		43.4	2126	42												
	烟道过热蹿火、飞火等	141			108.3	3008	39												
	烧荒、野外生火不慎	325			60.2	26514	79												
	使用蚊香不慎	9			1.4	128	1												
	其他	431	4		183.6	8744	95												
吸烟	小计	828	3	3	151.9	30761	151												
	违章吸烟	20			16.2	182	2												
	卧床吸烟	29	3	3	47.7	446	10												
	乱扔烟头、火柴等	754			84.7	29796	136												
	其他	25			3.3	337	3												
玩火	小计	2394	1		1538.0	61387	551												
	小孩玩火	246			105.6	4205	51												
	燃放烟花爆竹	2106	1		1424.1	56439	499												
	其他	42			8.4	743	1												
自燃		296			477.5	2568	39												
雷击		2			0.2	3													
静电		6			42.0	35	1												
不明确原因		474	5	2	640.4	13635	89												
放火		124	6	2	308.6	15644	27												
其他		1627	16	2	1329.7	44560	321	2	12	1	63.9								

注：2018年春节期间是指2月15—20日（农历除夕至正月初五）。

春节期间消防救援队伍接警出动情况表

地区	出动情况 (起)							参战人员 (人)			出动车辆 (辆)			消防人员伤亡 (人)			战斗结果		
	起数	火灾扑救	抢险救援	反恐排爆	公务执勤	社会救助	其他出动	小计	指战员	其他	小计	消防救援队伍	其他	小计	亡	伤	救出人员(人)	疏散人员(人)	抢救财产价值 (万元)
合计	30315	10603	6499	2	673	5699	6839	337620	305627	31993	58310	52597	5713				2088	15072	31113
北京	995	100	111			148	636	14573	14573		2385	2385					22	53	219
天津	1307	38	228			201	840	16103	15554	549	2871	2774	97				15	23	40
河北	1489	149	111		1	1160	68	15539	7215	8324	2755	1331	1424				48	270	273
山西	285	193	53			8	31	2985	2649	336	523	466	57				48	497	518
内蒙古	446	405	28		9	4		4345	4281	64	825	813	12				45	73	754
辽宁	1542	1261	123			120	38	11982	11044	938	2365	2201	164				92	121	788
吉林	471	323	13			13	122	4601	4491	110	937	914	23				48	319	363
黑龙江	256	148	6		63	2	37	2816	2769	47	608	596	12				49	95	203
上海	664	61	128			186	289	11792	11792		1462	1462					42	110	307
江苏	2285	346	230		26	48	1635	21304	15315	5989	3996	2838	1158				69	458	610
浙江	1737	606	281			107	743	21801	20741	1060	3717	3536	181				165	220	7458
安徽	633	299	139		17	159	19	5616	5322	294	905	856	49				43	386	3350
福建	1264	368	579			74	243	13927	13041	886	2397	2250	147				107	747	1553
江西	561	361	157			41	2	7728	7553	175	1190	1165	25				50	971	2051
山东	2858	1050	390		2	1252	164	34588	33691	897	5696	5546	150				143	574	2012

春节期间消防救援队伍接警出动情况表（续）

地区	出动情况(起)							参战人员(人)			出动车辆(辆)			消防人员伤亡(人)			战斗结果		
	起数	火灾扑救	抢险救援	反恐排爆	公务执勤	社会救助	其他出动	小计	指战员	其他	小计	消防救援队伍	其他	小计	亡	伤	救出人员(人)	疏散人员(人)	抢救财产价值(万元)
河南	1397	336	610		4	230	217	18330	15289	3041	3257	2734	523				90	444	552
湖北	1446	478	653		90	168	57	14945	14913	32	2660	2656	4				105	1559	2247
湖南	1024	302	209			36	477	11813	11432	381	1779	1726	53				130	1909	1703
广东	1931	419	725	1	1	274	511	21859	19558	2301	4066	3606	460				157	797	1508
广西	471	261	90		52	25	43	6529	6313	216	1182	1142	40				55	236	483
海南	114	50	27		8	16	13	1509	1401	108	297	273	24				20	121	286
重庆	1266	144	472		3	274	373	16169	15909	260	2467	2417	50				62	546	290
四川	1863	769	744		26	284	40	16613	11564	5049	3070	2175	895				179	1103	718
贵州	373	165	98		1	25	84	4388	4388		772	772					48	737	791
云南	980	805	76		4	71	24	9413	9327	86	1661	1647	14				61	850	676
西藏	154	1	3		145	5		1439	1415	24	239	235	4				18		
陕西	1140	380	91	1	7	620	41	10718	10670	48	1728	1720	8				59	910	551
甘肃	538	379	40		14	38	67	4566	3992	574	757	656	101				48	122	188
青海	125	106	5			11	3	1286	1286		240	240					7	283	86
宁夏	344	194	60		1	89		5417	5315	102	883	866	17				31	422	251
新疆	356	106	19		199	10	22	2926	2824	102	620	599	21				32	116	284

注：2018年春节期间是指2月15—20日（农历除夕至正月初五）。

国庆节期间火灾分地区综合情况表

地区	火灾概况						较大火灾				重大火灾				特别重大火灾			
	起数	亡(人)	伤(人)	直接损失(万元)	烧毁建筑(平方米)	受灾户数	起数	亡(人)	伤(人)	直接损失(万元)	起数	亡(人)	伤(人)	直接损失(万元)	起数	亡(人)	伤(人)	直接损失(万元)
合计	4591	17	21	6597.5	155744	950												
北京	41		5	29.7	71													
天津	35	1		20.8	203	2												
河北	81			268.3	14720	19												
山西	46			112.5	1066	5												
内蒙古	149			186.6	16380	13												
辽宁	332			116.6	9843	91												
吉林	93			56.2	1646	3												
黑龙江	157		1	120.7	12725	10												
上海	75	1		68.6	488	1												
江苏	283	1	3	387.9	5737	23												
浙江	179	3	3	1063.8	6872	36												
安徽	293			454.5	9952	20												
福建	163	4	1	325.9	8600	34												
江西	226			416.9	6303	71												
山东	277			594.5	5884	10												

国庆节期间火灾分地区综合情况表（续）

地区	火灾概况						较大火灾				重大火灾				特别重大火灾			
	起数	亡(人)	伤(人)	直接损失(万元)	烧毁建筑(平方米)	受灾户数	起数	亡(人)	伤(人)	直接损失(万元)	起数	亡(人)	伤(人)	直接损失(万元)	起数	亡(人)	伤(人)	直接损失(万元)
河南	141			166.9	7830	45												
湖北	385			193.7	6655	52												
湖南	130	1		177.9	2729	62												
广东	339		2	637.2	8283	36												
广西	126		1	401.5	7535	59												
海南	21			50.6	106	2												
重庆	86	1	4	98.0	1313	22												
四川	206	3		39.1	1032	37												
贵州	80			104.4	2336	23												
云南	56	1		148.9	2693	75												
西藏	4			9.5	252	2												
陕西	177			176.6	5245	58												
甘肃	129			21.9	1805	16												
青海	29		1	29.1	284	2												
宁夏	43			13.0	1005	21												
新疆	209	1		105.8	6151	100												

注：国庆节期间指10月1—7日。

国庆节期间起火原因基本情况表

项目		火灾概况						较大火灾				重大火灾				特别重大火灾			
		起数	亡(人)	伤(人)	直接损失(万元)	烧毁建筑(平方米)	受灾户数	起数	亡(人)	伤(人)	直接损失(万元)	起数	亡(人)	伤(人)	直接损失(万元)	起数	亡(人)	伤(人)	直接损失(万元)
合计		4591	17	21	6597.5	155744	950												
电气	小计	1466	4	11	2763.9	34742	360												
	电气线路故障	906	4	8	1721.4	23467	243												
	电器设备故障	382		1	783.3	7367	78												
	电加热器具火灾	57			48.7	568	13												
	其他	121		2	210.5	3341	26												
生产作业	小计	180	1	4	735.0	18884	38												
	焊割	77			185.7	13792	16												
	烘烤	14		3	13.6	432	2												
	熬炼	3			13.6	67	3												
	化工火灾	2			0.3	410	1												
	机械设备类故障	61			116.9	1298	14												
	其他	23	1	1	404.9	2885	2												
生活用火不慎	小计	993	2		447.4	47700	237												
	余火复燃	74			61.1	1657	28												
	照明不慎	25			22.7	775	6												
	烘烤不慎	79			101.1	2739	23												
	敬神祭祖	29			20.6	10585	14												
	油锅起火	158			25.1	760	30												
	炉具故障及使用不当	187			75.5	1624	34												
	烟道过热蹿火、飞火等	72			28.8	953	17												
	烧荒、野外生火不慎	168			29.3	25493	33												
	使用蚊香不慎	16			7.4	106	5												
	其他	185	2		75.8	3008	47												

国庆节期间起火原因基本情况表（续）

项目		火灾概况						较大火灾				重大火灾				特别重大火灾			
		起数	亡(人)	伤(人)	直接损失(万元)	烧毁建筑(平方米)	受灾户数	起数	亡(人)	伤(人)	直接损失(万元)	起数	亡(人)	伤(人)	直接损失(万元)	起数	亡(人)	伤(人)	直接损失(万元)
吸烟	小计	340	1	1	99.2	4895	46												
	违章吸烟	9			0.2	142	1												
	卧床吸烟	19	1		15.4	353	4												
	乱扔烟头、火柴等	289			72.8	4115	38												
	其他	23		1	10.8	285	3												
玩火	小计	99	2		62.1	2019	28												
	小孩玩火	77	2		41.9	1637	24												
	燃放烟花爆竹	15			16.9	354	2												
	其他	7			3.3	28	2												
自燃		242			413.9	4026	40												
雷击																			
静电		1			0.1	20													
不明确原因		217			1054.7	11184	43												
放火		68	3	3	92.0	3369	16												
其他		985	4	2	929.3	28905	142												

注：国庆节期间指10月1—7日。

第二节　各省、自治区、直辖市火灾情况

北京市分地区火灾综合情况表

地区	火灾概况						较大火灾				重大火灾				特别重大火灾			
	起数	亡(人)	伤(人)	损失			起数	亡(人)	伤(人)	直接损失(万元)	起数	亡(人)	伤(人)	直接损失(万元)	起数	亡(人)	伤(人)	直接损失(万元)
				直接损失(万元)	烧毁建筑(平方米)	受灾户数												
合 计	3293	32	14	3646.5	31948	69	2	8		51.8								
东城区	120			56.1	427	1												
西城区	74	2	4	141.8	126													
朝阳区	604	7	2	183.9	2672		1	4		5.0								
海淀区	429	6	2	334.4	2204	3	1	4		46.8								
丰台区	270	4		167.3	557	2												
石景山区	60			55.1	262	29												
门头沟区	40	1		15.8	76	2												
房山区	203	4	1	275.6	1669													
通州区	204	1		100.7	7545	1												
顺义区	201	1		1136.3	2178	2												
昌平区	308	1		167.3	1841	5												
大兴区	282	2	3	471.6	2187	10												
怀柔区	81	1		55.7	769													
平谷区	197	1	1	211.8	4724	3												
密云区	92			105.1	2603	8												
延庆区	116	1	1	144.1	2065	1												
北京西站																		
亦 庄	11			23.7	23	2												
天安门																		
轨 道	1			0.1	20													
清河农场																		

天津市分地区火灾综合情况表

地区	火灾概况						较大火灾				重大火灾				特别重大火灾			
	起数	亡(人)	伤(人)	损失			起数	亡(人)	伤(人)	直接损失(万元)	起数	亡(人)	伤(人)	直接损失(万元)	起数	亡(人)	伤(人)	直接损失(万元)
				直接损失(万元)	烧毁建筑(平方米)	受灾户数												
合 计	1864	28	18	12804.7	101155	331					1			8945.0				
和平区	31			90.0	112	5												
河东区	92	3	3	137.0	659	43												
河西区	120	1		56.0	1165	68												
南开区	153	3	1	1028.3	1178	32												
河北区	71	3	1	46.5	352	21												
红桥区	56	3	2	81.4	372	10												
高新区	3			0.1	12	2												
滨海新区	221	4	2	123.0	960	5												
大港区	92			9083.7	8655	6					1			8945.0				
开发区	26			26.0	149	3												
保税区	9			3.0	193													
东丽区	130	3	2	85.8	7885	22												
西青区	121	2	1	90.5	1771													
津南区	102	2	2	65.0	1459	12												
北辰区	132		2	186.0	7837	15												
武清区	147			362.7	2217													
宝坻区	112			553.6	4816	28												
宁河区	64	2		287.6	43173	7												
静海区	96	2		481.0	15543	51												
蓟州区	86		2	17.6	2646													

河北省分地区火灾综合情况表

地区	火灾概况						较大火灾				重大火灾				特别重大火灾			
	起数	亡(人)	伤(人)	损失			起数	亡(人)	伤(人)	直接损失(万元)	起数	亡(人)	伤(人)	直接损失(万元)	起数	亡(人)	伤(人)	直接损失(万元)
				直接损失(万元)	烧毁建筑(平方米)	受灾户数												
合计	3981	41	23	17988.6	1252134	1390	1	3		3.7								
石家庄市	732	2	5	4112.4	371237	253												
唐山市	270	3		861.9	15252	56												
秦皇岛市	201	3		1211.5	25252	59												
邯郸市	631	9	1	2348.6	379022	253												
邢台市	447	6	1	1856.3	117136	70	1	3		3.7								
保定市	105	3		954.2	22085	83												
张家口市	350	4	5	2872.8	46990	105												
承德市	120		3	656.0	21959	59												
沧州市	435	4	2	1017.0	124683	170												
衡水市	352	1	5	840.7	61279	42												
廊坊市	324	6	1	1198.8	66744	234												
华北油区	14			58.5	496	6												

山西省分地区火灾综合情况表

地区	火灾概况						较大火灾				重大火灾				特别重大火灾			
	起数	亡(人)	伤(人)	损失			起数	亡(人)	伤(人)	直接损失(万元)	起数	亡(人)	伤(人)	直接损失(万元)	起数	亡(人)	伤(人)	直接损失(万元)
				直接损失(万元)	烧毁建筑(平方米)	受灾户数												
合计	4123	46	14	6388.8	239182	458	3	9	5	4.4								
太原市	986	7	3	867.9	19121	47												
大同市	933	6		506.6	25189	15												
阳泉市	78	3		925.9	2721	11												
长治市	290	4		501.3	14541	9												
晋城市	176	1		415.0	11052	68												
朔州市	226	3		104.8	11797	15	1	3		1.2								
晋中市	235	3	6	716.6	54725	101	1	3	5	3.0								
运城市	194	5	5	807.5	23847	101												
忻州市	273	7		421.4	14022	40	1	3		0.2								
临汾市	431	5		554.6	49756	25												
吕梁市	301	2		567.2	12413	26												

内蒙古自治区分地区火灾综合情况表

地区	火灾概况						较大火灾				重大火灾				特别重大火灾			
	起数	亡(人)	伤(人)	损失			起数	亡(人)	伤(人)	直接损失(万元)	起数	亡(人)	伤(人)	直接损失(万元)	起数	亡(人)	伤(人)	直接损失(万元)
				直接损失(万元)	烧毁建筑(平方米)	受灾户数												
合计	7118	55	15	11241.8	721483	478	3	12	1	481.9								
呼和浩特市	1954	15	2	792.1	171212	6	1	3		0.1								
包头市	749	8	1	1385.1	61899	5	1	5	1	5.0								
呼伦贝尔市	853	2	1	1409.8	33333	91												
兴安盟	80	1	2	595.9	7431	20												
通辽市	531	9	1	1191.9	52911	21												
赤峰市	720	8	2	2043.7	30477	33	1	4		476.8								
锡林郭勒盟	316	3	2	401.9	30584	31												
乌兰察布市	324	4	1	807.7	56347	25												
鄂尔多斯市	378			714.3	174644	63												
巴彦淖尔市	708	2	3	1099.6	67066	161												
乌海市	447	1		164.5	32175	2												
阿拉善盟	42	2		581.0	1353	1												
大兴安岭林管局	16			54.4	2052	19												

辽宁省分地区火灾综合情况表

地区	火灾概况						较大火灾				重大火灾				特别重大火灾			
	起数	亡(人)	伤(人)	损失			起数	亡(人)	伤(人)	直接损失(万元)	起数	亡(人)	伤(人)	直接损失(万元)	起数	亡(人)	伤(人)	直接损失(万元)
				直接损失(万元)	烧毁建筑(平方米)	受灾户数												
合计	17891	56	16	9175.1	495858	4124	3	9		14.2								
沈阳市	3534	11	3	607.6	63150	54												
大连市	2678	4	2	3852.5	59947	466												
鞍山市	1612	12	1	914.4	78407	540	1	3		1.0								
抚顺市	969	5	3	261.4	40517	1057												
本溪市	788	3	2	288.9	21157	78												
丹东市	1071			339.4	31609	129												
锦州市	1418	7		449.9	30425	44												
营口市	1037	3		607.7	27099	1097	1	3		2.0								
阜新市	704	1	1	214.4	23456	9												
辽阳市	1043	3		250.0	39581	9	1	3		11.2								
盘锦市	1096			101.4	16703													
铁岭市	431	2		462.1	13480	183												
朝阳市	538	4		381.9	12419	155												
葫芦岛市	972	1	4	443.5	37910	303												

吉林省分地区火灾综合情况表

地区	火灾概况						较大火灾				重大火灾				特别重大火灾			
	起数	亡(人)	伤(人)	损失			起数	亡(人)	伤(人)	直接损失(万元)	起数	亡(人)	伤(人)	直接损失(万元)	起数	亡(人)	伤(人)	直接损失(万元)
				直接损失(万元)	烧毁建筑(平方米)	受灾户数												
合计	6796	20	3	4885.3	461485	357												
长春市	2169	2		1485.1	242745	13												
吉林市	1066	2		588.8	44989	12												
四平市	535	4		400.6	21330	1												
辽源市	436			152.6	6891													
通化市	376	1		258.6	59507	8												
白山市	442	2	2	608.5	17413	12												
松原市	219	6	1	231.3	14538	14												
白城市	206	3		169.3	10359	22												
延边朝鲜族自治州	1312			885.2	42902	274												
长白山管委会	35			105.3	811	1												

黑龙江省分地区火灾综合情况表

地区	火灾概况						较大火灾				重大火灾				特别重大火灾			
	起数	亡（人）	伤（人）	损失			起数	亡（人）	伤（人）	直接损失（万元）	起数	亡（人）	伤（人）	直接损失（万元）	起数	亡（人）	伤（人）	直接损失（万元）
				直接损失（万元）	烧毁建筑（平方米）	受灾户数												
合计	5428	68	65	11245.9	1209028	1175	1	4		171.2	1	20	22	261.2				
哈尔滨市	1039	39	37	4635.5	162729	197					1	20	22	261.2				
齐齐哈尔市	442	3	3	418.1	87148	107												
大庆市	428	3	1	472.3	146629	14												
牡丹江市	505			535.2	17622	52												
佳木斯市	361	3	1	727.3	32880	11												
绥化市	466	9	4	936.9	32274	31	1	4		171.2								
伊春市	260	1	1	451.7	26335	104												
鸡西市	457	1	2	430.0	47688	22												
黑河市	485			307.2	16718	183												
双鸭山市	325	2	9	713.9	15877	152												
大兴安岭地区	122	1		304.6	7400	74												
鹤岗市	188	2		255.9	14537	32												
七台河市	245	2		197.7	23358	4												
林区	37	2	3	171.4	6629	86												
垦区	68		4	688.0	571205	106												

上海市分地区火灾综合情况表

地区	火灾概况						较大火灾				重大火灾				特别重大火灾			
	起数	亡(人)	伤(人)	损失			起数	亡(人)	伤(人)	直接损失(万元)	起数	亡(人)	伤(人)	直接损失(万元)	起数	亡(人)	伤(人)	直接损失(万元)
				直接损失(万元)	烧毁建筑(平方米)	受灾户数												
合　计	3855	44	42	5951.4	40612	167	1	5		37.5								
黄浦区	263	1	2	107.5	558													
徐汇区	80	2		87.7	585	1												
长宁区	63	2		67.1	231													
静安区	292	2	1	467.8	1512	13												
普陀区	126		2	188.2	865	2												
虹口区	219	2		87.6	513	15												
杨浦区	199		4	49.0	325	3												
闵行区	300	6	4	2116.9	5725	18												
宝山区	319	7	1	290.4	1639		1	5		37.5								
嘉定区	423	4	4	320.7	5433	23												
浦东新区	548	12	17	522.1	4902	33												
金山区	107			154.3	3414	18												
松江区	203	2	3	672.9	3781	14												
青浦区	337	1	1	400.4	2632	6												
奉贤区	160	3	2	240.6	4485	21												
崇明区	212		1	177.2	3935													
轨道区域	1			0.01	2													
化工区	1			0.05	50													
水上区域	2			0.9	25													

江苏省分地区火灾综合情况表

地区	火灾概况						较大火灾				重大火灾				特别重大火灾			
	起数	亡(人)	伤(人)	损失			起数	亡(人)	伤(人)	直接损失(万元)	起数	亡(人)	伤(人)	直接损失(万元)	起数	亡(人)	伤(人)	直接损失(万元)
				直接损失(万元)	烧毁建筑(平方米)	受灾户数												
合 计	14619	84	86	30011.9	235339	1801	8	36	25	1600.4								
南京市	1381	3	4	2796.0	12287	225												
镇江市	821	2	1	2575.0	17212	241												
常州市	1410	6	1	3350.9	22549	12												
无锡市	2063	8	29	5501.2	33976	831												
苏州市	1873	21	21	5234.7	26044	127	3	14	7	40.0								
南通市	1366	1	4	601.0	18140	234												
扬州市	935	2		1211.0	11886	9												
泰州市	1338	20	18	2065.2	15952	4	3	15	18	1543.8								
徐州市	1160	6	3	1616.3	18040	25												
淮安市	364	4		461.5	14641	8												
盐城市	554		2	814.2	9315	27												
连云港市	857	6		2666.6	15622	58	1	4		16.0								
宿迁市	500	5	3	1118.8	19694	2	1	3		0.6								

浙江省分地区火灾综合情况表

地区	火灾概况						较大火灾				重大火灾				特别重大火灾			
	起数	亡(人)	伤(人)	损失			起数	亡(人)	伤(人)	直接损失(万元)	起数	亡(人)	伤(人)	直接损失(万元)	起数	亡(人)	伤(人)	直接损失(万元)
				直接损失(万元)	烧毁建筑(平方米)	受灾户数												
合 计	14027	74	59	27708.2	353821	2785	1	4		10.0								
杭州市	2520	14	20	3888.1	44392	615												
宁波市	2163	6	6	2086.5	58389	38												
温州市	2515	19	9	4344.1	47070	457	1	4		10.0								
嘉兴市	1260	4	5	3382.4	27384	9												
湖州市	613	1	3	1748.6	25783	59												
绍兴市	1209	4	1	3589.7	26923	302												
金华市	1434	7	2	2872.3	35002	94												
衢州市	438	2	4	1518.6	18964	112												
舟山市	80	2	1	267.7	3276	57												
台州市	1364	10	4	2713.8	40777	592												
丽水市	432	5	4	1296.5	25866	451												

安徽省分地区火灾综合情况表

地区	火灾概况						较大火灾				重大火灾				特别重大火灾			
	起数	亡(人)	伤(人)	损失			起数	亡(人)	伤(人)	直接损失(万元)	起数	亡(人)	伤(人)	直接损失(万元)	起数	亡(人)	伤(人)	直接损失(万元)
				直接损失(万元)	烧毁建筑(平方米)	受灾户数												
合 计	9018	39	25	14766.5	276282	473	3	10	1	145.0								
合肥市	1400	8	2	5132.7	26495	28	1	3		84.4								
芜湖市	304	3		609.0	18646	50												
蚌埠市	1506	1	3	400.4	21854	24												
淮南市	1430	3		178.4	13453	8												
马鞍山市	538	1		227.7	3599	5												
淮北市	978			340.4	12805	21												
铜陵市	105			439.4	4237	6												
安庆市	407	6	1	1918.8	12883	154	1	3		7.6								
阜阳市	227	8	5	1860.3	92327	60	1	4	1	53.0								
滁州市	162	2	7	470.8	2594	11												
宿州市	220			1461.5	22780	31												
六安市	270	1	2	310.2	6838	19												
宣城市	586	1		339.3	4719	5												
池州市	96		4	512.6	9660	8												
亳州市	473	2	1	244.1	17931	2												
黄山市	316	3		320.8	5460	41												

福建省分地区火灾综合情况表

地区	火灾概况						较大火灾				重大火灾				特别重大火灾			
	起数	亡(人)	伤(人)	损失			起数	亡(人)	伤(人)	直接损失(万元)	起数	亡(人)	伤(人)	直接损失(万元)	起数	亡(人)	伤(人)	直接损失(万元)
				直接损失(万元)	烧毁建筑(平方米)	受灾户数												
合 计	7536	92	35	13276.1	249297	1520	6	18	7	1743.3								
福州市	1105	13	5	1447.7	43379	145												
厦门市	334	3	3	714.0	5144	71												
莆田市	678	8	3	1205.2	19361	8	1	3		24.7								
三明市	313	11		1067.8	14228	85	1	5		1.9								
泉州市	2762	25	16	2589.7	66613	751	1	4	4	5.7								
漳州市	537	3	1	3435.7	28972	154	1			1603.0								
南平市	969	9	1	890.4	23186	121												
龙岩市	657	8	1	807.2	23674	86	1	3		28.4								
宁德市	129	10	5	1066.8	22957	95	1	3	3	79.7								
平潭综合实验区	52	2		51.4	1785	4												

江西省分地区火灾综合情况表

地区	火灾概况						较大火灾				重大火灾				特别重大火灾			
	起数	亡(人)	伤(人)	损失			起数	亡(人)	伤(人)	直接损失(万元)	起数	亡(人)	伤(人)	直接损失(万元)	起数	亡(人)	伤(人)	直接损失(万元)
				直接损失(万元)	烧毁建筑(平方米)	受灾户数												
合 计	8622	44	17	21456.6	302134	2249	1	3		43.6								
南昌市	1149	9	4	2353.2	37253	132												
景德镇市	237	8	3	588.9	7398	63												
萍乡市	479	4		2327.9	13770	82	1	3		43.6								
九江市	733	4		1468.6	38749	147												
新余市	484	1		1513.7	14486	35												
鹰潭市	393	3	1	385.9	20218	9												
赣州市	1504	2	4	2828.8	32624	1018												
吉安市	687	5	2	2622.3	23558	324												
宜春市	1242	3	1	1942.2	53400	28												
抚州市	411	2		1268.1	24222	183												
上饶市	1302	3	2	4157.0	36454	227												

山东省分地区火灾综合情况表

地区	火灾概况						较大火灾				重大火灾				特别重大火灾			
	起数	亡(人)	伤(人)	损失			起数	亡(人)	伤(人)	直接损失(万元)	起数	亡(人)	伤(人)	直接损失(万元)	起数	亡(人)	伤(人)	直接损失(万元)
				直接损失(万元)	烧毁建筑(平方米)	受灾户数												
合　计	18026	29	15	21104.0	510604	767												
济南市	1582	10		870.6	17994													
青岛市	1269	2	6	3023.2	31866	85												
淄博市	691			399.6	15943	2												
枣庄市	973		2	552.3	15757	1												
东营市	1325	2	1	560.9	21751	2												
烟台市	1515	1		1499.8	37234	129												
潍坊市	1166			1143.6	12613	64												
济宁市	1500			1165.7	24660	69												
泰安市	1064	2		538.8	21878	30												
威海市	763			763.6	12650	7												
日照市	289		1	2450.4	49769	53												
莱芜市	105			273.1	3444													
临沂市	2247	2	3	2429.8	49905	218												
德州市	792			1160.6	34598	86												
聊城市	1314	1	2	3462.8	124015	9												
滨州市	494	2		319.2	17326	10												
菏泽市	942	7		490.0	19227	2												

河南省分地区火灾综合情况表

地区	火灾概况						较大火灾				重大火灾				特别重大火灾			
	起数	亡(人)	伤(人)	损失			起数	亡(人)	伤(人)	直接损失(万元)	起数	亡(人)	伤(人)	直接损失(万元)	起数	亡(人)	伤(人)	直接损失(万元)
				直接损失(万元)	烧毁建筑(平方米)	受灾户数												
合 计	10997	42	27	10251.5	407166	3493	6	23	6	53.3	1	11	1	300.0				
郑州市	2729	8	11	1333.8	40860	445	2	7	6	11.3								
开封市	470	3	1	692.6	17602	147	1	3		28.4								
洛阳市	638	8	6	1633.4	22161	214	1	6		10.0								
平顶山市	781			335.4	8341	135												
安阳市	461	1	1	835.4	10619	128												
鹤壁市	113			148.2	137278	34												
新乡市	920			543.8	30333	139												
焦作市	560			417.5	8905	74												
濮阳市	694			511.0	49691	396												
漯河市	302		5	378.5	13696	119												
三门峡市	252			294.5	4410	104												
济源市	94			98.6	1768	47												
许昌市	397	1	2	582.5	11704	163												
商丘市	302	16	1	1128.0	14706	135	1	3		3.2	1	11	1	300.0				
周口市	620			345.1	8073	227												
驻马店市	538	4		211.1	5508	385	1	4		0.4								
南阳市	645	1		410.2	7784	325												
信阳市	481			351.8	13729	276												

湖北省分地区火灾综合情况表

地区	火灾概况						较大火灾				重大火灾				特别重大火灾			
	起数	亡(人)	伤(人)	损失			起数	亡(人)	伤(人)	直接损失(万元)	起数	亡(人)	伤(人)	直接损失(万元)	起数	亡(人)	伤(人)	直接损失(万元)
				直接损失(万元)	烧毁建筑(平方米)	受灾户数												
合　计	13601	23	7	6806.1	165677	2190	2	9		10.0								
武汉市	2479	5	1	1104.0	21119	218												
黄石市	942		1	237.6	8252	21												
十堰市	699		3	959.4	5744	175												
荆州市	1429	4		671.0	15114	128	1	4		5.0								
宜昌市	251		2	625.8	8520	110												
襄阳市	250	1		158.0	7738	109												
鄂州市	612	1		358.7	8001	248												
荆门市	1075	2		160.2	11363	28												
黄冈市	1629	2		605.0	21975	363												
咸宁市	1524			664.7	20644	1												
恩施土家族苗族自治州	1029	5		405.6	14272	306	1	5		5.0								
潜江市	34			7.8	450													
随州市	773	1		354.7	7704	5												
天门市	19			12.5	405	3												
仙桃市	133			22.9	1563													
神农架林区	30			13.4	550	3												
孝感市	692	2		444.9	12255	472												
江汉油田	1			0.1	10													

湖南省分地区火灾综合情况表

地区	火灾概况						较大火灾				重大火灾				特别重大火灾			
	起数	亡(人)	伤(人)	损失			起数	亡(人)	伤(人)	直接损失(万元)	起数	亡(人)	伤(人)	直接损失(万元)	起数	亡(人)	伤(人)	直接损失(万元)
				直接损失(万元)	烧毁建筑(平方米)	受灾户数												
合　计	7092	85	47	18145.6	187768	3124	7	27	1	973.4								
长沙市	1105	18	20	7087.8	31216	235	1	4	1	651.5								
株洲市	493	3	1	1011.5	11066	116												
湘潭市	296	6		118.7	4295	15												
衡阳市	743	4	6	750.1	8572	634												
邵阳市	336	20	2	679.4	9356	233	3	12		141.6								
岳阳市	443	1	3	2479.8	20918	95												
常德市	545			1003.3	14210	94												
张家界市	115	6		220.3	3111	66												
益阳市	684	8		1165.8	19933	294	1	4		53.0								
郴州市	497	2	2	513.8	5928	255												
永州市	606	9	3	744.1	19042	294	1	3		122.6								
怀化市	431	8	6	839.5	16997	136	1	4		4.7								
娄底市	436		3	906.7	8349	417												
湘西土家族苗族自治州	362		1	624.8	14775	240												

广东省分地区火灾综合情况表

地区	火灾概况						较大火灾				重大火灾				特别重大火灾			
	起数	亡(人)	伤(人)	损失			起数	亡(人)	伤(人)	直接损失(万元)	起数	亡(人)	伤(人)	直接损失(万元)	起数	亡(人)	伤(人)	直接损失(万元)
				直接损失(万元)	烧毁建筑(平方米)	受灾户数												
合　计	13122	128	81	27259.7	468096	1695	7	32	10	58.7	1	18	5	20.0				
广州市	2322	26	13	3028.1	27336	107	1	3		3.0								
韶关市	889	1		1105.3	28329	39												
深圳市	1625	8	16	1662.6	19294	265												
珠海市	104	1		720.8	3110	18												
汕头市	483	18	9	417.6	11472	383	3	14	9	2.8								
佛山市	680	5	1	2005.5	25644	10												
江门市	511	1		1767.6	24092	85												
湛江市	243	1	10	848.3	6674	18												
茂名市	652	5	10	497.0	17094	7	1	3		20.0								
肇庆市	248	1		2590.0	76435	33												
惠州市	399	3	2	364.1	11228	3												
梅州市	195	1		494.7	5581	101												
汕尾市	562	6	1	604.7	18040		1	3		12.5								
河源市	225			416.6	7095	37												
阳江市	421	2	5	541.2	20568	23												
清远市	1116	32	1	1728.6	23228	6	1	9	1	20.3	1	18	5	20.0				
东莞市	1036	8	3	4811.7	56265	69												
中山市	412	3	6	1494.7	32032	110												
潮州市	259	2		149.1	11528	107												
揭阳市	541	4	3	1243.6	30310	239												
云浮市	200		1	770.6	12774	35												

广西壮族自治区分地区火灾综合情况表

地区	火灾概况						较大火灾				重大火灾				特别重大火灾			
	起数	亡(人)	伤(人)	损失			起数	亡(人)	伤(人)	直接损失(万元)	起数	亡(人)	伤(人)	直接损失(万元)	起数	亡(人)	伤(人)	直接损失(万元)
				直接损失(万元)	烧毁建筑(平方米)	受灾户数												
合 计	6220	57	27	10211.1	239385	2579	3	12		111.4								
南宁市	1926	6	6	1634.0	50361	714												
柳州市	525	16	3	1336.2	17313	134	2	7		12.0								
桂林市	804	6	4	1191.7	17075	653												
梧州市	221	6	4	464.6	5887	44												
北海市	122	1	1	176.6	15030	21												
防城港市	169	2		1027.7	24898	3												
钦州市	425	3	2	433.1	26614	202												
贵港市	434	10	1	1085.6	10207	191	1	5		99.4								
玉林市	451			1423.3	15086	73												
百色市	213	2		403.7	5170	128												
贺州市	282	2	2	86.6	7349	185												
河池市	218	3	4	386.4	13715	74												
来宾市	140			257.0	2563	41												
崇左市	290			304.6	28120	116												

海南省分地区火灾综合情况表

地区	火灾概况						较大火灾				重大火灾				特别重大火灾			
	起数	亡(人)	伤(人)	损失			起数	亡(人)	伤(人)	直接损失(万元)	起数	亡(人)	伤(人)	直接损失(万元)	起数	亡(人)	伤(人)	直接损失(万元)
				直接损失(万元)	烧毁建筑(平方米)	受灾户数												
合 计	1170	8	1	3655.0	50854	127												
海口市	500	1		1447.7	14703	25												
三亚市	76	1		169.8	2159	19												
三沙市																		
儋州市	113			230.4	3135	1												
琼海市	53			146.7	942	7												
文昌市	55	1		152.6	15864	1												
东方市	47	1		80.3	651	3												
洋浦开发区	14			64.6	3236	2												
万宁市	54	1		128.8	2226	3												
五指山市	22			19.2	129	3												
乐东黎族自治县	22			42.6	328	1												
澄迈县	40			146.6	1108													
临高县	37			305.3	1785	2												
定安县	18			53.1	753													
屯昌县	14			55.9	219	2												
陵水黎族自治县	9	2		386.1	376	27												
昌江黎族自治县	33			20.3	811													
保亭黎族苗族自治县	14			5.0	64	3												
琼中黎族苗族自治县	23	1	1	41.8	1611	2												
白沙黎族自治县	26			158.2	758	26												

重庆市分地区火灾综合情况表

地区	火灾概况						较大火灾				重大火灾				特别重大火灾			
	起数	亡(人)	伤(人)	损失			起数	亡(人)	伤(人)	直接损失(万元)	起数	亡(人)	伤(人)	直接损失(万元)	起数	亡(人)	伤(人)	直接损失(万元)
				直接损失(万元)	烧毁建筑(平方米)	受灾户数												
合 计	5016	39	24	8732.4	99305	1208	1	3		31.2								
万州区	612	1		122.1	3138	12												
黔江区	32	1		55.0	1785	9												
涪陵区	211			334.9	7619	135												
渝中区	65	1	1	88.7	1612	35												
大渡口区	70	1		74.5	1766	2												
江北区	226	1		116.0	1333	95												
沙坪坝区	246	6	3	499.8	5914	135												
九龙坡区	209			1144.8	2343	1												
南岸区	133	3		1333.6	9019	57												
北碚区	228	1		229.8	6555	10												
万盛区	34		1	43.9	462	1												
双桥区	37	1	1	26.4	242	36												
渝北区	204	4		157.0	838	11												
巴南区	358	2	7	301.5	2758	2												
长寿区	110	2		142.8	2388	47												
两江新区	59	1		222.5	1963	37												
江津区	210			94.9	3978	1												
合川区	384	1		139.3	3355	31												
永川区	36	4		52.0	522	23	1	3		31.2								

重庆市分地区火灾综合情况表（续）

地区	火灾概况						较大火灾				重大火灾				特别重大火灾			
	起数	亡(人)	伤(人)	损失			起数	亡(人)	伤(人)	直接损失(万元)	起数	亡(人)	伤(人)	直接损失(万元)	起数	亡(人)	伤(人)	直接损失(万元)
				直接损失(万元)	烧毁建筑(平方米)	受灾户数												
南川区	151			59.0	2611	104												
綦江区	44	1		181.8	5386	23												
大足区	249	1		157.9	3429	2												
璧山区	79		7	941.9	5300	79												
铜梁区	60			15.1	558	13												
潼南区	19	1		85.9	1236	10												
荣昌区	8			541.5	199	2												
开州区	16			24.4	569	3												
梁平区	97			48.5	1266	40												
武隆区	12	1	1	185.9	661	8												
城口县	10	1		46.4	191	5												
丰都县	45	3		142.3	2566	50												
垫江县	172	1		94.7	3134	45												
忠　县	28			50.4	1585	27												
云阳县	25			261.2	2603	7												
奉节县	28			158.4	819	33												
巫山县	31			170.9	1228	13												
巫溪县	247		2	39.8	2518													
石柱县	21			19.8	1111	9												
秀山县	176			85.5	2757	27												
酉阳县	11			115.2	386	3												
彭水县	23		1	126.7	1602	25												

四川省分地区火灾综合情况表

地区	火灾概况						较大火灾				重大火灾				特别重大火灾			
	起数	亡(人)	伤(人)	损失			起数	亡(人)	伤(人)	直接损失(万元)	起数	亡(人)	伤(人)	直接损失(万元)	起数	亡(人)	伤(人)	直接损失(万元)
				直接损失(万元)	烧毁建筑(平方米)	受灾户数												
合 计	16198	95	64	21792.9	226869	3190	3	14	1	103.8	1	1		9210.3				
成都市	4197	14	11	2094.4	34651	481												
自贡市	98	6	1	352.5	3609	58	1	4		38.2								
攀枝花市	260	1	1	138.9	3173	27												
泸州市	1715	2	5	464.2	12998	139												
德阳市	794	2	6	276.7	5308	58												
绵阳市	302	3	1	530.7	9469	109												
广元市	737	3	1	425.2	5637	217												
遂宁市	1438	8	2	954.5	11831	641												
内江市	888	6	1	423.3	7479	241												
乐山市	828	1		181.6	7110	116												
南充市	387	13	6	923.2	5773	183												
眉山市	282	2	1	317.5	10480	84												
宜宾市	892	5	9	1785.5	9130	141												
广安市	569	2		309.8	10021	285												
达州市	765	13	3	10578.8	61381	221	1	6		55.6	1	1		9210.3				
雅安市	433	2	1	147.3	4689	22												
巴中市	761	5	4	665.1	7052	47												
资阳市	443	1	8	60.0	7128	8												
阿坝藏族羌族自治州	6			157.4	1968	11												
甘孜藏族自治州	19			573.2	2620	30												
凉山彝族自治州	384	6	3	433.1	5362	71	1	4	1	10.0								

贵州省分地区火灾综合情况表

地区	火灾概况						较大火灾				重大火灾				特别重大火灾			
	起数	亡(人)	伤(人)	损失			起数	亡(人)	伤(人)	直接损失(万元)	起数	亡(人)	伤(人)	直接损失(万元)	起数	亡(人)	伤(人)	直接损失(万元)
				直接损失(万元)	烧毁建筑(平方米)	受灾户数												
合 计	4650	37	27	8836.8	126083	1617	4	13	2	66.1								
贵阳市	1096	10	7	780.5	19226	133												
遵义市	830	1	1	1742.2	15412	129												
安顺市	444	4	2	739.9	11833	102	1	3	1	8.0								
六盘水市	378	1	1	736.9	6996	128												
铜仁市	413	5	4	943.1	11079	153	1	3		4.0								
毕节市	616	7	2	801.3	10888	353	1	3		3.0								
黔南布依族苗族自治州	252	1	3	991.3	8928	88												
黔东南苗族侗族自治州	242	8	6	1434.4	23290	366	1	4	1	51.1								
黔西南布依族苗族自治州	359		1	653.3	18294	163												
贵安新区	20			13.9	136	2												

云南省分地区火灾综合情况表

地区	火灾概况						较大火灾				重大火灾				特别重大火灾			
	起数	亡(人)	伤(人)	损失			起数	亡(人)	伤(人)	直接损失(万元)	起数	亡(人)	伤(人)	直接损失(万元)	起数	亡(人)	伤(人)	直接损失(万元)
				直接损失(万元)	烧毁建筑(平方米)	受灾户数												
合 计	6735	85	26	11424.2	355987	5633	2	15	3	22.5								
昆明市	2114	29	9	2107.3	35078	2316	2	15	3	22.5								
曲靖市	766	7	1	1384.9	20677	528												
玉溪市	420	1		196.9	7546	413												
保山市	238	1		528.2	8817	149												
昭通市	247	2	1	94.3	3420	48												
丽江市	52	6		141.6	3573	30												
普洱市	196	1		369.3	4428	132												
临沧市	147	2	5	334.4	11868	150												
楚雄彝族自治州	225	5	3	314.5	100436	201												
红河哈尼族彝族自治州	325	3	1	1442.2	21797	99												
文山壮族苗族自治州	646	9	2	1506.7	49006	787												
西双版纳傣族自治州	237	3	1	228.7	4560	138												
大理白族自治州	735	4		1039.1	47927	284												
德宏傣族景颇族自治州	311	5		1009.2	27200	293												
怒江傈僳族自治州	50	4	3	193.5	2821	35												
迪庆藏族自治州	26	3		533.4	6835	30												

西藏自治区分地区火灾综合情况表

地区	火灾概况						较大火灾				重大火灾				特别重大火灾			
	起数	亡(人)	伤(人)	损失			起数	亡(人)	伤(人)	直接损失(万元)	起数	亡(人)	伤(人)	直接损失(万元)	起数	亡(人)	伤(人)	直接损失(万元)
				直接损失(万元)	烧毁建筑(平方米)	受灾户数												
合 计	110			373.3	7401	66												
拉萨市	25			143.8	2565	13												
日喀则市	8			10.2	691	6												
山南市	24			94.4	1963	17												
林芝市	14			1.7	421	6												
昌都市	8			41.0	475	6												
那曲市	19			78.6	1183	15												
阿里地区	12			3.5	104	3												

陕西省分地区火灾综合情况表

地区	火灾概况						较大火灾				重大火灾				特别重大火灾			
	起数	亡(人)	伤(人)	损失			起数	亡(人)	伤(人)	直接损失(万元)	起数	亡(人)	伤(人)	直接损失(万元)	起数	亡(人)	伤(人)	直接损失(万元)
				直接损失(万元)	烧毁建筑(平方米)	受灾户数												
合 计	10215	61	42	11835.0	293179	3867	2	7	15	566.0								
西安市	2069	26	37	1783.2	34597	775	1	4	15	2.0								
铜川市	229	4	1	269.1	5643	89												
宝鸡市	1048	11	3	820.9	19570	504												
咸阳市	1228	1		813.9	19157	428												
渭南市	629	3	1	1412.1	14092	434	1	3		564.0								
延安市	354	2		1273.9	12828	258												
汉中市	806	2		846.6	17106	761												
榆林市	1523	4		1273.8	99682	49												
安康市	658	5		1159.8	10625	128												
商洛市	498	1		973.0	23365	353												
西咸新区	1070	2		1162.0	35422	47												
杨凌示范区	103			46.7	1094	41												

甘肃省分地区火灾综合情况表

地区	火灾概况						较大火灾				重大火灾				特别重大火灾			
	起数	亡(人)	伤(人)	损失			起数	亡(人)	伤(人)	直接损失(万元)	起数	亡(人)	伤(人)	直接损失(万元)	起数	亡(人)	伤(人)	直接损失(万元)
				直接损失(万元)	烧毁建筑(平方米)	受灾户数												
合　计	8594	6	6	3475.4	240804	1381												
兰州市	1404	1	1	638.0	28347	131												
嘉峪关市	265			222.4	10791	43												
金昌市	317			389.3	18716	173												
白银市	573		1	172.7	27560	29												
天水市	799		1	148.6	7962	10												
武威市	120			73.9	1316	3												
张掖市	1295			113.7	36591	186												
平凉市	476			159.7	9030	13												
酒泉市	1050			209.6	36710	529												
庆阳市	1038			279.0	35676	185												
定西市	425			121.0	7491	31												
陇南市	569	1	3	354.0	12186	21												
临夏回族自治州	143	2		443.4	5031	7												
甘南藏族自治州	120	2		150.1	3398	20												

青海省分地区火灾综合情况表

地区	火灾概况						较大火灾				重大火灾				特别重大火灾			
	起数	亡(人)	伤(人)	损失			起数	亡(人)	伤(人)	直接损失(万元)	起数	亡(人)	伤(人)	直接损失(万元)	起数	亡(人)	伤(人)	直接损失(万元)
				直接损失(万元)	烧毁建筑(平方米)	受灾户数												
合计	1629	7	5	1340.0	154965	175												
西宁市	922	4		324.2	21578	38												
海东市	181		2	121.0	77021	19												
海西蒙古族藏族自治州	155			145.5	1833	8												
海南藏族自治州	102	2		321.5	2963	26												
海北藏族自治州	79		2	39.5	24041	6												
黄南藏族自治州	43	1	1	54.6	16130	3												
玉树藏族自治州	58			120.6	3430	25												
果洛藏族自治州	37			39.9	5822	7												
格尔木市	52			173.8	2148	43												

宁夏回族自治区分地区火灾综合情况表

地区	火灾概况						较大火灾				重大火灾				特别重大火灾			
	起数	亡(人)	伤(人)	损失			起数	亡(人)	伤(人)	直接损失(万元)	起数	亡(人)	伤(人)	直接损失(万元)	起数	亡(人)	伤(人)	直接损失(万元)
				直接损失(万元)	烧毁建筑(平方米)	受灾户数												
合　计	2910	3	2	5418.9	180529	1055	1			2858.7								
银川市	1772	2		3584.9	76873	475	1			2858.7								
石嘴山市	124	1	2	460.7	12528	46												
吴忠市	468			641.5	30031	489												
固原市	104			211.4	44223	35												
中卫市	442			520.4	16875	10												

新疆维吾尔自治区分地区火灾综合情况表

地区	火灾概况						较大火灾				重大火灾				特别重大火灾			
	起数	亡(人)	伤(人)	损失			起数	亡(人)	伤(人)	直接损失(万元)	起数	亡(人)	伤(人)	直接损失(万元)	起数	亡(人)	伤(人)	直接损失(万元)
				直接损失(万元)	烧毁建筑(平方米)	受灾户数												
合 计	8487	34	10	6699.6	389760	3946												
乌鲁木齐市	1430	11	1	633.8	28606	227												
克拉玛依市	205		1	108.7	4813	33												
吐鲁番市	326	2		603.0	16391	64												
哈密市	238	5	6	434.9	8988	63												
昌吉回族自治州	884		1	401.0	22265	248												
博尔塔拉蒙古自治州	267			129.7	52448	31												
巴音郭楞蒙古自治州	427	4		1243.1	73950	260												
阿克苏地区	535	5	1	598.4	27995	553												
克孜勒苏柯尔克孜自治州	151			74.4	3401	38												
喀什地区	720	2		478.5	25728	698												
和田地区	288	1		676.5	36384	89												
伊犁哈萨克自治州	1798	1		466.6	42121	682												
塔城地区	709	1		570.2	27012	395												
阿勒泰地区	215	2		179.5	15266	287												
石河子市	294			101.3	4394	278												

新疆生产建设兵团各师火灾综合情况表

项目	火灾概况				火灾原因										2017年同期				同比火灾起数、损失(%)	
	起数	死(人)	伤(人)	财产损失(万元)	放火	电气	违章操作	用火不慎	吸烟	玩火	燃放爆竹	自燃	原因不明	其他	火灾起数	死(人)	伤(人)	财产损失(万元)		
第一师	22			56.7	1	5	1	4		1		3	3	4	26			555.5	–15.4	–89.8
第二师	13			52.3		1		8					2	2	26	2	1	41.0	–50.0	27.4
第三师	18			13.2		5		3		2		1	5	2	15			39.0	20.0	–66.1
第四师	8			96.9		1		1				1	3	2	13			49.1	–38.5	97.5
第五师	8	1		81.0		2		1					1	4	5		4	188.3	60.0	–57.0
第六师	6			13.6	1	1	1	2					1		5			2.1	20.0	545.3
第七师	20	1		11.5		5	1	1	1			1	8	3	16	2	2	118.8	25.0	–90.3
第八师	12	1		33.1				3	1			2		6	38	2		154.7	–68.4	–78.6
第九师	4			80.6				1				2	1		1			8.0	300.0	907.5
第十师	3			29.0			2						1		8		4	52.5	–62.5	–44.7
第十二师	11		3	63.6		5	1	1		1		2		1	8			57.2	37.5	11.2
第十三师	9			8.4	1	2		2				1		3	5			22.0	80.0	–61.8
第十四师	4			121.4		1				2		1			3			10.4	33.3	1062.5
合　计	138	3	3	661.3	3	28	6	27	2	6		14	25	27	169	6	11	1298.6	–18.3	–49.1
其中：家庭火灾	23			27.3		5				1				4	46	5	3	84.2	–50.0	–67.6
棉花火灾	10			43.2									5	5	3			8.0	233.3	439.9

注：过火面积2755025平方米，受灾户115户，出动警力289人、警车386辆、专兼职消防队员1180人、消防车219辆。

第三节 森林、草原、铁路、交通港航火灾情况

森林、草原火灾情况

2018年，全国共发生森林火灾2478起（其中，一般火灾1579起、较大火灾894起、重大火灾3起、特大火灾2起），受害森林面积16309.1公顷，因灾造成人员伤亡39人（其中，死亡23人）。与2017年相比，火灾起数、受害森林面积和伤亡人数分别下降23.1%、33.4%和15.2%（其中，死亡人数下降23.3%）。

2018年，全国共发生草原火灾39起，全部为一般草原火灾，未发生重特大草原火灾。累计受害草原面积2550.2公顷，经济损失102.8万元，无人员伤亡和牲畜损失。与2017年相比，火灾起数减少19起、下降32.8%，受害草原面积减少549.8公顷、下降17.7%，经济损失减少232.4万元、下降69.3%。

典型的森林火灾为内蒙古自治区大兴安岭汗马国家级自然保护区“6·1”森林火灾。2018年6月1日19时许，内蒙古自治区大兴安岭汗马国家级自然保护区因雷击发生森林火灾，并于3日烧入黑龙江呼中国家级自然保护区。火灾发生后，内蒙古、黑龙江两省区先后调集7670人（其中，武警森林部队2980人），调动森林消防飞机42架，在火场持续干旱高温、风大物燥、山高林密、交通不便、兵力运输和后勤保障极端困难的条件下，采取分片包干、两地配合、分段合围的扑火战术，经过5天的奋力扑救，外线明火于6日10时全部扑灭。经清理看守，至9日9时，火场“无烟、无火、无气”，火灾实现彻底扑灭。经调查，此次森林火灾过火面积内蒙古自治区境内约4500公顷，黑龙江省境内约600公顷。

2018年全国森林火灾分月统计表

月份	森林火灾起数					火场总面积(公顷)	受害森林面积(公顷)			损失林木		人员伤亡(人)				其他损失折款(万元)	出动扑火人员(人)	出动车辆(辆)	出动飞机						扑火经费(万元)
																			有人机				无人机		
								其中											固定翼		直升机				
	合计	一般火灾	较大火灾	重大火灾	特大火灾		合计	公益林	商品林	成林蓄积(立方米)	幼林株数(万株)	合计	轻伤	重伤	死亡				数量(架)	飞行时间(小时)	数量(架)	飞行时间(小时)	数量(架)	飞行时间(小时)	
全年累计	2478	1579	894	3	2	28595.20	16309.07	11656.57	4652.50	295627.26	1160.70	39	14	2	23	20444.73	305557	32079	34	15911.5	136	12858.2	129	106.7	8254.01
1	71	44	27			531.81	206.84	101.34	105.50	2459.20	5.74	2			2	866.73	9546	1051			4	3.1	1	0.5	222.80
2	635	440	193	2		6434.48	2802.48	1749.88	1052.60	113360.39	311.95	10	3		7	16315.70	53403	9174			20	116.9	20	25.4	1509.55
3	468	274	194			3903.93	1499.55	486.99	1012.56	51017.29	680.70	8	2	1	5	1217.43	46925	6078	3	35.6	29	109.2	19	16.7	977.24
4	888	565	323			7182.76	2838.50	1074.90	1763.60	66578.36	109.16	14	9	1	4	1289.31	77317	9703			40	204.5	68	40.6	1813.07
5	124	74	50			928.50	453.97	197.56	256.41	11133.59	25.73	3			3	266.68	21953	1546	9	10.4	13	50.4	2	0.7	826.75
6	68	31	34	1	2	8229.21	7969.60	7859.70	109.90	2320.99	1.19	1			1	62.04	68586	1236	19	15864.0	15	12336.0	5	8.5	2035.07
7	28	20	8			83.42	44.78	5.99	38.79	550.84	1.68					29.37	2596	378			3	6.8	1	1.3	33.38
8	14	10	4			35.64	13.36	9.19	4.17	46.51	0.55					4.05	737	137							12.88
9	17	9	8			247.77	98.68	45.69	52.99	1335.47	6.07					36.39	2109	217							41.92
10	95	65	30			697.40	283.67	96.89	186.78	44955.02	14.72					280.70	18544	2053	3	1.5	9	28.5	8	10	669.42
11	55	37	18			237.43	80.09	22.36	57.73	1857.80	2.60	1			1	76.33	3381	407			2	1.5	5	3	66.85
12	15	10	5			82.85	17.55	6.08	11.47	11.80	0.61						460	99			1	1.3			45.08

2018年各省区草原火灾情况统计表

地区	火灾起数			受灾草原面积（公顷）	伤亡（人）数（人）	烧死牲畜（头、只）	烧毁房舍（平方米）	参加扑火人工日（工日）	经济损失估算（万元）
	合计	重大火灾	特别重大火灾						
总计	39			2550.2				5458	102.8
河北									
山西									
内蒙古	16			1695.7				1634	29.1
辽宁									
吉林	5			145.0					1.2
黑龙江									
山东									
四川	2			30.3				100	12.6
西藏									
陕西									
甘肃	3			118.3				83	9.1
青海	11			389.1				2126	26.1
宁夏									
新疆									
新疆兵团	1			151.8				1500	24.6
黑龙江省农垦	1			20.0				15	0.1

注：以上为河北、山西、内蒙古、辽宁、吉林、黑龙江、山东、四川、西藏、陕西、甘肃、青海、宁夏、新疆14个省（自治区）和新疆生产建设兵团、黑龙江省农垦总局统计数字。

铁路系统火灾情况

2018年，铁路公安机关消防部门认真贯彻落实公安部、铁路总公司关于安全生产专项治理和火灾隐患排查整治总体部署，以旅客列车、公众聚集场所、重点行车场所、机车车辆存放场所和物资集中场所为重点，深入开展消防监督检查，督促铁路单位切实落实消防安全责任制，大力整治火灾隐患。铁路消防安全形势保持基本稳定，未发生造成旅客伤亡的站车火灾事故。全路共发生火灾事故27起，死亡1人，直接财产损失1056万元，与2017年相比，起数和损失分别下降6.9%和0.4%。

一、旅客列车火灾事故略有下降

旅客列车火灾事故发生4起，占总数的14.81%，直接财产损失893万元。同比起数持平，损失大幅度上升。1月25日10时54分，济南局值乘的青岛开往杭州东的G281次列车从徐州东站发出，11时19分21秒至11时33分29秒，列车监控系统显示牵引、网络控制、车门等类别故障30个。期间随车机械师和司机沟通确认后，立即向本段应急室请求停站处理。司机向上海局调度所申请在定远站停车处理故障。经同意，G281次列车于11时52分停于定远站I道，此时正在2号站台作业的定远站站长等干部职工发现2号车厢中间底部冒出明火和浓烟，并有燃烧物滴落。接触网停电、线路封锁后，定远站职工、民警携带灭火器和随车机械师、乘警共同进行扑救，使用60多具灭火器扑救未果，列车和车站工作人员立即疏散旅客，车站职工和随车机械师分别拨打119报警。12时45分，定远县消防大队4辆消防车到达现场，使用站台消火栓灭火，13时30分左右将明火基本扑灭。事故未造成人员伤亡，事故造成直接财产损失892.5万元。起火原因系2号车厢主变压器二次侧1.1接线端子出现电热高温，破坏绝缘和变压器油箱密封结构，致变压器油外泄并被引燃。其他3起火灾原因分别是：自燃1起、违反安全规定1起、不明1起。

二、货物列车火灾事故略有上升

货物列车火灾事故发生16起，占总数的59.26%，直接财产损失46万元。同比起数上升23%，损失下降93.6%。4月11日14时许，漳州北站华丰物流装卸工蔡××在作业时发现车号为P703801198的棚车中门位置有烟雾冒出，立即向车站报告。经公安消防灭火处置，14时55分许，火情得到控制，未造成人员伤亡。火灾造成兽药、配件等34种货物烧毁，直接财产损失44.82万元。起火原因为车厢内兽药（二氯异氰脲酸钠消毒剂）自燃起火。其他15起火灾原因分别是：外来火种9起、自燃3起、吸烟1起、其他2起。

三、车站、货场和其他部位火灾事故有所下降

车站、货场和其他部位火灾事故发生7起，占总数的25.9%，直接财产损失117万元。同比起数和损失分别下降42%和65%。3月24日0时52分许，渝中区菜园坝治安巡防队员向119报警称：位于重庆火车站二楼候车厅外平台的春来旅社发生火灾。1时15分许，经旅社值班人员和地方消防部门共同扑救将火扑灭，

并将 104 号房内的住店旅客彭 ×× 转移至春来旅社门外空地施救。1 时 30 分许，经 120 医生到场确认：彭 ×× 已当场死亡。初步判定起火原因系死者彭 ×× 吸烟不慎导致床头东侧床铺阴燃所致。火灾造成该房间床铺和窗户烧损，直接财产损失 8050 元。3 月 29 日 15 时许，上海大型机械运用检修段在京九上行线伍明至王寨上行 832 公里 +200 米至 821 公里 +400 米处进行线路捣固施工作业时，该车机长发现发动机部位有明火且火势很大，使用了 11 具灭火器灭火未果，立即拨打 119 报警。15 时 50 分许，地方消防队 3 辆消防车到达现场，出水灭火，16 时 45 分许将火扑灭。火灾造成 10601 车发动机舱、驾驶 1 室和 2 室烧毁，京九线 510 供电单元 238 ～ 240 号支柱间接触网导线断线，受高温变形的钢轨 6 米，中断线路行车 2 小时 12 分钟，影响 15 趟列车正常运行，直接财产损失 116.5 万元。火灾原因是售后人员在进行发动机空压机进水管渗水故障排除中拆除发动机高压泵油管再重新安装，该车发动机在高速运转中，高压油管接头螺母松动，造成高压雾状燃油喷出，喷射至发动机高温废气总管上，引起燃烧。其他 5 起火灾原因分别是：自燃 1 起，违反电气安装、使用安全规定 1 起，其他 3 起。

交通港航系统火灾情况

2018年，长江干线共发生火灾27起，未发生较大以上火灾事故，造成7人受伤，直接财产损失456.6万元。与2017年相比，火灾起数增加8起、上升42.1%，伤人数减少1人、下降12.5%，亡人数减少4人、下降100%，直接财产损失减少1.8万元、下降4%，火灾形势趋于平稳。

全年，交通公安机关共出动警力7.5万余人次、车辆2.5万余辆次、船艇1万余艘次，检查单位2.2万家、船舶1.6万艘，发现并整改隐患2.6万处。

第二章　全国消防救援队伍接警出动情况

2018年全国消防救援队伍接警出动情况

2018年，全国消防救援队伍共接警出动117.3万起，共出动消防救援人员1286.9万人次、出动消防车辆221.7万辆次，共从灾害事故中营救遇险被困人员15.1万人、疏散人员53万人，抢救保护财产价值305亿元。在灭火救援战斗中，共有9名消防救援指战员和1名专职消防员牺牲。

一、全年出动总数仍在高位运行

各类消防救援队伍共出动117.3万起，连续第6年突破100万起；投入消防救援人员1286.9万人次，连续第5年突破1200万人次；投入消防车辆221.7万辆次，连续第3年突破210万辆次。

二、抢险救援社会救助出动最多

全年共出动参加抢险救援33.2万起，占出动总数的28.3%；社会救助34.4万起，占总数的29.3%；扑救火灾24.2万起、占总数的20.6%；公务执勤等其他出动25.6万起，占总数的21.8%。其中，6—9月，洪涝、泥石流、台风等自然灾害多，危化品事故发生率高，马蜂窝等危害性增大，抢险救援和社会救助出动分别占全年的35.7%和52.3%。

三、火灾扑救投入力量较多

平均每起火灾扑救行动投入消防车2.4辆、消防救援人员14.5人，而平均每起抢险救援行动投入消防车1.7辆、消防救援人员9.9人，平均每起社会救助行动投入消防车1.3辆、消防救援人员7.4人。

四、救人和交通事故占救援较大比重

全年共处置设备故障、生产事故等救人行动12.4万起，占救援总数的37.3%，平均每天340起；处置交通事故6.8万起，占救援总数的20.5%，平均每天186起；另外，平均每天处置水管破裂等基础设施故障54起、危化品事故37起，自然灾害等其他事故286起。

五、取马蜂窝占社会救助首位

共帮助群众解除马蜂窝危险16.7万处，占社会救助总数的48.5%；其次是帮助开门，占16.2%；抓动物、高空取物等分别占5.4%和1.6%。

全国消防救援队伍接警出动情况统计表

地区	接警出动起数							参战人员(人次)			出动车辆(辆次)			参战人员伤亡(人)				战斗成果		
	合计	火灾扑救	抢险救援	反恐排爆	公务执勤	社会救助	其他出动	小计	指战员	其他	小计	消防救援队伍	其他	指战员		其他		救出人员(人)	疏散人员(人)	抢救财产价值(万元)
														亡	伤	亡	伤			
合计	1173004	242083	331566	668	18876	343707	236104	12868532	11661773	1206759	2216759	1999436	217323	9	8	1	3	150913	530353	3049752
北京	43466	3289	8632	8	3	12762	18772	652326	651287	1039	108846	108621	225		2	1	3	2864	8460	8166
天津	45120	1873	8571	16	30	11759	22871	679959	661788	18171	122156	118949	3207					1729	2741	26971
河北	33507	3842	4984	2	18	22658	2003	411520	207360	204160	73256	38392	34864	1				3694	10259	276889
山西	9441	4117	3159	2	100	787	1276	95901	85744	10157	17235	15503	1732		1			3196	14412	18602
内蒙古	10695	7099	2709	2	309	559	17	111871	110273	1598	21212	20863	349					2515	4910	46093
辽宁	39639	17902	8445	5	2	12823	462	318209	299492	18717	63026	59775	3251	1				4696	5612	51871
吉林	13481	6794	1106	2		1224	4355	148093	141005	7088	29975	28488	1487					1520	2855	73581
黑龙江	11348	5395	1232	1	1472	788	2460	128377	124537	3840	27723	26850	873					1353	2432	15596
上海	60525	3871	16807	148	5	17658	22036	927795	927702	93	113277	113266	11					4107	7542	78566
江苏	104982	14609	22498	4	877	16624	50370	1006449	673739	332710	188910	127033	61877	1				7085	19755	54043
浙江	93969	13912	28336	10	4	18587	33120	1072707	1007529	65178	181901	170858	11043	1				11222	8142	388356
安徽	34689	8959	8329	3	40	16369	989	309610	289163	20447	51646	48629	3017					4702	22523	57207
福建	46206	7525	23020	3	44	10711	4903	433751	402186	31565	75112	70056	5056	2	1			6408	12981	39085
江西	32326	8617	12850	6	4196	5533	1124	411172	395016	16156	62807	60416	2391					5638	33902	207343
山东	59551	17991	14324	1	168	22189	4878	704001	681319	22682	115108	111390	3718					8410	16812	107164

全国消防救援队伍接警出动情况统计表（续）

地区	接警出动起数							参战人员(人次)			出动车辆(辆次)			参战人员伤亡(人)				战斗成果		
	合计	火灾扑救	抢险救援	反恐排爆	公务执勤	社会救助	其他出动	小计	指战员	其他	小计	消防救援队伍	其他	指战员		其他		救出人员(人)	疏散人员(人)	抢救财产价值(万元)
														亡	伤	亡	伤			
河南	50056	10921	23171	8	91	10089	5776	650750	561641	89109	113643	98539	15104	1	2			6139	18973	33220
湖北	61343	13635	25515	364	1002	18456	2371	601724	595324	6400	107256	106205	1051					6857	45679	181718
湖南	36458	7080	7931	5	4	7490	13948	395082	375273	19809	60895	57860	3035					5915	35513	68292
广东	103501	13108	40741	17	35	27996	21604	1091109	971655	119454	201735	177934	23801					18151	45277	369957
广西	18300	6180	5801	3	419	4144	1753	235276	228269	7007	42940	41660	1280					4160	10144	106599
海南	5036	1170	1574	1	258	1799	234	47994	45015	2979	9418	8836	582					1549	4775	17247
重庆	54204	5031	10967	2	10	26209	11985	680550	676658	3892	105803	105036	767					5356	27369	40653
四川	88157	16191	24369	44	393	46256	904	634953	449285	185668	124851	89712	35139	1				13227	41472	43481
贵州	18408	4641	6383	1	23	4324	3036	185427	185338	89	32157	32143	14					3946	27559	42214
云南	15362	6492	4763		138	3657	312	142687	142129	558	25025	24918	107					3870	21640	28398
西藏	5184	110	201		4790	83		33176	33074	102	6472	6455	17					259	1762	3428
陕西	36335	10227	6471	7	88	18001	1541	333269	331400	1869	55348	55049	299					4455	30919	139951
甘肃	13601	8584	2590	1	110	1084	1232	130073	119186	10887	22846	20870	1976					2508	17438	12322
青海	2815	1629	828			267	91	29172	29147	25	5089	5085	4					704	7265	4356
宁夏	7813	2900	2728	2	20	2104	59	109446	108375	1071	17442	17263	179					1950	13370	70804
新疆	17486	8389	2531		4227	717	1622	156103	151864	4239	33649	32782	867	1	2			2728	7860	437579

全国消防救援队伍分类出警情况表

类别		起数	参战人员(人次)			出动车辆(辆次)			参战人员伤亡(人)				战斗成果		
									指战员		其他		救出人员(人)	疏散人员(人)	抢救财产价值(万元)
			小计	指战员	其他	小计	消防救援队伍	其他	亡	伤	亡	伤			
合计		1173004	12868532	11661773	1206759	2216759	1999436	217323	9	8	1	3	150913	530353	3049752
火灾扑救	小计	242083	3512527	3238973	273554	632753	582624	50129	6	4		3	15835	270523	1741856
	人员密集场所火灾	85532	1350887	1254079	96808	242176	224560	17616	3	2			8347	121883	475189
	高层建筑火灾	3745	73267	69206	4061	13576	12811	765	1				2276	17742	37298
	地下建筑火灾	684	11968	11525	443	2220	2145	75					101	1891	3051
	其他重要场所火灾	27229	432482	392945	39537	79914	72587	7327	1	2		3	770	31317	488658
	化工火灾	874	16238	14957	1281	3090	2833	257					23	2847	26704
	交通工具火灾	28068	362820	329899	32921	63631	57708	5923					737	20667	191169
	特殊火灾	13289	161783	149479	12304	28229	26017	2212					437	9159	78353
	其他火灾	82662	1103082	1016883	86199	199917	183963	15954	1		1		3144	65017	441434
灾害事故抢险救援	小计	331566	3287460	2988427	299033	549781	497950	51831	2	2			125542	209711	1156862
	危险化学品事故	13348	174402	162839	11563	29224	27196	2028					581	22245	62939
	建（构）筑物事故	1293	16317	14639	1678	2788	2496	292					804	1894	5532
	交通事故	67873	716526	639350	77176	119474	105972	13502					40567	57005	373258
	自然灾害	3603	32965	29508	3457	5660	5055	605					10804	36391	19926
	突发性事件	654	7941	6399	1542	1330	1064	266					213	991	2456
	救人行动	124198	1013772	928693	85079	163744	149101	14643	2	2			62376	56006	117610
	基础设施（备）事故	19834	202214	187580	14634	34785	32174	2611					3240	6855	446797
	其他抢险救援	100763	1123323	1019419	103904	192776	174892	17884					6957	28324	128344

全国消防救援队伍分类出警情况表（续）

类别		起数	参战人员(人次)			出动车辆(辆次)			参战人员伤亡(人)				战斗成果		
									指战员		其他		救出人员(人)	疏散人员(人)	抢救财产价值(万元)
			小计	指战员	其他	小计	消防救援队伍	其他	亡	伤	亡	伤			
反恐排爆		668	6268	6095	173	1085	1056	29					5	94	20025
公务执勤		18876	136208	128315	7893	25377	23953	1424					52	454	578
社会救助	小计	343707	2541200	2203160	338040	432670	372601	60069					7623	26290	36433
	开门	55579	397475	373129	24346	66765	62357	4408					3893	1264	1442
	取马蜂窝	167429	1020238	890504	129734	178054	153601	24453					181	12955	5605
	冲马路	1442	12314	10599	1715	2190	1884	306						171	60
	送水	1616	14069	13505	564	2535	2412	123						23	72
	关水龙头	2600	19810	19710	100	2747	2730	17					2		22
	高空取物	5563	39527	37833	1694	6523	6213	310					21	529	195
	抓动物	18530	122328	114203	8125	20312	18868	1444					6	1310	376
	其他救助行动	90948	915439	743677	171762	153544	124536	29008					3520	10038	28661
其他出动	虚假警	99644	1517380	1415284	102096	265634	246447	19187					96	966	773
	其他	136460	1867483	1681513	185970	309458	274804	34654	1	2			1760	22315	93238

全国消防救援队伍火灾扑救情况统计表

地区	起数	出动情况 (起)				参战人员 (人次)			出动车辆 (辆次)			参战人员伤亡 (人)				战斗结果		
		出动起数	中途返回	到场未实施处置	到场实施处置	小计	指战员	其他	小计	消防救援队伍	其他	指战员		其他		抢救人员(人)	疏散人员（人）	抢救财产价值(万元)
												亡	伤	亡	伤			
合计	242083	266334	47619	52138	166577	3512527	3238973	273554	632753	582624	50129	6	6	1	3	15835	270523	1741850
北京	3289	5937	1398	1601	2938	118536	118375	161	20777	20740	37		2	1	3	294	6224	7226
天津	1873	5035	1103	2165	1767	70964	69017	1947	13556	13197	359					114	2024	14126
河北	3842	3916	89	180	3647	59668	31134	28534	10830	5836	4994					476	5976	273195
山西	4117	4253	290	601	3362	49993	45946	4047	9185	8493	692		1			316	8154	12402
内蒙古	7099	7194	522	888	5784	80727	79504	1223	15608	15338	270					204	2796	40593
辽宁	17902	17929	2014	3224	12691	176694	167143	9551	35655	33886	1769					362	3322	29910
吉林	6794	6943	345	638	5960	79511	76652	2859	16592	15950	642					395	1816	70186
黑龙江	5395	5448	261	565	4622	70530	67536	2994	15337	14641	696					203	1778	14630
上海	3871	6553	1427	3332	1794	133915	133849	66	17895	17888	7					417	5807	65481
江苏	14609	15945	2397	4510	9038	195135	133473	61662	38420	26664	11756	1				1117	10600	37960
浙江	13912	18739	4149	4011	10579	259269	243242	16027	46135	43236	2899	1				912	4831	306974
安徽	8959	9404	1717	1850	5837	114587	108528	6059	19537	18597	940					634	12834	43068
福建	7525	8254	2036	1641	4577	112327	106630	5697	20677	19739	938	2	1			743	6996	30070
江西	8617	9101	945	1269	6887	135151	132119	3032	20995	20535	460					569	20519	155232
山东	17991	18094	2246	2042	13806	227338	219435	7903	37476	36161	1315					808	10482	79694

全国消防救援队伍火灾扑救情况统计表（续）

地区	起数	出动情况 (起)				参战人员 (人次)			出动车辆 (辆次)			参战人员伤亡 (人)				战斗结果		
		出动起数	中途返回	到场未实施处置	到场实施处置	小计	指战员	其他	小计	消防救援队伍	其他	指战员		其他		抢救人员(人)	疏散人员（人）	抢救财产价值(万元)
												亡	伤	亡	伤			
河南	10921	11238	1759	1898	7581	165414	135326	30088	30033	24730	5303					684	10590	25683
湖北	13635	13900	3028	2964	7908	190637	188910	1727	35221	34939	282					728	23226	55455
湖南	7080	7636	1118	1179	5339	100841	96365	4476	15767	15076	691					1287	19054	55432
广东	13108	15976	4862	2906	8208	221119	203524	17595	41328	37877	3451					1763	18373	82146
广西	6180	6504	1276	1642	3586	102730	100231	2499	19353	18895	458					774	6480	90895
海南	1170	1331	108	181	1042	18256	17063	1193	3749	3518	231					266	2819	15612
重庆	5031	7019	1869	1745	3405	121869	120583	1286	19235	18977	258					308	11396	10241
四川	16191	16240	3923	3606	8711	199290	148942	50348	37667	28325	9342	1				666	15518	29251
贵州	4641	4725	920	722	3083	61778	61698	80	10787	10775	12					321	11414	19622
云南	6492	6852	1699	1202	3951	76277	75849	428	14162	14081	81					332	9737	15015
西藏	110	125	1	5	119	2035	2029	6	393	392	1					1	57	2966
陕西	10227	10327	2922	1831	5574	120656	119873	783	20333	20200	133					538	17155	66557
甘肃	8584	8665	1882	1405	5378	86851	79695	7156	15545	14250	1295					145	2642	8154
青海	1629	1629	270	423	936	18103	18078	25	3225	3221	4					12	4493	2316
宁夏	2900	2936	167	622	2147	53407	52703	704	8128	8011	117					78	6975	49791
新疆	8389	8486	876	1290	6320	88919	85521	3398	19152	18456	696	1	2			368	6435	31967

注：出动次数包括同一起接警中的增援出动。

全国消防救援队伍火灾扑救战斗进程情况统计表

起

地区	到场实施处置起数	途中时间				战斗时间					
		≤3分钟	3～10分钟	10～20分钟	≥20分钟	≤10分钟	10～30分钟	30～60分钟	60～90分钟	90～120分钟	≥120分钟
合计	166577	4632	67748	45612	48585	22091	70983	42174	13881	6009	11439
北京	2938	17	592	1327	1002	626	1078	694	235	96	209
天津	1767	35	723	539	470	233	511	411	217	114	281
河北	3647	79	1163	1157	1248	220	1226	1138	432	183	448
山西	3362	60	1111	1183	1008	357	1412	952	314	123	204
内蒙古	5784	114	1960	1511	2199	416	2144	2034	597	275	318
辽宁	12691	313	4535	3442	4401	1773	5773	3215	1007	403	520
吉林	5960	207	2407	1343	2003	633	2157	1725	632	343	470
黑龙江	4622	153	1764	1155	1550	298	1488	1290	618	322	606
上海	1794	38	932	657	167	150	587	532	225	91	209
江苏	9038	165	4520	2844	1509	893	4068	2446	765	307	559
浙江	10579	230	5261	3131	1957	1876	4435	2279	806	374	809
安徽	5837	266	2703	1310	1558	939	2821	1301	346	108	322
福建	4577	163	2082	1308	1024	694	1772	1049	395	190	477
江西	6887	222	3039	1636	1990	1084	2810	1560	625	287	521
山东	13806	350	4610	4441	4405	2280	6468	3297	901	343	517
河南	7581	204	3180	2063	2134	1188	3877	1586	436	141	353
湖北	7908	275	3452	2031	2150	1838	3620	1581	445	162	262
湖南	5339	210	2260	1229	1640	416	2174	1476	547	249	477
广东	8208	283	4200	2126	1599	769	3279	2210	669	279	1002
广西	3586	128	1786	770	902	616	1645	782	227	101	215
海南	1042	31	461	309	241	249	411	212	76	24	70
重庆	3405	80	1420	829	1076	330	1424	853	327	148	323
四川	8711	295	4394	1699	2323	1262	4138	2001	607	274	429
贵州	3083	101	1148	857	977	400	1350	785	280	118	150
云南	3951	109	1433	1173	1236	507	1504	920	435	202	383
西藏	119	15	63	16	25	15	44	22	9	7	22
陕西	5574	143	1861	1633	1937	678	2616	1416	383	183	298
甘肃	5378	141	1605	1361	2271	720	2123	1474	465	228	368
青海	936	17	339	253	327	140	420	230	73	28	45
宁夏	2147	69	616	549	913	167	1043	625	150	47	115
新疆	6320	119	2128	1730	2343	324	2565	2078	637	259	457

全国消防救援队伍抢险救援情况统计表

地区	起数	出动起数	参战人员(人次)	出动车辆(辆次)	灾害事故抢险救援(起)								参战人员伤亡(人)				战斗成果		
					危化品事故	建、构筑物事故	交通事故	自然灾害	突发事件	救人	基础设施(备)事故	其他	指战员		其他		救出人员(人)	疏散人员(人)	抢救财产价值(万元)
													亡	伤	亡	伤			
合计	331566	343469	3287460	549781	14333	1434	70980	3782	698	128494	20087	103661	2	2			125542	209711	1156858
北京	8632	9793	94133	15379	1465	33	2372	28	12	5474	173	236					2450	1382	661
天津	8571	9280	86272	14820	996	25	3160	31	22	2858	486	1702					1470	568	12776
河北	4984	4996	58232	10329	92	24	2171	17	8	1118	278	1288					2927	3997	3225
山西	3159	3200	27735	4753	83	13	1531	30	12	1059	65	407					2777	6039	6167
内蒙古	2709	2727	24472	4460	215	13	1013	85	3	1273	45	80					2252	2035	5339
辽宁	8445	8457	65176	12658	789	31	2342	69	16	4231	367	612	1				4103	2186	21915
吉林	1106	1116	9842	1970	54	7	526	3	5	437	36	48					1013	957	3359
黑龙江	1232	1254	13348	2689	47	8	508	24	12	543	25	87					1091	625	876
上海	16807	21037	201886	22405	1855	99	3810	41	94	12286	659	2193					3422	930	8119
江苏	22498	22777	183706	32732	1101	109	5331	214	30	14924	286	782					5465	4059	4076
浙江	28336	30143	265653	42342	1398	179	6051	165	51	14654	1878	5767					9616	2133	35461
安徽	8329	8384	69357	11458	204	77	1595	99	23	2510	482	3394					3704	8595	13615
福建	23020	23299	205101	34206	237	78	2099	74	20	5064	1498	14229					5267	5474	7928
江西	12850	13032	161262	24305	316	52	1852	83	47	3046	1063	6573					4683	11433	49947
山东	14324	14349	161527	26914	307	63	5371	109	9	4435	1341	2714					7007	5129	23632

全国消防救援队伍抢险救援情况统计表（续）

地区	起数	出动起数	参战人员(人次)	出动车辆(辆次)	灾害事故抢险救援(起)								参战人员伤亡(人)				战斗成果		
					危化品事故	建、构筑物事故	交通事故	自然灾害	突发事件	救人	基础设施(备)事故	其他	指战员		其他		救出人员(人)	疏散人员(人)	抢救财产价值(万元)
													亡	伤	亡	伤			
河南	23171	23340	293912	50724	405	47	3199	17	7	4435	1624	13606	1	2			5249	7496	7248
湖北	25515	25577	259334	45063	691	78	2832	81	32	5911	3277	12675					5853	16201	102911
湖南	7931	8032	69935	10416	336	53	2093	91	19	3639	456	1345					3959	8793	4424
广东	40741	42505	406636	73667	861	122	6408	849	59	11815	2354	20037					14815	21643	268404
广西	5801	5847	69612	12297	137	38	2514	78	9	1700	343	1028					3113	3571	15596
海南	1574	1617	15288	2856	35	14	370	42		506	84	566					1214	1453	1566
重庆	10967	11506	108187	16009	471	54	1447	51	7	5839	897	2740					4749	10157	29325
四川	24369	24393	201968	38025	1109	57	2916	592	144	8818	1270	9487					12318	23950	13883
贵州	6383	6446	53406	9096	177	42	2152	160	10	2862	583	460					3356	15081	20161
云南	4763	4816	38750	6266	151	40	2284	155	8	1815	58	305					3086	10984	8215
西藏	201	292	3086	619	6	1	87	93	1	89	2	13					247	1705	397
陕西	6471	6526	55616	8698	341	31	2285	37	31	3470	151	180					3456	9578	59662
甘肃	2590	2613	23644	3972	139	12	960	220	3	1093	60	126					2221	14687	4075
青海	828	828	7446	1270	40	5	275	28	2	371	29	78					655	2393	1929
宁夏	2728	2745	31379	4993	112	11	701	192	2	1023	58	646					1806	5292	18506
新疆	2531	2542	21559	4390	163	18	725	24		1196	159	257					2198	1185	403460

注：出动次数包括同一起接警中的增援出动。

全国消防救援队伍分月抢险救援出警情况表

起

地区	小计	1月	2月	3月	4月	5月	6月	7月	8月	9月	10月	11月	12月
合计	343469	28079	29396	26667	28143	27817	28268	32949	32330	29171	29191	24669	26789
北京	9793	800	656	761	834	881	871	1027	950	909	715	681	708
天津	9280	837	897	911	786	759	738	833	752	733	688	670	676
河北	4996	433	475	439	391	391	411	457	434	431	399	374	361
山西	3200	238	258	236	241	252	265	336	332	269	291	225	257
内蒙古	2727	210	143	155	141	192	158	362	337	328	290	209	202
辽宁	8457	814	608	571	645	725	821	923	991	651	620	548	540
吉林	1116	95	62	88	100	108	114	100	101	106	99	77	66
黑龙江	1254	78	41	67	65	65	71	114	69	77	259	196	152
上海	21037	1428	1058	1257	1639	1825	1804	2194	2458	2006	1889	1617	1862
江苏	22777	1947	1474	1591	1778	2022	2032	2296	2233	2036	1848	1645	1875
浙江	30143	2238	1727	2042	2295	2490	2616	3224	3072	2976	2919	2196	2348
安徽	8384	660	737	645	543	604	695	858	925	693	799	619	606
福建	23299	1918	2037	2039	2326	1948	1650	1967	1965	1790	2280	1584	1795
江西	13032	643	803	618	674	763	799	974	1456	1580	1944	1341	1437
山东	14349	1153	1438	1295	1401	1000	1173	1203	1322	1021	1098	1054	1191
河南	23340	2189	2842	1792	1797	1816	1991	2094	1860	1581	1864	1416	2098
湖北	25577	2140	3039	1864	1960	1798	1901	2278	2323	1951	2559	1961	1803
湖南	8032	806	917	603	594	687	694	690	726	638	614	491	572
广东	42505	3701	3522	4029	4132	3672	3426	3110	3380	4112	3202	3097	3122
广西	5847	545	528	462	428	547	462	516	508	505	436	424	486
海南	1617	130	127	181	322	124	110	115	120	74	110	105	99
重庆	11506	923	1389	1042	978	936	899	1225	1006	868	718	741	781
四川	24393	2091	2698	1900	1918	2034	2058	3190	2164	1696	1532	1441	1671
贵州	6446	502	470	512	510	566	650	638	620	506	448	459	565
云南	4816	466	410	405	417	384	373	458	434	371	308	374	416
西藏	292	11	9	3	12	24	17	19	29	34	68	39	27
陕西	6526	490	442	468	494	523	684	693	741	549	516	445	481
甘肃	2613	153	166	184	160	187	270	382	352	191	203	183	182
青海	828	58	44	65	85	61	79	98	102	84	63	49	40
宁夏	2745	164	246	273	261	205	200	302	314	192	205	204	179
新疆	2542	218	133	169	216	228	236	273	254	213	207	204	191

注：出动次数包括同一起接警中的增援出动。

全国消防救援队伍分月社会救助出警情况表

起

地　区	小计	1月	2月	3月	4月	5月	6月	7月	8月	9月	10月	11月	12月
合计	345086	16413	21313	19547	20291	21029	31749	55497	52729	40226	30227	19027	17038
北京	13037	709	721	693	841	1063	1249	2050	2185	1269	818	702	737
天津	12055	640	915	842	768	852	1189	1894	1524	1130	833	696	772
河北	22674	2086	3761	2749	1965	1364	1531	1089	1096	1203	2072	1481	2277
山西	787	33	28	17	22	37	55	176	234	98	36	22	29
内蒙古	559	21	23	25	26	27	47	79	129	90	40	29	23
辽宁	12823	595	602	702	770	817	1281	2422	2804	1405	673	365	387
吉林	1225	71	69	80	110	86	119	200	196	111	72	64	47
黑龙江	788	19	16	32	16	29	60	151	115	70	117	90	73
上海	17819	1348	1158	1291	1608	1277	1792	2563	2238	1625	1304	950	665
江苏	16640	646	375	435	879	957	1377	3307	3634	2211	1515	791	513
浙江	18836	750	534	926	1178	1373	1907	3957	3454	2197	1228	739	593
安徽	16445	710	829	666	674	830	1547	3079	2684	1806	1741	1110	769
福建	10720	279	283	431	529	730	1110	1765	1687	1786	1166	602	352
江西	5538	113	185	163	182	280	566	1326	1027	724	487	308	177
山东	22191	1731	3747	2394	2047	1187	1367	1736	2037	1502	1576	1183	1684
河南	10109	429	848	508	598	715	903	1455	1401	970	986	596	700
湖北	18457	662	657	666	780	914	2521	4217	2785	2153	1634	901	567
湖南	7494	166	174	192	302	430	828	1604	1248	1198	749	387	216
广东	28097	1108	1120	1556	1460	2274	2476	3487	3945	4757	2968	1791	1155
广西	4145	145	118	107	125	312	502	654	660	733	403	229	157
海南	1799	61	59	50	73	103	121	270	317	304	232	124	85
重庆	26324	921	965	1008	1247	1473	2697	5901	4107	2991	2452	1545	1017
四川	46256	1909	1462	1885	2254	2147	4019	8092	8436	6749	4825	2657	1821
贵州	4326	122	114	118	180	240	296	807	1009	716	351	207	166
云南	3664	170	198	184	226	298	311	497	586	480	336	207	171
西藏	83	7	16	5	8	3	5	6	9	11	3	7	3
陕西	18021	769	1928	1343	1029	895	1601	2254	2673	1601	1331	985	1612
甘肃	1084	33	79	60	62	64	84	148	201	151	74	53	75
青海	267	23	28	33	27	16	14	26	27	16	18	14	25
宁夏	2105	103	253	322	278	165	137	179	177	100	114	152	125
新疆	718	34	48	64	27	71	37	106	104	69	73	40	45

注：出动次数包括同一起接警中的增援出动。

全国消防救援队伍参战人员死亡情况表

人

地区	死亡		死亡原因								
	指战员	其他	烧	窒息	摔	砸	炸	中毒	触电	交通事故	其他
合计	9	1	1	2	1	2				2	2
北京		1				1					
天津											
河北	1										1
山西											
内蒙古											
辽宁	1										1
吉林											
黑龙江											
上海											
江苏	1				1						
浙江	1			1							
安徽											
福建	2									2	
江西											
山东											
河南	1			1							
湖北											
湖南											
广东											
广西											
海南											
重庆											
四川	1					1					
贵州											
云南											
西藏											
陕西											
甘肃											
青海											
宁夏											
新疆	1		1								

全国消防救援队伍参战人员受伤情况表

人

地区	受伤		受伤原因									受伤部位			
	指战员	其他	烧	窒息	摔	砸	炸	中毒	触电	交通事故	其他	头颈部	上肢	躯干	下肢
合计	8	3	2		1	5				1	2	2		5	4
北京	2	3				5								3	2
天津															
河北															
山西	1				1									1	
内蒙古															
辽宁															
吉林															
黑龙江															
上海															
江苏															
浙江															
安徽															
福建	1									1				1	
江西															
山东															
河南	2										2				2
湖北															
湖南															
广东															
广西															
海南															
重庆															
四川															
贵州															
云南															
西藏															
陕西															
甘肃															
青海															
宁夏															
新疆	2		2									2			

第三章　消防业务综合统计

城乡消防规划统计表

个

地区	直辖市			地级市				县级市				乡镇												村		
												建制镇									乡（包括苏木、民族乡、民族苏木）			行政村		
												全国重点镇			一般建制镇			合计总数								
	已编制消防规划的直辖市数量	当年新编制、修订消防规划的直辖市数量	已超出规划期限或总体规划已调整的消防规划数量	数量	已编制消防规划的地级市数量	当年新编制、修订消防规划的地级市数量	已超出规划期限或所在市总体规划已调整的消防规划数量	数量	已编制消防规划的县级市数量	当年新编制、修订消防规划的县级市数量	已超出规划期限或所在市总体规划已调整的消防规划数量	数量	已编制消防规划的重点镇数量	当年新编制、修订消防规划的重点镇数量	数量	已编制消防规划或消防专篇的建制镇数量	当年新编制、修订消防规划或消防专篇的镇数量	总数	已编制消防规划或消防专篇的建制镇数量	当年新编制、修订消防规划或消防专篇的镇数量	数量	有消防规划或消防规划内容的乡数量	当年新编制、修订消防规划或消防规划内容的乡数量	数量	有消防规划或消防规划内容的行政村数量	当年新增有消防规划或消防规划内容的行政村数量
合计	4	1		294	291	33	4	376	376	54	8	3675	3561	188	17441	16112	820	21116	19673	1008	10529	5417	291	496175	70912	7302
北京	1											21	21		122	94		143	115		38					
天津	1											10	10		114	98		124	108		3	3		3556	937	
河北				11	11	1		20	20	6		191	191		937	804	19	1128	995	19	818	201	19	30866	236	
山西				11	11			11	11	1		138	138		426	426		564	564		632	110		28218	1023	
内蒙古				9	9			11	11	1		143	143	4	362	351	1	505	494	5	272	272	1	7204	106	
辽宁				14	14			16	16			88	88		553	535		641	623		202			10448		
吉林				8	8			20	20			81	79		345	318	11	426	397	11	182	174		9012	9012	
黑龙江				12	12		1	18	18			115	115		417	357		532	472		353	185		8928	64	2
上海	1											22	22		85	85		107	107		2	2		1590	1590	
江苏				13	13	3		21	21	3		96	96	2	662	645	8	758	741	10	68	43	4	7269	2113	
浙江				11	11			18	18			137	137		504	504		641	641		274	236		27458	4520	
安徽				16	16	5	1	6	6			127	127	13	838	838	101	965	965	114	275	271	11	10078	4907	45
福建				9	9	1		12	12	1		91	91	1	551	547	24	642	638	25	284	281		14374	2879	89
江西				11	11			10	10		1	124	124	4	701	701	16	825	825	20	579	187	63	16942	1628	33
山东				17	17	2		27	27	1		207	203	10	887	887	8	1094	1090	18	70	70		67277	16383	

城乡消防规划统计表（续）

个

地区	直辖市			地级市				县级市				乡镇												村		
												建制镇									乡（包括苏木、民族乡、民族苏木）			行政村		
												全国重点镇			一般建制镇			合计总数								
	已编制消防规划的直辖市数量	当年新编制、修订消防规划的直辖市数量	已超出规划期限或总体规划已调整的消防规划数量	数量	已编制消防规划的地级市数量	当年新编制、修订消防规划的地级市数量	已超出规划期限或所在市总体规划已调整的消防规划数量	数量	已编制消防规划的县级市数量	当年新编制、修订消防规划的县级市数量	已超出规划期限或所在市总体规划已调整的消防规划数量	数量	已编制消防规划的重点镇数量	当年新编制、修订消防规划的重点镇数量	数量	已编制消防规划或消防专篇的建制镇数量	当年新编制、修订消防规划或消防专篇的镇数量	总数	已编制消防规划或消防专篇的建制镇数量	当年新编制、修订消防规划或消防专篇的镇数量	数量	有消防规划或消防规划内容的乡数量	当年新编制、修订消防规划或消防规划内容的乡数量	数量	有消防规划或消防规划内容的行政村数量	当年新增有消防规划或消防规划内容的行政村数量
河南				17	17			21	21			203	203	9	948	892	41	1151	1095	50	640	278	8	48690	320	1
湖北				12	12	1	1	24	24	3	3	140	140	29	621	587	65	761	727	94	165	48	2	26034	77	5
湖南				13	13			16	16			170	170		964	949		1134	1119		398	105	6	23897	249	2
广东				21	21	8		20	20	7	1	123	123	31	1001	1001	275	1124	1124	306	11	9		11530	2148	1594
广西				14	14	4		8	8	1		116	116	9	683	657	41	799	773	50	319	121	11	14273	1540	5
海南				4	3			5	5			34	34		141	120		175	154		21	10		1718	102	
重庆	1	1						19	19	19		89	88		537	527		626	615		182	146	2	8034		
四川				18	16	5	1	16	16	9	3	277	277	46	1919	1574	100	2196	1851	146	2064	1197	77	38410	12670	1810
贵州				6	6			7	7			136	128		703	700	69	839	828	69	317	199	46	14616	309	122
云南				8	8			14	14			184	184		498	430		682	614		543	429	30	12065		
西藏				6	4							138	48	29	2	2	2	140	50	31	545	172		5464	138	138
陕西				10	10	2		3	3	2		128	122	1	855	839	39	983	961	40	23	23	11	17213	5312	3432
甘肃				12	12			4	4			142	142		674	306		816	448		413	104		16036		
青海				2	2			3	3			65	65		78	75		143	140		223			4166	36	24
宁夏				5	5	1		2	2			28	28		75	74		103	102		90	18		2209		
新疆				4	3			24	24			111	108		238	189		349	297		523	523		8600	2613	

注：城市消防规划的内容，按照国家标准《城市消防规划规范》（GB 51080—2015）执行。

城市、县城消防站统计表

个

地区	城市、县城消防站																																								消防培训基地			
	直辖市								地级市								县级市								县城								本省、自治区、直辖市合计								总队级		支队级	
	应有消防站	实有						当年新增消防站	应有消防站	实有						当年新增消防站	应有消防站	实有						当年新增消防站	应有消防站	实有						当年新增消防站	应有消防站	实有						当年新增消防站	实有	当年新增	实有	当年新增
		特勤消防站	一级普通消防站	二级普通消防站	小型普通消防站	战勤保障消防站	合计总数			特勤消防站	一级普通消防站	二级普通消防站	小型普通消防站	战勤保障消防站	合计总数			特勤消防站	一级普通消防站	二级普通消防站	小型普通消防站	战勤保障消防站	合计总数			特勤消防站	一级普通消防站	二级普通消防站	小型普通消防站	战勤保障消防站	合计总数			特勤消防站	一级普通消防站	二级普通消防站	小型普通消防站	战勤保障消防站	合计总数					
合计	635	46	346	178	71	3	644	37	4385	436	1363	1135	569	242	3745	387	1092	65	397	373	95	27	957	70	2392	38	916	1007	161	9	2131	138	8504	585	3022	2693	896	281	7477	632	31		277	49
北京	184	7	98	57	54		216	10																									184	7	98	57	54		216	10	1		4	
天津	130	5	55	49	5	2	116	6																									130	5	55	49	5	2	116	6	1		3	1
河北									115	26	102	17	7	11	163	12	28	6	28	9	13		56	4	138	10	67	62	8		147	16	281	42	197	88	28	11	366	32	1		11	
山西									94	13	42	22	5	11	93	11	15		13	2			15	1	103		49	36	18		103	10	212	13	104	60	23	11	211	22	1		10	1
内蒙古									79	11	17	36	2	1	67	4	24	2	3	22			27		153	2	18	69			89	1	256	15	38	127	2	1	183	5	1		11	
辽宁									264	17	83	96	39	16	251	12	49	1	17	16	8	3	45		43		19	16	19		54		356	18	119	128	66	19	350	12	1		12	2
吉林									124	10	48	24	32	9	123	22	75	1	24	7	11	1	44	2	44		20	3	4		27		243	11	92	34	47	10	194	24	1		8	1
黑龙江									151	17	52	25	6	10	110	7	22		10	5			15		57		41	12	1		54	1	230	17	103	42	7	10	179	8	1		10	2
上海	170	11	90	56	12	1	170	17																									170	11	90	56	12	1	170	17	1			
江苏									271	22	105	138	26	7	298	14	60	6	56	87	4	1	154	6	46		20	21	1		42	1	377	28	181	246	31	8	494	21	1		13	
浙江									266	16	49	95	9	10	179	13	106		19	32	2	1	54	4	64		29	25	1		55	5	436	16	97	152	12	11	288	22	1		10	1
安徽									198	18	32	79	1	15	145	11	7	1	2	7	1		11	2	93	2	27	45	6		80	7	298	21	61	131	8	15	236	20	1		6	4
福建									143	17	40	46	7	8	118	12	39	5	7	18	3	1	34	7	94	2	33	39	10		84	18	276	24	80	103	20	9	236	37	1		7	2
江西									142	13	49	26	45	11	144	37	58		14	6	3	1	24	3	76		55	20	11		86	8	276	13	118	52	59	12	254	48	1		11	
山东									232	26	78	105	46	12	267	25	117	7	33	41	10	1	92	14	145	2	48	41	11		102	10	494	35	159	187	67	13	461	49	1		17	
河南									241	23	77	61	63	17	241	14	53		24	19	11		54	2	171		60	82	29		171	12	465	23	161	162	103	17	466	28	1		15	4

城市、县城消防站统计表（续）

个

地区	城市、县城消防站																																								消防培训基地			
	直辖市								地级市								县级市								县城								本省、自治区、直辖市合计								总队级		支队级	
	应有消防站	实有						当年新增消防站	应有消防站	实有						当年新增消防站	应有消防站	实有						当年新增消防站	应有消防站	实有						当年新增消防站	应有消防站	实有						当年新增消防站	实有	当年新增	实有	当年新增
		特勤消防站	一级普通消防站	二级普通消防站	小型普通消防站	战勤保障消防站	合计总数			特勤消防站	一级普通消防站	二级普通消防站	小型普通消防站	战勤保障消防站	合计总数			特勤消防站	一级普通消防站	二级普通消防站	小型普通消防站	战勤保障消防站	合计总数			特勤消防站	一级普通消防站	二级普通消防站	小型普通消防站	战勤保障消防站	合计总数			特勤消防站	一级普通消防站	二级普通消防站	小型普通消防站	战勤保障消防站	合计总数					
湖北									234	20	77	28	63	12	200	11	72		23	21	3	1	48	5	62		23	30	4		57	3	368	20	123	79	70	13	305	19	1		13	1
湖南									179	24	71	24	13	12	144	23	39	2	23	1	2	1	29	3	75	2	83	7			92	3	293	28	177	32	15	13	265	29	1		8	1
广东									518	30	145	104	131	9	419	82	76	1	30	24	3		58	4	93	10	39	10	7	1	67	2	687	41	214	138	141	10	544	88	1		14	2
广西									140	15	83	4	5	13	120	16	12		6	1	5		12	2	78		49	22	5		76	4	230	15	138	27	15	13	208	22	1		11	4
海南									34	5	18	3	9	2	37	10	11	2	1	6	1	2	12	2	18	3	2	13	3		21	5	63	10	21	22	13	4	70	17	1		1	
重庆	151	23	103	16			142	4																	22		15	7			22	1	173	23	118	23			164	5	1		12	3
四川									229	41	40	81	12	11	185	12	55	7	7	26	3	1	44	3	173	2	36	90	7	1	136	7	457	50	83	197	22	13	365	22	1		14	5
贵州									55	7	35	7		6	55	5	24	3	14	3	1	3	24	1	79		63	15		1	79	1	158	10	112	25	1	10	158	7	1		9	4
云南									120	10	7	38	12	6	73	2	20	10	4	4	6	7	31	2	105	1	15	104	6		126	2	245	21	26	146	24	13	230	6	1		6	5
西藏									32	9	10	15		4	38										70		4	68			72		102	9	14	83		4	110		1		1	
陕西									281	15	40	13	26	7	101	15	12	1	5		4		10		122		19	58	5		82	7	415	16	64	71	35	7	193	22	1			
甘肃									96	12	22	21	8	14	77	12	5	1	3				4		76		24	41	3		68	5	177	13	49	62	11	14	149	17	1		14	6
青海									17	2	13	1		1	17	1	12	3	3	4		2	12	1	51	1	7	37		6	51	3	80	6	23	42		9	80	5	1		7	
宁夏									49	8	11	11	1	5	36		4		2				2		25		9	7			16		78	8	22	18	1	5	54		1		5	
新疆									81	9	17	15	1	2	44	4	97	6	26	12	1	1	46	2	116	1	42	27	2		72	6	294	16	85	54	4	3	162	12	1		14	

注：1. “城市、县城消防站（队）”：在城市、县城（城区、郊区）范围内，由县及以上政府出资按照《城市消防站建设标准》（建标 152—2017）设计建造的消防队站（队），包括消防救援队伍指战员执勤的消防站（队）、消防救援队伍指战员与政府专职消防员混编执勤的消防站（队）、政府专职消防队员单编执勤的消防站（队）。

2. “应有消防站”：根据当地消防专项规划和消防站建设计划，截至2018年底的应建消防站数量（包括“特勤消防站”“一级普通消防站”“二级普通消防站”“小型消防站”“战勤保障消防站”）。

3. 城市消防站分类：“特勤消防站”“一级普通消防站”“二级普通消防站”“小型普通消防站”“战勤保障消防站”按照《城市消防站建设标准》（建标 152—2017）的规定填写，消防培训基地包括总队、支队建立的消防培训基地。

市政消火栓（市政消防水鹤）和独立式感烟火灾探测报警器统计表

地区	直辖市								地级市								县级市							
	市政消火栓(个)				市政消防水鹤(座)				市政消火栓(个)				市政消防水鹤(座)				市政消火栓(个)				市政消防水鹤(座)			
	应有	实有		当年新增	应有	实有		当年新增	应有	实有		当年新增	应有	实有		当年新增	应有	实有		当年新增	应有	实有		当年新增
		总数	完整好用数			总数	完整好用数			总数	完整好用数			总数	完整好用数			总数	完整好用数			总数	完整好用数	
合计	173721	194528	191713	10895	62	62	62	18	966256	914384	909025	49391	6004	5803	5700	1108	333047	330907	322196	28086	2444	2722	2672	316
北京	40630	44500	43873	4209	62	62	62	18																
天津	55632	54786	53741	2117																				
河北									25190	25190	24709	2117	283	283	280	113	6135	6135	6025	561	84	84	81	14
山西									25746	25746	25663	2111	350	350	350	21	3731	3731	3176	912	178	178	178	10
内蒙古									18775	19626	19500	1389	477	477	469	159	4435	4474	4283	318	112	390	383	32
辽宁									40532	43244	42443	1673	761	761	714	134	5580	7150	7012	919	242	242	231	49
吉林									8737	6613	6474	446	1325	1205	1184	93	4769	4787	4707	215	991	991	973	85
黑龙江									20963	20	16		2110	2072	2054	333	6559				342	342	339	55
上海	48676	66196	65173	2231																				
江苏									95918	81517	78740	5305					70039	71689	70578	2662				
浙江									45084	44929	44460	2210					29619	29806	29427	1866				
安徽									65272	46808	46419	2255	50	50	50		2181	2335	2316	150				
福建									25951	24417	23808	2269					20597	20427	20127	3121				
江西									26226	26226	25701	2223					8505	8505	8335	2813				
山东									51531	55108	54699	2951	64	64	64	45	20338	24226	23984	2049	32	32	32	21

市政消火栓（市政消防水鹤）和独立式感烟火灾探测报警器统计表（续一）

地区	直辖市								地级市								县级市							
	市政消火栓(个)				市政消防水鹤(座)				市政消火栓(个)				市政消防水鹤(座)				市政消火栓(个)				市政消防水鹤(座)			
	应有	实有		当年新增	应有	实有		当年新增	应有	实有		当年新增	应有	实有		当年新增	应有	实有		当年新增	应有	实有		当年新增
		总数	完整好用数			总数	完整好用数			总数	完整好用数			总数	完整好用数			总数	完整好用数			总数	完整好用数	
河南									31800	31821	31692	2988	158	149	149	149	20400	20483	20319	2001				
湖北									28771	25239	24734	1491					5428	7127	6984	1180				
湖南									35262	35143	34024	3429					21538	21699	20954	2344				
广东									211894	220876	230076	6258					23956	20943	19671	2313				
广西									15501	15501	15429	813					2140	2140	2124	346				
海南									6064	5861	5710	366					2835	3366	3258	280				
重庆	28783	29046	28926	2338													6378	6454	6402	976				
四川									103843	99809	96815	3174					7638	6882	5250	489				
贵州									12506	12506	12256	1285					13046	13046	12785	307				
云南									14040	13025	12798	1354					30536	28602	28251	756				
西藏									4880	4754	4536	910	34	21	21									
陕西									17042	17944	17783	1073					696	783	776	187				
甘肃									15032	12732	11173	521	12	12	12	12	2885	3031	2610	468				
青海									3074	3074	3045	69	70	64	64	25	1415	1415	1399	128	47	47	47	10
宁夏									6467	6500	6370	173	20	11	11		685	688	678	101				
新疆									10155	10155	9952	538	290	284	278	24	10983	10983	10765	624	416	416	408	40

市政消火栓（市政消防水鹤）和独立式感烟火灾探测报警器统计表（续二）

地区	建制镇																乡						本省、自治区、直辖市合计									
	全国重点镇								一般建制镇								市政消火栓(个)			市政消防水鹤(座)			市政消火栓(个)				市政消防水鹤(座)				独立式感烟火灾探测报警器	
	市政消火栓(个)				市政消防水鹤(座)				市政消火栓(个)				市政消防水鹤(座)				实有		当年新增	实有		当年新增	应有	实有		当年新增	应有	实有		当年新增	已安装数量	当年新增
	应有	实有		当年新增	应有	实有		当年新增	应有	实有		当年新增	应有	实有		当年新增																
		总数	完整好用数			总数	完整好用数			总数	完整好用数			总数	完整好用数		总数	完整好用数		总数	完整好用数			总数	完整好用数			总数	完整好用数			
合计	201708	198413	190934	14032	1071	1040	1016	86	358614	349461	336081	28582	1647	1661	1633	300	43753	42710	3726	176	174	31	2033346	2031446	1992659	134712	11228	11464	11257	1859	11277859	2372579
北京	1360	1479	1446	140	45	41	41	20	20763	20763	20369	1961		88	88	39	7425	7277	705	59	59	29	62753	74167	72965	7015	107	250	250	106	1500000	755000
天津	4098	4032	3957	365					12468	10888	10740	1702											72198	69706	68438	4184					94906	32174
河北	280	280	278		30	27	26		16013	16013	15707	1976	505	505	501	200							47618	47618	46719	4654	902	899	888	327	247530	46021
山西	2939	2939	2939	533	10	10	10	4	3470	3470	3400	921	57	57	57	9	2647	2647	174				35886	38533	37825	4651	595	595	595	44	60216	22302
内蒙古	4339	4339	3929	179	400	394	380	19	3685	3685	3511	51	214	214	203	15	33	32	1	20	20		31234	32157	31255	1938	1203	1495	1455	225	86427	24793
辽宁	358	289	275						392	318	305						277	269		3	3		46862	51278	50304	2592	1003	1006	948	183	88124	12156
吉林	1106	285	280	26	87	87	85	4	470	93	89	9	32	32	31	2	90	87	5	29	28	2	15082	11868	11637	701	2435	2344	2301	186	51467	17967
黑龙江	728				139	136	134		1954				334	260	257					65	64		30204	20	16		2925	2875	2848	388	52301	14675
上海	5581	8467	8311	687					31182	31182	30355	1309											85439	105845	103839	4227					223000	23000
江苏	13053	13053	11725	957					32236	32236	32229	1300					10185	10088	326				211246	208680	203360	10550					449095	145812
浙江	15384	15384	15224	571					15810	15705	15359	401					1146	1116	3				105897	106970	105586	5051					2980000	50000
安徽	16227	15624	15312	421					12065	11991	11691	180					4607	4534	292				95745	81365	80272	3298	50	50	50		652761	11393
福建	14284	14069	13886	628					10402	10258	10060	1786					2930	2870	506				71234	72101	70751	8310					244130	18303
江西	8376	8376	8208	496					3093	3093	3031	1026					286	286	45				46200	46486	45561	6603					159434	35057
山东	8085	8085	8004	957	11	11	11	3	24149	24149	23907	710	15	15	15		389	385	83				104103	111957	110979	6750	122	122	122	69	629728	226522

市政消火栓（市政消防水鹤）和独立式感烟火灾探测报警器统计表（续三）

地区	建制镇																乡						本省、自治区、直辖市合计									
	全国重点镇								一般建制镇								市政消火栓(个)			市政消防水鹤(座)			市政消火栓(个)				市政消防水鹤(座)				独立式感烟火灾探测报警器	
	市政消火栓(个)				市政消防水鹤(座)				市政消火栓(个)				市政消防水鹤(座)				实有		当年新增	实有		当年新增	应有	实有		当年新增	应有	实有		当年新增	已安装数量	当年新增
	应有	实有		当年新增	应有	实有		当年新增	应有	实有		当年新增	应有	实有		当年新增																
		总数	完整好用数			总数	完整好用数			总数	完整好用数			总数	完整好用数		总数	完整好用数		总数	完整好用数			总数	完整好用数			总数	完整好用数			
河南	7342	7342	7305	575					4000	4092	4052	1766					1525	1510	372				63542	65263	64878	7702	158	149	149	149	431147	128520
湖北	4995	4995	4895	405					15370	15370	15063	1906					1231	1207	124				54564	53962	52883	5106					150656	49637
湖南	4719	4545	4300	554					16026	15320	14808	1251	1	1	1		2060	1951	162				77545	78767	76037	7740	1	1	1		144706	46284
广东	44738	41744	39322	2195					68063	65703	59261	5150					527	509	151				348651	349793	348839	16067					1849672	345281
广西	2526	2526	2507	315					13543	13543	12616	865					1323	1244	91				33710	35033	33920	2430					129826	24905
海南	1045	1035	1030	104					3021	3021	3007	323					16	16					12965	13299	13021	1073					67827	10000
重庆	3335	3335	3331	165					8913	8913	8910	452					1098	1098	76				47409	48846	48667	4007					140311	49675
四川	9083	9044	8172	974					4745	4103	2703	878					2548	2466	238				125309	122386	115406	5753					337458	112135
贵州	3891	3891	3814	317					8366	8366	8199	204					1774	1739	192				37809	39583	38793	2305					105059	31857
云南	3175	2971	2899	628					3982	2849	2789	326					1013	782	62				51733	48460	47519	3126					41309	13650
西藏	5450	5073	4869	632	21	18	18	6	670	574	518	498					46	30	12				11000	10447	9953	2052	55	39	39	6	18408	6003
陕西	1549	1549	1541	320					9137	9137	9063	444					193	191	23				28424	29606	29354	2047					115307	37717
甘肃	4488	4488	4187	121	4	4	4	4	4044	4044	3915	706					120	116	10				26449	24415	22001	1826	16	16	16	16	66484	24314
青海	656	656	642	23	20	19	19	2	2513	2513	2498	25	131	131	131	7	70	70	70				7658	7728	7654	315	268	261	261	44	23270	6250
宁夏	634	634	621	182	4	4	4	1	1976	1976	1953	90	2	2	2		3	3	3				9762	9801	9625	549	26	17	17	1	15789	4665
新疆	7884	7884	7725	562	300	289	284	23	6093	6093	5973	366	356	356	347	28	191	187					35115	35306	34602	2090	1362	1345	1317	115	121511	46511

注：1.“市政消火栓”“市政消防水鹤”，不含机关、团体、企业、事业单位的室外消火栓、室外消防水鹤；“完整好用”，是指消火栓不存在漏水、破损、挤占、埋压、不易辨识等情况，可随时出水且水压充足，满足灭火救援需要。

2. 市政消火栓“应有数”：根据当地消防专项规划和市政消火栓建设计划，截至2018年底的应建市政消火栓数量（包括市政消火栓、市政消防水鹤）。

3. 独立式感烟火灾探测报警器，按照《关于积极推动发挥独立式感烟火灾探测报警器火灾防控作用的指导意见》（公消〔2015〕289号）要求，在有关场所推广安装的独立式感烟火灾探测报警器。

城区、县城“单编”政府专职消防中队统计表

地区	中队(个)										消防救援队伍指战员(人)		政府专职消防员(人)			
	总数					当年新增										
	机构属性		执勤模式		小计	机构属性		执勤模式		小计	实有总数	本年新增	实有总数	当年新增	因公受伤	牺牲人数
	已列入消防救援队伍编制	未列入消防救援队伍编制	编有消防救援队伍指战员的队伍	队员全部为政府专职消防员的队伍		已列入消防救援队伍编制	未列入消防救援队伍编制	编有消防救援队伍指战员的队伍	队员全部为政府专职消防员的队伍							
合计	374	1646	637	1383	2020	19	225	76	168	244	3171	401	49781	9512	13	
北京		54	47	7	54		18	15	3	18	74	30	537	257		
天津		6		6	6								47			
河北	147	25	48	124	172		6		6	6	203	30	7604	200		
山西		50		50	50								1415		2	
内蒙古		18		18	18								317			
辽宁		176	42	134	176						500	4	1653	368		
吉林	9	14	11	12	23						21		584			
黑龙江	8	32		40	40	4	1		5	5	8		2090	905	4	
上海	49		49		49	10			10	10	287	53	3670	1670		
江苏	1	266	4	263	267		28		28	28	5	1	5344	1379		
浙江	5	70	44	31	75		7	5	2	7	99	15	1987	636	2	
安徽	14	29	24	19	43		4	1	3	4	131	8	960	205	2	
福建	41	31	65	7	72	2	2	2	2	4			2032	126		
江西	2	83	30	55	85		57	15	42	57	121	63	1308	526		
山东	17	104	68	53	121	3	25	25	3	28	188	47	3920	702		

城区、县城“单编”政府专职消防中队统计表（续一）

地区	中队(个)										消防救援队伍指战员(人)		政府专职消防员(人)			
	总数					当年新增										
	机构属性		执勤模式		小计	机构属性		执勤模式		小计	实有总数	本年新增	实有总数	当年新增	因公受伤	牺牲人数
	已列入消防救援队伍编制	未列入消防救援队伍编制	编有消防救援队伍指战员的队伍	队员全部为政府专职消防员的队伍		已列入消防救援队伍编制	未列入消防救援队伍编制	编有消防救援队伍指战员的队伍	队员全部为政府专职消防员的队伍							
河南		100	78	22	100		5	3	2	5	325	22	2648	416		
湖北	1	81	30	52	82		5		5	5	51	18	1109	216		
湖南	20	19	9	30	39		5		5	5	128	10	1165	370	3	
广东	46	281	27	300	327		47		47	47	425		5719	986		
广西	7	14		21	21		2		2	2	2		670	80		
海南																
重庆																
四川		118	27	91	118						312	4	3296	88		
贵州																
云南		30	28	2	30		9	9		9	154	62	510	58		
西藏																
陕西	3	15	4	14	18		1		1	1	87	18	351	85		
甘肃	3	23		26	26								649	190		
青海																
宁夏		3	1	2	3		2	1	1	2	16	16	79	35		
新疆	1	4	1	4	5		1		1	1	34		117	14		

城区、县城“单编”政府专职消防中队统计表（续二）

地区	消防装备									灭火剂储量(吨)			出动情况							本年度各级政府经费投入(万元)
	消防车辆(辆)						其他装备													
	灭火消防车	举高消防车	专勤消防车	战勤保障消防车	车辆总数	当年新购置车辆	消防摩托车(辆)	消防船艇(艘)	机动消防泵(台)	泡沫灭火剂	干粉灭火剂	其他	出动次数	出动车辆(辆次)	出动人员(人次)	抢救人员(人)	抢救财产(万元)	因公受伤(人)	牺牲(人)	
合计	5415	916	797	365	7493	969	177	288	1815	6264	466	4038	208043	419991	2158067	29921	629559	13		480690
北京	74		1		75		2			10			1986	2015	5500	10	400			8000
天津	8				8							34	353	353	1597		198			360
河北	498	128	68	69	763	30	7	38	59	415	28		16549	47856	235647	1023	15743			48963
山西	163	32	32	4	231	12	2	15	29	190	5	14	2933	4071	22072	849	6263	1		11310
内蒙古	46	7	10		63				9	27	4	28	355	583	3049	92	1113			1105
辽宁	334	18	27	21	400			1	12	356	23	1385	7566	18817	61529	1008	8423			15545
吉林	90	11	3	1	105	57	4		14	36	2	14	2046	3202	7979	1157	1596			4824
黑龙江	179	24	18	20	241	5		12	36	144	5	56	1275	4524	16192	195	2335	3		15021
上海	74	5	3	4	86	23			43	38	16		2589	4163	18321	168	6975			15660
江苏	691	122	75	36	924	231	12	25	374	1325	50	956	32818	69405	348783	2432	68050			94927
浙江	212	28	36	10	286	10		14	115	227	4	16	17798	33650	188876	1577	120373	1		21140
安徽	144	21	22	2	189	21	6	7	24	135	8	76	8039	12206	57225	876	6806	2		10262
福建	191	41	22	37	291	41	10	10	86	98	5	967	11054	32232	76412	5100	9176	4		33634
江西	151	10	9		170	71	1		75	44	4	8	3421	5278	37242	961	21019			14327
山东	433	111	96	38	678	246	16	13	119	1062	85	263	22610	47243	264555	2738	55541			32200
河南	366	68	50	15	499	48	20	26	72	315	36	53	10015	25173	140968	2916	15663			23271
湖北	165	5	1	2	173	10				49			3113	4267	12676	751	5960			9100

城区、县城“单编”政府专职消防中队统计表（续三）

地区	消防装备									灭火剂储量(吨)			出动情况							本年度各级政府经费投入(万元)
	消防车辆(辆)						其他装备													
	灭火消防车	举高消防车	专勤消防车	战勤保障消防车	车辆总数	当年新购置车辆	消防摩托车(辆)	消防船艇(艘)	机动消防泵(台)	泡沫灭火剂	干粉灭火剂	其他	出动次数	出动车辆(辆次)	出动人员(人次)	抢救人员(人)	抢救财产(万元)	因公受伤(人)	牺牲(人)	
湖南	111	37	31	8	187	11	5	1	75	135	22		7185	11076	70477	1078	4465	2		4997
广东	785	163	107	59	1114	109	59	65	374	988	109		43285	69634	467581	5047	49547			75256
广西	126	35	45	13	219	10		17	27	183	35	37	2919	7640	40732	410	208901			8331
海南																				
重庆																				
四川	358	34	104	15	511	3	27	38	176	326	14	43	5044	9437	41362	633	9100			18291
贵州																				
云南	62	5	17	4	88	11	3	3	53	60	5		1231	1954	11408	216	971			1998
西藏																				
陕西	67	4	4	4	79	6	2	1	2	42	1	58	1941	2713	13857	170	7333			5153
甘肃	63	4	14	2	83	9	1	2	32	20		30	1709	2152	12258	484	3403			3995
青海																				
宁夏	10	1	1		12	3			5	8	4		118	214	1238	14	100			1248
新疆	14	2	1	1	18	2			4	31	1		91	133	531	16	105			1772

注：1. “城区、县城政府专职消防队”：在城市（城区、郊区）范围内，按照部消防局《政府专职消防队建设管理和执勤训练规定（试行）》（公消〔2015〕279号），全部由政府专职消防队员组成，或者由消防救援队伍指战员担任指挥员，其他岗位为政府专职消防队员的消防队。

2. “中队”：遂行作战任务的实体力量，称谓可为“××消防救援中队”“××消防队”等。

3. “消防车”：专门用于运输灭火剂、消防装备的机动车辆，其分类参照《城市消防站建设标准》（建标 152—2017）第二十三条。“车辆总数”包括“灭火消防车”“举高消防车”“专勤消防车”“战勤保障消防车”4类，不包括“三轮简易消防车”和“消防摩托车”。

4. “机动消防泵”：可放置或固定在消防车上的手抬机动泵、潜水泵、浮艇泵等。

5. “出动次数”：扑救火灾、抢险救援等外出执勤次数。

城区、县城“混编”消防中队统计表

地区	“混编”消防中队(个)						消防救援队伍指战员(人)		政府专职消防员				
	总数			当年新增									
	已列入消防救援队伍编制	未列入消防救援队伍编制	合计	已列入消防救援队伍编制	未列入消防救援队伍编制	小计	实有总数	当年新增	实有总数(人)	当年新增(人)	因公受伤(人)	牺牲(人)	本年度各级政府经费投入(万元)
合计	1904	347	2251	59	36	95	36515	395	37395	4935	20	1	368206
北京	51	8	59	1	4	5	1029		595		18	1	7998
天津	12	12	24				356		653				6150
河北													
山西	36	17	53						982	58			9239
内蒙古	20	1	21				256		230				1768
辽宁	37	7	44				768		1023	310			3610
吉林													
黑龙江	1	1	2				15		34				81
上海	14		14	5		5	138	35	897	248			16790
江苏	6	3	9				54	1	162	22			14348
浙江	102	5	107	2	3	5	1938	18	2204	701			20940
安徽	97	8	105	1		1	1853		2396	112			15217
福建	46	2	48	2		2			669	161			5423
江西	99	14	113	7	5	12	2000		1193	620			15927
山东	173	19	192	6		6	2111	77	4492	87			42881

城区、县城“混编”消防中队统计表（续）

地区	“混编”消防中队(个)						消防救援队伍指战员(人)		政府专职消防员				
	总数			当年新增									
	已列入消防救援队伍编制	未列入消防救援队伍编制	合计	已列入消防救援队伍编制	未列入消防救援队伍编制	小计	实有总数	当年新增	实有总数(人)	当年新增(人)	因公受伤(人)	牺牲(人)	本年度各级政府经费投入(万元)
河南	115	20	135		1	1	2360	45	3244	116			33275
湖北	83	30	113				2631		1369	98			10831
湖南	147	16	163		3	3	2548	38	1609		2		28900
广东	127	26	153				2576		3299	766			46517
广西	117	3	120		1	1	2122	8	2218	379			22895
海南	1	1	2	1		1	5	3	30	15			480
重庆	101	27	128	1	3	4	2674		2181	322			15655
四川	23	2	25				416		527				2253
贵州	206	36	242	2	12	14	3986		2338	206			11407
云南	142		142				2302		2043				10014
西藏		48	48				354	2	367	76			1476
陕西	71	26	97	12	1	13	1978	68	1659	267			12919
甘肃	27		27	17		17	382	64	347	132			2456
青海	9	12	21		3	3	440	9	184	48			2892
宁夏	38		38	2		2	1145	27	383	164			3096
新疆	3	3	6				78		67	27			2768

注：1.“‘混编’消防中队”：在城市（城区、郊区）范围内，按照部消防局《政府专职消防建设管理和执勤训练规定（试行）》（公消〔2015〕279号），由公安现役消防人员（现为消防救援队伍指战员）担任指挥员，其他岗位由政府专职消防队员与公安现役消防人员共同执勤的消防队。

2.“中队”：遂行作战任务的实体力量，称谓可为“××消防救援中队”“××消防队”等。

乡镇政府专职消防队伍统计表

地区	专职消防队（个）																			
	全国重点镇										一般建制镇									
	应有			实有			当年新增消防站			由消防救援队伍管理的乡镇专职消防队	应有			实有			当年新增			由消防救援队伍管理的乡镇专职消防队
	一级乡镇专职消防队	二级乡镇专职消防队	总数	一级乡镇专职消防队	二级乡镇专职消防队	总数	一级乡镇专职消防队	二级乡镇专职消防队	总数		一级乡镇专职消防队	二级乡镇专职消防队	总数	一级乡镇专职消防队	二级乡镇专职消防队	总数	一级乡镇专职消防队	二级乡镇专职消防队	总数	
合计	2264	923	3187	1989	941	2930	18	23	41	808	659	3820	4479	878	5096	5974	37	444	481	583
北京	2		2	2		2					3	11	14	3	11	14				
天津	10		10	4		4				1	10	54	64	5	43	48				7
河北	191		191	191		191				191	58	19	77	58	19	77	1		1	8
山西	78	27	105	78	27	105					2	61	63	2	61	63				
内蒙古	15	18	33	15	18	33				7	4	44	48	9	78	87				6
辽宁	18	70	88	18	70	88				88	13	97	110	19	43	62		4	4	15
吉林	81		81	81		81				13	15	104	119	15	281	296		49	49	6
黑龙江	96	19	115	96	19	115	5	19	24	5	22	149	171	21	164	185	6	77	83	9
上海		2	2		4	4					2	12	14	2	12	14				
江苏	46	50	96	36	48	84	9	3	12	44	121	387	508	47	446	493	6	10	16	110
浙江	137		137	110		110	1		1		32	200	232	206	539	745	11	31	42	
安徽	126		126	126		126				4	89	242	331	89	242	331	4	10	14	16
福建	91		91	69		69	2		2	22	34	182	216	4	182	186				30
江西	64	38	102	56	46	102				47	10	137	147	9	138	147	2	13	15	65
山东	203		203	203		203				57	84	351	435	84	351	435				49

乡镇政府专职消防队伍统计表（续一）

地区	专职消防队（个）																			
	全国重点镇										一般建制镇									
	应有			实有			当年新增消防站			由消防救援队伍管理的乡镇专职消防队	应有			实有			当年新增			由消防救援队伍管理的乡镇专职消防队
	一级乡镇专职消防队	二级乡镇专职消防队	总数	一级乡镇专职消防队	二级乡镇专职消防队	总数	一级乡镇专职消防队	二级乡镇专职消防队	总数		一级乡镇专职消防队	二级乡镇专职消防队	总数	一级乡镇专职消防队	二级乡镇专职消防队	总数	一级乡镇专职消防队	二级乡镇专职消防队	总数	
河南	181		181	181		181				44	11	162	173	11	162	173				45
湖北		130	130		132	132						247	247		328	328		28	28	
湖南	7	163	170	7	163	170						396	396	105	331	436	2	38	40	
广东	91		91	91	3	94				15	93	278	371	122	374	496				77
广西	70		70	70		70				45		179	179		179	179				63
海南	16	18	34	16	18	34				28		47	47		47	47		11	11	23
重庆	79		79	79		79					12	93	105	12	119	131		22	22	
四川	131	146	277	109	146	255				164	18	64	82	23	42	65	1	18	19	21
贵州	187		187	158	2	160						93	93	9	373	382		124	124	
云南	156		156	156		156						40	40		394	394				
西藏	51	86	137	4	8	12				9	3	35	38							
陕西	9	66	75	7	65	72		1	1	19	4	53	57	6	61	67	1	9	10	25
甘肃	92	1	93	4	89	93				3		3	3		11	11				
青海	14	12	26	14	12	26	1		1	1		1	1		1	1				
宁夏	1	20	21		20	20						51	51		39	39				
新疆	21	57	78	8	51	59				1	19	28	47	17	25	42	3		3	8

乡镇政府专职消防队伍统计表（续二）

地区	专职消防队（个）																			
	乡										本省、自治区、直辖市合计									
	应有			实有			当年新增			由消防救援队伍管理的乡镇专职消防队	应有			实有			当年新增			由消防救援队伍管理的乡镇专职消防队
	一级乡镇专职消防队	二级乡镇专职消防队	总数	一级乡镇专职消防队	二级乡镇专职消防队	总数	一级乡镇专职消防队	二级乡镇专职消防队	总数		一级乡镇专职消防队	二级乡镇专职消防队	总数	一级乡镇专职消防队	二级乡镇专职消防队	总数	一级乡镇专职消防队	二级乡镇专职消防队	总数	
合计	24	702	726	17	1148	1165	14	106	120	52	2947	5445	8392	2884	7185	10069	69	573	642	1443
北京											5	11	16	5	11	16				
天津											20	54	74	9	43	52				8
河北		18	18		18	18		4	4		249	37	286	249	37	286	1	4	5	199
山西											80	88	168	80	88	168				
内蒙古		5	5		5	5					19	67	86	24	101	125				13
辽宁	2	14	16	2	14	16		4	4	1	33	181	214	39	127	166		8	8	104
吉林											96	104	200	96	281	377		49	49	19
黑龙江	3	70	73	3	95	98	3	58	61		121	238	359	120	278	398	14	154	168	14
上海											2	14	16	2	16	18				
江苏		104	104	2	73	75	1	7	8	8	167	541	708	85	567	652	16	20	36	162
浙江		5	5		5	5					169	205	374	316	544	860	12	31	43	
安徽	4	65	69	4	65	69		2	2		219	307	526	219	307	526	4	12	16	20
福建	3	33	36	3	33	36	3	1	4		128	215	343	76	215	291	5	1	6	52
江西	5	49	54	3	31	34	5	23	28	22	79	224	303	68	215	283	7	36	43	134
山东		11	11		11	11					287	362	649	287	362	649				106

乡镇政府专职消防队伍统计表（续三）

地区	专职消防队（个）																			
	乡										本省、自治区、直辖市合计									
	应有			实有			当年新增			由消防救援队伍管理的乡镇专职消防队	应有			实有			当年新增			由消防救援队伍管理的乡镇专职消防队
	一级乡镇专职消防队	二级乡镇专职消防队	总数	一级乡镇专职消防队	二级乡镇专职消防队	总数	一级乡镇专职消防队	二级乡镇专职消防队	总数		一级乡镇专职消防队	二级乡镇专职消防队	总数	一级乡镇专职消防队	二级乡镇专职消防队	总数	一级乡镇专职消防队	二级乡镇专职消防队	总数	
河南		62	62		62	62				13	192	224	416	192	224	416				102
湖北		15	15		15	15						392	392		475	475		28	28	
湖南		32	32		40	40	2	6	8		7	591	598	112	534	646	4	44	48	
广东											184	278	462	213	377	590				92
广西		2	2		2	2				1	70	181	251	70	181	251				109
海南											16	65	81	16	65	81		11	11	51
重庆					4	4					91	93	184	91	123	214		22	22	
四川		2	2		2	2					149	212	361	132	190	322	1	18	19	185
贵州		4	4		54	54					187	97	284	167	429	596		124	124	
云南		47	47		583	583					156	87	243	156	977	1133				
西藏	7	113	120								61	234	295	4	8	12				9
陕西		6	6		6	6					13	125	138	13	132	145	1	10	11	44
甘肃											92	4	96	4	100	104				3
青海											14	13	27	14	13	27	1		1	1
宁夏		26	26		21	21		1	1		1	97	98		80	80		1	1	
新疆		19	19		9	9				7	40	104	144	25	85	110	3		3	16

乡镇政府专职消防队伍统计表（续四）

地区	专职消防员（人）								消防装备									
	劳动合同用工		事业编制		行政编制		小计	当年新增总数	消防车辆（辆）						其他装备			
	实有	当年新增	实有	当年新增	实有	当年新增			灭火消防车	举高消防车	专勤消防车	战勤保障消防车	车辆总数	当年新购置车辆	三轮简易消防车(辆)	消防摩托车(辆)	消防船艇(艘)	机动消防泵(台)
合计	95173	11708	5733	686	1382	62	102288	12456	12114	218	367	207	12906	1386	2069	1834	86	8742
北京	174						174		13				13					
天津	1178	496					1178	496	60	4	8	4	76	16				20
河北	3587	700					3587	700	296	4	15	15	330	20	70	29	3	56
山西	2749	742	76				2825	742	210	6	3	4	223	21	5	3	2	11
内蒙古	763		212				975		294	39	54	1	388	162	7	6		31
辽宁	2156	269	103		13		2272	269	272	8	7	1	288	3				26
吉林	4891	900			78		4969	900	420	1	4		425	94				69
黑龙江	2393	646	606	155			2999	801	578	3			581	93	269			1563
上海			237	8			237	8	27		1		28					19
江苏	5867	834	14				5881	834	731	27	28	7	793	65	218	7	10	557
浙江	10643	548	432	10	63		11138	558	868	21	55	37	981	27	585	198	16	1052
安徽	6176	489	8		255		6439	489	785	1			786	73	124	211		419
福建	3619	273					3619	273	194	2		1	197	4	201	502	12	389
江西	1983	975	22				2005	975	349				349	210	28	17		258
山东	7964	170	149	1			8113	171	918	29	19	6	972	119		1	1	159

乡镇政府专职消防队伍统计表（续五）

地区	专职消防员(人)								消防装备									
	劳动合同用工		事业编制		行政编制		小计	当年新增总数	消防车辆(辆)						其他装备			
	实有	当年新增	实有	当年新增	实有	当年新增			灭火消防车	举高消防车	专勤消防车	战勤保障消防车	车辆总数	当年新购置车辆	三轮简易消防车(辆)	消防摩托车(辆)	消防船艇(艘)	机动消防泵(台)
河南	4681	85	281	6	58		5020	91	702	5	21	5	733	28	182	87	2	274
湖北	5424	282	99		78		5601	282	555				555	28		73		263
湖南	3274	378	995	76	268	47	4537	501	720	3	2	6	731	67		60	2	343
广东	4806	617	143	36	66		5015	653	755	42	31	17	845	107	76	365	25	640
广西	2301	255	67				2368	255	283		10		293	44	27	79		201
海南	706	213					706	213	53	2	6		61	8		30		37
重庆	1554	169					1554	169	309				309	23	4	63		229
四川	4702	803	217	73	4		4923	876	452	14	65	51	582	20	77	19	11	309
贵州	5239	920	104		151	10	5494	930	715		2		717	124	21	1		701
云南	5190	439	23	11			5213	450	1166	1	30	46	1243	15	136	74		959
西藏	95	5	38				133	5	2				2				1	1
陕西	925	243	744	246			1669	489	103	4		3	110		4	4		7
甘肃	576	18	748	34	183		1507	52	113	1	2	1	117	9	2	5	1	65
青海	125	10	10		10		145	10	4				4					4
宁夏	160	50	233	25	121	3	514	78	75				75					65
新疆	1272	179	172	5	34	2	1478	186	92	1	4	2	99	6	33			15

乡镇政府专职消防队伍统计表（续六）

地区	灭火剂储量(吨)			出动情况							本年度各级政府经费投入(万元)
	泡沫灭火剂	干粉灭火剂	其他	出动次数	出动车辆(辆次)	出动人员(人次)	抢救人员(人)	抢救财产(万元)	因公受伤(人)	牺牲(人)	
合计	2943	487	3758	168744	235197	927261	19837	279439	246	1	338712
北京	2		42	420	430	1500	10	200			800
天津	36	8	191	1301	2314	12612	88	961			6512
河北	73	24	19	1225	1950	5338	22	472			5523
山西	110	16	73	874	1413	6542	117	977			3987
内蒙古	33	10		79	102	1929	36	1986	1		3352
辽宁	167	6	362	6452	7512	15024	152	682			6784
吉林	10	3	580	7526	8978	26632	370	4923			6078
黑龙江	33	32	144	3669	4987	15768	43	2518			6128
上海	9			533	533	3198	46	5632			2783
江苏	489	17	434	28130	45403	244589	4243	40419	3		42129
浙江	180	152	31	25209	38802	193439	1502	86776			40489
安徽	29	11	677	6032	6465	31635	466	4700			11540
福建	20	7	42	4521	4863	28745	501	2001			6102
江西	27	4	8	1711	1966	9505	288	19015			14761
山东	345	27	662	17110	22248	108808	2210	38637	2		17688
河南	74	10	118	4183	5754	27594	604	5085			13580
湖北	15		25	4913	5196	21325	512	9769			17901

乡镇政府专职消防队伍统计表（续七）

地区	灭火剂储量 (吨)			出动情况							本年度各级政府经费投入(万元)
	泡沫灭火剂	干粉灭火剂	其他	出动次数	出动车辆(辆次)	出动人员(人次)	抢救人员(人)	抢救财产(万元)	因公受伤(人)	牺牲(人)	
湖南	50	30	20	3323	3550	11169	118	4119	1		6100
广东	531	52		24578	41067	27029	3821	27123			36148
广西	165	33	216	350	401	2141	44	309			6678
海南	155			731	740	407	285	1261			1956
重庆	21			11473	12915	61177	1812	6615	11	1	8811
四川	108	2		7815	9654	38662	1548	6152	1		9706
贵州	42	5		1349	1604	9624	362	3247	2		11290
云南	160	30		1394	1553	6715	269	1397			9243
西藏				12	7	88	5	168			21300
陕西	15	2	1	2040	2499	7264	51	1523			14611
甘肃	4	6	21	654	765	5240	69	607			1870
青海	1			5	1	20		1			213
宁夏				240	248	1138	9	50			624
新疆	39		92	892	1277	2404	234	2114	225		4025

注：1. “乡镇政府专职消防队”：由乡、镇政府组建的专职消防队。应达到《乡镇消防队》（GB/T 35547—2017）二级以上乡镇专职消防队建设标准［即消防人员不少于10人(专职消防员不少于5人)、消防车不少于1辆（不含简易消防车、消防摩托车）、建筑面积不少于300平方米］。

2. “乡镇政府专职消防人员分类”：①“劳动合同用工”是指与专职消防队或其主管单位签订固定或无固定期限劳动合同的非事业编制队员；②“事业编制”是指队员身份为事业单位在编工作人员；③“行政编制”是指队员身份为行政编制工作人员。

3. “中队”：隶属于支队、大队的中队；称谓为“××消防队”，属于遂行作战任务的实体力量，未再划分出独立管理的“队”“站”等机构的消防队。

4. “消防车”：专门用于运输灭火剂、消防装备的机动车辆，其分类参照《城市消防站建设标准》（建标 152—2017）第二十三条。“车辆总数”包括“灭火消防车”“举高消防车”“专勤消防车”“战勤保障消防车”4类，不包括“三轮简易消防车”和“消防摩托车”。

5. “机动消防泵”：可放置或固定在消防车上的手抬机动泵、潜水泵、浮艇泵等。

6. “出动次数”：扑救火灾、抢险救援等外出执勤次数。

企业事业单位专职消防队统计表

地区	支队(个)		大队(个)		中队(个)		本年度单位经费投入(万元)	消防队员(人)								消防装备									
								正式职工		劳动合同用工		行政编制		小计	当年新增总数	消防车辆(辆)						其他装备			
	总数	当年新增	总数	当年新增	总数	当年新增		实有	当年新增	实有	当年新增	实有	当年新增			灭火消防车	举高消防车	专勤消防车	战勤保障消防车	车辆总数	当年新购置车辆	三轮简易消防车(辆)	消防摩托车(辆)	消防船艇(艘)	机动消防泵(台)
合计	84	9	336	44	2861	117	424692	34448	1429	41643	2702	744	12	76916	4143	8045	878	729	419	10070	354	54	83	43	1573
北京	2		2		27		6000	58		524				582		67		7	6	80			5	2	10
天津	4		9	7	71		17821	689		1349	23	41		2079	23	195	21	11	5	232	12	3		11	22
河北	4		12		137		10123	1420	50	2520	400			3940	450	265	11	13	4	293	10			1	10
山西	1		7		122	3	12204	1772	3	1047	176			2819	179	259	14	23	13	309	4	1	1	3	20
内蒙古	2		20		128		11036	1369	134	1846	126	40	4	3255	264	439	44	48	25	556	17				44
辽宁	8		19		155	3	8974	2308	52	2537	138	53		4898	190	523	71	39	12	645	15			2	4
吉林	2		25		58		8975	1489	65	829		120		2438	65	243	25	23	7	298					25
黑龙江	4		45	14	196	27	54131	4334	156	1112		154	3	5600	159	562	126	69	29	786	44		1	1	17
上海	4		7		114	2	55792	639	83	1930	47	193		2762	130	207	13	23	12	255	11			1	153
江苏	11	5	12	8	99		23035	1345	32	2099	119			3444	151	328	13	38	43	422	10	1		5	86
浙江	1		4		107	3	17814	526	55	1977	165	12		2515	220	273	34	21	37	365	10	4	4	6	117
安徽			2		73		4435	775	17	1105	12	20		1900	29	185	9	12	3	209	6	10	4	2	45
福建	1		6		50		5659	231	65	1182	301			1413	366	162	12	17	19	210	8			1	45
江西	1		3	1	63	7	7614	247	13	845	249			1092	262	130	6	6	1	143	9	1			17
山东	5		11		236	28	36874	2238	5	4855	201	67	3	7160	209	693	114	53	32	892	39	5	12	3	125

企业事业单位专职消防队统计表（续一）

地区	支队(个)		大队(个)		中队(个)		本年度单位经费投入(万元)	消防队员(人)								消防装备									
								正式职工		劳动合同用工		行政编制		小计	当年新增总数	消防车辆(辆)						其他装备			
	总数	当年新增	总数	当年新增	总数	当年新增		实有	当年新增	实有	当年新增	实有	当年新增			灭火消防车	举高消防车	专勤消防车	战勤保障消防车	车辆总数	当年新购置车辆	三轮简易消防车(辆)	消防摩托车(辆)	消防船艇(艘)	机动消防泵(台)
河南	5		12		84	3	22343	1718		918	26	2		2638	26	291	24	18	5	338	4		12		21
湖北			5		180	11	21361	941	7	1669	98			2610	105	333	13	14	11	371	28				97
湖南	2		6		64		4656	962		611				1573		144	14	13	13	184	10				39
广东	7		15		148	10	15322	475		3521	121			3996	121	376	41	20	18	455	30	5	18	3	125
广西	2	2	5	1	59		6131	702	3	772	79			1474	82	165	19	15	2	201	10		2		34
海南	1		4		28	1	5200	240	2	263	28			503	30	56	7	11	8	82	5		10		20
重庆	1		4	1	42		7276	636	10	505	21			1141	31	93	4	10	7	114	4				18
四川	1		6		81	2	5037	1513	10	601	38	10		2124	48	217	14	47	21	299	4	11	8	2	84
贵州					59		3232	381	21	519	58	2	2	902	81	141	5	5	6	157	6				46
云南	2		5		156	10	5651	1873	394	1115				2988	394	427	15	12	5	459	11	13	4		148
西藏					11	1	666	55		134	18	9		279	18	29	1	8	4	41	3		2		11
陕西	1	1	19	6	125	6	14743	1333	107	1859	157	21		3213	264	333	67	39	19	458	6				99
甘肃	4		27		61		9642	1331	2	1008	2			2339	4	200	34	29	13	276	1				26
青海			15		21		7344	231	8	404	8			635	16	95	11	13	8	127	10				14
宁夏	1		18		23		2557	511	24	458	30			969	54	121	19	9	1	150	3				21
新疆	7	1	11	6	83		13044	2106	111	1529	61			3635	172	493	77	63	30	663	24				30

企业事业单位专职消防队统计表（续二）

地区	灭火剂储量(吨)			灭火救援情况																				
				企业责任区内							企业责任区外							合计						
	泡沫灭火剂	干粉灭火剂	其他	出动次数	出动车辆(辆次)	出动人员(人次)	抢救人员(人)	抢救财产(万元)	因公受伤(人)	牺牲(人)	出动次数	出动车辆(辆次)	出动人员(人次)	抢救人员(人)	抢救财产(万元)	因公受伤(人)	牺牲(人)	出动次数	出动车辆(辆次)	出动人员(人次)	抢救人员(人)	抢救财产(万元)	因公受伤(人)	牺牲(人)
合计	19556	2937	3388	11404	21428	94701	1615	50737	3		9705	15657	74020	911	36368			21109	37085	168721	2526	87104	3	
北京	157	13		75	110	520		100			10	12	50		2			85	122	570		102		
天津	614	74	664	234	623	4012	23	796			69	99	512	48	38			303	722	4524	71	834		
河北	517	79	9	85	228	1056	2	693			194	501	2589	4	1446			279	729	3645	6	2139		
山西	408	83		763	934	4474	58	596	1		537	800	4466	51	706			1300	1734	8940	109	1302	1	
内蒙古	908	193		275	534	2194	9	361			464	749	2962	38	256			739	1283	5156	47	617		
辽宁	1102	78	321	388	1009	3840	7	1651			158	333	1141		353			546	1342	4981	7	2004		
吉林	288	28	116	151	186	960	2	281			248	411	2331	12	211			399	597	3291	14	492		
黑龙江	505	50	55	1327	2266	9061	761	5147			1256	2699	11357	237	7429			2583	4965	20418	998	12576		
上海	89	23		144	123	1089	10	6890			83	83	593	27	5632			227	206	1682	37	12522		
江苏	1096	99	504	365	1014	5590	7	5571			511	685	3232	6	800			876	1699	8822	13	6371		
浙江	1555	54		754	911	5516	58	1700			891	1313	7497	65	1225			1645	2224	13013	123	2925		
安徽	176	18	190	254	303	1527	7	996			79	103	621	6	474			333	406	2148	13	1470		
福建	407	44		128	295	1122	40	263			36	70	373		65			164	365	1495	40	328		
江西	164	21	4	228	327	1543	9	1076			137	226	890	22	1805			365	553	2433	31	2881		
山东	3674	262	690	894	1424	5974	60	3740			1357	1836	8251	38	6470			2251	3260	14225	98	10209		
河南	592	98		417	969	4681	6	529			615	1020	5357	5	595			1032	1989	10038	11	1124		
湖北	391	359		326	645	2105	137	1618			324	677	2205	51	881			650	1322	4310	188	2499		

企业事业单位专职消防队统计表（续三）

地区	灭火剂储量(吨)			灭火救援情况																				
				企业责任区内							企业责任区外							合计						
	泡沫灭火剂	干粉灭火剂	其他	出动次数	出动车辆(辆次)	出动人员(人次)	抢救人员(人)	抢救财产(万元)	因公受伤(人)	牺牲(人)	出动次数	出动车辆(辆次)	出动人员(人次)	抢救人员(人)	抢救财产(万元)	因公受伤(人)	牺牲(人)	出动次数	出动车辆(辆次)	出动人员(人次)	抢救人员(人)	抢救财产(万元)	因公受伤(人)	牺牲(人)
湖南	441	70		285	569	2816	49	151			492	706	3635	25	745			777	1275	6451	74	896		
广东	473	43	15	1726	3793	14512	135	5969			376	597	2355	35	1063			2102	4390	16867	170	7032		
广西	574	53	239	103	174	930	3	446	2		48	54	382	7	113			151	228	1312	10	559	2	
海南	282	50		43	126	526	4	232			42	68	246	3	28			85	194	772	7	260		
重庆	285	20		399	699	3757	34	636			229	237	1267	53	929			628	936	5024	87	1565		
四川	561	104		133	204	833	21	858			239	460	1935	34	2639			372	664	2768	55	3497		
贵州	317	19	121	210	318	1664	25	981			166	199	1378	13	568			376	517	3042	38	1549		
云南	610	338	24	201	283	1227	21	212			249	319	1666	44	376			450	602	2893	65	587		
西藏	210	33		1	1	6		3			1	2	12	1	2			2	3	18	1	5		
陕西	978	281	181	410	1284	4888	10	692			307	520	2807	40	388			717	1804	7695	50	1080		
甘肃	485	71	253	197	338	1353	16	5960			172	216	1095	20	296			369	554	2448	36	6255		
青海	347	67		119	348	1036	75	1095			42	85	339	19	346			161	433	1375	94	1441		
宁夏	437	35	3	93	251	1051	4	127			53	105	371	4	171			146	356	1422	8	298		
新疆	913	176		676	1139	4838	22	1367			320	472	2105	3	316			996	1611	6943	25	1684		

注：1.“企业事业单位专职消防队”：企业事业单位按照《中华人民共和国消防法》第三十九条规定成立的专职消防队，包括铁路、交通、民航、林业系统公安编制的专职消防队。
2.“中队”：隶属于支队、大队的中队；称谓为“××消防队”，属于遂行作战任务的实体力量，未再划分出独立管理的“队”“站”等机构的消防队。
3.“企业消防人员分类”：正式职工是指与企业签订无固定期限劳动合同的正式员工，劳动合同用工是指与企业签订固定期限劳动合同的非正式员工，行政编制是指铁路、交通、民航、林业系统专职消防队中具有公安编制的专职消防人员。
4.“消防车”：专门用于运输灭火剂、消防装备的机动车辆，其分类参照《城市消防站建设标准》第二十三条。“车辆总数”包括“灭火消防车”“举高消防车”“专勤消防车”“战勤保障消防车”4类，不包括“三轮简易消防车”和“消防摩托车”。
5.“机动消防泵”：可放置或固定在消防车上的手抬机动泵、潜水泵、浮艇泵等。
6.“出动次数”：扑救火灾、抢险救援等外出执勤次数。

2018年批准发布的消防标准目录

	标准编号	标准名称	修订或替代	发布日期	实施日期
		住房和城乡建设部批准发布的工程建设国家标准			
1	GB 51309—2018	消防应急照明和疏散指示系统技术标准		2018年7月10日	2019年3月1日
2	GB 50016—2014（2018版）	建筑设计防火规范	GB 50016—2014	2018年3月30日	2018年10月1日
3	GB 51298—2018	地铁设计防火标准		2018年5月14日	2018年12月1日
4	建标190—2018	消防训练基地建设标准		2018年2月13日	2018年5月1日
		国家市场监管总局、国家标准委批准发布的国家标准			
5	GB 5135.5—2018	自动喷水灭火系统 第5部分: 雨淋报警阀	GB 5135.5—2003	2018年6月7日	2019年1月1日
6	GB 5135.6—2018	自动喷水灭火系统 第6部分: 通用阀门	GB 5135.6—2003	2018年2月6日	2018年9月1日
7	GB 5135.7—2018	自动喷水灭火系统 第7部分: 水流指示器	GB 5135.7—2003	2018年6月7日	2019年1月1日
8	GB/T 36122—2018	市政消防给水设施维护管理		2018年5月14日	2018年12月1日
9	GB 3445—2018	室内消火栓	GB 3445—2005	2018年9月17日	2019年4月1日
10	GB 36660—2018	低压二氧化碳气体惰化保护装置		2018年9月17日	2019年4月1日
11	GB 5135.9—2018	自动喷水灭火系统 第9部分：早期抑制快速响应（ESFR）喷头	GB 5135.9—2006	2018年9月17日	2019年4月1日
12	GB 14907—2018	钢结构防火涂料	GB 14907—2002	2018年11月19日	2019年6月1日
		公安部批准发布的公共安全行业标准			
13	GA/T 1463—2018	文物建筑消防安全管理		2018年2月11日	2018年5月1日
14	GA/T 1464—2018	火灾调查职业危害安全防护规程		2018年2月11日	2018年5月1日
15	GA/T 1465—2018	消防产品市场准入信息管理		2018年2月11日	2018年5月1日

全国消防救援队伍灭火救援车辆统计表

辆

总队	合计	水罐消防车(SG)	泡沫消防车(PM)	压缩空气泡沫消防车(AP)	高倍泡沫消防车(GP)	泵浦消防车(BP)	干粉消防车(GF)	干粉泡沫联用消防车(GP)	干粉水联用消防车(GL)	涡喷消防车(WP)	二氧化碳消防车(EY)	细水雾消防车	干粉二氧化碳联用车	其他灭火类消防车	登高平台消防车(DG)	云梯消防车(YT)	举高喷射消防车(JP)	抢险救援消防车(JY)	排烟消防车(PY)	照明消防车(ZM)	排烟照明消防车(PZ)	高倍泡沫排烟消防车(PP)	远程供水消防车
合计	44553	11172	7522	3470	10	170	207	259	23	51	8	498	26	10	2092	1612	2998	5419	241	214	57	2	271
北京	1156	355	253	73		16	12	5				1			23	50	37	89	10	22		1	1
天津	926	222	91	110			17	5		1		2	1		17	42	44	125	10	7	5		17
河北	2230	658	369	96	1	1	6	25	3	5		12	1	2	169	70	112	292	12	7	1		10
山西	1266	385	188	90		2	6	18	2			5			66	33	85	170	5	12			2
内蒙古	1149	373	127	94			10	19		3		1	1		74	17	63	124	6	5	1		
辽宁	2151	592	347	177		2	9	9			1	14	2		50	116	175	150	14	11	4		13
吉林	1087	279	212	33	2		2	4		1					27	77	69	102	11	10	1		2
黑龙江	1586	534	162	101		5	3	20	1			17	10		129	19	58	141	6	3	3		
上海	989	34	262	205		7	4	1	2		3				15	77	16	80	1	20	1		9
江苏	2548	552	699	203		28	12	14	2	3		36	3	1	85	101	166	210	2	11	2		56
浙江	1802	291	245	293		4	2	9	2	1					58	98	183	234	12	12	1		28
安徽	1454	421	208	103		4	2	6	1				1		95	17	133	220	6	3	3		4
福建	1346	372	148	215		12	2	4	1		2	4			94	33	79	159	3	10			
江西	1293	413	81	111			3	10	1			1	3		85	42	136	171	9	1	2		2
山东	2683	508	836	90	3	7	23	21	4	6		3			107	121	255	252	17	6	3		31

全国消防救援队伍灭火救援车辆统计表（续一）

辆

总队	合计	水罐消防车(SG)	泡沫消防车(PM)	压缩空气泡沫消防车(AP)	高倍泡沫消防车(GP)	泵浦消防车(BP)	干粉消防车(GF)	干粉泡沫联用消防车(GP)	干粉水联用消防车(GL)	涡喷消防车(WP)	二氧化碳消防车(EY)	细水雾消防车	干粉二氧化碳联用车	其他灭火类消防车	登高平台消防车(DG)	云梯消防车(YT)	举高喷射消防车(JP)	抢险救援消防车(JY)	排烟消防车(PY)	照明消防车(ZM)	排烟照明消防车(PZ)	高倍泡沫排烟消防车(PP)	远程供水消防车
河南	2389	705	302	260		6	17	7	1	3		8			105	81	216	293	5	1			19
湖北	1397	319	239	118		14	11	11		1		9			77	40	125	161	11				5
湖南	1372	383	163	125		4	12			1					39	99	116	200	13	15			3
广东	2456	197	663	307		9	16	27		3	1	1	4		173	118	187	359	11	25	11		25
广西	1383	255	282	76		4	5	1	1					6	84	88	88	224	8	1	4		
海南	441	79	75	32		23		4		1		6			31	13	21	63	2	2	1		5
重庆	1151	246	219	109		1	1	5	1	4					67	27	32	180	9	11			1
四川	2473	877	390	85		8	16	15		3	1	2			122	23	97	409	16	8	7		11
贵州	1148	256	198	62		3		1		1		2			62	49	61	159	13	1	1		3
云南	1806	487	176	41	3	4	4	4		6		1			74	59	101	238	3	3			8
西藏	594	219	93	9						1		2			8	10	6	77	1	1			4
陕西	1464	276	164	81		6	7	1		6		329		1	51	26	107	153	12				2
甘肃	706	288	64	26			2	3				4			15	19	51	96	2	1	4		
青海	505	177	67	19	1		2	3				2			13	21	23	73	2	3	1		1
宁夏	380	128	39	24				5	1	1					15	3	33	47	1	2			2
新疆	1222	291	160	102			1	2				36			62	23	123	168	8		1	1	7

全国消防救援队伍灭火救援车辆统计表（续二）

辆

总队	化学事故抢险救援车(HJ)	化学洗消车(HX)	核生化侦检车(ZJ)	勘察车(KC)	通信指挥车(TZ)	宣传车(XC)	其他专勤车	器材车(QC)	供水车(GS)	供液车(GY)	供气车(GQ)	自卸式车(ZX)	加油车	饮食保障车	运兵车	宿营车	发电车	淋浴车	救护车	装备抢修车	其他后援车	机场快速调动车	机场主力泡沫车	其他机场车	防爆车	轨道车(GD)	其他类车	灭火摩托车	抢险救援摩托车	其他摩托车
合计	184	298	18	13	653	985	63	995	254	266	386	215	245	364	1109	245	28	55	144	323	496	1	1	1	39	23	112	567	38	100
北京	4	4	2		42		1	34	1	2	8	3	12	2	8	3	1				12					5	2	50	10	2
天津	5	7	1		34	22		50		3	3	1	4	18	26	4		1	2	2	2							25		
河北	1	17	1	2	8	111	4	36	5	15	18	12	9	10	32	4	2	1	7	10	23						6	34	2	8
山西	14	12			21	20		23	16	2	14	2	4	11	3	8			4	9	10							22		2
内蒙古	11	14			17	5	4	21	17	11	14	7	13	14	15	6	1		4	10	7						11	23		6
辽宁	9	12	2		47	22	9	115	11	15	18	12	17	19	70	4	2	2	5	21	46					1	3	3		0
吉林		6			16	32		39	16	9	13	4	6	13	18	20				18	24						4	2		15
黑龙江	1	6			25	142		23	24	3	7	5	12	18	60	2	1	1	4	10	24						2			4
上海	6	4	1		25	3		77		11	5	2	6	5	7	1			2	10	12				5	6	25	29	7	3
江苏	7	16	2	1	24	87	2	49	4	22	20	9	17	16	24	10		1	10	14	13					3	2	8		1
浙江	10	8	1		17	69	8	55	7	14	12	6	9	11	22	13	1	8	10	12	11					2	15	8		
安徽	10	5			15	31	6	24	4	15	18	9	6	16	26	4	2	2	3	18	12						1			
福建	2	10	2		14	6	1	20	3	7	14	13	4	7	44	5	1	1	8	9	5							32		
江西	3	12		1	15	39		9	3	5	10	3	2	4	69	1			6	10	25						1	4		
山东	4	12		3	23	12	8	32	8	25	22	6	18	16	40	6		3	20	18	12	1	1			1	12	58	4	25

全国消防救援队伍灭火救援车辆统计表（续三）

辆

总队	化学事故抢险救援车(HJ)	化学洗消车(HX)	核生化侦检车(ZJ)	勘察车(KC)	通信指挥车(TZ)	宣传车(XC)	其他专勤车	器材车(QC)	供水车(GS)	供液车(GY)	供气车(GQ)	自卸式车(ZX)	加油车	饮食保障车	运兵车	宿营车	发电车	淋浴车	救护车	装备抢修车	其他后援车	机场快速调动车	机场主力泡沫车	其他机场车	防爆车	轨道车(GD)	其他类车	灭火摩托车	抢险救援摩托车	其他摩托车
河南	10	13		3	20	92	9	28	27	7	18	9	8	15	32	12		4	8	14	11				1		4	11	2	2
湖北	1	17	1		9	19		16	11	5	9	8	8	8	85	3			1	9	18					1		25		2
湖南	8	9			17	18		42	1	1	12	6	7	6	21	1		2	10	12	13							13		
广东	16	29	1		19	11		49	19	26	38	36	8	7	20	2	1		5	8	13			1		2		7		1
广西	8	12			21	102		32		9	11	4	6	4	15	1			6	11	13							1		
海南	6	4			11	5		4		7	3	4	3	5	5	3		2		4	7							10		
重庆	7	3	1		50	38		45	3	4	16	9	3	7	23	3	2	3		6	12							1		2
四川	13	18	1		27	19		29	15	11	26	12	10	28	46	30	5	6	3	17	22				2	2		38		3
贵州	5	6			58	9		17	4	7	11	10	8	12	34	7	1	1	8	10	14							54		
云南	5	12			22	28	7	19	13	11	12		12	21	252	25	4	10	5	13	68				1		16	22	1	15
西藏		1	1		5	6		12		1	2		10	19	22	25	2	4	3	8	1				6			27	6	2
陕西	6	6			19	5		49	31	5	8	3	7	7	16	6			4	10	35							20		5
甘肃	2	10			9	2		32	8	2	3	4	4	7	12	4			1	9	3							15	4	
青海	3	3			3	2		4		3	5	4	3	14	17	17	1		2	6	3						3	4		
宁夏	5	4		3	6	3		3		3	4	4	3	6	8	3			1	6	1						4	12		
新疆	2	6	1		14	25	4	7	3	5	12	8	6	18	37	12	1	3	2	9	24				24		1	9	2	2

全国消防救援队伍消防员防护装备统计表

总队	基本防护装备																				
	消防头盔(顶)	消防员灭火防护服(套)	消防手套(副)	消防安全腰带(根)	消防员灭火防护靴(双)	正压式消防空气呼吸器(具)	佩戴式防爆照明灯(个)	消防员呼救器(个)	消防员方位灯(个)	应急逃生自救安全绳(套)	消防腰斧(把)	消防员灭火防护头套(个)	防静电内衣(套)	消防护目镜(个)	抢险救援头盔(顶)	抢险救援手套(副)	抢险救援服(套)	抢险救援靴(双)	消防员呼救器后场接收装置(套)	骨传导通话装置(个)	消防员单兵定位装置(套)	小计［件(套)］
合计	395870	550221	754760	342632	506064	235734	278007	261087	49121	137001	281398	376362	317251	228022	257209	378267	468698	389681	4585	30648	952	6243570
北京	14010	18465	23619	15251	24525	8850	10521	7382	322	5678	10447	9015	14608	4733	7929	12259	21278	16069	194	736	14	225905
天津	12957	14673	17880	8159	12657	6309	9967	10062	286		6915	9275	9805	7188	6351	9133	7947	10385	115	779	17	160860
河北	18469	22295	35507	17972	23055	10376	12210	13524	2700	10606	14653	19129	15439	12659	13888	18150	20729	17062	268	1322	42	300055
山西	11136	14920	16195	9020	14380	5076	5743	6045	782		7371	9103	8739	6562	7203	6988	15270	11726	101	873	37	157270
内蒙古	8691	13661	21920	7238	14842	5502	5815	5469	2943	5158	6602	9313	7955	5675	5756	7229	14151	9839	142	798	16	158715
辽宁	14984	22475	29494	15136	21282	9081	10723	10288	3985	8216	12259	15181	10520	6801	9966	15877	15635	16784	80	711	15	249493
吉林	10704	15894	20017	7660	18920	5243	6872	4612	198	3328	5547	10250	7765	3602	5319	14607	12732	16076	115	1222	80	170763
黑龙江	11484	14775	21224	10092	20333	4950	6980	7069	1632	5112	7155	11479	7505	6145	7367	10022	11125	10830	194	761	24	176258
上海	22554	27416	40607	19876	25895	21699	10957	10329	23	771	12707	23200	14764	6274	7703	22454	21579	14596	177	907	6	304494
江苏	18838	29284	35982	17053	25760	12670	15807	15408	1788	14365	15443	20561	14497	11513	11498	15839	23535	15975	148	1383	2	317349
浙江	20483	22387	28769	15474	21911	10452	13647	12208	770	12740	14199	19043	16600	11763	15709	20296	19012	18531	55	1540	13	295602
安徽	11520	17653	24507	10786	15260	6841	10069	8798	1139	8267	9164	10952	6564	7302	7893	11170	13266	11305	140	934	88	193618
福建	9667	15804	13876	8593	10251	5978	8012	5803	385	770	7896	8707	8166	7279	8263	15602	17428	13653	32	927	55	167147
江西	10280	14146	18888	8304	9860	5495	6098	6810	856	5977	6939	7982	7440	5191	6830	7504	9713	8941	202	819	28	148303
山东	21011	32838	37590	17161	24459	12401	13175	14817	3745	12333	14979	19989	9234	9105	10975	14635	24517	15381	386	1298	149	310178

全国消防救援队伍消防员防护装备统计表（续一）

总队	基本防护装备																					
	消防头盔(顶)	消防员灭火防护服(套)	消防手套(副)	消防安全腰带(根)	消防员灭火防护靴(双)	正压式消防空气呼吸器(具)	佩戴式防爆照明灯(个)	消防员呼救器(个)	消防员方位灯(个)	应急逃生自救安全绳(套)	消防腰斧(把)	消防员灭火防护头套(个)	防静电内衣(套)	消防护目镜(个)	抢险救援头盔(顶)	抢险救援手套(副)	抢险救援服(套)	抢险救援靴(双)	消防员呼救器后场接收装置(套)	骨传导通话装置(个)	消防员单兵定位装置(套)	小计[件(套)]
河南	20195	23436	42222	13849	22073	9342	11352	11728	2045	12191	12316	18325	17021	11684	11173	17235	18892	17806	151	1034	79	294149
湖北	12040	21022	23811	11680	13997	7028	9644	7658	214	8274	8846	10265	8642	6856	7804	12082	15177	11553	142	1179	24	197938
湖南	13057	22842	28360	9137	15183	7430	9622	9359		71	8608	13697	12397	10415	5952	7390	22476	10729	213	1417	10	208365
广东	26132	33620	61947	26099	33277	17431	20243	17506	5064	569	21245	28828	26149	17233	12820	30678	27144	23417	248	2037	125	431812
广西	12971	17390	29212	9230	14967	6585	7572	7538	1831	1640	7425	13073	12466	7061	9877	13649	14721	13727	109	1056		202100
海南	2784	3245	8692	2997	4266	2002	3214	2621	212	1264	2686	3593	3945	2912	2552	3693	2961	2963	56	172	1	56831
重庆	11462	19975	27501	10675	16910	7971	7836	7611	1259		8128	11954	11331	6962	7679	13768	17578	14164	149	893	11	203817
四川	20665	27008	34039	19371	22119	11402	15506	13520	3180	923	15363	16838	14742	11333	15571	17028	25012	18068	172	2046	16	303922
贵州	8172	12198	15449	6442	9744	4722	6674	6072	4157		6285	10233	9983	6588	7322	7673	11269	10504	191	1560	12	145250
云南	12687	19312	23898	9995	14105	7815	8026	8760	3915	4865	9360	12808	13987	8919	9428	12704	17458	13274	234	986	21	212557
西藏	3814	5473	5071	3420	4853	2552	2338	3051	743	36	3262	2275	1436	1916	3554	3555	4532	3628	27	70	4	55610
陕西	10257	14358	19780	9679	12524	6081	7951	7576	3749	1080	8064	9142	5912	6299	11767	11515	11211	9986	188	1151	11	168281
甘肃	6258	7744	12287	5896	8328	3644	4210	4961	383		4718	5784	5447	4686	5088	5900	7690	6816	64	848	17	100769
青海	5921	8490	11144	5739	8894	3200	4380	4370	550	3786	4058	5061	4434	4505	4485	5740	7058	6673	63	381	11	98943
宁夏	4287	6076	8855	3392	7764	2184	4686	3951	71	2390	2720	3310	3416	2662	2613	4009	6470	4781	66	228	7	73938
新疆	8380	11346	16417	7256	13670	5422	8157	6181	194	6591	6038	7997	6342	6199	6874	9883	11132	14439	163	580	17	153278

全国消防救援队伍消防员防护装备统计表（续二）

总队	特种防护装备																											
	消防员隔热防护服(套)	消防员避火防护服(套)	二级化学防护服(套)	一级化学防护服(套)	特级化学防护服套)	核沾染防护服(套)	化学防护手套(副)	防高温手套(副)	消防员防蜂服(套)	电绝缘装具(套)	防静电服(套)	消防员降温背心(件)	消防阻燃毛衣(件)	移动供气源(套)	正压式消防氧气呼吸器(具)	强制送风呼吸器(套)	过滤式综合防毒面具(套)	潜水装具(套)	消防用救生衣(件)	消防坐式半身安全吊带（含Ⅰ、Ⅱ类）(条)	消防全身式安全吊带(条)	消防通用安全绳(根)	消防防坠落辅助部件(套)	手提式强光照明灯(具)	水域救援漂浮救生绳(根)	消防员水域救援防护服(套)	消防员水域救援头盔(顶)	小计[件(套)]
合计	91779	22683	75349	27390	3639	470	40755	47257	18377	15614	40994	67616	109697	7540	18480	3901	71048	6290	159639	74018	57463	108346	56792	105159	13054	11727	22781	1277858
北京	2855	1119	2926	643	11	67	1200	1391	435	606	905	1612	4291	348	2105	269	2029	52	6427	2623	2135	4167	1521	6227	363	23	59	46409
天津	2660	667	1913	626	175	91	1289	1154	394	326	869	1513	4411	218	349	87	1203	63	6582	881	1104	1645	905	2074	19		634	31852
河北	4541	1106	3631	1504	139	21	826	1661	637	714	2460	3576	5875	374	840	163	3028	380	7428	3412	2227	4704	1465	2649	852	923	2538	57674
山西	2505	731	1967	853	60	3	1086	1315	382	427	1079	1666	2578	226	396	175	1225	242	4619	2244	1457	2340	904	2108	146	98	154	30986
内蒙古	2320	576	2102	585	83		837	908	170	319	1187	1696	4755	249	527	109	942	117	2455	2652	1418	2430	1163	2087	560	265	296	30808
辽宁	3648	866	2630	969	198	7	1129	1831	551	542	1243	2814	4283	261	445	228	2048	190	6426	2304	1527	4436	761	4571	292	226	605	45031
吉林	2782	459	1642	460	91	34	568	764	188	345	844	1265	1897	207	363	48	2192	135	5244	3077	2080	2116	1372	2087	380	30	31	30701
黑龙江	2050	524	1283	899	73		806	878	236	309	876	1711	2805	243	551	107	1310	93	4211	1816	1423	2412	637	1806	530	804	1720	30113
上海	3281	561	4414	931	91	118	3265	2644	511	1715	1923	3280	4568	277	591	221	7337	795	3630	1592	1557	9881	15952	13305	21	7	212	82680
江苏	4678	867	3810	1494	182	5	2302	1669	835	715	1859	3770	4628	300	806	128	4036	180	6474	4034	2697	3713	1713	4301	674	784	1264	57918
浙江	4274	1006	3765	1447	208	33	2455	3233	1186	878	2423	3642	6322	386	547	212	4452	511	9501	4060	2580	4694	1644	5888	1390	554	2518	69809
安徽	2690	759	2283	821	118		1290	2191	1098	442	870	2098	3368	183	577	149	1234	174	3695	2127	1142	3635	812	3575	600	448	1153	37532
福建	2130	574	1438	509	229		1235	1276	621	437	1163	1385	2246	135	399	184	1513	78	5110	2075	1869	3545	2248	2013	906	402	612	34332
江西	2848	514	1385	581	46		658	1064	581	366	1073	1417	2356	243	622	72	1796	156	5676	1618	1503	3017	1347	2182	167	265	406	31959
山东	4405	1303	3935	1828	119	16	1634	2219	504	519	1632	2617	3097	297	525	72	2885	144	5987	3395	2135	4811	1233	4602	562	167	276	50919

全国消防救援队伍消防员防护装备统计表（续三）

总队	特种防护装备																											
	消防员隔热防护服(套)	消防员避火防护服(套)	二级化学防护服(套)	一级化学防护服(套)	特级化学防护服套)	核沾染防护服(套)	化学防护手套(副)	防高温手套(副)	消防员防蜂服(套)	电绝缘装具(套)	防静电服(套)	消防员降温背心(件)	消防阻燃毛衣(件)	移动供气源(套)	正压式消防氧气呼吸器(具)	强制送风呼吸器(套)	过滤式综合防毒面具(套)	潜水装具(套)	消防用救生衣(件)	消防坐式半身安全吊带（含Ⅰ、Ⅱ类）(条)	消防全身式安全吊带(条)	消防通用安全绳(根)	消防防坠落辅助部件(套)	手提式强光照明灯(具)	水域救援漂浮救生绳(根)	消防员水域救援防护服(套)	消防员水域救援头盔(顶)	小计［件(套)］
河南	4252	889	3427	1062	110	12	2338	2418	923	674	2390	4041	4230	366	612	236	3275	281	5864	3597	2959	4736	1616	3618	608	352	466	55352
湖北	2881	737	3212	1609	183	8	1512	1646	762	475	1600	2559	7191	278	642	105	1707	165	8614	2525	2009	4326	1472	3485	420	584	2015	52722
湖南	3181	649	2161	817	139		1403	1704	677	757	1765	1615	2368	349	812	97	2520	122	5500	3023	2895	3034	1755	3454	835	1340	1450	44422
广东	7385	1463	5558	1919	386	1	3734	5271	1557	996	3509	5095	6388	473	915	250	6335	391	10050	5397	5346	9408	3408	9470	113	249	512	95579
广西	3388	578	2377	679	94		1051	1033	534	501	1083	2079	4824	233	348	118	2072	198	5800	2509	1987	3029	1626	3052	414	1514	1643	42764
海南	761	120	625	257	91	7	467	460	200	128	336	657	1143	63	131	79	551	224	1871	978	956	833	320	727	232	521	834	13572
重庆	2752	683	2868	1232	150	16	1526	1473	803	545	1647	1790	4070	207	966	122	2114	194	5394	2122	2334	2891	4044	2316	916	536	624	44335
四川	4765	2051	4776	1815	186	8	2186	2370	1934	852	2220	3035	4506	323	726	114	3648	332	9561	4076	2922	5488	1872	5366	693	936	1770	68531
贵州	2823	517	1814	747	143	8	1701	1378	328	345	1143	3235	3460	235	539	182	3263	366	5802	1789	1628	2918	1380	2986				38730
云南	3822	608	2306	710	80		1038	912	490	442	1432	3237	4184	375	907	86	2621	171	6824	2700	2276	3905	2079	3042	357	202	216	45022
西藏	399	213	583	154			93	173	32	96	209	255	717	25	395	17	362	55	1141	346	331	925	193	778	29	0	69	7590
陕西	2369	692	1486	623	94		931	1396	1268	298	978	1868	2603	185	711	89	1773	142	3905	1793	1105	2839	756	1754	443	275	426	30802
甘肃	1377	278	1310	336	27		554	676	175	192	616	1400	1639	94	296	41	1087	56	1684	924	874	1280	785	1123				16824
青海	1242	316	1015	375	17	7	513	570	81	183	463	468	1402	110	281	53	732	60	1631	1166	857	1455	543	1180	121	51	62	14954
宁夏	1068	233	1094	230	37	8	251	348	91	120	353	691	1429	76	194	17	499	52	1220	1155	858	933	489	629	221	163	207	12666
新疆	1647	1024	1613	675	79		877	1231	193	350	844	1529	2063	201	362	71	1259	171	1313	2008	1272	2800	777	2704	190	8	9	25270

全国消防救援队伍抢险救援器材统计表

总队	侦检器材																警戒器材							
	有毒气体探测仪(套)	军事毒剂侦检仪(套)	可燃气体检测仪(套)	水质分析仪(套)	电子气象仪(套)	无线复合气体探测仪(套)	视频生命探测仪(套)	音频生命探测仪(套)	雷达生命探测仪(套)	消防用红外热像仪(台)	漏电探测仪(个)	核放射探测仪(套)	电子酸碱测试仪(套)	测温仪(个)	移动式生物快速侦检仪(个)	激光测距仪(个)	便携危险化学品检测片(套)	小计[件(套)]	警戒标志杆(根)	锥型事故标志柱(根)	隔离警示带(盘)	出入口标志牌(组)	危险警示牌(套)	闪光警示灯(个)	手持扩音器(个)	小计[件(套)]
合计	7976	421	6969	356	1824	514	1549	821	1618	7407	4731	323	1088	9354	125	2574	5482	53132	28983	73605	81448	7674	29422	33660	12728	267520
北京	178	80	184	21	32	18	53	40	58	347	141	103	34	301	58	86	50	1784	1307	2985	2440	258	659	1147	427	9223
天津	161	15	169	4	90	8	35	20	14	160	116	12	13	205	2	13	98	1135	1588	1575	5244	42	422	1020	395	10286
河北	411	23	363	29	91	57	84	45	64	335	308	3	79	418	3	95	180	2588	1420	3350	3820	373	1447	1699	695	12804
山西	273	12	261	21	51	11	60	23	26	196	127	6	34	355	7	65	97	1625	905	2157	2734	164	555	915	365	7795
内蒙古	184	6	174		55	9	61	30	30	164	119	2	50	309		85	126	1404	828	1519	2361	167	610	1251	243	6979
辽宁	303	9	309		49	10	43	16	49	344	76	3	31	311	1	110	81	1745	1174	2472	3383	173	1489	1516	495	10702
吉林	181	12	184	15	33	5	31	30	19	160	71	10	13	217	4	62	50	1097	463	835	2156	93	360	552	298	4757
黑龙江	176	12	158	13	30	17	37	24	27	173	85	6	28	220	3	83	629	1721	886	1466	1495	249	661	672	276	5705
上海	459	12	353	10	144	44	122	26	100	636	439	59	60	655	2	181	86	3388	1509	3512	3637	352	1555	1309	546	12420
江苏	423	17	348	12	72	26	24	25	66	339	191	7	45	559	6	130	233	2523	1269	2781	4103	255	1330	1703	496	11937
浙江	394	24	360	5	48	23	59	30	84	405	324	13	26	487	1	96	1023	3402	1269	3014	4029	553	1301	1226	690	12082
安徽	204	9	222	3	43	2	56	37	40	204	149	3	32	248	1	99	85	1437	731	1715	2129	317	1147	731	243	7013
福建	146	18	141	10	24	49	80	16	47	150	89	9	22	182	2	72	37	1094	658	2166	1967	246	676	753	466	6932
江西	196	2	176	10	77	17	17	14	48	179	207		15	181		78	59	1276	712	1995	1911	298	1354	750	507	7527
山东	345	26	310	11	32	55	62	43	80	378	102	6	35	339	2	63	65	1954	1190	3454	3005	203	1207	1528	587	11174

全国消防救援队伍抢险救援器材统计表（续一）

总队	侦检器材																	警戒器材							
	有毒气体探测仪(套)	军事毒剂侦检仪(套)	可燃气体检测仪(套)	水质分析仪(套)	电子气象仪(套)	无线复合气体探测仪(套)	视频生命探测仪(套)	音频生命探测仪(套)	雷达生命探测仪(套)	消防用红外热像仪(台)	漏电探测仪(个)	核放射探测仪(套)	电子酸碱测试仪(套)	测温仪(个)	移动式生物快速侦检仪(个)	激光测距仪(个)	便携危险化学品检测片(套)	小计[件(套)]	警戒标志杆(根)	锥型事故标志柱(根)	隔离警示带(盘)	出入口标志牌(组)	危险警示牌(套)	闪光警示灯(个)	手持扩音器(个)	小计[件(套)]
河南	392	7	397	7	40	36	53	35	60	238	157	19	38	348	2	164	188	2181	1145	3530	4044	479	1326	1741	575	12840
湖北	213	13	179	7	75	13	29	12	50	215	130	6	24	248	4	61	66	1345	959	2522	2309	283	947	660	539	8219
湖南	252	19	266	3	39	9	29	16	52	252	134	4	43	411		86	291	1906	991	7178	3903	319	1715	2079	620	16805
广东	445	19	353	46	153	25	108	49	165	527	343	10	69	643	7	162	205	3329	1818	4733	5564	669	2605	3379	1022	19790
广西	254	4	191	5	66	5	24	8	29	192	205	11	37	327	2	47	114	1521	757	2241	2836	332	903	1432	418	8919
海南	106	6	85	5	36	1	38	30	6	81	67	5	26	99		37	46	674	399	659	1036	50	305	257	101	2807
重庆	253	11	200	15	71	13	40	24	54	248	122	8	51	319	1	133	269	1832	1336	2683	2392	310	799	1494	413	9427
四川	678	13	347	40	87	23	91	58	109	334	217	5	56	411	3	121	488	3081	1534	4314	4062	300	1217	1469	632	13528
贵州	273	2	284	10	135	2	44	22	68	208	202		74	376	1	57	233	1991	497	2136	1923	175	962	550	333	6576
云南	272	19	229	20	80	4	59	13	62	211	166	4	22	293	11	40	279	1784	791	2231	2532	163	1056	822	355	7950
西藏	71	2	80	6	20		25	14	38	60	73		21	57		18		485	268	446	497	80	376	137	105	1909
陕西	257	10	210		28		57	26	58	189	98		26	231	1	77	138	1406	467	1347	1702	265	561	568	246	5156
甘肃	124	3	122	6	27	14	16	20	33	101	49	3	11	132		43	133	837	891	1835	1162	154	427	526	180	5175
青海	124	4	94	8	40	2	33	29	21	94	56	1	20	104		41	38	709	308	611	588	97	434	353	195	2586
宁夏	80	3	73	2	21	11	11	9	17	72	36	2	14	117		90	37	595	274	635	863	97	386	452	100	2807
新疆	148	9	147	12	35	5	68	37	44	215	132	3	39	251	1	79	58	1283	639	1508	1621	158	630	969	165	5690

全国消防救援队伍抢险救援器材统计表（续二）

总队	救生器材																							
	躯体固定气囊(套)	肢体固定气囊(套)	婴儿呼吸袋(个)	消防过滤式自救呼吸器(具)	救生照明线(盘)	折叠式担架(副)	伤员固定抬板(块)	多功能担架(副)	消防救生气垫(套)	救生缓降器(个)	灭火毯(条)	医药急救箱(个)	医用简易呼吸器(具)	气动起重气垫(套)	救援支架(组)	救生抛投器(套)	支撑保护套具(套)	稳固保护附件(套)	机动橡皮舟(艘)	敛尸袋(个)	救生软梯(具)	自喷荧光漆(罐)	电源逆变器(台)	小计[件(套)]
合计	4497	3722	1712	90285	13110	11382	6312	11488	5058	23899	14174	12565	1326	8490	7302	8580	493	228	954	37683	7662	13030	2198	286150
北京	110	96	103	3455	1009	267	236	276	111	430	1900	366	41	191	186	163	5			921	159	610	102	10737
天津	71	64	26	5020	217	734	153	272	41	384	250	498	10	162	150	94				1788	90	90	4	10118
河北	191	172	42	4264	640	450	309	593	274	1397	280	550	47	622	351	459	48	19	136	1273	381	477	121	13096
山西	77	92	50	3041	397	286	216	415	158	761	172	500	110	283	245	265	25	12		466	167	182	185	8105
内蒙古	147	123	22	2169	305	256	161	278	126	611	95	292	2	227	221	292	7	4	27	784	235	633	33	7050
辽宁	166	106	44	2441	391	266	117	472	194	947	299	339	13	377	242	297			79	1591	316	503	24	9224
吉林	101	69	8	1791	269	222	90	224	93	628	851	250	14	204	170	270	5		43	981	185	174	23	6665
黑龙江	88	87	45	1608	314	275	135	258	137	638	145	270	12	223	183	308	5		33	678	203	145	26	5816
上海	156	146	136	3973	505	613	351	512	143	1082	905	485	14	237	216	211		1		6883	259	346	9	17183
江苏	159	130	72	4317	662	520	231	499	222	1140	867	668	39	400	325	274	9	7	21	1233	311	373	75	12554
浙江	282	225	83	7180	659	520	295	568	271	1342	700	733	187	373	312	352	120	95	76	1991	265	984	90	17703
安徽	128	85	5	1469	401	254	262	458	161	553	135	458	53	262	238	259	9	19	51	445	268	282	99	6354
福建	145	122	42	1033	231	248	83	237	137	609	455	390	59	263	208	383	36			1057	213	567	11	6529
江西	160	112	84	2735	379	363	322	438	221	724	144	385	40	329	246	293	8	5		960	305	342	11	8606
山东	200	187	28	3002	712	609	214	490	270	1625	689	591	38	433	268	350	27	13	66	742	220	348	73	11195

全国消防救援队伍抢险救援器材统计表（续三）

总队	救生器材																						
	躯体固定气囊(套)	肢体固定气囊(套)	婴儿呼吸袋(个)	消防过滤式自救呼吸器(具)	救生照明线(盘)	折叠式担架(副)	伤员固定抬板(块)	多功能担架(副)	消防救生气垫(套)	救生缓降器(个)	灭火毯(条)	医药急救箱(个)	医用简易呼吸器(具)	气动起重气垫(套)	救援支架(组)	救生抛投器(套)	支撑保护套具(套)	稳固保护附件(套)	机动橡皮舟(艘)	敛尸袋(个)	救生软梯(具)	自喷荧光漆(罐)	电源逆变器(台)	小计[件(套)]
河南	163	211	74	3814	567	450	171	490	266	1085	298	484	68	386	375	367	122	16	238	765	674	387	997	12468
湖北	228	157	80	2536	435	405	263	478	222	813	310	280	62	221	233	267	27			517	486	317	13	8350
湖南	220	157	26	4201	488	373	196	370	206	790	232	356	25	280	275	329	4		10	1353	213	1151	35	11290
广东	344	264	135	6688	950	1071	525	922	376	1938	1042	1000	97	527	534	515	1		9	2172	529	1073	52	20764
广西	69	54	20	3903	511	338	179	310	182	746	77	514	1	255	248	313				762	214	459	21	9176
海南	47	39	20	1273	116	112	110	115	50	256	223	174		75	87	140	5	9	1	380	65	334	8	3639
重庆	158	124	98	3550	392	437	206	360	120	629	180	417	132	266	221	307				1390	258	1224	30	10499
四川	258	242	138	3608	707	498	286	590	259	1343	933	640	104	455	566	713				1754	486	488	44	14112
贵州	132	108	184	2625	333	408	266	385	151	582	76	349	8	278	226	305			59	1224	216	173	11	8099
云南	171	88	39	3957	363	276	343	376	186	660	1247	368	36	382	230	277	8	7	56	2184	288	555	29	12126
西藏	46	43	18	423	87	130	47	115	30	183	667	111	19	81	42	78		1	10	579	65	20		2795
陕西	94	80	23	1871	370	257	90	324	153	558	199	321	2	221	214	290	6	5		378	141	17	2	5616
甘肃	61	49	31	1385	162	213	83	161	74	381	133	209	13	124	130	105				516	80	296	16	4222
青海	85	67	12	1095	122	94	71	127	53	269	254	111	3	67	95	104	4	1	17	534	56	365	16	3622
宁夏	30	21	6	971	108	102	103	110	46	211	281	117	4	78	56	79	4	4	13	358	50	46	18	2816
新疆	210	202	18	887	308	335	198	265	125	584	135	339	73	208	209	121	8	10	9	1024	264	69	20	5621

全国消防救援队伍抢险救援器材统计表（续四）

总队	破拆器材																					
	手动破拆工具组(套)	液压破拆工具组(套)	双轮异向切割锯(具)	机动链锯(具)	无齿锯(具)	气动切割刀(具)	重型支撑套具(套)	冲击钻(台)	凿岩机(台)	玻璃破碎器(台)	手持式钢筋速断器(台)	多功能刀具(套)	混凝土液压破拆工具组(套)	液压千斤顶(个)	便携式汽油金属切割器(台)	液压开门器(套)	应急救援金刚石串珠绳锯(具)	毁锁器(套)	多功能挠钩(套)	绝缘剪断钳(把)	金属弧水陆切割器(台)	小计[件(套)]
合计	9196	10149	6331	14000	15681	1400	1276	1752	2462	2888	7464	18669	1823	10124	425	2422	88	4674	12747	23219	771	147561
北京	266	291	182	346	473	17	32	51	96	78	464	349	45	107		35		173	271	279		3555
天津	180	212	74	371	397	13	9	22	51	25	141	553	82	96	4	38		142	638	364		3412
河北	398	471	265	672	716	64	67	53	125	77	313	564	123	486	23	190	7	218	843	1064	27	6766
山西	286	335	156	407	466	64	14	39	91	125	246	464	73	261	6	109	1	165	435	803		4546
内蒙古	199	284	126	338	410	39	43	24	40	83	203	564	106	325	19	117	2	139	296	642	2	4001
辽宁	437	380	201	461	598	111	39	40	99	69	304	154	23	271	9	25	1	140	821	1859		6042
吉林	165	243	105	300	314	29	30	13	34	60	208	387	60	203	10	139	20	157	265	484	16	3242
黑龙江	232	244	214	310	434	35	21	51	85	57	240	376	106	290	13	91		115	284	682	2	3882
上海	494	341	290	558	815	28	39	107	25	151	334	990	32	50		89	1	187	664	1079		6274
江苏	408	537	170	620	741	41	65	64	74	120	219	765	51	632	41	204	3	241	576	1070	11	6653
浙江	489	482	299	599	667	45	95	41	64	196	345	1213	95	616	12	290	1	279	693	1338	44	7903
安徽	282	364	297	428	540	54	56	62	90	85	232	271	62	291	13	138		105	411	705	1	4487
福建	266	233	160	426	471	35	1	85	118	144	193	545	57	483	9	32		98	252	722	10	4340
江西	266	306	200	423	511	46	25	103	69	112	286	606	25	423	35	41		146	358	661		4642
山东	443	557	404	624	718	41	78	58	87	125	331	361	66	716	7	154	10	289	761	1022	177	7029

全国消防救援队伍抢险救援器材统计表（续五）

总队	破拆器材																					
	手动破拆工具组(套)	液压破拆工具组(套)	双轮异向切割锯(具)	机动链锯(具)	无齿锯(具)	气动切割刀(具)	重型支撑套具(套)	冲击钻(台)	凿岩机(台)	玻璃破碎器(台)	手持式钢筋速断器(台)	多功能刀具(套)	混凝土液压破拆工具组(套)	液压千斤顶(个)	便携式汽油金属切割器(台)	液压开门器(套)	应急救援金刚石串珠绳锯(具)	毁锁器(套)	多功能挠钩(套)	绝缘剪断钳(把)	金属弧水陆切割器(台)	小计[件(套)]
河南	403	351	392	606	564	47	49	37	67	108	307	810	36	577	47	9	11	186	590	1076	399	6672
湖北	334	337	290	391	518	53	19	97	66	57	312	548	28	259	14			134	337	465		4259
湖南	270	344	170	409	511	46	19	36	69	105	194	883	117	506	25	301		195	389	878		5467
广东	763	714	504	1145	1162	145	80	226	135	300	547	1601	69	744	50	3		302	856	2108		11454
广西	258	365	212	430	466	31	25	29	46	87	143	653	30	284	6			176	343	484	10	4078
海南	60	94	62	306	268	19	22	35	39	35	66	158	14	61		42	20	52	103	176	26	1658
重庆	253	304	251	746	527	63	45	62	68	85	203	757	33	259	9	15		141	345	839		5005
四川	559	493	329	969	1036	104	136	89	207	211	384	1283	66	583	26	70		223	523	1394		8685
贵州	302	284	163	381	414	18	50	45	81	85	234	742	84	249	2			163	321	592	2	4212
云南	287	495	134	396	427	19	35	91	233	40	258	1333	121	440	24	81	5	132	359	453	33	5396
西藏	145	123	81	168	185	13	35	21	30	28	68	38	13	86		1	2	24	55	131		1247
陕西	187	253	253	364	391	58	30	33	84	71	239	603	67	188	2	19		83	250	553		3728
甘肃	148	163	89	233	275	33	20	26	39	50	121	434	39	133	10			75	187	274		2349
青海	102	107	77	160	182	36	27	32	35	33	91	152	13	89	4	55	2	60	106	187	9	1559
宁夏	88	129	20	104	120	9	8	11	19	14	70	136	34	130	2	44	2	39	103	188	1	1271
新疆	226	313	161	309	364	44	62	69	96	72	168	376	53	286	3	90		95	312	647	1	3747

全国消防救援队伍抢险救援器材统计表（续六）

总队	堵漏器材																					
	外封式堵漏袋(套)	捆绑式堵漏袋(套)	下水道阻流袋(个)	金属堵漏套管(套)	堵漏枪(套)	阀门堵漏套具(套)	注入式堵漏工具(组)	磁压式堵漏工具(组)	木制堵漏楔(套)	气动吸盘式堵漏器(套)	无火花工具(套)	小计[件(套)]	手动隔膜抽吸泵(台)	防爆输转泵(台)	黏稠液体抽吸泵(台)	排污泵(台)	有毒物质密封桶(个)	围油栏(组)	吸附垫(箱)	集污袋(只)	小计[件(套)]
合计	2821	3040	1877	5315	1147	795	5556	2305	8504	738	7894	39992	1524	1002	900	706	1311	1225	29341	3348	39357
北京	44	50	38	103	22	9	142	38	203	30	163	842	20	14	16	18	54	24	53	49	248
天津	37	27	33	97	9	4	151	32	150	2	186	728	28	12	14	20	12	11	139	32	268
河北	161	157	75	279	56	62	323	160	478	47	461	2259	93	54	30	41	53	61	1956	386	2674
山西	107	92	51	199	37	28	229	105	279	38	261	1426	57	46	50	15	39	53	282	140	682
内蒙古	69	91	64	197	34	17	195	91	268	18	238	1282	45	44	54	26	42	47	443	86	787
辽宁	131	114	51	202	68	50	184	61	436	45	280	1622	26	19	16	30	26	37	3815	119	4088
吉林	36	33	24	141	22	12	131	37	156	8	172	772	18	15	26	11	25	22	366	34	517
黑龙江	112	163	57	183	61	35	183	144	267	26	173	1404	29	18	28	22	34	28	480	36	675
上海	127	98	79	187	58	22	205	55	460	15	312	1618	50	21	10	15	48	54	121	132	451
江苏	96	130	88	218	74	37	228	137	449	31	443	1931	74	75	43	44	55	72	1923	101	2387
浙江	129	166	84	306	82	40	295	119	377	24	405	2027	35	46	41	23	74	47	2716	187	3169
安徽	87	91	35	163	22	15	169	136	296	29	262	1305	34	19	22	12	44	58	820	101	1110
福建	49	79	37	89	18	23	108	32	198	16	177	826	33	19	20	15	22	18	213	43	383
江西	144	130	36	179	19	19	218	95	326	12	258	1436	116	29	13	16	20	15	664	206	1079
山东	112	137	53	212	45	36	231	94	417	41	370	1748	45	40	34	24	55	31	459	58	746

全国消防救援队伍抢险救援器材统计表（续七）

总队	堵漏器材																				
	外封式堵漏袋(套)	捆绑式堵漏袋(套)	下水道阻流袋(个)	金属堵漏套管(套)	堵漏枪(套)	阀门堵漏套具(套)	注入式堵漏工具(组)	磁压式堵漏工具(组)	木制堵漏楔(套)	气动吸盘式堵漏器(套)	无火花工具(套)	小计[件(套)]	手动隔膜抽吸泵(台)	防爆输转泵(台)	黏稠液体抽吸泵(台)	排污泵(台)	有毒物质密封桶(个)	围油栏(组)	吸附垫(箱)	集污袋(只)	小计[件(套)]
河南	109	119	54	227	50	50	236	95	359	25	381	1705	52	43	50	32	39	37	255	53	561
湖北	92	86	54	158	53	34	150	54	252	120	243	1296	72	38	37	13	60	37	443	85	785
湖南	84	105	49	212	30	21	246	102	288	13	283	1433	40	35	40	18	35	49	1001	79	1297
广东	182	247	122	392	113	87	366	101	524	66	597	2797	107	51	56	53	107	194	4768	306	5642
广西	154	71	63	200	17	9	198	42	258	7	259	1278	52	39	42	17	60	26	740	123	1099
海南	26	25	19	51	8	6	33	32	64	3	67	334	26	33	9	21	14	9	188	65	365
重庆	115	118	153	182	45	28	173	87	249	24	250	1424	38	38	28	19	38	30	719	89	999
四川	137	157	293	254	51	40	258	61	388	23	445	2107	63	66	50	54	110	36	1283	115	1777
贵州	116	89	55	196	10	25	196	69	264	7	246	1273	144	49	56	66	80	89	2464	323	3271
云南	110	124	45	191	18	13	223	100	239	9	224	1296	105	28	29	24	41	29	1456	176	1888
西藏	24	41	11	42	7	4	42	25	76	3	52	327	8	8	4	1	9	9	22	11	72
陕西	75	78	30	117	27	26	125	53	219	16	194	960	18	34	17	10	30	39	197	30	375
甘肃	34	56	37	92	20	16	93	20	127	10	118	623	16	21	19	8	25	17	88	27	221
青海	52	62	34	66	19	6	53	39	91	9	93	524	21	9	15	8	13	8	571	54	699
宁夏	20	19	17	44	4	4	46	13	107	3	75	352	21	16	15	4	22	9	89	60	236
新疆	50	85	36	136	48	17	126	76	239	18	206	1037	38	23	16	26	25	29	607	42	806

全国消防救援队伍抢险救援器材统计表（续八）

总队	输转器材											洗消器材						
	公众洗消站(套)	单人洗消帐篷(套)	简易洗消喷淋器(套)	强酸、碱洗消器(具)	强酸、碱清洗剂(升)	生化洗消装置(套)	三合一强氧化洗消粉(千克)	三合二洗消剂(千克)	有机磷降解酶(千克)	消毒粉(千克)	小计[件(套)]	移动式排烟机(台)	坑道小型空气输送机(台)	移动照明灯组(套)	移动发电机(台)	消防排烟机器人(台)	大型水力排烟机(台)	小计[件(套)]
合计	648	1811	730	931	3667	112	3205	3355	1299	3944	19503	10649	1767	11010	7067	101	1089	31683
北京	11	15	10	66	107	5	162	510	360	188	1434	430	31	851	209		22	1543
天津	17	31	11	26	273		220	222	84	362	1246	238	20	175	162		62	657
河北	31	92	40	29	142	9	324	269	49	245	1230	474	73	509	321	8	29	1414
山西	20	48	20	34	187	5	39	86	41	89	569	383	84	323	166	2	29	987
内蒙古	38	50	33	26	138	3	24	76	31	61	480	307	61	238	163	1	6	776
辽宁	21	62	11	14	24		139	163	6	165	605	349	57	364	239	2	8	1019
吉林	11	20	18	21	26	1	46	18	23	23	207	240	78	295	179		14	806
黑龙江	6	36	13	9	65	7	144	39	4	56	379	303	48	226	182	1	31	791
上海	21	74	1	82	713	5	209	64	15	266	1450	346	76	994	275	2	58	1751
江苏	43	74	60	77	153	4	28	54	69	66	628	474	63	490	261	4	39	1331
浙江	24	61	34	38	81	3	48	81	27	128	525	536	83	480	350	14	37	1500
安徽	15	34	16	24	105	3	121	13	23	97	451	381	93	360	245	12	20	1111
福建	10	29	3	19	38	6	181	20	9		315	266	36	349	208	2	27	888
江西	15	130	7	18	43		8	15	23	64	323	416	69	281	184		60	1010
山东	28	95	26	12	154	1	39	42	30	67	494	521	77	507	262	2	16	1385

全国消防救援队伍抢险救援器材统计表（续九）

总队	输转器材											洗消器材						
	公众洗消站(套)	单人洗消帐篷(套)	简易洗消喷淋器(套)	强酸、碱洗消器(具)	强酸、碱清洗剂(升)	生化洗消装置(套)	三合一强氧化洗消粉(千克)	三合二洗消剂(千克)	有机磷降解酶(千克)	消毒粉(千克)	小计[件(套)]	移动式排烟机(台)	坑道小型空气输送机(台)	移动照明灯组(套)	移动发电机(台)	消防排烟机器人(台)	大型水力排烟机(台)	小计[件(套)]
河南	19	59	36	25	157	8	395	155	29	189	1072	566	84	447	302		1	1400
湖北	30	101	32	16	87	5	506	1013	36	210	2036	384	102	338	296	16	76	1212
湖南	21	44	35	11	17	4	60	53	49	98	392	355	58	287	262	1	83	1046
广东	53	92	34	77	148	13	45	73	77	157	769	776	174	779	551	1	169	2450
广西	23	41	30	22	113		33	58	67	39	426	341	41	241	227	22	20	892
海南	5	23	7	22	112		22	24	19	101	335	126	23	91	77	1	4	322
重庆	26	49	32	28	57	6	93	18	43	44	396	303	31	301	222	1	32	890
四川	41	151	37	30	116	6	63	76	54	377	951	485	83	602	401		64	1635
贵州	26	133	76	94	211	5	83	86	40	94	848	240	27	244	226	4	118	859
云南	25	118	33	18	174	3	46	51	29	524	1021	304	32	303	341	2	19	1001
西藏	6	12		1	14		6			2	41	100	16	122	90			328
陕西	15	34	25	24	75		27	3	3	43	249	314	31	221	169	1		736
甘肃	11	28	7	14	40		28	24		45	197	178	39	166	131			514
青海	14	12	18	14	24	1	43	12	12	6	156	137	21	100	81		9	348
宁夏	8	25	12	14	31		11	20	19	113	253	91	24	63	63	1	17	259
新疆	14	38	13	26	42	9	13	17	28	25	225	285	32	263	222	1	19	822

全国消防救援队伍抢险救援器材统计表（续十）

总队	其他器材															
	大流量移动消防炮(拖车式)(门)	空气充填泵(台)	防化服清洗烘干器(组)	折叠式救援梯(具)	水幕水带(条)	消防灭火机器人(台)	高倍数泡沫发生器(个)	消防移动储水装置(个)	多功能消防水枪(支)	直流水枪(支)	移动式细水雾灭火装置(台)	消防面罩超声波清洗机(台)	灭火救援指挥箱(套)	单兵图像传输设备(套)	消防用浅水域水下搜救机器人(台)	防爆型消防侦察机器人(台)	小计[件(套)]
合计	647	4189	482	3218	69300	879	2874	514	96436	86884	5413	598	3085	2114	20	59	269294
北京		73	9	288	1500	5	39	5	6634	1713	511	14	67	4			10862
天津		66	9	979	722	15	28	4	1912	2892	151	23	44				6845
河北	61	235	56	62	1282	50	152	35	3596	3895	352	19	151	130	8	1	10085
山西	1	173	18	73	757	8	56	54	2420	2758	80	16	109	66			6589
内蒙古	14	141	39	32	19343	12	98	3	2821	2759	209	36	111	98	1		25717
辽宁	4	140	9	55	664	2	100	46	4989	4825	286	18	123	119			11380
吉林	32	95	12	66	908	7	59	12	2163	2444	128	16	104	48	1	2	6097
黑龙江	16	124	9	58	691	12	103	17	1998	3552	181	10	134	68			6973
上海	4	61	8	26	3570	79	87		5663	2148	350	13	117	9			12135
江苏	52	151	23	220	2580	119	210	4	5050	4336	310	86	160	172	1	4	13478
浙江	70	260	22	101	8916	88	220	93	6234	3829	308	70	162	231		14	20618
安徽	9	72	11	62	798	22	124		3405	1939	108	10	116	66		4	6746
福建	4	73	6	13	632	19	42		898	930	111	3		17			2748
江西	39	164	14	58	1226	72	73	23	2237	2757	88	11	118	36			6916
山东	38	162	11	43	1208	59	111	33	6145	5091	229	20	215	238	4	2	13609

全国消防救援队伍抢险救援器材统计表（续十一）

总队	其他器材															
	大流量移动消防炮(拖车式)(门)	空气充填泵(台)	防化服清洗烘干器(组)	折叠式救援梯(具)	水幕水带(条)	消防灭火机器人(台)	高倍数泡沫发生器(个)	消防移动储水装置(个)	多功能消防水枪(支)	直流水枪(支)	移动式细水雾灭火装置(台)	消防面罩超声波清洗机(台)	灭火救援指挥箱(套)	单兵图像传输设备(套)	消防用浅水域水下搜救机器人(台)	防爆型消防侦察机器人(台)	小计[件(套)]
河南	27	166	20	74	2097	37	105	18	3342	4816	240	4	104	57		17	11124
湖北	21	157	10	175	1482	47	202	24	2600	3032	94	9	95	19	2		7969
湖南	14	147	13	33	1663	9	173	18	4019	3503	58	19	51				9720
广东	67	285	29	142	6222	89	185	6	7489	5800	279	34	194	19			20840
广西	1	163	14	36	2015	19	40	8	2218	2850	177	17	122				7680
海南	29	42	6	60	324	4	43	5	819	607	74	21	27	28			2089
重庆		136	25	56	2648	32	120	10	2834	2288	62	25	101	25		3	8365
四川	28	231	17	61	1569	12	81	24	4652	5457	374	18	139	232			12895
贵州	21	144	21	33	806	12	121		1946	2086	35	9	118		3		5355
云南	36	194	16	48	2594		68	36	2079	2622	37	14	150	133			8027
西藏		93	1	83	347	11		3	1175	745	167		6			5	2636
陕西	13	113	14	31	915	20	58	9	1770	2118	127	9	61	122		5	5385
甘肃	13	83	9	92	559	4	31	1	1437	1625	88	8	55				4005
青海	7	78	7	35	400	10	28		790	832	108	4	32	73		2	2406
宁夏	5	44	9	36	390	2	41	4	966	770	29	9	32	38			
新疆	21	123	15	87	472	2	76	19	2135	1865	62	33	67	66			

全国消防救援队伍灭火器材统计表

总队	射水器材							输水器材					
	消防水枪(支)	泡沫枪(支)	消防枪(支)	泡沫钩管(套)	机动消防泵(台)	移动消防炮(门)	小计[件(套)]	吸水管(套)	消防水带(条)	集水器(个)	分水器(个)	水囊(槽)(个)	小计[件(套)]
合计	214833	39313	948	5310	11088	18683	290175	73110	1292754	25342	81784	914	1473904
北京	9760	1692	4	46	435	292	12229	3304	66227	3121	5642	29	78323
天津	5436	964	26	78	312	435	7251	2736	30911	789	1660	59	36155
河北	8181	1921	36	454	304	716	11612	3291	41910	1153	3414	107	49875
山西	5646	1053	9	85	277	476	7546	2160	30553	534	2307	1	35555
内蒙古	5449	851	10	58	176	395	6939	2173	27370	478	1551	11	31583
辽宁	10834	3592	25	280	347	759	15837	3554	60445	1588	3657	46	69290
吉林	5043	772	4	99	267	441	6626	1448	28674	479	1735	7	32343
黑龙江	5622	993	260	132	338	427	7772	1800	31306	590	1935	5	35636
上海	11372	972		55	386	974	13759	3318	75458	707	6112		85595
江苏	12114	2110	19	345	708	1470	16766	2954	88468	1103	3704	26	96255
浙江	12081	1960	25	446	749	1142	16403	4770	68923	1413	4400	79	79585
安徽	5816	1264		200	263	598	8141	1389	37372	547	2062	7	41377
福建	6342	601	1	125	280	463	7812	1789	32172	695	1610	1	36267
江西	5845	958	6	251	343	678	8081	1773	35974	759	1835	2	40343
山东	11124	3007	29	414	385	1000	15959	5075	66735	1512	3955	80	77357

全国消防救援队伍灭火器材统计表（续）

总队	射水器材							输水器材					
	消防水枪(支)	泡沫枪(支)	消防枪(支)	泡沫钩管(套)	机动消防泵(台)	移动消防炮(门)	小计[件(套)]	吸水管(套)	消防水带(条)	集水器(个)	分水器(个)	水囊(槽)(个)	小计[件(套)]
河南	9674	1096	11	199	198	699	11877	3060	53015	912	2822	64	59873
湖北	6193	1127	12	96	498	613	8539	3386	37416	995	2611		44408
湖南	7995	1416	11	106	532	574	10634	2918	50088	1127	3043	14	57190
广东	16265	3268	357	359	883	1619	22751	3479	98050	1794	7320	94	110737
广西	5715	756	3	68	507	590	7639	1641	37531	452	2122		41746
海南	1717	476		82	112	189	2576	655	12502	137	971	12	14277
重庆	6403	1230		206	414	473	8726	1953	40419	733	3246	6	46357
四川	11997	2110	64	338	751	934	16194	3782	60755	799	3384	84	68804
贵州	4341	896		60	292	562	6151	1685	29824	580	1580	10	33679
云南	5531	551	5	242	368	457	7154	2043	39852	468	1637	93	44093
西藏	2116	391	16	82	156	160	2921	978	14510	84	850	54	16476
陕西	4304	795		104	119	426	5748	1770	25927	434	1613	2	29746
甘肃	3501	368		70	185	339	4463	947	16967	244	1151		19309
青海	1757	464	7	12	108	159	2507	815	13136	151	766	2	14870
宁夏	1536	430	5	65	129	179	2344	703	12187	439	818	2	14149
新疆	5123	1229	3	153	266	444	7218	1761	28077	525	2271	17	32651

第四章　历年统计图表

1950—2018 年火灾情况表

年度	起数	直接损失(万元)	亡(人)	伤(人)	火灾发生率(起/十万人口)	火灾死亡率(人/百万人口)	火灾伤人率(人/百万人口)	次均损失(元)	人均损失(元)	火灾损失率(元/万元国内生产总值)
合计	7715906	6431901.6	199607	347696						
1950	19692	1778.8	908	1873	3.6	1.6	3.4	903.3	0.03	
1951	19740	4420.1	754	2526	3.5	1.3	4.5	2239.2	0.1	
1952	36585	7321.3	741	2967	6.4	1.3	5.2	2001.2	0.1	
1953	37766	8077.2	1180	4292	6.4	2.0	7.3	2138.7	0.1	
1954	43849	3962.6	1414	2773	7.3	2.3	4.6	903.7	0.1	
1955	89703	4158.6	1865	5210	14.6	3.0	8.5	463.6	0.1	
1956	89680	6141.9	3408	14454	14.3	5.4	23.0	684.9	0.1	
1957	75579	5818.2	2929	9742	11.7	4.5	15.1	769.8	0.1	
1958	73315	8173.9	5310	11352	11.1	8.0	17.2	1114.9	0.1	
1959	114880	11616.9	10131	14617	17.1	15.1	21.7	1011.2	0.2	
1960	90845	17886.3	10843	13809	13.7	16.4	20.9	1968.9	0.3	
1961	103485	23009.2	6989	10597	15.7	10.6	16.1	2223.4	0.4	
1962	105064	17389.6	4990	8555	15.6	7.4	12.7	1655.1	0.3	
1963	106468	16691.2	4798	8939	15.4	6.9	12.9	1567.7	0.2	
1964	63301	9724.0	3441	6646	8.9	4.9	9.4	1536.2	0.1	
1965	76859	9588.2	4179	8283	10.6	5.8	11.4	1247.5	0.1	
1966	85377	19695.0	5386	12171	11.5	7.2	16.3	2306.8	0.3	
1967	36861	6403.4	1912	4199	4.8	2.5	5.5	1737.2	0.1	
1968	25940	5538.9	1114	2484	3.3	1.4	3.2	2135.3	0.1	

1950—2018 年火灾情况表（续一）

年度	起数	直接损失(万元)	亡(人)	伤(人)	火灾发生率(起/十万人口)	火灾死亡率(人/百万人口)	火灾伤人率(人/百万人口)	次均损失(元)	人均损失(元)	火灾损失率(元/万元国内生产总值)
1969	35205	9651.2	1348	3615	4.4	1.7	4.5	2741.4	0.1	
1970	39925	9904.9	2167	5658	4.8	2.6	6.8	2480.9	0.1	
1971	75593	30428.4	4362	12368	8.9	5.1	14.5	4025.3	0.4	
1972	88417	26625.7	4629	10437	10.1	5.3	12.0	3011.4	0.3	
1973	84966	22141.9	4337	9095	9.5	4.9	10.2	2606.0	0.3	
1974	86614	27527.8	4348	8799	9.5	4.8	9.7	3178.2	0.3	
1975	82221	21343.0	4818	8674	8.9	5.2	9.4	2595.8	0.2	
1976	81634	25418.9	5673	9865	8.7	6.1	10.5	3113.8	0.3	
1977	85442	33519.4	5583	8699	9.0	5.9	9.2	3923.1	0.4	
1978	81667	22743.4	4046	7990	8.5	4.2	8.3	2784.9	0.2	6.28
1979	88082	23236.2	3696	6175	9.0	3.8	6.3	2638.0	0.2	5.81
1980	54333	17609.3	3043	3710	5.5	3.1	3.8	3241.0	0.2	3.90
1981	50034	23130.6	2643	3480	5.0	2.6	3.5	4623.0	0.2	4.76
1982	41541	18926.3	2249	2929	4.1	2.2	2.9	4556.1	0.2	3.57
1983	37026	20398.0	2161	2741	3.6	2.1	2.7	5509.1	0.2	3.44
1984	33618	16086.4	2085	2690	3.3	2.0	2.6	4785.1	0.3	2.24
1985	34996	28421.9	2241	3543	3.3	2.1	3.3	8121.47	0.27	3.17
1986	38766	32584.4	2691	4344	3.6	2.5	4.0	8405.41	0.30	3.19
1987	32053	80560.8	2411	4009	2.9	2.2	3.7	25133.62	0.74	6.73
1988	29852	35424.4	2234	3206	2.7	2.0	2.9	11866.68	0.32	2.37
1989	24154	49125.7	1838	3195	2.1	1.6	2.8	20338.54	0.44	2.90
1990	58207	53688.6	2172	4926	5.1	1.9	4.3	9223.74	0.47	2.90
1991	45167	52158.8	2105	3771	3.9	1.8	3.3	11547.99	0.45	2.41
1992	39391	69025.7	1937	3388	3.4	1.7	2.9	17523.22	0.59	2.59

1950—2018 年火灾情况表（续二）

年度	起数	直接损失(万元)	亡(人)	伤(人)	火灾发生率(起/十万人口)	火灾死亡率(人/百万人口)	火灾伤人率(人/百万人口)	次均损失 (元)	人均损失 (元)	火灾损失率(元/万元国内生产总值)
1993	38073	111658.3	2378	5937	3.2	2.0	5.0	29327.42	0.94	3.22
1994	39337	124391.0	2765	4249	3.3	2.3	3.5	31621.88	1.04	2.66
1995	37915	110315.5	2278	3838	3.1	1.9	3.2	29095.48	0.91	1.89
1996	36856	102908.5	2225	3428	3.0	1.8	2.8	27921.78	0.84	1.52
1997	140280	154140.6	2722	4930	11.4	2.2	4.0	10988.07	1.25	2.06
1998	142326	144257.3	2389	4905	11.4	1.9	3.9	10135.70	1.16	1.81
1999	179955	143394.0	2744	4572	14.4	2.2	3.7	7968.33	1.15	1.75
2000	189185	152217.3	3021	4404	14.9	2.4	3.5	8045.95	1.20	1.78
2001	216784	140326.1	2334	3781	17.0	1.8	3.0	6473.08	1.10	1.46
2002	258315	154446.4	2393	3414	20.1	1.9	2.7	5978.99	1.20	1.51
2003	253932	159088.6	2482	3087	19.7	1.9	2.4	6265.01	1.23	1.36
2004	252804	167357.0	2562	2969	19.5	2.0	2.3	6620.03	1.29	1.23
2005	235941	136603.4	2500	2508	18.0	1.9	1.9	5789.73	1.04	0.75
2006	231881	86044.0	1720	1565	17.6	1.3	1.2	3710.70	0.65	0.41
2007	163521	112515.8	1617	969	12.4	1.2	0.7	6880.82	0.85	0.46
2008	136835	182202.5	1521	743	10.3	1.1	0.6	13315.49	1.29	0.69
2009	129382	162392.4	1236	651	9.7	0.9	0.5	12551.39	1.22	0.48
2010	132497	195945.2	1205	624	9.9	0.9	0.5	14788.65	1.46	0.49
2011	125417	205743.4	1108	571	9.3	0.8	0.4	16404.75	1.53	0.44
2012	152157	217716.3	1028	575	11.2	0.8	0.4	14308.66	1.61	0.42
2013	388821	484670.2	2113	1637	28.6	1.6	1.2	12465.12	3.56	0.85
2014	395052	470234.4	1815	1513	28.9	1.3	1.1	11903.10	3.44	0.74
2015	346701	435895.3	1899	1213	25.5	1.4	0.9	12572.66	3.20	0.64
2016	323636	412502.2	1591	1093	23.4	1.2	0.8	12745.87	2.98	0.55
2017	281467	359950.1	1390	881	20.2	1.0	0.6	12788.36	2.59	0.44
2018	242943	367908.8	1462	843	17.4	1.0	0.6	15143.83	2.64	0.41

注：1979年以前的火灾数据均按照《中国火灾大典》中的统计数据填写，1980年以后的火灾数据均按照每年的《火灾年报》《中国火灾统计年鉴》或《中国消防年鉴》中的统计数据填写。

1979—2018年全国一次死亡30人以上火灾情况表

序号	起火日期	起火单位名称或地址	亡(人)	伤(人)	直接损失(万元)	火灾类别	起火原因
1	1979年12月18日	吉林省吉林市煤气公司液化石油气厂	32	54	539.0	石油气厂	泄漏的液化气遇明火
2	1982年3月9日	福建省福鼎市制药厂冰片车间	65	35	35.0	车间	违章操作
3	1985年1月18日	上海飞往北京的5109航班	38	3	280.0	飞机	着陆与地面摩擦
4	1986年3月28日	云南省安宁市青龙区山林	56	3		山林	不明
5	1986年4月11日	山东省德州市第二运输公司一客车	35	17	2.4	汽车	司机违章携带汽油
6	1987年3月15日	黑龙江省哈尔滨市亚麻纺织厂	58	177	650.4	工厂	粉尘爆炸
7	1987年4月15日	内蒙古自治区库都尔林业作业区	49	31		草原	不明
8	1987年5月6日	黑龙江省大兴安岭林区	193	171	52666.1	森林	违章用火
9	1988年1月7日	广州开往西安的272次列车	34	30	16.3	列车	旅客违章携带化学物品
10	1990年5月8日	黑龙江省鸡西矿务局小恒山矿	80		567.0	矿井	违章切割
11	1990年7月7日	乌鲁木齐开往库尔勒市的一客车	38	13	9.0	汽车	侧翻起火
12	1990年10月23日	福建省福清市一油罐车	31	22		汽车	翻车漏油
13	1991年5月30日	广东省东莞市兴业雨衣制造厂	72	47	116.0	“三合一”厂房	吸烟
14	1993年2月14日	河北省唐山市林西百货大楼	81	54	401.2	商场	违章电焊
15	1993年11月19日	广东省深圳市致丽玩具厂	84	40	260.0	合资企业	电气
16	1993年12月13日	福建省福州市高福纺织有限公司	61	7	600.0	合资企业	放火
17	1994年6月16日	广东省珠海市前山纺织城	93	156	9500.0	高层厂房	违章操作
18	1994年11月27日	辽宁省阜新市艺苑歌舞厅	233	20	12.8	歌舞厅	玩火
19	1994年12月8日	新疆维吾尔自治区克拉玛依市友谊馆	325	130	210.9	礼堂	电气
20	1995年3月13日	辽宁省鞍山商场	35	18	866.0	商场	电气
21	1995年4月24日	新疆维吾尔自治区乌鲁木齐市凤凰时装城	52	6	41.6	录像厅	电气

1979—2018年全国一次死亡30人以上火灾情况表（续）

序号	起火日期	起火单位名称或地址	亡(人)	伤(人)	直接损失(万元)	火灾类别	起火原因
22	1996年7月17日	广东省深圳市端溪酒店	30	13	13.0	酒店	电气
23	1996年8月9日	河南省濮阳至汤阴的输油管道	43	54	1.6	管道	犯罪分子盗油
24	1996年11月27日	上海市四川中路401号居民楼	36	19	178.0	居民楼	精神病患者用火取暖
25	1997年1月5日	黑龙江省哈尔滨市长林子打火机厂	93	15	4.1	打火机厂	违章操作
26	1997年1月29日	湖南省长沙市燕山酒家	40	79	97.2	高层酒店	违反安全规定
27	1997年2月12日	广深高速公路一客车	40	6	11.2	汽车	违反安全规定
28	1997年4月12日	福建省晋江市陈埭裕华鞋厂	32	4	80.4	“三合一”厂房	放火
29	1997年12月12日	黑龙江省哈尔滨市汇丰大酒店	31	17	61.9	酒店	放火
30	2000年3月29日	河南省焦作市天堂音像俱乐部	74	2	20.0	录像厅	电气
31	2000年4月22日	山东省青州市一肉鸡加工车间	38	20	95.2	车间	电气
32	2000年12月25日	河南省洛阳市东都商厦	309	7	275.3	歌舞厅	电焊
33	2003年2月2日	黑龙江省哈尔滨市天潭大酒店	33	10	15.8	商住楼	违反操作规程
34	2004年2月15日	吉林省吉林市中百商厦	54	70	426.4	商场	吸烟
35	2004年2月15日	浙江海宁市黄湾镇五丰村	40	3	0.1	农村	用火不慎
36	2005年6月10日	广东省汕头市华南宾馆	31	28	81.0	娱乐场所	电气
37	2005年12月15日	吉林省辽源市中心医院	37	46	821.9	医院	电气
38	2007年10月21日	福建省莆田市秀屿区笏石镇飞达鞋面加工场	37	19	30.1	“三合一”场所	放火
39	2008年9月20日	广东省深圳市龙岗区舞王俱乐部	44	64	27.1	歌舞厅	室内发射烟花弹
40	2010年11月15日	上海市静安区胶州路高层公寓大楼	58	71	15800.0	高层住宅楼	违章电焊
41	2013年6月3日	吉林省德惠市宝源丰禽业有限公司	121	76	18200.0	厂房	电线短路
42	2015年5月25日	河南省平顶山市鲁山县康乐园老年公寓	39	6	37.1	养老院	电气线路故障

2009—2018年人员密集场所重特大火灾分布情况表

项目		起数	亡(人)	伤(人)	直接损失(万元)	典型火灾案例					
						时间	火灾发生单位及名称	亡(人)	伤(人)	直接损失(万元)	起火原因
2009年	小计	2	26	26	277.7						
	商场市场	1	11	4	177.7	1月31日	福建省福州市长乐市拉丁酒吧	15	22	100.0	室内燃放烟花
	宾馆饭店					9月6日	吉林省通化市梅河口市中心农贸市场	11	4	177.7	电线短路
	歌厅舞厅	1	15	22	100.0						
	其他										
2010年	小计	3	31	34	11369.1						
	商场市场	2	31	34	1575.5	4月24日	重庆市北部新区石桥铺赛博数码广场			9793.6	焊割
	宾馆饭店					8月28日	辽宁省沈阳市铁西万达广场售楼处	12	10	9.0	电线接触不良
	歌厅舞厅					11月5日	吉林省吉林市船营区商业大厦	19	24	1560.0	电线短路
	其他	1			9793.6						
2011年	小计	5	49	8	10094.2	1月13日	湖南省长沙市岳麓区西娜湾宾馆	10	4	60.4	使用电烤炉不慎
	商场市场	1	14		591.1	1月17日	湖北省武汉市侨康副食批发市场	14		591.1	无法排除电气
	宾馆饭店	3	20	7	9452.1	2月3日	辽宁省沈阳市皇朝万鑫国际大厦				燃放烟花爆竹
	歌厅舞厅					5月1日	吉林省通化市东昌区胜利路1号如家快捷酒店	10	3	7.7	刑事放火
	其他	1	15	1	51.0	8月23日	广东省佛山市盛丰陶瓷有限公司办公综合楼	15	1	51.0	电线短路

2009—2018年人员密集场所重特大火灾分布情况表（续一）

项目		起数	亡(人)	伤(人)	直接损失(万元)	典型火灾案例					
						时间	火灾发生单位及名称	亡(人)	伤(人)	直接损失(万元)	起火原因
2012年	小计	1	10	7	2696.8						
	商场市场	1	10	7	2696.8						
	宾馆饭店					6月30日	天津市蓟县莱德商厦	10	7	2696.8	空调电源线短路
	歌厅舞厅										
	其他										
2013年	小计	3	41	52	390.6						
	商场市场	1	16	5	187.0	4月14日	湖北省襄阳市迅驰星空网络会所	14	47	186.9	电线短路
	宾馆饭店					7月26日	黑龙江省绥化市海伦市联合敬老院	11		16.6	刑事放火
	歌厅舞厅					12月11日	广东省深圳市光明新区荣健农副产品批发市场	16	5	187.0	电线短路
	其他	2	25	47	203.6						
2014年	小计	2	12	28	8996.8						
	商场市场										
	宾馆饭店	1			8983.9	1月11日	云南省迪庆藏族自治州香格里拉县独克宗古城			8983.9	使用电暖器不慎
	歌厅舞厅	1	12	28	12.9	12月15日	河南省新乡市长垣县皇冠歌厅	12	28	12.9	电暖器距离空气清新剂过近
	其他										

2009—2018年人员密集场所重特大火灾分布情况表（续二）

项目		起数	亡(人)	伤(人)	直接损失(万元)	典型火灾案例					
						时间	火灾发生单位及名称	亡(人)	伤(人)	直接损失(万元)	起火原因
2015年	小计	2	56	6	537.1						
	商场市场	1	17		500.0	2月5日	广东省惠州市惠东县惠东大道349号义乌小商品批发城	17		500.0	小孩刑事放火
	宾馆饭店					5月25日	河南省平顶山市鲁山县康乐园老年公寓	39	6	37.1	电气线路故障
	歌厅舞厅										
	其他	1	39	6	37.1						
2016年	小计										
	商场市场										
	宾馆饭店										
	歌厅舞厅										
	其他										
2017年	小计	2	28	31	185.0						
	商场市场										
	宾馆饭店					2月5日	浙江省台州市天台县足馨堂足浴店	18	18	115.0	电器设备故障
	歌厅舞厅	1	10	13	70.0	2月25日	江西省南昌市红谷滩新区白金汇海航酒店唱天下会所	10	13	70.0	焊割
	其他	1	18	18	115.0						
2018年	小　计	3	39	27	9491.5						
	商场市场	1	1		9210.3	4月24日	广东省清远英德市兰桂坊KTV	18	5	20.0	放火
	宾馆饭店	1	20	22	261.2	6月1日	四川省达州市通川区好一新商贸城	1		9210.3	照明电源线短路
	歌厅舞厅	1	18	5	20.0	8月25日	黑龙江省哈尔滨市松北区北龙汤泉休闲酒店	20	22	261.2	风机盘管机组电气线路短路
	其　他										

注：重特大火灾，指一次造成10人以上死亡，或者50人以上重伤，或者5000万元以上直接财产损失的火灾。

2009—2018 年起火原因情况表

年度	起数	亡(人)	伤(人)	直接损失(万元)	起火原因																	
					放火		电气		违反安全规定		吸烟		生活用火不慎		玩火		自燃		其他		不明	
					起数	所占比例(%)	起数	所占比例(%)	起数	所占比例(%)	起数	所占比例(%)	起数	所占比例(%)	起数	所占比例(%)	起数	所占比例(%)	起数	所占比例(%)	起数	所占比例(%)
合计	2518073	14847	9601	3316946.6	44168		799160		94379		168776		487971		98402		86002		583822		155393	
2009	129382	1236	651	162392.4	3280	2.5	39102	30.2	6636	5.1	9073	7.0	27202	21.0	9336	7.2	3072	2.4	21489	16.6	10192	7.9
2010	132497	1205	624	195945.2	3249	2.5	41237	31.1	7722	5.8	7586	5.7	25878	19.5	7094	5.4	3504	2.6	25285	19.1	10942	8.3
2011	125417	1108	571	205743.4	2832	2.3	37960	30.3	6742	5.4	7091	5.7	22248	17.7	8247	6.6	3533	2.8	26764	21.3	10000	8.0
2012	152157	1028	575	217716.3	3052	2.0	49043	32.2	6291	4.1	9492	6.2	27293	17.9	5771	3.8	4610	3.0	35608	23.4	10997	7.2
2013	388821	2113	1637	484670.2	7089	1.8	115599	29.7	13046	3.4	26226	6.7	69080	17.8	12982	3.3	11547	3.0	108596	27.9	24656	6.3
2014	395052	1815	1513	470234.4	7314	1.9	108282	27.4	11712	3.0	23701	6.0	71318	18.1	16639	4.2	10613	2.7	117578	29.8	27895	7.1
2015	346701	1899	1213	435895.3	6026	1.7	104534	30.2	10091	2.9	19503	5.6	61089	17.6	11478	3.3	10116	2.9	100719	29.1	23145	6.7
2016	323636	1591	1093	416490.4	4469	1.4	117057	36.2	10875	3.4	24798	7.7	68125	21.0	11357	3.5	14026	4.3	57720	17.8	15209	4.7
2017	281467	1390	881	359950.1	3748	1.3	100453	35.7	11130	4.0	22458	8.0	61990	22.0	8326	3.0	12946	4.6	48653	17.3	11763	4.2
2018	242943	1462	843	367908.8	3109	1.3	85893	35.3	10134	4.2	18848	7.7	53748	22.1	7172	3.0	12035	5.0	41410	17.1	10594	4.3

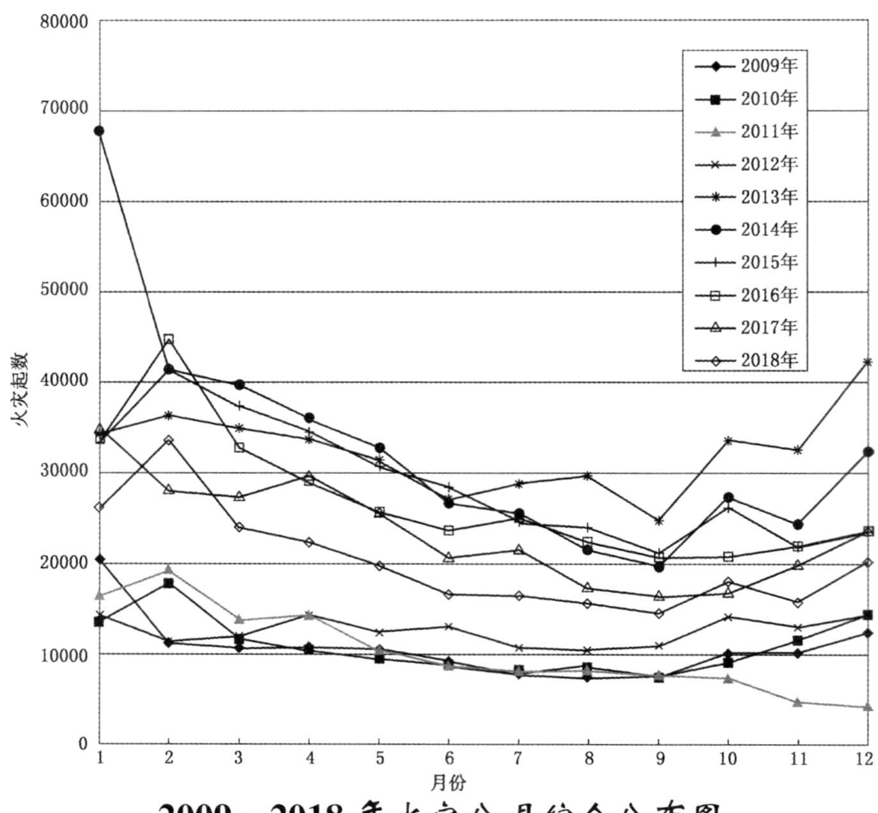

2009—2018 年火灾分月综合分布图

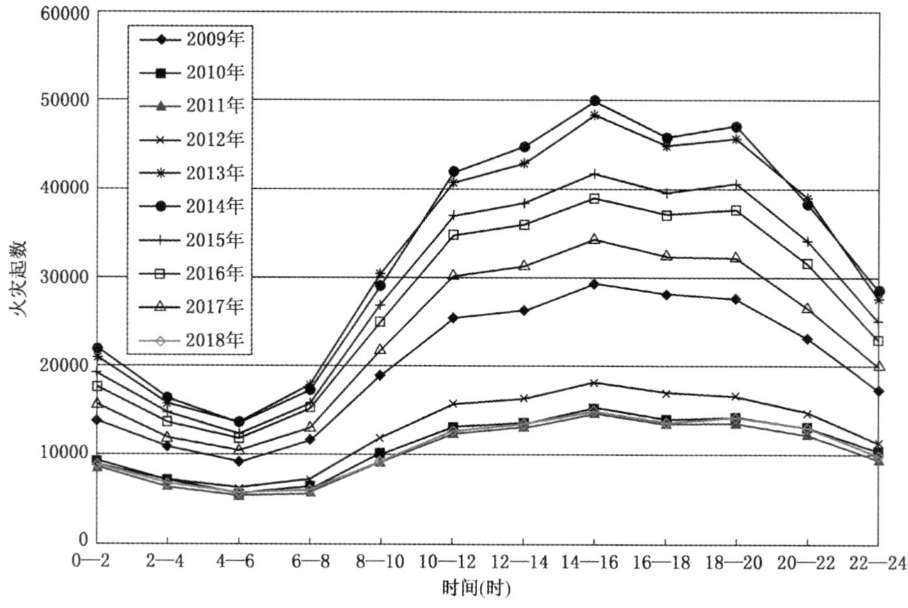

2009—2018 年火灾 24 小时分布图

1990—2018年春节期间火灾情况表

年度	起数	燃放烟花爆竹		亡(人)	伤(人)	直接损失(万元)
		起数	所占比例(%)			
合计	259316	90927	35.6	1712	1348	152925.4
1990	3442	2120	61.6	32	74	840.3
1991	4160	2797	67.2	39	94	1132.1
1992	3389	2360	69.6	48	37	1842.9
1993	3621	2492	68.8	62	70	2223.9
1994	3688	2439	66.1	45	37	4247.1
1995	3512	1823	51.9	60	70	3174.8
1996	4540	2259	49.8	76	61	3231.8
1997	4968	2113	42.5	39	86	2717.2
1998	6301	2625	41.7	77	91	3376.6
1999	12711	6808	53.6	97	98	7660.7
2000	7682	3282	42.7	109	76	3051.3
2001	6493	2315	35.7	86	57	2140.0
2002	19041	11130	58.5	57	55	3298.8
2003	11197	4722	42.2	109	62	3138.9
2004	14150	2763	35.8	136	78	6177.8
2005	10238	1752	29.5	90	45	4971.9
2006	10201	1913	30.7	55	38	2754.2
2007	9634	4230	43.9	34	11	2567.5
2008	7494	3143	41.9	50	17	2798.1
2009	7972	3419	42.9	55	7	3723.7
2010	6638	2357	35.5	36	15	4629.5
2011	8654	3242	37.5	38	11	15538.4
2012	4628	902	19.5	14	2	3825.2
2013	11554	2010	17.4	34	27	8250.8
2014	21984	5721	26.0	42	24	9844.7
2015	13736	3270	23.8	49	29	13896.1
2016	16057	2926	18.2	54	34	12844.0
2017	10981	1888	17.2	37	15	9794.5
2018	10650	2106	19.8	52	27	9232.6

注：2004—2006年燃放烟花爆竹起数所占的比例均为此类火灾占公安消防部门调查火灾的比例。

2000—2018年国庆节期间火灾情况表

年份	起数	亡(人)	伤(人)	直接损失(万元)	起火原因																			
					放火		电气		违反安全规定		生活用火不慎		吸烟		玩火		自燃		雷击		其他		不明	
					起数	所占比例(%)	起数	所占比例(%)	起数	所占比例(%)	起数	所占比例(%)	起数	所占比例(%)	起数	所占比例(%)	起数	所占比例(%)	起数	所占比例(%)	起数	所占比例(%)	起数	所占比例(%)
合计	63286	433	547	86116.3	1777		18992		2752		13946		4160		2065		2022		22		13380		4170	
2000	1603	22	68	1409.1	113	7.0	468	29.2	108	6.7	414	25.8	121	7.5	89	5.6	28	1.7	7	0.44	150	9.4	105	6.6
2001	1931	29	68	1449.0	113	5.9	520	26.9	87	4.5	555	28.7	142	7.4	106	5.5	27	1.4	1	0.05	256	13.3	124	6.4
2002	2466	37	51	2077.3	153	6.2	578	23.4	134	5.4	757	30.7	212	8.6	176	7.1	37	1.5	2	0.08	257	10.4	160	6.5
2003	1783	42	74	1989.1	79	4.4	488	27.4	128	7.2	526	29.5	104	5.8	60	3.4	22	1.2			249	14.0	127	7.1
2004	2265	54	46	5690.1	129	5.7	507	22.4	104	4.6	756	33.4	153	6.8	103	4.5	40	1.8	2	0.09	267	11.8	204	9.0
2005	2024	28	32	1229.7	98	4.8	473	23.4	111	5.5	634	31.3	153	7.6	67	3.3	39	1.9			297	14.7	152	7.5
2006	2248	16	34	1391.4	101	4.5	525	23.4	91	4.0	706	31.4	146	6.5	82	3.6	61	2.7			349	15.5	187	8.3
2007	2456	23	14	1991.8	75	3.1	777	31.6	161	6.6	505	20.6	180	7.3	115	4.7	70	2.9			388	15.8	185	7.5
2008	1734	13	11	2123.0	50	2.9	588	33.9	106	6.1	351	20.2	109	6.3	41	2.4	51	2.9			305	17.6	133	7.7
2009	2604	10	13	3952.2	65	2.5	741	28.5	126	4.8	598	23.0	190	7.3	126	4.8	73	2.8			457	17.5	228	8.8
2010	1984	14	14	4498.6	43	2.2	674	34.0	137	6.9	331	16.7	114	5.7	71	3.6	61	3.1			400	20.2	153	7.7
2011	1703	6	11	3227.9	35	2.1	565	33.2	114	6.7	250	14.7	101	5.9	53	3.1	52	3.1	1	0.06	430	25.2	102	6.0
2012	3672	16	3	5912.8	93	2.5	1131	30.8	166	4.5	654	17.8	188	5.1	131	3.6	119	3.2			895	24.4	295	8.0
2013	7661	22	16	8634.2	161	2.1	2221	29.0	252	3.3	1375	17.9	466	6.1	217	2.8	237	3.1	1	0.01	2247	29.3	484	6.3
2014	5761	21	19	7068.4	100	1.7	1611	28.0	207	3.6	1021	17.7	378	6.6	109	1.9	198	3.4	2	0.03	1756	30.5	379	6.6
2015	5812	26	19	5940.4	99	1.7	1709	29.4	168	2.9	1164	20.0	341	5.9	100	1.7	171	2.9	2	0.03	1608	27.7	450	7.7
2016	4676	19	18	12496.1	68	1.5	1756	37.6	148	3.2	963	20.6	329	7.0	122	2.6	226	4.8	3	0.06	843	18.0	218	4.7
2017	4412	18	15	6871.9	73	1.7	1584	35.9	179	4.1	1039	23.5	305	6.9	90	2.0	229	5.2	2	0.05	749	17.0	162	3.7
2018	4591	17	21	6597.5	68	1.5	1466	31.9	180	3.9	993	21.6	340	7.4	99	2.2	242	5.3			986	21.5	217	4.7

注：1. 国庆节2009年为10月1—8日，2008年为9月29日至10月5日，2012年为9月30日至10月7日，其余年份为10月1—7日。
2. 表内2000—2006年数据指消防部门调查的火灾。

2000—2018 年全国消防救援队伍接警出动综合情况表

年份	出动情况（万起）						参战人员（万人次）	出动车辆（万辆次）	参战人员伤亡(人)			战斗结果	
	起数	虚警及其他	火灾扑救	抢险救援	重大活动执勤	社会救助			小计	亡	伤	抢救人员(人)	抢救财产价值(亿元)
2000	20.9	1.3	17.6	0.7	0.1	1.2	488.4	73.8	494	11	483	12527	134.1
2001	24.5	1.3	20.3	0.9	0.2	1.9	293.6	44.8	189	6	183	11596	141.3
2002	37.7	0.8	24.3	2.8	1.5	8.2	407.9	64.1	753	7	746	10196	169.7
2003	40.2	0.8	24.3	4.5	1.5	9.1	412.3	68.7	254	28	226	13666	236.4
2004	42.5	3.3	24.1	3.8	1.3	10.0	397.9	65.5	105	16	89	20414	323.4
2005	44.5	4.8	23.9	6.1	0.2	9.5	424.8	72.6	53	6	47	114877	350.2
2006	49.8	4.4	20.9	6.9	0.9	12.6	435.9	72.0	119	14	105	33651	303.2
2007	50.4	6.0	16.7	11.6	0.5	15.5	522.7	83.8	104	11	93	71690	1656.0
2008	51.4	10.0	13.5	13.3	1.1	13.6	542.4	86.4	122	14	108	88534	550.2
2009	53.6	10.0	12.8	15.0	1.4	14.4	566.8	89.6	64	8	56	79086	261.0
2010	58.9	11.6	13.1	18.3	1.0	14.8	615.2	96.7	28	7	21	159834	367.0
2011	65.6	14.2	12.5	20.9	0.9	17.1	733.4	117.1	55	6	49	128893	644.1
2012	75.5	15.4	15.1	23.3	1.5	20.2	811.0	131.6	30	8	22	143342	330.7
2013	103.3	15.3	38.5	26.3	1.3	21.9	1102.6	183.2	52	15	37	175220	359.2
2014	114.0	18.6	39.4	29.8	1.3	24.9	1224.9	205.6	29	13	16	176091	512.5
2015	113.2	18.9	34.5	31.9	1.2	26.7	1210.2	206.2	123	31	92	166031	399.2
2016	114.4	21.8	32.3	32.3	1.5	26.6	1239.9	210.2	45	12	33	194202	302.7
2017	118.9	24.7	27.9	33.6	1.7	31.0	1311.5	224.8	11	6	5	157008	282.6
2018	117.3	23.6	24.2	33.2	1.9	34.4	1286.9	221.7	21	10	11	150913	305.0

注：为统一口径，部分年份的数据根据各地通过火灾统计软件（系统）上报的数据进行了修正。

第九篇

大 事 记

2018年消防救援工作大事记

1月

1月3日，公安部消防局召集全国部分总队基层干部代表召开研讨座谈会，传达学习国务委员、公安部部长赵克志等领导批示指示，剖析消防安全形势问题，研究加强和改进火灾防控工作对策措施。

1月15日，受习近平总书记委托，中共中央办公厅向天津市公安消防总队开发区支队八大街中队34名官兵回信，充分肯定该中队被国务院、中央军委授予“灭火救援英雄中队”荣誉称号一年来工作情况，向全体消防官兵表示诚挚问候，勉励官兵牢记使命、刻苦训练，危难之中冲锋在前、敢打必胜，守护好群众的生命财产安全，做让党放心、让人民满意的钢铁卫士。

1月23日，人民日报、微博和新浪网联合主办的“2018政务V影响力峰会”在北京举行，公安部消防局官方微博“@中国消防”获评“全国十大中央机构微博”、2017年度“全国公安政务新媒体最影响力传播奖”。

1—6月，公安部消防局与教育部基础教育司、全国妇联家庭与儿童工作部共同组织开展第二届“我是小小消防员——全国儿童消防绘画作文大赛”。此次活动共征集绘画类作品21万余件、作文类作品17万余件，近60万名少年儿童参与。

2月

2月6日，国家质量监督检验检疫总局、国家标准化管理委员会联合批准发布国家标准《饰面型防火涂料》（GB 12441—2018）、《自动喷水灭火系统 第6部分：通用阀门》（GB 5135.6—2018），自2018年9月1日起实施。

2月11日，公安部批准发布公共安全行业标准《文物建筑消防安全管理》（GA/T 1463—2018）、《火灾调查职业危害安全防护规程》（GA/T 1464—2018）和《消防产品市场准入信息管理》（GA/T 1465—2018），自2018年5月1日起实施。

2月13日，住房和城乡建设部、国家发展和改革委员会联合批准发布国家标准《消防训练基地建设标准》（建标190—2018），自2018年5月1日起实施。

2月15日，国务委员、公安部部长赵克志到北京市实地检查除夕夜消防安保工作，看望慰问一线执勤消防官兵。

2月28日22时许，位于宁夏回族自治区宁东能源化工基地的神华宁夏煤业集团烯烃二分公司发生爆炸火灾事故。宁夏回族自治区公安消防总队调集3个支队、41辆消防车、175名消防官兵，以及6个企业专职队、18辆消防车、89名消防人员赶赴现场处置，公安部消防局调集内蒙古自治区公安消防总队17辆消防车、70名消防官兵跨区域增援。火灾于3月1日

9时45分被扑灭。

3月

3月12日，公安部消防局召开党委中心组学习会，原文学习《中共中央关于深化党和国家机构改革的决定》和中共中央办公厅严明有关纪律要求的文件精神。会议要求坚决拥护党中央的决策部署，坚决做到维护核心、令行禁止，以实际行动积极参与党和国家机构改革。

同日，全国公安消防部队高级士官晋升警衔仪式在江苏省公安消防总队培训基地举行，各总队同步举行仪式，集中为新选取的185名高级士官和晋升警衔的140名高级士官授衔。

3月13日，十三届全国人大一次会议研究审议国务院机构改革方案。据此方案，将国家安全生产监督管理总局的职责，国务院办公厅的应急管理职责，公安部的消防管理职责，民政部的救灾职责，国土资源部的地质灾害防治、水利部的水旱灾害防治、农业部的草原防火、国家林业局的森林防火相关职责，中国地震局的震灾应急救援职责以及国家防汛抗旱总指挥部、国家减灾委员会、国务院抗震救灾指挥部、国家森林防火指挥部的职责整合，组建应急管理部，作为国务院组成部门，致力防范化解重特大安全风险，健全公共安全体系，整合优化应急力量和资源，提高防灾、减灾、救灾能力。机构改革后，公安消防部队、武警森林部队将集体转制，与安全生产等应急救援队伍一并作为综合性常备应急骨干力量。

3月22日，公安部消防局召开春夏火灾防控工作动员部署电视电话会议，印发《2018年春夏火灾防控工作方案》，部署自3月29日至9月20日，在全国集中开展春夏火灾防控工作，持续开展火灾隐患综合治理。在2018年春夏火灾防控工作期间，全国共检查单位494.9万家次，发现并整改火灾隐患803.3万处，全国未发生重特大火灾，社会消防安全形势持续稳定。

3月30日，住房和城乡建设部批准发布国家标准《建筑设计防火规范》[GB 50016—2014（2018版）]，自2018年10月1日起实施。

4月

4月2日，公安部消防局召开局机关师级以上领导干部会议，传达学习公安部党委会议、应急管理部党组扩大会议精神和公安部、应急管理部领导批示指示要求，要求坚决贯彻落实党中央决策部署，准确把握全面深化改革进入新阶段的新特征，扎实做好改革期间各项工作。

4月4日，广西壮族自治区防城港东兴市外事办受越南委托，恳请我国消防力量增援越南广宁省芒街市天虹银龙科技有限公司仓库火灾处置。公安部消防局迅速指导广西壮族自治区公安消防总队按程序调集精干力量赴越南增援，成功处置此次火灾。中国驻越南大使馆领事部、越南广宁省委和政府先后对中方增援消防官兵表达感谢和敬意。据悉，起火单位天虹银龙科技有限公司为我国在越南投资的第一大企业，主要生产棉纱。此次火灾起火建筑占地面积约6万平方米。

4月8日，国务委员、公安部部长赵克志到海南博鳌消防安保指挥部，检查指导博鳌亚洲论坛2018年年会消防安保工作，看望慰问一线执勤消防官兵。

4月8—11日，博鳌亚洲论坛2018年年会在海南省琼海市举行。全国公安消防部队坚决贯彻落实党中央和公安部党委的决策部署，狠抓各项安保措施落实。会议期间，博鳌地区连续25天“零火情”，琼海市连续15天“零火灾”，海南省连续5天“零火灾”，全国未发生较大以上和有影响的火灾事故，全国各级公安消防部队圆满完成年会消防安保任务。

4月16日，应急管理部举行挂牌仪式，正式对外履行职责。中共中央政治局常委、国务院副总理韩正，国务委员王勇等中央领导出席挂牌仪式、调研应急管理部指挥中心建设，并通过消防指挥平台连线基层执勤单位。

4月20日，公安部消防局召开公安消防部队领导干部视频会，强调进一步加强改革期间部队纪律作风建设。

4月25日，应急管理部召开消防部队改革教育动员部署视频会，部党组书记黄明出席会议并讲话。会议要求，认真贯彻落实习近平总书记关于深化党和国家机构改革、深化国防和军队改革的重要指示精神及党中央重大决策部署，自觉听从指挥、坚定维护核心，切实坚定消防改革信心，增强投身改革动力。全国消防部队除执勤值班外的全体官兵参加会议。

4月26日，应急管理部党组书记黄明主持召开应急救援专家座谈会，中国工程院院士、清华大学公共安全研究院院长范维澄，公安部灭火救援专家组原组长陈家强，公安部灭火救援专家组组长牛跃光等9位应急救援专家进行座谈讨论。部办公厅、应急办、救灾司、地震应急司，公安部消防局、武警森林部队负责人等参加座谈。

4月26日至5月1日，为贯彻落实习近平总书记关于安全工作的重要指示精神，深入推进春夏火灾防控工作，公安部消防局派出由局、处领导带队的5个工作组，对重点省份火灾防控和队伍管理工作进行督导。

5月

5月9—13日，中国灾害防御协会、中国消防协会等9家单位在四川省北川羌族自治县共同举办“社会力量参与汶川抗震救灾十周年纪念活动”。活动内容主要有启动仪式、灾害应急救援论坛、社会救援力量及应急产业十年发展成果展、全国青少年防灾减灾体验公益活动、社会救援力量技能竞赛和十周年总结回顾表彰等。十周年总结回顾表彰大会表彰了当年参与汶川地震救援的10名消防官兵代表。

5月10日，国务委员王勇在应急管理部党组书记黄明等陪同下，到四川省公安消防总队成都支队特勤二中队视察指导工作，看望慰问基层官兵。

5月14日，住房和城乡建设部批准发布国家标准《地铁设计防火标准》(GB 51298—2018)，国家市场监督管理总局、国家标准化管理委员会联合批准发布国家标准《市政消防给水设施维护管理》(GB/T 36122—2018)，两部标准自2018年12月1日起实施。

5月18日，国务院安全生产委员会办公室召开电动自行车消防安全综合治理工作视频会议，动员各地区、各部门全面开展电动自行车消防安全综合治理工作。国务院安全生产委员会相关成员单位有关司局负责人在主会场参加会议，各省级政府分管消防安全工作的副秘书长，市、县级政府负责同志，公安、消防、工信、住建、工商、质监、安监等部门负责人在各地分会场参加会议。

6月

6月1日17时30分许，四川省达州市通川区一批发市场发生火灾。公安部消防局先后6批次调集四川省公安消防总队17个支队和重庆市公安消防总队共1093名消防官兵、211辆消防车赶赴现场救援。4日11时，明火基本扑灭。此次火灾过火面积约5.1万平方米，造成1人死亡，直接财产损失9210万元。

6月5—20日，为做好上海合作组织青岛峰会和端午节消防安保工作，督促推动夏季火灾防控重点任务有效落实，公安部消防局派出由局、处领导带队的9个工作组，在全国范围内开展消防安全督导检查。

6月7日，国家市场监管总局、国家标准委联合批准发布国家标准《自动喷水灭火系统　第5部分：雨淋报警阀》（GB 5135.5—2018）和《自动喷水灭火系统　第7部分：水流指示器》（GB 5135.7—2018），自2019年1月1日起实施。

6月9—10日，上海合作组织成员国元首理事会第十八次会议在山东省青岛市举行。全国消防部队坚决贯彻落实党中央和应急管理部党组的决策部署，按照“外圈保内圈、内圈保核心”的原则，精心谋划、精准施策、精细落实，强化各项消防安保措施。峰会期间，核心区域实现“不冒烟、不起火”，青岛市连续19天“零火灾”，山东省未发生较大以上火灾事故，全国未发生重特大火灾事故，部队保持高度稳定，圆满完成峰会消防安保任务。

6月15日，教育部办公厅、应急管理部办公厅联合下发通知，部署自6月25日至9月25日在全国中小学校、幼儿园开展消防安全教育暑期专项行动。活动期间，全国共组织消防主题夏令营、亲子消防体验活动6000余场次，在初高中新生军训活动中组织消防安全讲座、培训、演练2.8万场次，受教育学生达5000万人。

6月17日，应急管理部党组书记黄明到北京市公安消防总队朝阳支队左家庄特勤中队，看望慰问一线消防官兵。

6月20日，公安部消防局召开座谈会，传达学习中央领导重要指示精神，分析面临形势，部署重点工作任务。应急管理部党组书记黄明出席会议并讲话。

6月23日，公安部消防局、新浪网共同在山东省公安消防总队培训基地举办以“防灾减灾救灾，我们共同参与”为主题的“@中国消防”走进山东暨粉丝互动体验活动，共同庆祝消防局官方微博“@中国消防”上线5周年。

6月26—29日，澳门消防局局长梁毓森一行6人到江苏省公安消防总队考察交流。

6月29日，国务院安全生产委员会办公室召开大型商业综合体消防安全专项整治工作视频会议，动员各地区、各部门和各单位自7月起在全国范围内集中开展大型商业综合体消防安全专项整治。

7月

7月4日，应急管理部党组书记黄明主持召开国务院对省级政府消防工作考核动员部署会，国务委员王勇出席并讲话。自7月6—31日，由中央政法委、教育部、民政部、住房和城乡建设部、文化和旅游部等部门组成的14个考核组，对31个省（自治区、直辖市）政府2017年度消防工作进行实地考核。经综合评定，河北、内蒙古、上海、江苏、山东、河南、湖北、广东、重庆、贵州、宁夏11个省（自治区、直辖市）为“优秀”等次。

7月6日，公安部消防局会同应急管理部监管二司、监管四司，组织中粮、华润、万达、百盛、宜家、新世界、家乐福、沃尔玛、苏宁、龙湖等10家中央企业和连锁集团有关负责人召开座谈会，传达国务院安全生产委员会办公室部署安排和应急管理部党组书记黄明指示要求，研究加强大型商业综合体消防安全工作。

7月9—12日，由公安部消防局与马来西亚总理署国家灾害管理局共同主办的第二届东盟地区论坛城市应急救援研讨班在广西壮族自治区南宁市举办，来自中国、马来西亚、澳大利亚、柬埔寨、印度、韩国、新加坡、巴基斯坦等12个国家和中国香港、澳门2个地区，以及联合国减灾战略署、国际红十字会委员会、禁止化学武器组织、国际应急管理协会4个国际组织600余人参加。

7月10日，住房和城乡建设部批准发布国家标准《消防应急照明和疏散指示系统技术标准》（GB 51309—2018），自2019年3月1日起实施。

8月

8月1—4日，应急管理部党组书记黄明先后到黑龙江省大兴安岭地区加格达奇区、哈尔滨市道里区公安消防大队和省公安消防总队机关检查指导工作，听取工作汇报、看望慰问基层一线消防官兵，代表部党组向黑龙江及全国消防官兵致以“八一”节问候。

8月8日，应急管理部党组书记黄明到浙江省绍兴市国家陆地搜寻与救护基地和浙江省公安消防总队培训基地调研视察工作，看望慰问社会救援组织队员和消防官兵。

8月9日，应急管理部党组书记黄明到上海市公安消防总队视察指导工作，看望慰问值班值守官兵。

8月中下旬，受台风“摩羯”“温比亚”叠加影响，山东省境内普遍出现强降雨天气，其中寿光市遭受数十年不遇的特大洪涝灾害。8月21日起，山东省公安消防总队陆续调集17个支队、7569名消防官兵、27套远程供水系统投入抗洪救灾工作。8月26日，应急管理部、公安部消防局调集津冀苏3地公安消防总队、全国14支矿山救援队和2支工程救援队增援。此次救灾参战力量达到10837名消防人员、352名安全生产应急救援队员，993辆消防车、60套远程供水系统以及2万余件（套）应急救援器材装备。9月13日，圆满完成救灾处置，累计抢救被困群众89人，疏散2000余人，排涝1265万立方米，清理淤泥6.5万立方米，清理废弃物4302吨，抢救转运物资1723.8吨、牲畜856头，抢救蔬菜大棚9.8万个，提前一个半月完成排涝任务，减少损失23.7亿元。

8月22日，中共中央办公厅、国务院办公厅印发《关于印发〈组建国家综合性消防救援队伍框架方案〉的通知》（中办发〔2018〕50号），明确公安消防部队、武警森林部队转制组建国家综合性消防救援队伍，由应急管理部管理，实行统一领导、分级指挥，设有专门的衔级职级序列和队旗、队徽、队训、队服。

8月25日4时12分许，黑龙江省哈尔滨市松北区北龙汤泉休闲酒店发生火灾。接到报警后，哈尔滨市公安消防支队立即调集8个中队、1个战勤保障大队、40辆消防车、148名指战员到场处置。6时30分火势得到有效控制，7时50分火灾被彻底扑灭。消防力量先后疏散群众80余人，抢救出受困人员20人（2人经医院抢救无效死亡），搜救遇难人员18人。此次火灾由电气线路短路引起，共造成20人死亡、22人受伤。

8月30日至9月1日，第六届中国—亚欧博览会在新疆维吾尔自治区乌鲁木齐市举办，亚洲、欧洲、北美洲等33个国家和地区的704家企业参展。在公安部消防局指导下，消防部门按照“以点为主、以面保点”原则，确保了博览会期间要人住地、活动举办场馆及视线范围内未冒烟、未起火，全区未发生亡人火灾事故，全国未发生有影响的责任火灾事故。

9月

9月3—4日，中非合作论坛在北京举行。公安部消防局按照应急管理部党组部署，坚持以面保点、整体防控，圆满完成峰会消防安保任务，实现任务期间核心区及周边可视范围内“不冒烟不起火”、北京市社会面不发生有影响火灾、全国不发生重特大火灾、消防队伍高度安全稳定的目标。

9月9日，四川省、广西壮族自治区公安消防总队组队代表中国消防赴韩国参加第13届世界消防竞技大赛，取得7金6银6铜的优异成绩，广西壮族自治区公安消防总队荣获“最佳风尚奖”。

9月13日，应急管理部联合文化和旅游部、国家文物局召开博物馆和文物建筑消防安全大检查工作电视电话会议，动员各地区、各部门和各单位集中开展博物馆、文物建筑消防安全大检查工作。应急管理部党组书记黄明作动员讲话，国家文物局局长刘玉珠对工作进行安排部署。会议由文化和旅游部部长雒树刚主持。

9月13—14日，香港消防处处长李建日率团到上海市公安消防总队交流访问。

9月15日，公安部消防局委派副局长魏捍东率工作组赴广东组织指挥抗击22号超强台风“山竹”抢险救援工作。期间，广东省公安消防总队累计接报并有效处置台风警情3157起，出动车辆（舟艇）4517辆（艘）次、人员2.3万人次，营救群众2427人、疏散1.2万人，排险6933处，取得抗击台风任务的圆满胜利。

9月17日，国家市场监督管理总局、国家标准化管理委员会联合批准发布国家标准《室内消火栓》（GB 3445—2018）、《低压二氧化碳气体惰化保护装置》（GB 36660—2018）和《自动喷水灭火系统　第9部分：早期抑制快速响应（ESFR）喷头》（GB 5135.9—2018），自2019年4月1日起实施。

9月19—29日，应急管理部会同文化和旅游部、国家文物局启动博物馆和文物建筑消防安全大检查工作集中督查行动，派出由司局级领导带队的12个工作组，对全国31个省（自治区、直辖市）博物馆和文物建筑消防安全工作开展专项督查。

9月25日，经国务院批准，国家森林草原防灭火指挥部调整成立。国务委员王勇担任总指挥。应急管理部党组书记黄明、部长王玉普，国务院副秘书长孟扬，国家林草局局长张建龙，中央军委联合参谋部作战局副局长马欣担任副总指挥。

9月28日，国家森林草原防灭火指挥部在北京召开全国森林草原防灭火工作电视电话会议，国务委员王勇出席会议并讲话，国务院副秘书长孟扬传达李克强总理重要批示，应急管理部党组书记黄明主持会议。国家森林草原防灭火指挥部成员单位、中央政研室、中央财办、中央编办、教育部、司法部、人力资源社会保障部、税务总局、国务院研究室等有关部门同志参加会议。会议强调严格落实属地党政领导责任、夯实林草部门行业管理责任、落实经营单位防火主体责任、落实应急管理部门扑救责任，并对林草部门先期处置森林草原火灾进行明确。

10月

10月2日，应急管理部党组书记黄明率有关司局负责人到故宫博物院检查消防安全工作，代表部党组看望慰问节日期间坚守岗位的基层消防官兵。

10月9日，公安部和应急管理部举行公安消防部队移交应急管理部交接仪式。国务委员、公安部部长赵克志，应急管理部党组书记黄明，中央政法委副秘书长樊绪银等领导出席活动，全国公安消防部队官兵和中国消防协会，公安部消防产品合格评定中心，天津、沈阳、上海、四川消防研究所全体人员通过视频会议系统参加会议。会上，中央军委改革和编制办主任于建国宣布了中央军委关于公安消防部队集体退出现役的命令（军令〔2018〕112号），明确“公安消防部队整体划归应急管理部领导管理，官兵集体退出现役，同时撤销中国人民武装警察部队消防局及所属部队番号”。

同日，应急管理部消防救援局印发转制后首个文件《关于转制过渡期间有关事项和工作要求的通知》（应急消〔2018〕1号），对“三定”规定出台前的过渡期内全国消防队伍机构称谓、领导指挥关系、行政管理、队伍管理教育、执勤战备、消防监督等工作进行规范。

10月10—12日，香港消防处处长李建日率访问团到海南省消防总队参观交流，推进两地消防救援领域务实合作。

10月10—19日，国家森林草原防灭火指挥部办公室组织有关成员单位成立7个工作组，重点督查河北、内蒙古、吉林、黑龙江、湖北、湖南、福建、广西等省（自治区）森林草原防灭火工作。

10月11日7时许，西藏自治区昌都市江达县和四川省甘孜藏族自治州白玉县发生山体滑坡，堵塞金沙江干流河段，形成长5600米、宽200米、高70米的堰塞体。应急管理部迅速组织西藏、四川两地消防救援力量490人到场处置，安排812人在周边区域集结待命。至10月12日17时30分金沙江堰塞体自然溢流期间，西藏、四川两地共紧急疏散转移群众2.1万人。此次灾害导致部分村庄被淹和多处房屋、耕地、草场受灾，未造成人员伤亡。

10月15—17日，由应急管理部、浙江省政府、国际劳工组织共同主办的第九届中国国际安全生产论坛及其下设的各分论坛在杭州市举办。其中，由应急管理部消防救援局主办的消防安全分论坛于17日举行，来自4个国家和国内各消防总队、消防研究所、消防产品合格评定中心，以及各高等院校、科研院所、消防行业知名企业的代表共120余人出席论坛活动。此次论坛为消防安全首次纳入国际安全生产论坛活动。

10月15—21日，应急管理部消防救援局派出8个考核组，采取交叉互考的方式，对全国30个省（自治区、直辖市）消防总队（上海市消防总队因安保任务，未参加考核）、60个支队、120个整建制中队夏训课目进行实地考核，浙江、广东、贵州、河北、山东、内蒙古、江苏、安徽、湖北、甘肃10个总队成绩“优秀”。

10月17日5时，西藏自治区林芝市米林县发生山体滑坡，堵塞雅鲁藏布江并形成堰塞湖，滑坡体宽150米、长300米、高120米，滞蓄水量约3亿立方米。在应急管理部和消防救援局指挥下，西藏自治区消防总队调集18辆救援车辆、76名救援人员赴现场实施救援，共营救转移群众164人。10月19日13时30分，堰塞体开始自然溢流。

同日，国务委员王勇在应急管理部党组书记黄明、国务院副秘书长孟扬等陪同下，到浙江省消防总队机关及杭州市消防支队特勤大队视察工作，看望慰问消防指战员。

10月25日，国务院安全生产委员会办公室召开今冬明春火灾防控工作动员部署视频会议，贯彻落实习近平总书记关于安全生产和消防安全的系列重要指示精神，动员各地区、各有关部门迅速行动起来，全力做好冬春火灾防控工作，有效防范和坚决遏制重特大火灾事故。

10月26日，中华人民共和国第十三届全国人民代表大会常务委员会第六次会议表决通过《中华人民共和国消防救援衔条例》，由中华人民共和国第十四号主席令公布，自2018年10月27日起施行。

10月28日17时50分，天津市滨海新区一油品仓库发生火灾。灾情发生后，天津市消防总队调派10个支队、26个中队及战勤保障大队共68辆消防车、383名消防指战员赶赴现场参与火灾扑救，在应急管理部消防救援局工作组指挥下，于29日3时17分扑灭火灾。

10月29日，西藏自治区林芝市米林县“10·17”山体滑坡原址发生二次山体滑坡再次形成堰塞湖，滞蓄水量约1.9亿立方米。西藏自治区消防总队调集林芝市消防支队14辆消防车、62名指战员赴现场开展救援，成功营救群众101人，协助当地政府疏散转移群众1.7万人。

同日，国家科学技术奖励工作办公室公示2018年度国家科学技术进步奖获奖项目，应急管理部上海消防研究所牵头负责的“十二五”国家科技支撑计划项目《数字化消防单兵装备与成套化便携应急装备研究》获2018年度国家科学技术进步奖二等奖。

11月

11月1日，国务院安全生产委员会办公室印发《关于开展2018年今冬明春火灾防控工作的通知》（安委办〔2018〕25号），部署自当年11月至次年全国“两会”结束，在全国范围开展今冬明春火灾防控工作。

11月3日17时40分，西藏自治区昌都市江达县波罗乡白格村原“10·11”山体滑坡点再次发生山体滑坡，造成金沙江断流并形成堰塞湖，滞蓄水量约5.2

亿立方米。消防救援局在应急管理部的统一指挥下，调集四川省消防总队6个支队及总队通信保障分队共306人、西藏自治区消防总队58人赶现场开展救援工作，并调集重庆市消防总队通信保障分队增援。事故处置过程中，共疏散转移西藏、四川、云南三省（区）受灾群众6.7万人。

11月7日，第四届全国119消防奖表彰会在北京召开，41个先进集体、44名先进个人受到表彰，应急管理部党组书记黄明出席会议并讲话。中央政法委、中宣部、中央文明办、国家林业和草原局、共青团中央、全国妇联、全国总工会等有关部门同志，获奖代表及各省（自治区、直辖市）消防总队代表参加会议。

11月8日，应急管理部印发《关于国家综合性消防救援队伍换发消防救援制式服装和标志服饰的通知》（应急〔2018〕117号）和《关于印发〈国家综合性消防救援队伍制式服装穿着和标志服饰缀钉规范〉的通知》（应急〔2018〕118号），明确自11月9日零时起，正式启用国家综合性消防救援队伍制式服装和标志服饰。

11月9日，国家综合性消防救援队伍授旗仪式在人民大会堂举行。中共中央总书记、国家主席、中央军委主席习近平向国家综合性消防救援队伍授旗并致训词，代表党中央向全体消防救援人员致以热烈的祝贺。中共中央政治局常委、中央书记处书记王沪宁宣读《中共中央、国务院关于授予国家综合性消防救援队伍“中国消防救援队”队旗的决定》，中共中央政治局常委、国务院副总理韩正主持授旗仪式，丁薛祥、张又侠、陈希、郭声琨、王勇出席活动，中央和国家机关有关部门负责同志参加授旗仪式。授旗仪式后，习近平等亲切接见参加授旗仪式代表，同大家合影留念。教育部、公安部、民政部、司法部、人社部、财政部、应急管理部、退役军人事务部有关领导以及消防救援队伍、森林消防队伍500名指战员代表参加授旗仪式。

同日，国家综合性消防救援队伍授旗仪式结束后，应急管理部召开学习宣传贯彻习近平总书记授旗训词动员大会，传达学习习近平总书记重要训词精神，部署深入开展学习宣传贯彻工作。会上，应急管理部党组书记黄明宣读了向消防救援局、森林消防局、警种学院授旗决定并授旗，政治部主任许尔锋宣读了国务院授衔命令。会议由副部长付建华主持。

11月10日，应急管理部消防救援局召开学习贯彻习近平总书记授旗训词座谈会，部署学习宣传贯彻工作，要求各级消防救援队伍深刻学习领会总书记授旗训词的核心要义，知党恩、感党恩、报党恩，加快推进国家综合性消防救援队伍建设，切实担负新职责、新使命，永远做党和人民的忠诚卫士。主持工作的副局长琼色、副政委詹寿旺出席会议并讲话，31个省（自治区、直辖市）消防总队和“两校一基地”负责人，局机关副处以上干部参加会议。座谈会前，举行隆重的授旗仪式，副局长琼色、副政委詹寿旺为31个省（自治区、直辖市）消防总队和“两校一基地”授旗。

11月19日，国家市场监督管理总局、国家标准化管理委员会联合批准发布国家标准《钢结构防火涂料》（GB 14907—2018），自2019年6月1日起实施。

11月20日，中国消防协会第六届五次理事会暨2018科学技术年会在北京召开。中国消防协会会长、副会长、理事及分支机构负责同志，各省级消防协会会长、秘书长，科研院所、高等院校、企业代表，以及中国消防协会科技创新奖、优秀论文奖等获奖代表共300余人参加会议。应急管理部消防救援局詹寿旺副政委受邀出席并代表局党委介绍消防改革进展及组建国家综合性消防救援队伍有关情况，要求各级消防协会紧跟国家应急体制改革进程，进一步加强党的建设、依法依规运行、积极服务消防救援事业发展大局。

11月23日，应急管理部消防救援局、教育部基础教育司在宁夏回族自治区银川市联合召开全国中小学校消防安全宣传教育工作推进会，总结交流近年来各地在学校消防宣传教育工作中的经验做法，部署下一步工作措施，推动学校消防安全宣传教育工作新发展。

11月27日，中央电视台综合频道和社会与法频道播出由应急管理部和中央广播电视总台联合制作的“119”消防宣传月特别节目《中国骄傲》。整台节目感人至深、催人奋进，引起广大指战员强烈共鸣和社会群众广泛关注。

11月27—30日，应急管理部党组书记黄明到云南、广东调研指导消防工作和消防救援队伍建设，看望慰问基层指战员。期间，在广东省消防总队机关召开部分省区市消防总队、支队有关负责人参加的座谈会，听取各层面意见建议，研究深化消防“放管服”改革工作措施。

11月28日0时41分，河北省张家口市盛华化工厂发生重大气体泄漏爆炸事故。河北省消防总队调集总队及张家口支队两级全勤指挥部，7个执勤中队、21辆消防车、120余名消防指战员到场处置。期间，先后搜救转移受伤群众6人、遇难者遗体23具，成功保护盛华化工厂5个氯乙烯气柜和球罐，以及邻近的31辆大型货车和7辆危险化学品运输车。此次爆炸事故造成23人死亡、22人受伤，38辆大型货车、12辆私家车被烧毁。

同日，应急管理部消防救援局组织教育部、民政部、住房和城乡建设部、商务部、文化和旅游部、国家卫生健康委员会、国家文物局等7个重点行业监管部门相关司局负责同志召开座谈会。按照“一部门一建议”方式，以国务院安全生产委员会冬春火灾防控工作领导小组办公室名义，分别发出工作建议书，推动行业部门加强冬春火灾防控工作。

本月，全国“119”消防宣传月期间，各地围绕“全民参与、防治火灾”主题，共举办宣传活动10.6万场次，发放宣传资料3.2亿份，张贴宣传标语、挂图、海报1.2亿份，发送消防安全手机短信7.1亿条次。

本月，应急管理部消防救援局于5月、8月、11月，共派出3批、75名基层消防指挥员，赴香港消防及救护学院开展为期10天的消防应急救援业务技术培训。参训人员来自吉林、黑龙江、福建、江西、山东、河南、湖北、湖南、广西等9个消防总队，培训内容主要包括高层建筑火灾扑救技战术，危险化学品事故、交通事故、建筑物倒塌等救援处置，水域救援、高空救援、院前医疗急救等内容。

12月

12月2日，日本消防协会常务理事

兵谷芳康率日本消防协会代表团到江苏省消防总队无锡支队考察访问。

12月4日，经党中央和国务院同意，国务院办公厅印发《关于国家综合性消防救援车辆悬挂应急救援专用号牌有关事项的通知》（国办发〔2018〕114号），明确国家综合性消防救援车辆中符合执行和保障应急救援任务规定的悬挂专用号牌。悬挂专用号牌车辆免收车辆购置税、免收车辆通行费和停车费，执行应急救援任务时可以使用警报器、标志灯具；在确保安全的前提下，不受行驶路线、行驶方向、行驶速度和信号灯的限制，其他车辆和行人应当让行。

12月6日，韩国消防厅代表团到上海市消防总队交流访问。

12月11日，应急管理部消防救援局启动城市重大事故和地质性灾害应急通信系统技术标准编制工作。该系统主要针对高层、地下、大跨度空间、石油化工以及地震、泥石流、山体滑坡等地质性灾害事故现场通信保障特点，采取有线、无线、卫星、自组网等技术，实现灾害现场地上5公里、地下2公里范围的语音、图像信号全覆盖，破解极端恶劣环境下的应急通信保障难题。

12月13日，应急管理部消防救援局组织恒大、万科、万达、物美、王府井、联华、沃尔玛中国、首旅、如家、铂涛、华住、京东、顺丰13家企业集团总部分管安全工作的负责人召开座谈会，研究发挥集团总部作用，推动下属企业认真落实消防安全主体责任。

12月中旬，全国各级消防救援队伍认真贯彻应急管理部党组部署要求，全部完成习近平总书记“四句话方针”标牌悬挂工作。各级办公大厅、党委（总支、支部）会议室、学习室等场所悬挂标牌11779块，各级营区楼房顶部、院墙等醒目位置设置标牌6793块，各级队史馆、荣誉室等重要场所悬挂设置标牌4481块，队伍各级制作“四句话方针”主题板报、展板、电子屏14133块。

12月26日，应急管理部消防救援局举行局机关及直属单位授衔换装仪式，随后各总队级和支队级及以下单位陆续举行仪式，12月31日前各级消防救援队伍全部完成授旗授衔和换装工作。

12月29日，习近平总书记在全国政协新年茶话会上发表重要讲话，代表中共中央、国务院和中央军委向各民主党派、工商联和无党派人士、各人民团体，向全国广大工人、农民、知识分子、干部和各界人士，向人民解放军指战员、武警官兵、公安干警和消防救援队伍指战员等致以节日的问候和诚挚的祝福。